Springer-Lehrbuch

Springer
Berlin
Heidelberg
New York
Barcelona
Budapest
Hongkong
London
Mailand
Paris
Santa Clara
Singapur
Tokio

Gerhard Illing

Theorie der Geldpolitik

Eine spieltheoretische Einführung

Mit 73 Abbildungen
und 8 Tabellen

Springer

Prof. Dr. Gerhard Illing
Johann Wolfgang Goethe-Universität
Fachbereich Wirtschaftswissenschaften
Mertonstr. 17
D-60054 Frankfurt

Die Deutsche Bibliothek - CIP-Einheitsaufnahme

Illing, Gerhard:
Theorie der Geldpolitik : eine spieltheoretische Einführung ; mit 8 Tabellen / Gerhard Illing. - Berlin ; Heidelberg ; New York ; Barcelona ; Budapest ; Hongkong ; London ; Mailand ; Paris ; Santa Clara ; Singapur ; Tokio : Springer, 1997
(Springer-Lehrbuch)
ISBN 3-540-62716-2 brosch.

ISBN 3-540-62716-2 Springer-Verlag Berlin Heidelberg New York

SPIN 10572693 42/2202-5 4 3 2 1 0 – Gedruckt auf säurefreiem Papier

Für Hannah und Maria

VORWORT

In jüngster Zeit beschäftigt sich eine ganze Reihe neuer theoretischer Ansätze mit Fragen der Geldpolitik. Sie verwenden dabei fast durchwegs mathematische Modelle, die auf spieltheoretischen Konzepten basieren. Diese Forschungsergebnisse sind meist nur mathematisch gut trainierten Spezialisten zugänglich; bislang fehlte eine Einführung in die Grundkonzepte. Das vorliegende Lehrbuch schließt diese Lücke. Es bietet eine völlig neue Darstellung der Theorie der Geldpolitik auf der Basis spieltheoretischer Methoden.

Die Spieltheorie hat in den letzten Jahren zu einer realistischeren Sicht politischer Institutionen geführt. Sie liefert die theoretischen Grundlagen zur Analyse zentraler geldpolitischer Fragestellungen: Welche Anreize für inflationäre Prozesse gehen von Stabilisierungspolitik und Staatsverschuldung aus? Welche Mechanismen können zu einer größeren Glaubwürdigkeit der Geldpolitik beitragen? Welche Bedeutung kommt dabei der Unabhängigkeit von Zentralbanken zu? Welche unterschiedliche Implikationen ergeben sich aus einem Geldmengen- bzw. Inflationsziel?

Das Buch vermittelt die theoretischen Modelle in intuitiver Weise und vertieft sie anhand von aktuellen Fragestellungen. Ohne Verwendung anspruchsvoller mathematischer Methoden wird der Leser an die Front der Forschung herangeführt. Ein Ziel besteht dabei darin, in formale Methoden einzuführen, die für die theoretische Analyse mittlerweile unverzichtbar geworden sind. Diese Verfahren werden deshalb anhand detaillierter Modellbeispiele eingeübt.

Die ersten Kapitel geben einen ausführlichen Überblick über die Grundlagen der Theorie der Geldpolitik. Kapitel 2 beschäftigt sich mit der Frage, wie langfristig Preisstabilität gewährleistet werden kann, Kapitel 3 analysiert kurzfristige Stabilisierungspolitik. Kapitel 4 untersucht die optimale Geldpolitik angesichts von Unsicherheit.

Der zweite Teil des Buches befaßt sich intensiv mit Anreizproblemen bei der Gestaltung von Geldpolitik. Kapitel 5 zeigt, warum das Zusammenspiel zwischen verschiedenen wirtschaftspolitischen Akteuren es der Notenbank so schwer macht, glaubwürdig eine stabilitätsorientierte Politik zu verfolgen. Kapitel 6 diskutiert dann ausführlich unterschiedliche institutionelle Mechanismen, die dieses

Glaubwürdigkeitsproblem mildern könnten. Es wird gezeigt, warum es vorteilhaft sein kann, Geldpolitik einer unabhängigen Institution zu überlassen. Auch monetäre Anreize als eine Methode der Regulierung geldpolitischer Institutionen werden analysiert.

Kapitel 7 untersucht Probleme, die sich aus unvollständiger Information über die Ziele der Zentralbank ergeben. Kapitel 8 befaßt sich dann mit politökonomischen Aspekten. Der Zusammenhang zwischen Staatsverschuldung und Geldwertstabilität, der in der Tagespolitik derzeit starke Aufmerksamkeit findet, wird in Kapitel 9 analysiert.

Kapitel 10 bietet einen Kompaktkurs, der am Beispiel verschiedener geldpolitischer Fragestellungen in die wichtigsten spieltheoretischen Konzepte einführt. Gewisse Grundkenntnisse der Spieltheorie sind insbesondere für das Verständnis der Kapitel 5 bis 9 hilfreich. Leser, die mit spieltheoretischen Methoden nur wenig vertraut sind, sollten deshalb zunächst Kapitel 10 durcharbeiten. Ansonsten setzt das Lehrbuch Grundstudiumskenntnisse in Mikro- und Makroökonomie voraus. Die mit * bezeichneten Abschnitte sind mathematisch anspruchsvoller als der Rest des Buches; sie dienen der Vertiefung und können bei der ersten Lektüre übergangen werden.

Das Buch basiert auf Skripten zu Vorlesungen, die an den Universitäten Bamberg, Frankfurt und Hagen gehalten wurden. Den Studenten danke ich für hilfreiche Kommentare. Dr. Helge Berger, Holger Feist, PD. Dr. Thomas Lux, Dr. Friedrich Kissmer und Dr. Malte Krüger haben wertvolle Anregungen bei der Durchsicht von Teilen des Manuskripts gegeben. Für kritische Kommentare danke ich besonders meinen Mitarbeitern Guido Bäcker, Dr. Frank Heinemann und Dr. Axel Lindner. Frau Waltraud Kraft-Volkmann, Markus Grüne, Norbert Hermann, Veronique Janot, Hanns Kaltenegger und Ulrich Klüh danke ich für die unermüdliche Mithilfe bei der Erstellung von Layout und Abbildungen. Die Verantwortung für alle verbliebenen Fehler liegt ausschließlich beim Autor.

Gerhard Illing, Frankfurt

Februar 1997

INHALTSVERZEICHNIS:

1 GRUNDLAGEN 1

1.1 Einführung 1

1.1.1 Die drei zentralen Fragestellungen der Geldpolitik 3
1.1.2 Überblick 4
1.1.3 Ergänzende Literaturhinweise 4

1.2 Spielt Geldpolitik überhaupt eine Rolle? 5

1.3 Die Aufgaben der Geldpolitik 10

1.3.1 Sicherung der Preisstabilität 10
1.3.2 Stabilisierung von Konjunkturschwankungen 15

1.4 Die Kosten der Inflation 17

1.4.1 Die Konsequenzen nichtantizipierter Inflation 20
1.4.2 Die Konsequenzen antizipierter Inflation 23
1.4.2.1 Die Opportunitätskosten der Geldhaltung 23
1.4.2.2 Verzerrung durch Steuerprogression 26
1.4.3 Preisanpassungskosten 28

2 GELDPOLITIK IM LANGFRISTIGEN GLEICHGEWICHT: PREISSTABILITÄT 31

2.1 Einführung: Inflation in den Staaten der ehemaligen Sowjetunion 31

2.2 Der Zusammenhang zwischen Geldschöpfung, Wachstum und Inflation 35

2.2.1 Gesamtwirtschaftliches Gleichgewicht bei flexiblen Preisen 35
2.2.2 Die Ineffizienz des gesamtwirtschaftlichen Gleichgewichts 38
2.2.3 Gleichgewicht auf dem Geldmarkt: Die Quantitätstheorie 44
2.2.4 Geldmengenwachstum und Inflation 45
2.2.4.1 Die Quantitätstheorie in einer wachsenden Wirtschaft 47

2.2.4.2 Zinsabhängige Geldnachfrage 48
2.2.4.3 Superneutralität des Geldes 50

2.3 Die optimale Inflationsrate 53

2.3.1 Seigniorageeinnahmen und Geldschöpfung 53
2.3.1.1 Die intertemporale Budgetrestriktion des Staates 55
2.3.1.2 Seignioragekonzepte 58
2.3.2 Die optimale Inflationsrate nach Friedman 62
2.3.3 Maximierung der Geldschöpfungseinnahmen 65
2.3.4 Minimierung der Wohlfahrtsverluste aus Besteuerung 66
2.3.5 Inflation als Schmiermittel der Wirtschaft? 70

2.4 Probleme bei der Inflationskontrolle 72

2.5 Übungsaufgaben 77

3 GELDPOLITIK BEI KURZFRISTIGEN STÖRUNGEN: STABILISIERUNGSPOLITIK 79

3.1 Kurz- und langfristige Phillipskurve 79

3.1.1 Die kurzfristige Phillipskurve 81
3.1.2 Geldpolitik bei adaptiven Erwartungen 90
3.1.3 Geldpolitik bei rationalen Erwartungen 93
3.1.3.1 Langfristiges Gleichgewicht 93
3.1.3.2 Geldpolitik angesichts von Schocks 96
3.1.3.3 Reaktion auf Nachfrageschocks 96
3.1.3.4 Reaktion auf Angebotsschocks 98
3.1.3.5 Formale Analyse 99
3.1.4 Ableitung der aggregierten Angebotskurve bei einer Cobb/Douglas-Produktionsfunktion 101

3.2 Geldpolitik bei monopolistischer Konkurrenz 104

3.2.1 Die Natur von Nachfrageexternalitäten 104
3.2.2 Der Menükostenansatz 107

3.3 Übungsaufgabe 111

4 GELDPOLITIK ALS KONTROLLPROBLEM 113

4.1 Wohlfahrtsanalyse der Stabilisierungspolitik 113

4.1.1 Optimale flexible Politik 115
4.1.2 Die Äquivalenz unterschiedlicher Regeln bei perfekter Information 116
4.1.3 Ein Vergleich verschiedener starrer Regeln 118

4.1.3.1 Geldmengenregel ... 118
4.1.3.2 Inflationsziel (Inflation Targeting) ... 118
4.1.3.3 Outputziel ... 119
4.1.3.4 Nominales BIP-Ziel ... 119

4.2 Geldpolitik bei stochastischen Kontrollfehlern **120**

4.2.1 Das Grundproblem ... 120
4.2.2 Preisziel vs. Inflationsziel ... 123
4.2.3 Indikatoren und Zwischenziele ... 126
4.2.3.1 Indikatoren und Reaktionsfunktionen ... 126
4.2.3.2 Zwischenziele ... 127
4.2.3.3 Inflation Targeting: Endziel oder Zwischenziel? ... 130
4.2.4 Instrumente der Geldpolitik: Zins- vs. Geldmengensteuerung ... 135

4.3 Transmissionsmechanismen der Geldpolitik **145**

4.3.1 Der Zinskanal ... 146
4.3.2 Der Wechselkurskanal ... 148
4.3.3 Der Kreditkanal ... 149
4.3.4 Der Kanal der relativen Preise (Monetarismus) ... 153

5 DAS PROBLEM DER GLAUBWÜRDIGKEIT VON GELDPOLITIK 155

5.1 Das Barro Gordon Modell **161**

5.1.1 Commitment-Lösung ... 164
5.1.2 Die diskretionäre Lösung ... 166
5.1.3 Modellbeispiel: Quadratische Verlustfunktion ... 167
5.1.3.1 Commitment-Lösung ... 167
5.1.3.2 Inkonsistenz der Commitmentlösung ... 168
5.1.3.3 Das diskretionäre Gleichgewicht ... 170
5.1.4 Indexierung als Schwungrad der Inflation? ... 171

5.2 Reputation bei wiederholten Spielen **174**

5.3 Optimale Politik bei Schocks am Beispiel der Phillipskurve **180**

5.3.1 Das Grundproblem ... 180
5.3.2 Modellbeispiel: Quadratische Verlustfunktion ... 184
5.3.2.1 Die Commitment-Lösung ... 184
5.3.2.2 Die diskretionäre Lösung ... 187

5.4 Optimale Politik bei stochastischen Schocks: Ein allgemeiner Ansatz * **188**

5.4.1 Grundmodell ... 189
5.4.2 Commitment-Lösung ... 192
5.4.3 Diskretionäre Lösung ... 193

5.5 Übungsaufgaben **195**

6 FLEXIBILITÄT VERSUS GLAUBWÜRDIGKEIT 197

6.1 Überblick 197

6.2 Eine starre Regel à la Friedman 201

6.2.1 Die Grundidee ... 202
6.2.2 Modellbeispiel ... 204

6.3 Wechselkursfixierung mit Austrittsklausel 205

6.3.1 Das Grundmodell ... 206
6.3.2 Modellbeispiel ... 208
6.3.3 Spekulative Abwertungen ... 210
6.3.4 Modellbeispiel* ... 214

6.4 Delegation der Geldpolitik an einen konservativen Zentralbankchef 218

6.4.1 Die Grundidee ... 218
6.4.2 Modellbeispiel ... 220

6.5 Kombination von konservativem Zentralbanker und Austrittsklausel 223

6.6 Der optimale Zentralbankkontrakt 224

6.6.1 Modellanalyse ... 227
6.6.2 Inflation Targeting und optimaler Zentralbankkontrakt ... 231
6.6.3 Geldmengen- vs Inflationsziel ... 233
6.6.4 Unvollständige Kontrakte ... 235
6.6.4.1 Der zustandsabhängige Zentralbankkontrakt ... 238
6.6.4.2 Der konstitutionelle Weg ... 239
6.6.4.3 Vertragsgestaltung durch eine am Eigeninteresse orientierte Regierung ... 240

6.7 Endogener Verlauf der kurzfristigen Angebotskurve 242

6.8 Übungsaufgaben 245

7 GELDPOLITIK ALS SIGNAL BEI ASYMMETRISCHER INFORMATION 247

7.1 Einführung 247

7.2 Grundmodell 250

7.2.1 Das Peso-Problem ... 252

7.2.2 Reputation und Wahrscheinlichkeitseinschätzungen 253
7.2.3 Indifferenzkurven der Zentralbanken 257
7.2.4 Die Anreizverträglichkeitsbedingung 260
7.2.5 Das Poolinggleichgewicht 263
7.2.6 Das Trenngleichgewicht 267
7.2.7 Robustheit des Informationsproblems: Korrelierte Präferenzschocks 268

7.3 Modellvariationen **269**

7.3.1 Ein Semi-Pooling Gleichgewicht mit interessanten Eigenschaften (Barro) 269
7.3.2 Unvollständige Information über die Commitment-Fähigkeit (Cukierman) 274

8 GELDPOLITIK AUS POLITÖKONOMISCHER PERSPEKTIVE **277**

8.1 Einführung **277**

8.2 Die opportunistische Schule **279**

8.2.1 Der politische Konjunkturzyklus von Nordhaus 279
8.2.2 Wahlen als Kompetenztest: Das Rogoff/Sibert-Modell 281

8.3 Die ideologische Schule: Politik als Interessenvertretung **284**

8.3.1 Die Partisantheorie von Hibbs 285
8.3.2 Zyklen bei rationalen Erwartungen: Das Alesina Modell 286

8.4 Übungsaufgaben **287**

9 STAATSVERSCHULDUNG UND GELDPOLITIK **289**

9.1 Die Tragfähigkeit der Staatsverschuldung **291**

9.1.1 Die Entwicklung der Schuldenquote 291
9.1.2 Solvenz bei begrenztem Zeithorizont 294

9.2 Entschuldung durch Inflation? **299**

9.2.1 Das Grundmodell 300
9.2.2 Beispiel 303

9.3 Optimale Verschuldungspolitik **307**

9.4 Politökonomische Analyse von Verschuldungsstrategien **311**

9.4.1 Fiskalillusion 311
9.4.2 Verschuldung als strategisches Instrument 312

9.4.3 Verteilungskonflikte als Abnutzungskrieg (War of Attrition).......... 313

9.5 Übungsaufgabe **316**

10 EINFÜHRUNG IN SPIELTHEORETISCHE KONZEPTE **317**

10.1 Ein Beispiel: Spekulative Attacken auf fixe Wechselkurse **318**

10.1.1 Die Spielmatrix als Beschreibung der Spielsituation 318
10.1.2 Lösungskonzept „Gleichgewicht in dominanten Strategien“......... 320
10.1.3 Lösungskonzept „Nash-Gleichgewicht“.. 322
10.1.4 Gleichgewicht in randomisierten Strategien.................................. 324
10.1.5 Focus-Punkte und Sunspot-Gleichgewichte.................................. 325

10.2 Das Chicken-Game und die Bedeutung von Commitment - Ein Spiel zwischen Geld- und Fiskalbehörde **326**

10.2.1 Die Spielsituation 326
10.2.2 Nash-Gleichgewichte des Spiels 328
10.2.3 Sequentielle Spielstruktur: Der Spielbaum.................................. 329
10.2.4 Leere Drohungen und unplausible Gleichgewichte - Das teilspielperfekte Gleichgewicht als Verfeinerung des Nash-Gleichgewichts 330
10.2.5 Institutionelle Rahmenbedingungen: Wie sollten die Spielregeln konzipiert werden? 331

10.3 Geldpolitik bei fixen Wechselkursen - Das Nash-Gleichgewicht bei stetigem Strategieraum **333**

10.3.1 Spielsituation: Geldpolitik in einem Zwei-Länder-Modell 334
10.3.2 Ein System flexibler Wechselkurse.. 336
10.3.3 Ein fixes Wechselkursystem mit symmetrischen Interventionsverpflichtungen 337
10.3.3.1 Das Nash-Gleichgewicht bei symmetrischer Intervention...... 337
10.3.3.2 Die kooperative Lösung.. 340
10.3.3.3 Nicht-Kooperation als Gefangenendilemma 341
10.3.3.4 Externalitäten als Ursache der Ineffizienz 342
10.3.3.5 Kooperation bei wiederholten Spielen.................................... 342
10.3.4 Das Stackelberg-Gleichgewicht 343
10.3.5 Asymmetrische Interventionsregeln.. 344

10.4 Abstrakte Spiele mit stetigem Strategieraum* **346**

10.4.1 Nash-Gleichgewicht... 347
10.4.2 Effizienz 348
10.4.3 Externalitäten auf der Makroebene ($N \to \infty$)............................. 349
10.4.4 Komparative Statik... 350

10.5 Übungsaufgaben 351

LÖSUNGEN DER ÜBUNGSAUFGABEN 353

LITERATURVERZEICHNIS 361

SACHINDEX 375

1 Grundlagen

1.1 Einführung

Geldpolitik ist faszinierend und geheimnisvoll zugleich. Jeder ist darauf angewiesen, Geld zu benutzen; keiner kann aber genau abgrenzen, was Geld eigentlich ist und nur wenige verstehen, wie geldpolitische Maßnahmen wirken. Die zentrale Bedeutung, die einer funktionierenden Geldverfassung zukommt, wird meist erst dann sichtbar, wenn sie nicht vorhanden ist.

Wie wichtig eine funktionierende Geldordnung ist, zeigt sich in Osteuropa. Die Tatsache, daß der Transferrubel nicht länger als Zahlungsmittel akzeptiert wurde, war mitverantwortlich für den Zusammenbruch des Handels in den GUS-Staaten. In vielen Staaten des ehemaligen Ostblocks verschlechterte sich die Qualität des Geldes stetig; Dollar und DM waren als Fluchtwährung stark gefragt. Der Mythos, den die harte D-Mark nach dem Zusammenbruch der DDR in Ostdeutschland besaß, wird am deutlichsten symbolisiert in dem Ausspruch: „Kommt die D-Mark nicht zu uns, gehen wir zu ihr".

Während es in den osteuropäischen Staaten darum ging, überhaupt erst eine funktionierende geldpolitische Ordnung zu schaffen, ruft innerhalb der Europäischen Union der Versuch erbitterte Debatten hervor, das Währungssystem neu zu ordnen. Der Plan einer einheitlichen europäischen Währung hat besonders in Deutschland bei vielen die Befürchtung laut werden lassen, daß die „harte DM" zugunsten eines weichen Euro auf dem Altar der europäischen Einigung geopfert werden soll. Die Ängste innerhalb der deutschen Bevölkerung gipfeln in dem Schlagwort vom „Esperanto-Geld".

Doch nicht nur die Neukonzeption einer Geldordnung, sondern auch ganz alltägliche geldpolitische Entscheidungen lösen starke Kontroversen aus. Geldpolitische Entscheidungen werden in der Tagespresse intensiv diskutiert. Die Öffentlichkeit verfolgt aufmerksam die Sitzungen des Zentralbankrates der Deutschen Bundesbank. Regelmäßig versuchen die Finanzmärkte, seine Beschlüsse schon im voraus zu prognostizieren; eine große Zahl von Anlageentscheidungen werden auf der Basis von Analysen professioneller Zentralbank-Watcher getroffen. Viele wirtschaftspolitische Gruppierungen (Tarifpartner, Politiker im In- und Ausland, Medien) üben häufig mehr oder weniger verhohlene Kritik an den Entscheidungen der Zentralbank.

Die starke Aufmerksamkeit, die geldpolitischen Maßnahmen zukommt, überrascht nicht. Schließlich übt Geldpolitik einen entscheidenden Einfluß auf die wirtschaftlichen Aktivitäten aus. Sie wirkt sich unmittelbar aus auf Zinsen, Wechselkurse und Preiserwartungen. Nach gewisser Zeit reagiert dann die gesamtwirtschaftliche Nachfrage (Output, Beschäftigung und Nettoexporte, Gewinne). Letztlich bestimmt die Geldpolitik darüber, wie sich das Preisniveau entwickelt. Die verschiedenen Variablen reagieren freilich mit ganz unterschiedlicher Wirkungsverzögerung auf einzelne Maßnahmen.

In den verschiedensten Ländern beobachten wir eine Vielzahl ganz unterschiedlicher institutioneller Regelungen der Geldverfassung. Anhand welcher Kriterien läßt sich beurteilen, ob bestimmte Regeln den anderen überlegen sind? Wie können solche institutionelle Regelungen optimal gestaltet werden? Um diese Fragen beantworten zu können und um die dabei relevanten Faktoren zu beurteilen, ist eine genaue theoretische Analyse der Funktionsweise von Geldpolitik notwendig. Die aktuelle Diskussion macht deutlich, welch entscheidende Rolle dabei der Glaubwürdigkeit bzw. Reputation der Zentralbank zukommt. Während in der politischen Diskussion die Bedeutung von Reputation schon immer einen hohen Stellenwert hatte, konnte dieses Phänomen lange Zeit von der ökonomischen Theorie nicht erfaßt werden. Mittlerweile liefert aber die Einbeziehung spieltheoretischer Methoden in die Makroökonomie ein Instrument zur modelltheoretischen Analyse dieser Fragen. Spieltheoretische Ansätze nehmen daher in diesem Buch breiten Raum ein.

Auf den ersten Blick mag es vielleicht verwundern, Geldpolitik als ein Spiel zwischen verschiedenen politischen Akteuren zu begreifen. Bei genauerer Betrachtung wird aber deutlich, daß das Verhalten der Zentralbank mit einer Vielzahl strategischer Wechselbeziehungen zu Tarifpartnern, Regierung, internationalen Kapitalmärkten usw. konfrontiert ist. Je nach dem, welche Glaubwürdigkeit die anderen Akteure den Aussagen und Handlungen der Zentralbank zumessen, ergeben sich ganz unterschiedliche Lösungen. Die Analyse dieser strategischen Interdependenzen wird mit Hilfe spieltheoretischer Methoden möglich.

1.1.1 Die drei zentralen Fragestellungen der Geldpolitik

1. Nach welchen Kriterien sollte Geldpolitik gestaltet werden?

Die traditionelle wirtschaftspolitische Analyse beschäftigt sich ausschließlich mit dieser normativen Fragestellung. Sie versucht, die aus wohlfahrtstheoretischer Sicht optimale Geldpolitik zu charakterisieren. Formal geht es dabei um ein Optimierungsproblem: die Maximierung einer sozialen Wohlfahrtsfunktion.

2. Wie treffen konkrete geldpolitische Institutionen ihre Entscheidungen?

Die Public-Choice-Theorie macht deutlich, daß das tatsächliche Verhalten im politischen Prozeß keineswegs übereinstimmen muß mit dem, was aus wohlfahrtstheoretischer Sicht wünschenswert wäre. Damit führt sie zu einer neuen Sicht der Wirtschaftspolitik: Sie betont die Bedeutung von konkreten Beschränkungen und Anreizen, denen die Zentralbank jeweils unterliegt. So kann etwa die Zielfunktion der geldpolitischen Akteure aufgrund von Eigeninteressen von der sozialen Wohlfahrtsfunktion abweichen. Aber auch politische Pressionen seitens der Regierung können die Zentralbank dazu bringen, zugunsten kurzfristiger politischer Effekte von der sozial optimalen Lösung abzuweichen. Doch selbst ohne politische Pressionen machen strategische Interdependenzen das Optimierungsproblem weit komplexer, als es die simple Optimierung einer Zielfunktion nahelegt. Weil andere Akteure (die Tarifpartner, Kapitalanleger, usw.) versuchen, das Verhalten der Zentralbank zu antizipieren, kann die Politik nicht ohne Berücksichtigung der Reaktionen der übrigen Wirtschaftssubjekte festgelegt werden. In der Regel führen solche Beschränkungen zu suboptimalen Ergebnissen.

3. Wie sollten geldpolitische Institutionen gestaltet sein, damit das tatsächliche Verhalten (Frage 2) möglichst weitgehend übereinstimmt mit der (in Frage 1 abgeleiteten) wohlfahrtsoptimalen Lösung?

Die Frage nach der optimalen Gestaltung der Spielregeln (in der Spieltheorie als Mechanismus-Design bezeichnet) ist vielleicht die interessanteste Herausforderung an die moderne Theorie der Geldpolitik. Dabei geht es um die Frage, nach welchen Regeln Geldpolitik gestaltet sein sollte und welche institutionelle Rahmenbedingungen dazu am besten geeignet sind. Sie ist bisher freilich nur unzureichend beantwortet. Die Spieltheorie liefert jedoch einige interessante Erkenntnisse: Insbesondere gibt sie eine theoretische Begründung, warum es sinnvoll sein kann, Geldpolitik an eine von der Regierung unabhängige Instanz zu delegieren.

Während in der Bundesrepublik Deutschland die Unabhängigkeit der Bundesbank mittlerweile selbstverständlich geworden ist, stoßen Bestrebungen für eine stärkere Unabhängigkeit in vielen Ländern auf starken Widerstand. In den USA müssen die Protokolle der Zentralbankratssitzungen regelmäßig dem Parlament zugänglich gemacht werden; in England, dem Mutterland der Demokratie, gehört die parlamentarische Kontrolle der Exekutive und damit auch der Zentralbank zum Selbstverständnis demokratischer Institutionen.

1.1.2 Überblick

Das vorliegende Buch liefert Antworten auf alle drei zentralen Fragen der Geldpolitik. In den ersten Kapiteln erfolgt zunächst ein ausführlicher Überblick über die Grundlagen der Theorie der Geldpolitik. Kapitel 2 beschäftigt sich mit der Frage, wie langfristig Preisstabilität gewährleistet werden kann, Kapitel 3 analysiert die kurzfristige Stabilisierungspolitik. Kapitel 4 untersucht die optimale Geldpolitik angesichts von Schocks und Unsicherheit.

Der zweite Teil des Buches befaßt sich intensiv mit der Anreizproblematik bei der Gestaltung von Geldpolitik; er bedient sich dabei spieltheoretischer Methoden. Kapitel 5 zeigt, warum das Zusammenspiel zwischen verschiedenen wirtschaftspolitischen Akteuren es der Notenbank so schwer macht, glaubwürdig eine stabilitätsorientierte Politik zu verfolgen. Im Kapitel 6 werden dann unterschiedliche institutionelle Mechanismen diskutiert, die dieses Glaubwürdigkeitsproblem mildern könnten. Es wird gezeigt, warum es vorteilhaft sein kann, Geldpolitik einer unabhängigen Institution zu überlassen. Auch monetäre Anreize als eine Methode der Regulierung geldpolitischer Institutionen werden analysiert.

Welche Konsequenzen sich daraus ergeben, daß in der Öffentlichkeit nur unvollständige Information über die Ziele der Zentralbank besteht, untersucht Kapitel 7. Kapitel 8 befaßt sich mit politökonomischen Aspekten. Der Zusammenhang zwischen Staatsverschuldung und Geldwertstabilität, der immer stärkere Aufmerksamkeit findet, wird schließlich in Kapitel 9 analysiert. Kapitel 10 gibt einen Kompaktkurs zur Einführung in spieltheoretische Konzepte anhand verschiedener geldpolitischer Fragestellungen. Die dort vermittelten Grundkenntnisse der Spieltheorie sind insbesondere für die Kapitel 5 bis 9 hilfreich.

1.1.3 Ergänzende Literaturhinweise

Die ersten Kapitel des Buches führen in die Grundlagen geldtheoretischer und -politischer Analyse ein. Zur Vertiefung empfiehlt sich *Issing (1995) (1996a)* bzw. *Jarchow (1992/93)* und *Wagner (1992)*. *Neumann (1996)* gibt eine kompakte Zusammenfassung. Ein Schwerpunkt moderner makroökonomischer Analyse liegt in der Theorie der neuen keynesianischen Makroökonomie. Einen detaillierteren Überblick bieten *Anderson (1995), Blanchard/Fischer (1989)* sowie *Romer (1996)*. Eine Sammlung von Originalaufsätzen zur Neuen Keynesianischen Makroökonomie findet sich im Sammelband *Mankiw/Romer (1991)*.

Der zweite Teil des Buches gibt eine Einführung in die spieltheoretische Analyse der Zentralbankpolitik. Als Ergänzung bieten sich an: *Cukiermann (1992)*, *Currie/Levine (1993), Persson/Tabellini (1990)* sowie *Schaling (1995)*. Eine Sammlung von Originalaufsätzen zur spieltheoretischen Fundierung der Geldpolitik ist abgedruckt im Sammelband *Persson/Tabellini (1994a/b).*

1.2 Spielt Geldpolitik überhaupt eine Rolle?

Daß die Frage, ob Geldpolitik für die Wirtschaftsaktivität von Bedeutung ist, überhaupt gestellt wird, mag zunächst auf Unverständnis stoßen. Schließlich wird jede Äußerung eines Zentralbankers aufmerksam in der Tagespresse und auf den Finanzmärkten analysiert, um herauszufinden, ob sie auf eine Änderung der Geldpolitik deuten könnte. Unbedachte oder auch gezielte Bemerkungen eines Zentralbankratmitglieds können drastische Bewegungen von Wechselkursen und Aktienkursen auslösen. Offensichtlich wirken sich also geldpolitische Maßnahmen direkt auf die Finanzmärkte aus. Welche Bedeutung kommt ihnen aber für die Wirtschaftsaktivität zu?

Lange Zeit herrschte zwischen den Vertretern unterschiedlichster makroökonomischer Theorierichtungen Übereinstimmung darüber, daß das Verhalten der Zentralbank sowohl auf die gesamtwirtschaftliche Produktion wie auf die Preisentwicklung nachhaltigen Einfluß ausübt. Zwischen **Keynesianern** und **Monetaristen** bestand zwar starker Dissens darüber, ob Geldpolitik als Stabilisierungsinstrument eingesetzt werden sollte. Beide waren sich aber einig, daß schlechte Geldpolitik destabilisierend wirken kann.

Ein ganz anderes Verständnis über die Wirkungsmechanismen von Geldpolitik wird vom **Real Business Cycle** Ansatz vertreten, der in den 80er Jahren zumindest in den USA zunehmenden Einfluß auf die makroökonomische Theorie gewann. Er sieht Konjunkturschwankungen als das Resultat optimaler Anpassung nutzenmaximierender Wirtschaftssubjekte auf exogene Schocks. Anhand kalibrierter Modelle wird versucht, beobachtete Schwankungen aus dem stochastischen intertemporalen Optimierungskalkül eines repräsentativen Wirtschaftssubjektes abzuleiten. Geld spielt in den Modellen der Real Business Cycle Theorie keine Rolle. Es kommt erst gar nicht vor, sondern wirkt als reiner Schleier.

Der Einfluß dieses Ansatzes erklärt sich zum einen wohl daraus, daß er direkt auf dynamischen Modellen des mikroökonomischen Gleichgewichts basiert und damit den Ansprüchen der Mikrofundierung genügt. Im Gegensatz dazu hatten traditionelle Makromodelle lange Zeit nur eine unzureichende mikroökonomische Basis. Selbst wenn sie sich in der praktischen Anwendung als weit erfolgreicher erwiesen, so entbehrten sie doch der theoretischen Eleganz des Real Business Cycle Ansatzes. Zum anderen jedoch hat die zunehmende Instabilität der Geldnachfrage, die im letzten Jahrzehnt in vielen Ländern zu beobachten war, auch grundlegende Zweifel am Konzept der Geldmengensteuerung gestützt und damit die Skepsis gegenüber der Relevanz von Geldpolitik ganz allgemein bestärkt.

Wie kann es sein, so fragen die Vertreter des Real Business Cycle Ansatzes, daß kleine Aktivitäten der Zentralbank am Geldmarkt, die volumenmäßig im Vergleich zum Gesamtvermögen einer Volkswirtschaft nur einen verschwindend geringen Bruchteil ausmachen, einen so entscheidenden Einfluß auf die Gesamtwirtschaft ausüben sollten? Warum sollte die Verfügbarkeit von Zentralbankgeld überhaupt das Ausmaß realer Aktivitäten beschränken? Das wäre ja so, wie wenn der Schwanz mit dem Hund wedeln würde.

Bei steigender Nachfrage nach Transaktionsmitteln sind heutzutage ja eine Vielzahl geldähnlicher Substitute verfügbar. Auf modernen, liberalisierten Finanzmärkten sollte es Finanzintermediären nicht schwerfallen, alle geplanten Transaktionen entweder in Form von Geld oder entsprechenden Substituten zu finanzieren. So könnte sich die Geldnachfrage quasi endogen das benötigte Angebot schaffen.

Als Gegenreaktion auf den Real Business Cycle Ansatz wurden aber in den letzten zehn Jahren eine ganze Reihe mikroökonomisch exakt fundierter Makromodelle entwickelt, die die Wirksamkeit von Geldpolitik in Übereinstimmung mit den oben angeführten stilisierten Fakten konsistent begründen können. Diese Modelle der **Neuen Keynesianischen Makroökonomie** zeichnen sich durch eine vergleichbare theoretische Rigorosität aus. Dazu zählen insbesondere Modelle mit Preisanpassungskosten bei monopolistischer Konkurrenz, die in Kapitel 4 dargestellt werden (ausführlichere Darstellungen finden sich etwa *in Mankiw/Romer (1991)*, *Illing (1992)*, *Anderson (1995)* und *Romer (1996)*). Damit ist theoretisch eindeutig geklärt, daß Geldpolitik wirksam sein kann. Die Frage, welche Rolle ihr tatsächlich zukommt, sollte sich somit anhand empirischer Fakten einfach klären lassen.

Die Schwierigkeit dabei ist aber, daß sich empirische Daten ganz unterschiedlich interpretieren lassen. Weil die Ergebnisse selbst bei Verwendung modernster ökonometrischer Techniken stark vom jeweils gewählten Vorgehen abhängen, ist bei wirtschaftswissenschaftlichen Fragen ein exakter Test wie in den Naturwissenschaften kaum möglich. Dort können sich widersprechende Theorien mit Hilfe von Experimenten gegeneinander getestet werden. In der Wirtschaftspolitik werden aber nur höchst selten Experimente durchgeführt, die einen robusten Test alternativer Hypothesen ermöglichen könnten. Glücklicherweise - schließlich ist eine Volkswirtschaft kein Labor, in dem man ungerührt verfolgen könnte, wie sich unterschiedliche Dosierungen monetärer Injektionen auf den Gesundheitszustand auswirken. Das aber bedeutet, daß die Interpretation empirischer Fakten fast immer mehrdeutig bleiben muß.

Der einfachste Ansatz, um die Prognosen der keynesianischen Theorie gegen die des Real Business Cycle Ansatzes zu testen, ist eine Regressionsanalyse zwischen den Veränderungen des Outputs und der Geldmenge. Wenn sich daran zeigen läßt, daß eine starke Korrelation zwischen geldpolitischen Impulsen und realen Effekten besteht, wäre die Frage scheinbar eindeutig beantwortet. Wegen der erwähnten Wirkungsverzögerungen müssen dabei entsprechende Lags berücksichtigt werden. Dies legt folgende Spezifizierung nahe:

$$y_t - y_{t-1} = \beta_0 + \beta_1\, t + \alpha_{0t}\, \mu_t + \alpha_1\, \mu_{t-1} + \alpha_2\, \mu_{t-2} + \alpha_3\, \mu_{t-3} + \alpha_4\, \mu_{t-4} + \Sigma_{N=1}^{3}\, D\, N_t$$

mit $y_t - y_{t-1}$ als Veränderung des logarithmierten Sozialprodukts; t als Zeittrend, $\mu_{t-i} = \Delta \ln M_{t-i}$ als Veränderung der logarithmierten Geldmenge und $D\,N_t$ als Dummy zur Erfassung rein saisonaler Schwankungen bei vierteljährlichen Daten. Regressionen dieser Art in ganz verschiedenen Ländern kommen zu dem Schluß, daß ein Anstieg der Geldmenge um 1% den Output im folgenden Jahr um 0,5 % bis 1% erhöht. Die Nullhypothese, daß keine Beziehung zwischen Output- und Geldmengenwachstum besteht, wird durchwegs mit hoher Signifikanz zurückgewiesen. Für die Bundesrepublik Deutschland liefert die Regression über den Zeitraum von 1960 bis 1989, mit M_3 als Geldmenge folgendes Ergebnis:

$$\begin{aligned} y_t - y_{t-1} = &- \underset{(0{,}18)}{0{,}02} + \underset{(0{,}00009)}{0{,}00006\,t} + \underset{(0{,}27)}{0{,}75\,\mu_t} + \underset{(0{,}27)}{0{,}58\,\mu_{t-1}} - \underset{(0{,}27)}{0{,}11\,\mu_{t-2}} \\ &- \underset{(0{,}27)}{0{,}87\,\mu_{t-3}} + \underset{(0{,}27)}{0{,}53\,\mu_{t-4}} - \underset{(0{,}13)}{0{,}08 D1_t} + \underset{(0{,}0096)}{0{,}06 D2_t} + \underset{(0{,}013)}{0{,}06 D3_t} \end{aligned}$$

$$\overline{R}^2 = 0{,}835 \qquad D.W. = 2{,}49 \qquad s.e.e. = 0{,}227$$

Die Zahlen in Klammern geben jeweils die Standardabweichung an. Die Summe der M_3-Koeffizienten über die laufenden und vier verzögerte Werte ergibt 0,88. Dieser Schätzung zufolge würde eine Zunahme der Geldmenge M_3 um 1% zu einem Anstieg des Outputs um 0,88 % über das nächste Jahr hin führen. Eine vergleichbare Schätzung für die USA ergibt einen Outputanstieg von 0,66% (*Romer, 1996*, 232f). Trotz dieser scheinbar eindeutigen Resultate liefern solche Regression aber nur wenig Aufschluß zur Klärung unserer Fragestellung. Dies liegt an einer Reihe von Identifikationsproblemen, mit denen fast alle ökonometrische Analysen zu kämpfen haben. Ein guter Überblick über die dabei auftretenden Probleme findet sich in *Benjamin Friedman (1996a)*.

Kausalität: Die Interpretation der Gleichung kann auf der Täuschung basieren, daß Änderungen der Geldmenge allein schon deshalb Ursache von Outputänderungen sein müssen, weil sie ihnen zeitlich vorausgehen. *James Tobin (1970)* bezeichnet eine solche Argumentation als „*Post hoc ergo propter hoc Fallacy*." Es ist nämlich durchaus denkbar, daß die Wirkungskette gerade umgekehrt verläuft. Das Problem hängt damit zusammen, daß die Entwicklung der Geldmengenaggregate sich aus dem Zusammenspiel von Angebot und Nachfrage ergibt. Neben den Variationen der von der Zentralbank kontrollierten Geldbasis spielt auch das Verhalten der Banken sowie die Geldnachfrage der Nichtbanken eine Rolle. Geldmengenänderungen können deshalb auch von der Nachfrageseite ausgelöst worden sein; in diesem Fall würde die Kausalität vom Output zur Geldmenge laufen. Auch moderne ökonometrische Verfahren, die die Kausalität zwischen den einzelnen Variablen zu testen versuchen, liefern für dieses Problem keine eindeutige Lösung.

King/Plosser (1984) haben in der Tradition des Real Business Cycle Ansatzes ein Modell entwickelt, das genau eine solche umgekehrte Kausalität begründen kann. Weil zur Finanzierung verstärkter Wirtschaftsaktivitäten größere Transaktionsvolumen benötigt werden, kann bereits die Absicht einer Produktionssteigerung einen Anstieg der Geldmenge auslösen. Obwohl sie dem tatsächlichen Outputzuwachs vorausgeht, hat sie ihn dennoch nicht verursacht.

Endogene Geldpolitik: Das geschilderte Problem wird nur scheinbar vermieden, wenn statt Geldmengenaggregaten Variable verwendet werden, die direkt von der Notenbank kontrolliert werden können, wie etwa der Geldmarktzins bzw. die Geldbasis. Die Tatsache, daß die Notenbank diese Variablen kontrollieren *kann*, bedeutet ja noch lange nicht, daß sie sie autonom festlegen *will*. Unter den von King/Plosser in der Tradition des Real Business Cycle Ansatzes formulierten Bedingungen sind Produktionsschwankungen effizient. Es wäre daher auch aus Sicht der Notenbank die optimale Strategie, die veränderte Geldnachfrage zu akkomodieren.

Während die bisherigen Argumente andeuten, daß eine Regression fälschlicherweise einen nicht existenten Kausalzusammenhang suggerieren könnte, ist umgekehrt durchaus denkbar, daß die Regressionsanalyse gerade dann gar keine oder sogar eine negative Wirkung geldpolitischer Maßnahmen anzeigt, wenn diese Politik besonders erfolgreich zur Outputstabilisierung beiträgt.

Der Grund dieser zunächst verblüffenden Aussage liegt darin, daß Geldpolitik ja in der Regel nicht als ein exogenes, stochastisches Experiment zu verstehen ist. Solche Experimente würden allenfalls den Ökonometriker erfreuen, weil sie ihm billiges Testmaterial für seine Hypothesen lieferten. In der Realität reagiert Geldpolitik vielmehr endogen auf verschiedene Signale. Gelingt - als Extremfall - durch eine antizyklische Politik die völlige Outputstabilisierung von Nachfrageschocks, so würde eine naive Interpretation der empirischen Daten zu dem Fehlschluß verleiten, daß trotz heftiger Schwankungen der Geldmenge keinerlei Outputeffekte auftreten, Geldpolitik also wirkungslos ist.

Schlimmer noch: Wird der Output nur unvollkommen stabilisiert (das wäre angesichts von Unsicherheit in der Regel durchaus die optimale Strategie), so würde jede kontraktive geldpolitische Maßnahme mit einem Outputanstieg korrelieren. Eine ökonometrische Analyse, die ohne Kenntnis der Reaktionsfunktion der Notenbank durchgeführt wird, würde nun bei der Korrelation sogar das falsche Vorzeichen liefern. Weil der auslösende expansive Schock sich in den Daten nicht wiederfindet, wird der Produktionsanstieg der restriktiven Geldpolitik zugeschrieben.

Diese Probleme haben - als Herausforderung für moderne ökonometrische Analyse - eine Vielzahl detaillierter Studien angeregt, die ein tieferes Verständnis der Wirkungszusammenhänge ermöglichen. Auch wenn ein eindeutiger Test allenfalls in laborähnlichen Situationen möglich wäre, kommen doch alle Studien, die moderne Methoden der Vektorautoregression verwenden, zu dem Ergebnis, daß geldpolitische Impulse zunächst auf reale Größen wirken. In Übereinstimmung mit der modernen Praxis der Geldpolitik werden die Impulse dabei durch Veränderungen der kurzfristigen Zinssätze erfaßt. Es zeigt sich, daß restriktive Impulse (ein Anstieg des kurzfristigen Zinssatzes) systematisch negativen Outputveränderungen vorausgehen. Andererseits ergeben die Analysen häufig das falsche (nämlich negative) Vorzeichen für Preisänderungen (vgl. *Sims (1992)*). Eine Erklärung für dieses „**Preispuzzle**“ kann darin liegen, daß die Zentralbank ihre Politik immer dann verschärft, wenn sie Preissteigerungen befürchtet, um den Preisanstieg zumindest teilweise zu dämpfen. Berücksichtigt die Regressionsanalyse solche Informationen nicht, kommt sie zum falschen Vorzeichen.

Weil kontraktive Geldpolitikmaßnahmen selten auf einer spontanen Politikentscheidung basieren, sollte die Tatsache, daß solchen Kontraktionen Rezessionen folgen, allerdings nur mit Vorsicht interpretiert werden. Um das Problem der Endogenität zu vermeiden, haben *Romer/Romer (1989)* - aufbauend auf der Arbeit von *Friedman/Schwartz (1963)* - versucht, quasi laborähnliche Situationen herauszufinden, in denen die Zentralbank ganz offensichtlich ihre Geldpolitik unerwartet verschärft hat. Zu diesem Zweck untersuchten sie detailliert die Sitzungsprotokolle der US-amerikanischen Notenbank. Sie identifizierten in der Zeit nach dem Zweiten Weltkrieg sechs solcher Ereignisse und zeigten mit Hilfe ökonometrischer Verfahren, daß restriktive Maßnahmen jeweils mit einer Rezession verbunden waren. Ein eindrucksvolles Beispiel war etwa der konzertierte Versuch der westlichen Zentralbanken, nach dem zweiten Ölpreisschock Anfang der 80er Jahre die weltweite inflationäre Entwicklung einzudämmen. So erfolgreich diese Politik letztlich auch war, so wurde sie doch mit einem entsprechenden Anstieg der Arbeitslosenrate erkauft.

Auch Analysen wie die von *Romer/Romer (1989)* können letztlich nicht jeden Zweifel an der Wirksamkeit von Geldpolitik ausräumen. Mittlerweile besteht aber zwischen den meisten Ökonomen eine weitgehend einheitliche Beurteilung der Grundprinzipien. Es herrscht Konsens darüber, daß sich geldpolitische Impulse zunächst einmal auf den realen Sektor übertragen. Erst mit langer Verzögerung wirken sie sich auf die Preisentwicklung aus. Im Lauf der Zeit haben sich folgende stilisierte Fakten herauskristallisiert:

1) Eine unerwartet restriktive Geldpolitik (etwa ein Anstieg der kurzfristigen Zinsen) reduziert zunächst die Nachfrage nach Investitions- und langlebigen Konsumgütern. Mit gewisser Verzögerung (nachdem vorhandene Lagerbestände abgebaut wurden) geht auch das reale Sozialprodukt zurück; gleichzeitig erfolgt ein Anstieg der Arbeitslosenrate.

2) Erst viel später (mit einer Verzögerung von bis zu zweieinhalb Jahren) wirkt sich die restriktive Politik auch auf die Preisentwicklung aus. Aufgrund der Nachfrageschwäche lockert sich der Preisdruck; die Inflationsrate geht allmählich zurück. Während sich die Preise nach unten anpassen, kehren reale Nachfrage und Produktionsniveau wieder auf das Ausgangsniveau zurück.

1.3 Die Aufgaben der Geldpolitik

Der Geldpolitik lassen sich zwei zentrale Aufgaben zuordnen, denen im Laufe der Wirtschaftsgeschichte in verschiedenen Staaten ganz unterschiedliches Gewicht zugemessen wurde: (1) Die **Sicherung der Preisstabilität** und (2) die **Stabilisierung von Konjunkturschwankungen**.

1.3.1 Sicherung der Preisstabilität

Stabilität des Geldwerts kann sicher nicht bedeuten, daß die Preise aller Güter im Zeitablauf unverändert bleiben. Schließlich verändern sich permanent die relativen Knappheiten verschiedener Güter (sei es aufgrund veränderter Präferenzen, neuer Technologien oder erweiterter Tauschmöglichkeiten). Ein stabiler Geldwert bezieht sich vielmehr darauf, daß die Kaufkraft des Geldes in realen Gütereinheiten (gemessen an einem repräsentativen Warenkorb) sich nicht allzu stark verändert. Wie aber läßt sich die Kaufkraft messen?

Da Kaufkraft keine eindimensionale Größe ist, ergeben sich eine Fülle statistischer Meßprobleme: der relevante Güterkorb kann sich ändern, neue Produkte ersetzen bisher vertraute, zudem unterliegen viele Produkte technischen Änderungen. Ein heute hergestellter Computer hat fast gar nichts mehr mit seinen Vorläufern vor 10 Jahren zu tun; selbst ein VW-Käfer, der heute vom Band rollt, hat nur ganz entfernte Ähnlichkeit mit dem gleichen Produkt vor 50 Jahren.

Angesichts dieser Schwierigkeiten macht die Forderung wenig Sinn, das Preisniveau solle im Zeitablauf vollkommen konstant bleiben. Weil der Preisindex Qualitätsverbesserungen und die Substitution zu preisgünstigeren Produkten nicht oder nur unzulänglich erfassen kann, übertreibt die gemessene Inflationsrate die tatsächlichen Preissteigerungen. Als Inflationsmaßstab wird üblicherweise der Preisindex der Lebenshaltung aller privaten Haushalte verwendet. Sehr vage formuliert, wird der Geldwert dann als stabil angesehen, wenn die Inflationsrate „*hinreichend niedrig*" ist. Als Präzisierung der Formulierung „*hinreichend niedrig*" wird in der Regel ein jährlicher Preisanstieg zwischen 1 und 3 Prozent als stabil betrachtet (in hochinflationären Staaten wird es freilich schon als Erfolg angesehen, den monatlichen Preisanstieg auf dieses Niveau zu drücken). In jüngster Zeit sind eine Vielzahl von Staaten dazu übergegangen, ein Inflationsziel π^* zu formulieren. Die Deutsche Bundesbank bezeichnet als ihr Stabilitätsziel eine Preisnorm von *höchstens 2 %* (vgl. etwa den *Monatsbericht August 1994,* S. 20).

Nachfrage- und Angebotsschocks verursachen Schwankungen des Preisniveaus; in einer rezessiven Phase steigen in der Regel die Preise langsamer als in Boomsituationen. Ebenso wirken sich Schocks wie ein Anstieg des Ölpreises oder drastische Veränderungen des Wechselkurses auf den Preisindex aus. Bei einer starren Auslegung des Inflationsziels müßte die Geldpolitik permanent kurzfristig in den Wirtschaftsablauf eingreifen, um solchen Schocks gegenzusteuern und so zu versuchen, das Preisniveau auf dem angestrebten niedrigen Niveau zu fixieren. Ein solcher Versuch läuft aber Gefahr, um so heftigere Produktions- und Beschäftigungsschwankungen auszulösen (wie Abschnitt 3.1 zeigen wird, besteht bei Angebotsschocks ein Konflikt zwischen Preis- und Produktionsstabilität). Aus diesem Grund wird in der Regel kein starres Inflationsziel, sondern ein Korridor angestrebt, in dessen Rahmen sich die Inflationsrate bewegen soll.

Preisniveau und Inflationsrate

Die Inflationsrate ist definiert durch die Preisveränderung eines Warenkorbs, bezogen auf den ursprünglichen Preis des Warenkorbs (das Preisniveau). Bei diskreter Zeitbetrachtung verändert sich das Preisniveau entsprechend der Gleichung $P_{t+1} = (1+\pi_t)P_t$, so daß $\pi_t = \frac{P_{t+1} - P_t}{P_t}$. Bei konstanter Inflationsrate entwickelt sich das Preisniveau über t Perioden gemäß $P_t = (1+\pi)^t P_0$. Werden die Zeitintervalle klein, so läßt sich die Preisentwicklung durch eine exponentielle Funktion approximieren. Weil dann gilt: $(1+\pi)^t \to e^{\pi t}$, wächst das allgemeine Preisniveau bei stetiger Betrachtung exponentiell: $P_t = P_0 e^{\pi t}$ mit $\pi = \frac{\dot{P}}{P}$. Zur Vereinfachung wird im Buch fast durchwegs der stetige Fall betrachtet.

Bei der Betrachtung von Wachstumsraten ist es vorteilhaft, mit logarithmierten Größen zu arbeiten. Wenn der Großbuchstabe P_t das Preisniveau bezeichnet, dann gibt der Kleinbuchstabe den Logarithmus des Preisniveaus $p_t = \ln P_t$ an. Die Gleichung $P_t = P_0 e^{\pi t}$ vereinfacht sich zu der linearen Beziehung: $\ln P_t = p_t = p_0 + \pi t$.

Logarithmus und Wachstumsraten

Falls nicht anders angegeben, bezeichnen wir im Buch generell den natürlichen Logarithmus eines Niveaus X_t mit dem Kleinbuchstaben $x_t = \ln X_t$. $X_t = X_0 e^{n t}$ ist äquivalent zu $x_t = x_0 + n t$. Leitet man den Logarithmus einer Funktion nach der Zeit ab, so erhält man die Wachstumsrate n der betreffenden Variablen, weil ja gilt: $n = \frac{dx(t)}{dt} = \frac{d \ln X(t)}{dt} = \frac{1}{X}\frac{dX}{dt} = \frac{\dot{X}}{X}$.

Die Wachstumsrate zwischen den beiden Zeitpunkten t=0 und t=1 läßt sich damit einfach aus der Differenz der Logarithmen ermitteln: $n = x_1 - x_0$. Auch bei diskreter Betrachtung ist diese Beziehung approximativ gültig: Aus $X_1 = (1+n)\, X_0$ folgt $n \approx \ln(1+n) = x_1 - x_0$, weil bei kleinen Zeitintervallen $\ln(1+n) \to n$. Ausgehend vom gleichen Anfangsniveau x_0 macht es wegen dieser Beziehung keinen Unterschied, ob wir den Logarithmus von Niveaugrößen oder die Wachstumsrate betrachten. So gilt etwa: $\pi_t = p_t - p_{t-1}$

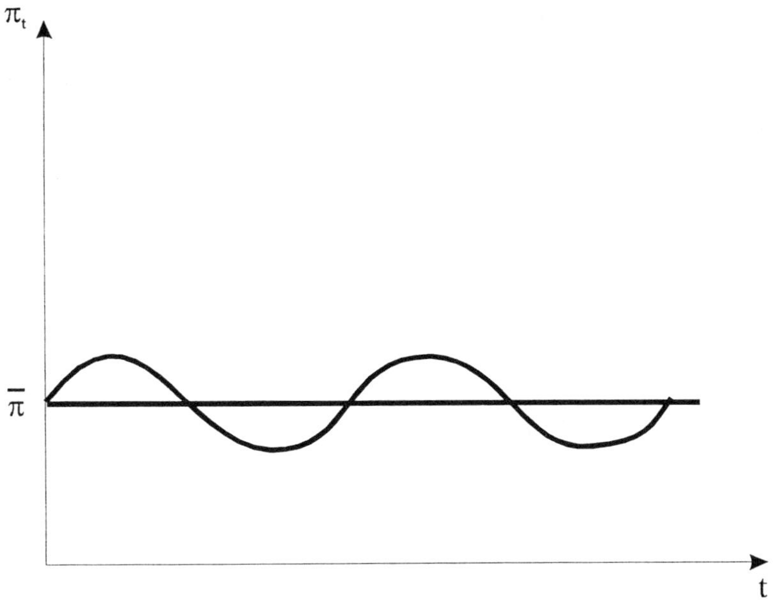

Abb. 1.1. Schwankungen der Inflationsrate

Es ist hilfreich, zwischen zwei Aspekten von Preisstabilität zu unterscheiden: der langfristigen und der kurzfristigen. Langfristige Preisstabilität ist gewährleistet, wenn die Inflationsrate über einen längeren Zeitraum hin im Durchschnitt niedrig bleibt und damit Voraussetzungen für niedrige Inflationserwartungen geschaffen werden. Kurzfristige Stabilität bezieht sich auf die Schwankungen des Preisniveaus um den Trend. Damit Geld seine Funktion als zuverlässiges Transaktionsmedium erfüllen kann, sollte die Inflationsentwicklung nicht allzu volatil sein, d. h. die Schwankungen um den Trend sollten möglichst gering gehalten werden.

Abb. 1.1 illustriert die beiden Aspekte. Langfristig bewegt sich die Inflationsrate entsprechend dem Trend $\bar{\pi}$. Schocks führen aber zu Abweichungen, zu Schwankungen um diesen Trend. Volatiliät bezieht sich auf die kurzfristigen Schwankungen; langfristige Stabilität liegt dann vor, wenn der Trend dem Inflationsziel entspricht: $\bar{\pi} = \pi^*$.

Ein historischer Vergleich zeigt, daß in diesem Jahrhundert von Geldwertstabilität weder in England, den USA noch in Deutschland die Rede sein kann (vergleiche Abb. 1.2). Insbesondere nach dem Zweiten Weltkrieg ist der Geldwert nahezu aller Währungen drastisch gefallen (vgl. S. 15).

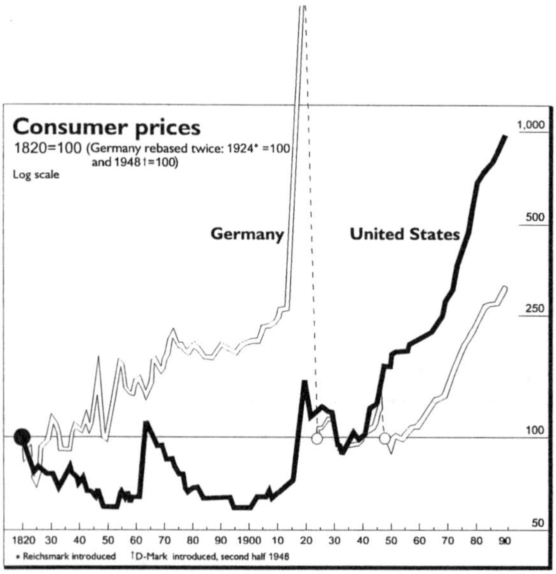

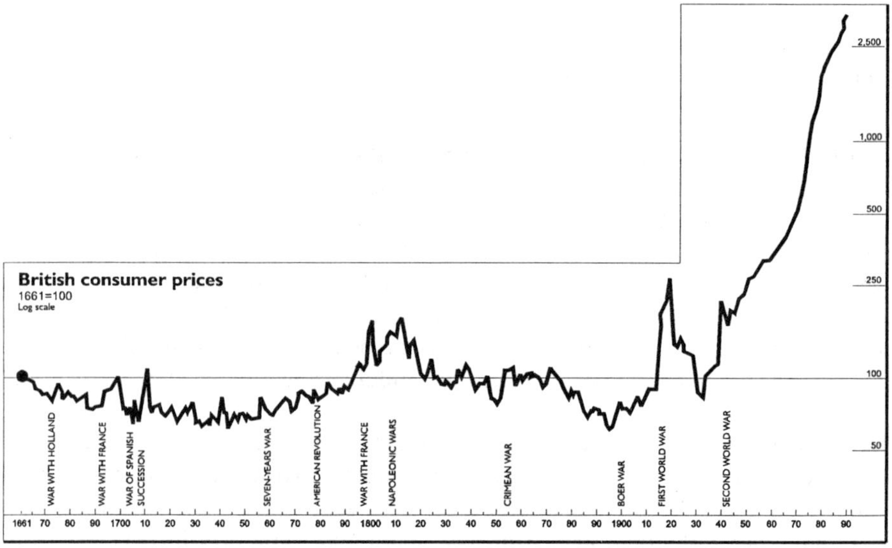

Abb. 1.2. Entwicklung des Preisniveaus (Abbildungen aus: *The Economist*, 22.02.1992, S. 68).

Dagegen herrschte - zumindest nach den Berechnungen des *Economist* - in den vergangenen Jahrhunderten durchaus Geldwertstabilität, wenn auch bei starken Schwankungen der Inflationsrate. Solche Vergleiche müssen allerdings zwangsläufig auf recht arbiträren Schätzungen beruhen, da keine langfristigen Preisstatistiken nach einheitlichen Berechnungsmethoden verfügbar sind.

> Since 1933 consumer-prices have risen by 950 % in America and by 4000 % in Britain. To put this another way, the dollar is today worth only ten cents in 1933 money, and the pound is really worth a paltry 2 ½ penny. Even the supposedly cast-iron D-Mark has lost two thirds of its value since it replaced the worthless Reichsmark in 1948.
>
> Quelle: *The Economist* vom 22. 2. 1992

1.3.2 Stabilisierung von Konjunkturschwankungen

Produktionsniveau und Beschäftigung sind im Zeitverlauf starken Schwankungen unterworfen. Insoweit Geldpolitik in der Lage ist, die ökonomische Aktivität zu stimulieren bzw. zu dämpfen, kann sie zur Stabilisierung von Konjunkturschwankungen eingesetzt werden: Eine expansive Geldpolitik in Rezessionszeiten wirkt nachfragesteigernd; in Boomzeiten würde die Nachfrage durch eine restriktive Geldpolitik zurückgedrängt, um ein Überhitzen zu vermeiden. Ist die Politik erfolgreich, so ermöglicht sie einen stabileren Pfad der Wirtschaftsaktivität (vergleiche in Abb. 1.3 den gestrichelten Pfad gegenüber dem durchgehend gezeichneten).

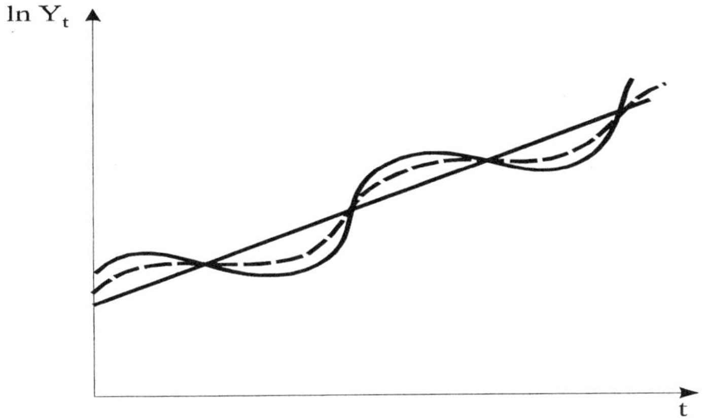

Abb. 1.3. Stabilisierungspolitik

Stabilisierungspolitik ist aber keineswegs auf die Glättung von Konjunkturschwankungen (Abweichungen vom Wachstumstrend $\bar{y}$) beschränkt. Auch die Stabilisierung anderer Fluktuationen (etwa des Wechselkurses oder der Zinsen) kann erwünscht sein. Zudem ist denkbar, daß auch der Trend $\bar{y}$ selbst von der Zielgröße y^* abweicht, die von der Wirtschaftspolitik angestrebt wird. Dann könnte Geldpolitik versucht sein, Einfluß auf die langfristige Wachstumsrate der Wirtschaft zu nehmen

Ob Stabilisierungspolitik überhaupt wünschenswert ist, hängt davon ab, welche Ursachen für die Schocks verantwortlich sind. Grundsätzlich gibt es dabei zwei völlig konträre Sichtweisen:

a) Nach keynesianischer Sicht ist die Wirtschaft inhärent instabil. Bereits geringfügige externe Schocks rufen große Output-Fluktuationen hervor, die durch aktive Stabilisierungspolitik gemildert werden sollten.

b) In neoklassischer Sicht dagegen ist die Wirtschaft grundsätzlich stabil; sie reagiert dank automatischer Stabilisatoren von sich aus optimal auf externe Schocks. Starke Schwankungen sind in dieser Interpretation nicht zuletzt gerade auf destabilisierende geldpolitische Maßnahmen zurückzuführen. [1]

Die Frage, ob Geldpolitik stabilisierend in das Wirtschaftsgeschehen eingreifen sollte, ist unter Ökonomen stark umstritten. Im Verlauf der vergangenen Jahrzehnte hat sich die Einschätzung darüber stark verändert. Lange Zeit dominierte in den Lehrbüchern die keynesianische Theorie, die sich fast ausschließlich mit der Stabilisierung kurzfristiger Schwankungen beschäftigt. Ende der 70er Jahre wurde sie von der neoklassischen Schule rationaler Erwartungen als vorherrschendes Paradigma abgelöst. Die von Robert Lucas, Thomas Sargent und Neil Wallace geprägte Schule wurde bekannt durch die Aussage, daß Geldpolitik bei rationalem Verhalten der Wirtschaftssubjekte unwirksam sei. Diese radikale Position wird jedoch heute, in den 90er Jahren, von der überwiegenden Mehrzahl der Ökonomen als falsch bezeichnet. Zunehmend gewinnen Vertreter der neuen keynesiani-

---

[1] Ähnlich gibt es zwei völlig konträre theoretische Grundvorstellungen bezüglich Wechselkursschwankungen:

a) In der einen Sicht werden die Schwankungen durch durch Devisenmarktspekulationen von Kapitalanlegern hervorgerufen. Aktive Interventionen zur Stabilisierung der Wechselkurse (etwa durch koordinierte Wirtschaftspolitik oder ein Fixkurssystem) ermöglichen aus dieser Sicht Wohlfahrtsgewinne.

b) In der gegenteiligen Sicht stellen die Schwankungen die optimale Antwort auf divergierende wirtschaftliche Entwicklungen der verschiedenen Staaten dar. Jeder Versuch zur Stabilisierung der nominalen Wechselkurse erzeugt gerade reale Verzerrungen. Devisenmarktspekulation bringt aus dieser Sicht Effizienzgewinne, weil sie zur Korrektur solcher unrealistischen, staatlich verzerrten Wechselkurse zwingt.

schen Makroökonomie wirtschaftspolitischen Einfluß. Sie haben nachgewiesen, daß Stabilisierungsmaßnahmen auch bei rationalen Erwartungen unter bestimmten Bedingungen durchaus effektiv sein können. In Kapitel 3 wird detailliert untersucht, unter welchen Bedingungen stabilisierende Geldpolitik wohlfahrtssteigernd wirken kann.

1.4 Die Kosten der Inflation

Geldwertstabilität kommt in der Öffentlichkeit eine Schlüsselfunktion zu. Der Begriff Inflation ruft automatisch negative Assoziationen hervor. Der (relative) Erfolg der Deutschen Bundesbank bei der Bekämpfung inflationärer Entwicklungen hat weltweit Bewunderung gefunden. In Ländern, die mit hohen Inflationsraten zu kämpfen haben, ist der Wunsch nach größerer Stabilität besonders stark. So wurde etwa in Brasilien am 3. Oktober 1994 Fernando Cardoso nicht zuletzt deshalb zum Präsidenten gewählt, weil es ihm als Finanzminister gelang, durch ein Stabilisierungsprogramm die Inflationsrate von 50 % pro Monat auf unter 2 % pro Monat zu drücken.

Gerade weil die Kosten von Inflation im Alltagsleben so evident erscheinen, ist es um so erstaunlicher, daß es der ökonomischen Theorie keineswegs leicht fällt, negative Auswirkungen von Inflationen theoretisch zu begründen. Eine zentrale Botschaft der mikroökonomischen Theorie besteht gerade darin, daß für reale Transaktionen nur die relativen Preise von Bedeutung sind. Weil die Nachfrage homogen vom Grade Null in allen Preisen und Einkommen ist, scheint es unerheblich, in welchen Einheiten das Numerairegut definiert wird. Wenn das nominale Preisniveau völlig irrelevant ist, wirkt Geld nur als Schleier über dem realen Sektor der Wirtschaft: Eine Verdoppelung der Geldmenge hätte nur eine Verdoppelung aller Preise zur Folge, ohne die realen Wirtschaftsaktivitäten zu beeinflussen. Wenn aber Geld in diesem Sinne neutral ist, warum sollte dann Inflation überhaupt schädlich sein?

Wer fürchtet sich vor Inflation?

Vielen Ökonomen fällt es schwer, in der Inflation ein großes Übel zu sehen - zumindest solange sie nicht allzu hoch wird. Ganz im Gegensatz dazu herrscht in der Bevölkerung eine tiefe Aversion gegen Inflation. Dies zeigt eine Umfrage von Robert Shiller (1996). Er befragte 677 zufällig ausgewählte Personen in Brasilien, Deutschland und den USA. In allen drei Ländern stimmten über 80 % der Befragten der Aussage zu, daß Inflationsbekämpfung eine der wichtigsten wirtschaftspolitischen Aufgaben darstellt. Diese Meinung wurde von der älteren Generation jeweils weit nachdrücklicher vertreten als von jüngeren Schichten. Dagegen waren die Unterschiede der Umfrageergebnisse zwischen den verschiedenen Staaten weit weniger ausgeprägt.

Den Umfragen zufolge besteht die größte Befürchtung darin, daß steigende Inflation zu einem sinkenden Lebensstandard führt. Bei einer Kontrollumfrage unter amerikanischen Ökonomen zeigte sich, daß die Einschätzung der Ökonomen gravierend von der Meinung der Öffentlichkeit abweicht – vielleicht, weil sie anhand von Modellen trainiert werden, in denen Geld nur als Schein wirkt und Geldillusion keine Rolle spielen sollte. Robert Shiller sieht eine mögliche Begründung des frappierenden Unterschieds darin, daß die Erkenntnisse der Wissenschaft erst mit langer Verzögerung von der Öffentlichkeit (den Meinungsführern) aufgegriffen werden. Eine mindestens ebenso plausible Erklärung liegt freilich darin, daß die von Ökonomen verwendeten Modelle die Kosten der Inflation nur unzureichend erfassen. Gregory Mankiw (1996) kommentiert die Umfrage so: „Certainly, the general public has a far greater distaste for inflation than the economics profession does. Perhaps we are just better informed than they are; but perhaps it is the other way round."

Offensichtlich ist Geld nicht nur ein Schleier - sonst wäre die große Aufmerksamkeit, die der Geldpolitik in der Öffentlichkeit zukommt, reine Fiktion. Die drastischste Illustration dafür, daß Geld reale Auswirkungen hat, sind die allokativen wie distributiven Wirkungen jeder Währungsreform, die im Laufe der Geschichte nur allzuoft beobachtet werden mußten. *Elias Canetti* schildert in seinem Werk *„Masse und Macht"* eindrucksvoll, welch verheerende Wirkung von der Hyperinflation Anfang der 20er Jahre in der Weimarer Republik ausging.

> Was aber geschieht nun in einer *Inflation*? Die Geldeinheit verliert ganz plötzlich ihre Persönlichkeit. Sie verwandelt sich in eine wachsende Masse von Einheiten; diese sind immer wertloser, je größer die Masse wird. Die Millionen die man immer so gern gehabt hätte, hält man plötzlich in der Hand, aber es *sind* keine mehr, sie *heißen* nur so. Alle Verläßlichkeit des Geldes ist wie weggeblasen.
>
> In der Inflation kommt also etwas zustande, was bestimmt nie bezweckt worden ist, etwas so Gefährliches, daß jeder, der irgendeine Form von öffentlicher Verantwortung trägt und es absehen könnte, davor zurückschrecken müßte: *eine doppelte Entwertung*, die aus einer doppelten Gleichsetzung entspringt. Der *einzelne* fühlt sich entwertet, weil die Einheit, auf die er sich verlließ, die er sich selber gleichachtete, ins Abgleiten geraten ist. Die *Masse* fühlt sich entwertet, weil die *Million* entwertet ist.
>
> *Elias Canetti*, Masse und Macht, Frankfurt/M.1992, S. 205 ff.

Wieso kann es zu den von *Canetti* illustrierten Auswirkungen der Inflation kommen? Auf den ersten Blick könnte Inflation ja durchaus wünschenswerte Wirkungen haben: (1) Geldschöpfung ist eine günstige Finanzierungsquelle für den Staat. Je höher die Geldschöpfung, desto weniger müssen Staatsausgaben über Steuern gedeckt werden. Die Finanzierung durch Geldschöpfung ist auch billiger als eine Kreditfinanzierung, weil mit letzterer zukünftige Zinsverpflichtungen verbunden sind. (2) Wenn es entsprechend der Phillipskurve einen Trade-Off zwischen Inflation und Arbeitslosigkeit gibt, so reduziert eine bewußte Inflationspolitik die Unterauslastung der Kapazitäten; sie würde folglich eine effizientere Allokation ermöglichen.

Bei näherer Betrachtung zeigt sich freilich, daß der Sachverhalt tatsächlich weit komplexer ist:

(1) Geldschöpfung mag auf den ersten Blick als billige Finanzierungsquelle erscheinen; effektiv aber ist sie mit einem Ressourcen-Transfer von den privaten Wirtschaftssubjekten hin zum Staat verbunden (deshalb spricht man in diesem Zusammenhang auch von der Inflationssteuer). Dieser Zusammenhang wird in Abschnitt 2.3 näher betrachtet.

(2) Ein Anstieg der Inflationsrate ist bei konstantem Nominallohn zwangsläufig gleichbedeutend mit einem sinkenden Reallohn. Wenn dieser Anstieg bei den Lohnverhandlungen nicht antizipiert wurde, dann sind die bisher bereits beschäftigten Arbeitnehmer schlechter gestellt, während die Arbeitslosen, die Dank des gesunkenen Reallohns nun Beschäftigung finden, davon profi-

tieren. Die Nettowirkung ist freilich äquivalent zu einer Senkung des Nominallohnes. Wenn dagegen der Anstieg in den Lohnverhandlungen bereits korrekt antizipiert wurde, bleibt der Reallohn von der Höhe der Inflation unberührt. In diesem Fall wiederum ist ein positiver Beschäftigungseffekt nicht zu erwarten. Inflation wäre dann - zumindest was Arbeitsmarkt und Beschäftigung angeht - tatsächlich neutral. Eine genauere Analyse erfolgt in Kapitel 3.

Ganz offensichtlich hängt die Wirkung von Inflation entscheidend davon ab, ob sie antizipiert wird. Deshalb werden im folgenden die beiden Fälle getrennt behandelt.

1.4.1 Die Konsequenzen nichtantizipierter Inflation

Häufig findet sich das Argument, Inflation reduziere den Realwert des Vermögens und bedeute somit eine schleichende Enteignung derjenigen, die Finanzkapital ansparen. Wieder ist eine differenzierte Betrachtung angebracht. Zunächst gilt: Jede Belastung der Gläubiger ist mit einer entsprechenden Entlastung der Schuldner verbunden (der Realwert der Schuld nimmt in dem Umfang ab, in dem der Realertrag der Gläubiger schwindet). Es kommt also zu einer Umverteilung zugunsten privater Schuldner beziehungsweise des Staates als den Emittenten von Staatspapieren.

Ein solcher Umverteilungseffekt ergibt sich freilich nur in dem Ausmaß, in dem die Inflation nicht antizipiert wurde. Verhalten sich die Kapitalanleger rational, dann steigt mit steigender erwarteter Inflationsrate der Nominalzins im gleichen Umfang. *Irving Fisher* hat bereits Anfang des Jahrhunderts nachgewiesen, daß der Nominalzins i dem Realzins zuzüglich der erwarteten Inflationsrate entsprechen muß. Es gilt die **Fishersche Zinsgleichung**: $i = r + \pi^e$.

Dahinter steht folgendes **Arbitrage-Kalkül**: Jeder Anleger hat die Alternative, entweder in Sachkapital (mit einer realen Rendite r) oder in Finanzanlagen (mit dem Nominalzins i) zu investieren. Erwartet er, daß die Kaufkraft der Finanzanlagen sich aufgrund der Inflation um π^e entwertet, so ist er nur dann bereit, nominale Wertpapiere zu kaufen, wenn er durch einen entsprechend höheren Nominalzins $i = r + \pi^e$ für den erwarteten Wertverlust kompensiert wird.

<u>*Die Fishersche Zinsgleichung - Ein Arbitragekalkül*</u>

Ein Anleger überlegt sich, ob er seine Ressourcen in Kapitalgüter investiert, die einen Realertrag r abwerfen, oder ob er statt dessen verzinsliche Anleihen mit der Nominalverzinsung i kaufen soll. Wenn er sich Realkapital im Umfang Y leisten kann, würde ihm diese Anlage in der nächsten Periode einen erwarteten Ertrag $P^e_{t+1}\,(1+r)\,Y$ abwerfen. Verkauft er dagegen heute die Kapitalgüter im Wert $P_t \cdot Y$, so erzielt er in der nächsten Periode den Ertrag $P_t\,(1+i)\,Y$. Im Gleichgewicht müssen beide Anlageformen den selben Ertrag abwerfen.

Das heißt, es muß gelten:

(1—1) $$1+i=\frac{P^e_{t+1}}{P_t}(1+r)\,.$$

Entsprechend der Definition der erwarteten Inflationsrate bei diskreter Betrachtung

(1—2) $$\pi^e_t=\frac{P^e_{t+1}-P_t}{P_t}$$

läßt sich diese Bedingung umformulieren zu folgender Gleichung:

(1—3) $$(1+i)=(1+\pi^e)\,(1+r)\ \text{oder}$$

(1—4) $$i=\pi^e+r+\pi^e\cdot r\,.$$

Ist das betrachtete Zeitintervall klein, so geht das Produkt $\pi^e \cdot r$ gegen Null. Als Grenzfall ergibt sich bei stetiger Betrachtung die Fishersche Zinsgleichung $i=r+\pi^e$.

Antizipierte Inflation ist insofern umverteilungsneutral; nur eine Überraschungsinflation ($\pi > \pi^e$) ruft Umverteilungseffekte hervor. Solche Umverteilungseffekte betreffen nicht nur das Vermögen, sondern auch das Einkommen: Wenn die Preise rascher als die Nominallöhne steigen, steigen die Gewinneinkommen schneller als die Lohneinkommen. Empirisch ist umstritten, ob dieser Effekt dauerhaft zu einem Lohn-Lag führen kann (dem Nachhinken der Löhne gegenüber den Preisen); schließlich gehen Inflationserwartungen in die Lohnforderungen ein. Analog zur Fisherschen Zinsgleichung passen sich auch die Nominallöhne zumindest langfristig an die Inflationserwartungen an. Dagegen sind Bezieher von Kontrakteinkommen mit geringer Verhandlungsmacht (wie Rentner, Sozialhilfeempfänger und Studenten), die ihre Einkommen nicht hinreichend schnell anpassen können, am stärksten von Umverteilungseffekten betroffen.

Empirischen Untersuchungen zufolge paßt sich auch der Zins nicht perfekt an die Inflationsrate an. Eine theoretische Erklärung dafür ist schwer zu finden; schließlich ließen sich Zinssätze und Preise im Prinzip auch ex-post an eine überraschende Inflationsentwicklung anpassen: Wenn Zinsen und Preise vollständig **indexiert** würden (d.h., jeweils automatisch an Veränderungen der Inflationsrate angepaßt würden), ließe sich grundsätzlich jegliche Umverteilungswirkung der Inflation ausschließen. Solche indexierten Kontrakte werden in der Realität jedoch kaum abgeschlossen. In der Bundesrepublik Deutschland sind sie grundsätzlich sogar verboten. Ein derartiges Indexierungsverbot scheint auf den ersten Blick ökonomisch unsinnig zu sein. Wenn als Konsequenz einer **Indexierung** aber die effektiven Widerstände gegen inflationäre Tendenzen sinken und sich damit die Anreize zur Inflationspolitik verstärken, kann ein solches Verbot durchaus angebracht sein.[2]

Die eben beschriebenen Umverteilungswirkungen werden in der Öffentlichkeit meist als wesentlicher Grund für die negative Einschätzung von Inflation angeführt. In der ökonomischen Theorie werden diese Effekte dagegen häufig als unbedeutend bezeichnet. Zum einen können sie nur vorübergehend wirksam sein: auf Dauer sind Überraschungen nicht möglich - nach entsprechenden Erfahrungen werden sich Löhne und Zinsen eben anpassen; Empfänger von Lohneinkommen werden sich langfristig ebensowenig täuschen lassen wie Bezieher von Kapitalkommen. Zum anderen werden solche redistributiven Effekte von der ökonomischen Theorie ohnehin meist vernachlässigt: Weil den Verlierern auf der anderen Seite immer auch Gewinner gegenüberstehen, ergibt sich als Nettoeffekt allenfalls eine ungerechtere Einkommens- und Vermögensverteilung. Effizienzverluste (eine Verschwendung realer Ressourcen) wären damit nicht verbunden. Es ist durchaus denkbar, daß eine Überraschungsinflation ganz im Gegenteil sogar Effizienzgewinne ermöglichen könnte (vgl. dazu Kapitel 5). Effizienzverluste als soziale Kosten der Inflation ergeben sich dagegen gerade dann, wenn die Inflation antizipiert wird.

---

2 Zur Indexierungsproblematik vgl. ausführlicher Kapitel 5 und 9.

1.4.2 Die Konsequenzen antizipierter Inflation

Die Erwartung steigender Inflation veranlaßt die Wirtschaftssubjekte, ihr Verhalten zu ändern, um den Folgen der Inflation zu entgehen. Gerade diese Verhaltensänderungen sind es, die Effizienzverluste mit sich bringen. Dabei sind vor allem zwei Effekte von Bedeutung: Zum einen wird Geldhaltung mit steigender Inflationsrate immer unattraktiver; die Nachfrage nach Bargeldhaltung geht zurück. Zum anderen nimmt die marginale Steuerlast aufgrund der Nichtindexierung der Steuersätze mit der Inflationsrate zu. Steigende Inflation verschärft damit die negativen Anreizwirkungen, die ohnehin vom Steuersystem ausgehen.

1.4.2.1 Die Opportunitätskosten der Geldhaltung

Untersuchen wir zunächst die Wirkung auf die Geldnachfrage. Entsprechend der Fisherschen Zinsgleichung paßt sich der Nominalzins an eine höhere antizipierte Inflationsrate an. Weil Geld nicht verzinst wird, erhöhen sich die Opportunitätskosten der Geldhaltung: Geld in seiner Eigenschaft als Wertaufbewahrungsmittel verliert im Vergleich zu Wertpapieren an Attraktivität. Geld zu halten, wird für die privaten Wirtschaftssubjekte kostspieliger; sie schränken dementsprechend ihre Geldnachfrage ein. Die Geldnachfrage geht mit steigendem Nominalzins zurück. Da Geld nun in geringerem Ausmaß als Transaktionsmittel genutzt wird, löst Inflation eine Verschwendung von Ressourcen aus. Die Wirtschaftssubjekte werden gezwungen, Kosten für eigentlich unnötige reale Transaktionen aufzuwenden.

Betrachten wir diese Wohlfahrtseffekte genauer anhand der Nachfrage nach realer Kassenhaltung, ausgedrückt als Anteil der Geldhaltung M (etwa in Form von Banknoten und Sichtguthaben) am nominalen Einkommen $\frac{M}{P} = kY$. Mit steigendem Zins versuchen die Wirtschaftssubjekte, weniger Geld zu halten. Sie schränken ihre durchschnittliche Kassenhaltung k ein. Die Realgeldnachfrage (und damit der Kassenhaltungskoeffizient) sinkt also mit steigendem Zins: $k(i)$ mit $\frac{\partial k}{\partial i} < 0$.

Die Einschränkung der Kassenhaltung ist äquivalent zu einer Erhöhung der Umlaufgeschwindigkeit des Geldes $(V=1/k)$. Damit aber erhöhen sich all die Transaktionskosten, die durch die Verwendung von Geld als Zahlungsmittel eingespart werden könnten.

1.4.2.1.1 Wohlfahrtsgewinn aus Geldhaltung

Die Wohlfahrtseffekte der Geldhaltung lassen sich anhand eines einfachen Nachfragediagramms für Realgeld (Abb. 1.4) charakterisieren. Bei der Entscheidung, welcher Anteil $k = \frac{M}{PY}$ am Einkommen in Form von Bargeld gehalten wird, müssen Vorteile und Kosten der Geldhaltung abgewogen werden. Bargeld verschafft Liquiditätsvorteile - etwa in Form einer Einsparung von Transaktionskosten. Je größer der bereits verfügbare Betrag an Bargeld ist, desto geringer aber ist der zusätzliche Vorteil aus weiterer Geldhaltung: der Grenzvorteil (die Grenzzahlungsbereitschaft) nimmt mit zunehmendem k ab. Die fallende Kurve in Abb. 1.4 gibt für unterschiedliche Mengen an Bargeld k diesen Grenzvorteil an. Für k_1 etwa beträgt der Grenzvorteil gerade i_1 .

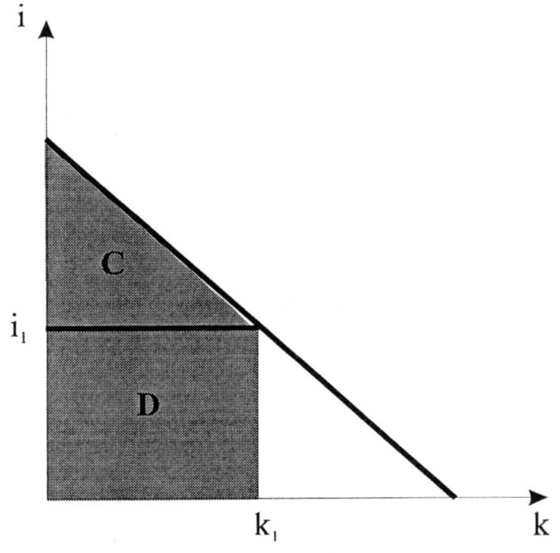

Abb. 1.4. Verlust an Konsumentenrente

Der gesamte Vorteil (die gesamte Zahlungsbereitschaft) einer Bargeldhaltung in Höhe von k_1 ergibt sich aus dem Integral der Grenzzahlungsbereitschaft für alle vorhergehenden Einheiten - er entspricht damit der schraffierten Fläche C+D unter der Kurve. Der Vorteil eines größeren Bargeldbestandes muß abgewogen werden gegenüber dem damit verbundenen Nachteil, den Opportunitätskosten in Form entgangener Verzinsung i. Optimal ist es, gerade so viel Geld zu halten, daß an der Grenze der zusätzliche Vorteil einer weiteren Einheit Bargeld den zusätzlichen Kosten (dem Zinsatz i) entspricht. Wie bei anderen Gütern läßt sich die Kurve der Grenzzahlungsbereitschaft somit als Nachfragekurve für Bargeld interpretieren: sie gibt für unterschiedliche Preise an, wieviel Bargeld jeweils gehalten wird. Der relevante Preis ist der Nominalzinssatz *i*. Zum Zinssatz i_1 wird somit gerade die Menge k_1 nachgefragt.

Die Gesamtkosten der Bargeldhaltung k_1 (in Form entgangener Zinserträge) belaufen sich beim Zinssatz i_1 auf den Betrag $k_1\,i_1$ (das Rechteck D) in Abb. 1.4. Der Nettovorteil einer Bargeldhaltung k_1 entspricht damit gerade der Fläche C.

1.4.2.1.2 Wohlfahrtsverlust aus Inflation

Steigt der Nominalzins von i_0 auf i_1, dann wird Bargeldhaltung teurer; sie geht in Abb. 1.5 von k_0 auf k_1 zurück. Der Nettovorteil der Nachfrager reduziert sich damit um die Fläche A+B. Daraus folgt unmittelbar: wird eine Inflationsrate π antizipiert, so daß deshalb der Nominalzins von $i_0 = r$ auf $i_1 = r + \pi$ steigt, dann erzeugt die Inflation bei den Nutzern von Bargeld den durch das Trapez A+B gekennzeichneten Wohlfahrtsverlust.

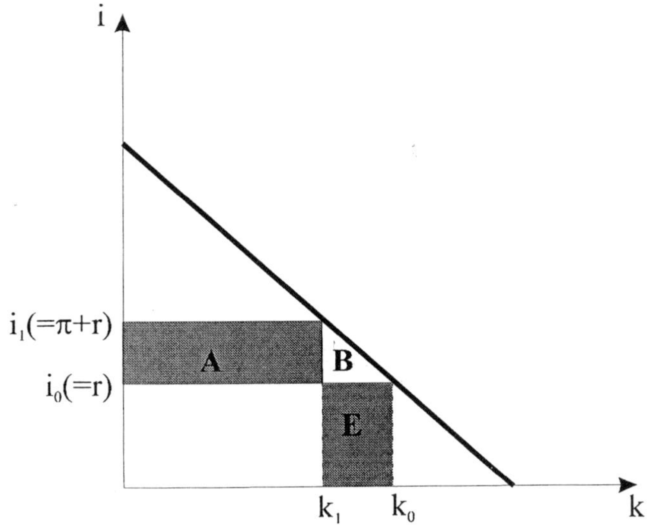

Abb. 1.5. Wohlfahrtsverlust der Inflationssteuer

Zu den Zeiten, als Bargeld als Zahlungsmittel dominierte, war eine reduzierte Kassenhaltung mit häufigeren Gängen zur Bank verbunden. Die sich dadurch ergebenden Wohlfahrtsverluste bezeichnet man deshalb bildlich als „Schuhsohleneffekt." Angesichts moderner Kommunikationsmedien fallen solche Kosten kaum mehr ins Gewicht. Die Wohlfahrtsverluste bestehen heute eher in dem vermehrten Zeitaufwand vor dem Computer-Bildschirm, der bei einer häufigeren Reallokation des Portfolios via Homebanking notwendig wird. Mit steigender Inflation richtet sich ein immer größerer Anteil der gesamtwirtschaftlichen Ressourcen auf Finanztransaktionen. Jeder verwendet immer mehr Zeit auf Aktivitäten, die zum Ziel haben, die eigenen Verluste auf Kosten anderer zu minimieren. Solche Rent-Seeking Aktivitäten gehen zu Lasten produktiver Tätigkeiten und bedeuten demnach einen ineffizienten Verbrauch knapper Ressourcen.

Den Wohlfahrtsverlusten der privaten Wirtschaftssubjekte müssen aus gesamtwirtschaftlicher Sicht die dabei anfallenden Einnahmen des Staates gegenübergestellt werden. Weil Einlagen bei der Zentralbank nicht oder jedenfalls niedriger verzinst werden als andere Anlageformen, erzielt der Staat Vorteile daraus, daß die privaten Wirtschaftssubjekte bereit sind, solche unverzinslichen Ansprüche zu halten. In dem Umfang, in dem der Staat Einnahmen aus Geldschöpfung erzielt, kann er auf eine mit Zinsverpflichtungen verbundene Kreditfinanzierung verzichten. Wenn von Produktionskosten für Geld abgesehen wird, belaufen sich diese Einnahmen je Periode gerade auf die Ersparnis an Zinszahlungen $i\,k$ (vgl. zur genauen Herleitung Abschnitt 2.3).

Inflation wirkt als Steuer auf Geldhaltung, die mit einer Umverteilung zugunsten des Staates verbunden ist. Steigt der Zins durch die Inflation von i_0 auf i_1, dann fließen dem Staat also zusätzliche Mittel in Höhe von $(i_1 - i_0)k_0$ (die Fläche A) zu. Weil die gestiegenen Zinsen aber die Geldnachfrage und damit die Steuerbasis reduzieren, gehen die Einnahmen aus Geldproduktion andererseits um den Betrag $i_0\,(k_0 - k_1)$ (die Fläche E) zurück. Der gesamte Wohlfahrtsverlust aus Inflation besteht somit in der Fläche B+E.

1.4.2.2 Verzerrung durch Steuerprogression

Würde eine korrekt antizipierte Inflationsrate die relativen Preise unverändert lassen, käme es über diesen Effekt hinaus zu keinen Verzerrungen. Weil jedoch der Grenzsteuersatz in einem Steuersystem mit Progression bei steigendem nominalen Einkommen zunimmt, läßt eine steigende Inflationsrate automatisch den Grenzsteuersatz steigen. Der Reallohn nach Steuern nimmt deshalb ebenso wie die Realverzinsung nach Steuern mit steigender Inflation ab. Dieser negative Effekt könnte durch eine automatische Anpassung der Progressionsstufen an steigende Inflationsraten vermieden werden (die Steuersätze müßten dazu indexiert, das heißt an die Inflationsrate gekoppelt werden). Die Nichtindexierung der Steuersätze führt aber zu einer Vielzahl weiterer Verzerrungen: Die Besteuerung von Nominalzinseinkommen und die steuerliche Absetzbarkeit von nominalen Zinszahlungen belastet Gläubiger und begünstigt Schuldner.

Würde sich die Wirkung auf eine reine Umverteilung zwischen verschiedenen Gruppen beschränken, könnte man sie bei einer Effizienzanalyse vernachlässigen. Entscheidend ist aber wieder, daß die Wirtschaftssubjekte in Antizipation dieser Steuereffekte ihre Vermeidungsaktivitäten intensivieren. Die ohnehin schon bestehenden verzerrenden Wirkungen des Steuersystems auf Arbeitsangebot und Ersparnis werden deshalb mit zunehmender Inflationsrate noch weiter verschärft. Als Ausweicheffekt werden all die Tätigkeiten intensiviert, die einem geringeren marginalen Steuersatz unterliegen: Arbeit wird durch Freizeit bzw. Schwarzarbeit substituiert; in einem Steuersystem mit Einkommenssteuer, das auch die Zinserträge besteuert, wird zudem Kapitalbildung zugunsten von Konsumaktivitäten eingeschränkt. So wird sowohl die Produktions- wie die Investitionstätigkeit reduziert.

In einer Studie kommt *Martin Feldstein (1996)* zu dem Schluß, daß diese Verzerrungen schon bei einer relativ niedrigen Inflationsrate ganz erheblich sein können. Dahinter steht folgende Überlegung: Wäre das Steuersystem ohne Inflation unverzerrend, würde eine geringe Inflation nur kleine Verzerrungen auslösen - sogenannte Effekte zweiter Ordnung: es würde nur zu einer leichten Abweichung von der effizienten Lösung kommen. Tatsächlich aber ist das Steuersystem an sich bereits mit starken Verzerrungen verbunden; jede zusätzliche, durch Inflation ausgelöste Verzerrung verschärft deshalb die vorher bereits bestehenden Ineffizienzen gravierend.

Wie *Feldstein (1996)* argumentiert, führt dies bei der Kapitalbesteuerung zu besonders drastischen Effekten. Ein einfaches Beispiel mag dies illustrieren: Wenn wir von einem Realzins r=3% und einem Steuersatz von 50% ausgehen, würden bei Preisstabilität dem Staat genau die Hälfte der realen Sparerträge zufallen. Eine solche Steuerlast wirkt abschreckend genug auf die Anreize zur Kapitalbildung. Eine relativ geringe Inflation in Höhe von 3% hat nun aber dramatische zusätzliche Konsequenzen: Der Nominalzins steigt auf 6%. Die Hälfte der Kapitalerträge dient nun aber ausschließlich der Kompensation der nominalen Wertverluste. Weil die Steuern jedoch auf die gesamten nominalen Zinserträge zu zahlen sind, erhält der Investor nunmehr gar keine reale Rendite mehr; der gesamte Realertrag fließt vielmehr dem Staat zu.

Offensichtlich können solche impliziten Steuersätze die Anreize zur Kapitalbildung gravierend reduzieren. Dies gilt um so mehr, wenn - wie in den USA - grundsätzlich alle nominalen Wertzuwächse besteuert werden. Die niedrigere Kapitalbildung wirkt sich negativ auf die Produktionsmöglichkeiten aus. Den

Berechnungen von *Feldstein* zufolge würde in den USA ein Rückgang der Inflationsrate um 2 % einen dauerhaften Anstieg des BIP um jährlich 1 % ermöglichen. In Deutschland dürften die negativen Effekte freilich geringer sein, weil hier hohe Freibeträge für Zinserträge bestehen und nominale Wertzuwächse weitgehend unversteuert bleiben.

Wie gezeigt, wirkt sich Inflation immer als eine (mehr oder weniger implizite) Form der Besteuerung aus. Daraus könnte man den Schluß ziehen, daß hochinflationären Ländern besonders hohe Steuereinnahmen zufließen müßten. Doch abgesehen von den bisher diskutierten Effekten, die solche Einnahmen dämpfen (dem Rückgang der Geldnachfrage als Basis der Inflationssteuer und dem Ausweichen in weniger stark besteuerte Aktivitäten), kann ein weiterer Effekt dafür verantwortlich sein, daß hohe Inflation gerade zu einem ernsthaften Finanzierungsproblem für den Staatssektor werden kann. Verzögerungen bei der Steuerabführung können nämlich bewirken, daß mit steigender Inflation die reale Steuerlast sinkt: wenn die in nominalen Einheiten festgelegten Steuern erst zu einem späteren Zeitpunkt überwiesen werden, kann aufgrund der inzwischen eingetretenen Inflation die reale Steuerlast gesunken sein. Man bezeichnet dies nach den Arbeiten von *Olivera (1967)* und *Tanzi (1978)* als *Olivera-Tanzi-Effekt.*

1.4.3 Preisanpassungskosten

Mit steigender Inflation (ob antizipiert oder nicht) müssen die Preise immer häufiger angepaßt werden. Die Kosten, die mit einer solchen Anpassung der Preise verbunden sind, bedeuten einen vermeidbaren Verzehr knapper Ressourcen. Auch dieser Effekt ließe sich bei einer Indexierung der Nominalpreise vermeiden. Die Preise könnten etwa in Einheiten einer ausländischen Währung festgelegt werden, oder in Einheiten eines realen Warenkorbs. Eine solche Indexierung ist jedoch nur sehr selten - etwa bei Hyperinflationen - zu beobachten. Ganz offensichtlich sind Nominalkontrakte mit Effizienzvorteilen verbunden; sie reduzieren die Koordinationskosten von Verträgen.

Nominalkontrakte werden aber mit steigender Inflation immer kostspieliger. Die Funktion des Geldes als verläßliche Recheneinheit kann um so weniger erfüllt werden, je höher die Inflationsrate ist. Nominale Größen übermitteln in einer inflationären Welt nur verzerrte Signale; es wird kostspielig, die korrekten Informationen herauszufiltern. Eine Differenzierung zwischen realen und rein nominalen Preisänderungen ist schon deshalb problematisch, weil dabei viele Manipulationsmöglichkeiten bestehen. Beispielsweise haben alle Ansätze, im Rechnungswesen die Effekte rein nominaler Änderungen verläßlich herauszurechnen, nur bescheidenen Erfolg. Inflation untergräbt das Vertrauen in ein stabiles Maß.

Mit steigenden Inflationsraten wird das Preisniveau in der Regel zudem auch volatiler - es kommt zu stärkeren Schwankungen der Inflationsrate. Zwar gibt es theoretisch keine überzeugende Begründung, warum mit einer höheren durchschnittlichen Inflationsrate auch die Schwankungen der Inflationsrate zunehmen sollten (schließlich könnte man erwarten, daß Schwankungen unabhängig von der Skalierung auftreten, solange keine Geldillusion vorliegt). Empirisch läßt sich aber eine starke Korrelation von Niveau und Varianz der Inflationsrate nachweisen. Eine hohe Varianz macht es noch schwieriger, die korrekten Informationen über die relativen Preise zu erkennen. Es wird zunehmend schwerer, relative von absoluten Preisänderungen zu unterscheiden.

Fehlallokationen aufgrund falscher Preisentscheidungen werden wahrscheinlicher. Risikoaverse Wirtschaftssubjekte werden zudem versuchen, sich gegen die Risiken abzusichern, die mit solchen Schwankungen der Inflationsrate verbunden sind. Sie wenden Ressourcen auf, um die Inflation besser vorhersagen zu können; bei langfristigen Kontrakten verlangen sie zusätzliche Risikoprämien oder sie schränken die Dauer der Kontrakte ein. Die mit Schwankungen des Preisniveaus verbundene Unsicherheit erhöht die realen Kosten langfristiger Investitionsprojekte: Der langfristige Nominalzins steigt zusätzlich zu der Kompensation für die im Durchschnitt erwartete Inflationsrate noch um eine Risikoprämie für die stärkeren Schwankungen. Damit aber verteuern sich die realen Kosten der Finanzierung langfristiger Kapitalanlagen. Es kommt zu einer Verzerrung zugunsten kurzfristiger Anlageformen bzw. verstärkten Konsums.

2 GELDPOLITIK IM LANGFRISTIGEN GLEICHGEWICHT: PREISSTABILITÄT

In diesem Kapitel fragen wir, wie langfristig Preisstabilität gewährleistet werden kann; dabei vernachlässigen wir kurzfristige Schwankungen. Zunächst wird der Zusammenhang zwischen Geldschöpfung, Produktionswachstum und Inflation untersucht, um zu klären, wie es überhaupt zu inflationären Prozessen kommen kann. Anschließend geht es um die Frage, wie hoch die optimale Inflationsrate aus Sicht der ökonomischen Theorie sein sollte. Dann diskutieren wir, welche Probleme bei der Inflationskontrolle auftreten können.

2.1 Einführung: Inflation in den Staaten der ehemaligen Sowjetunion

Wie kommt es zu Inflation? Betrachten wir als Beispiel die Entwicklung in den Staaten der ehemaligen Sowjetunion: Nach dem Zusammenbruch des sozialistischen Systems in Osteuropa war in vielen Ländern des ehemaligen Sowjetblocks ein dramatischer Anstieg der Inflationsrate zu beobachten. In manchen Staaten kam es hyperinflationären Entwicklungen (Tabelle 2.1). Mittlerweile haben sich die Inflationsraten in den meisten osteuropäischen Staaten wieder reduziert. Wie läßt sich die inflationäre Entwicklung erklären?

Um die Frage zu beantworten, ist es ganz wichtig, zwischen einer einmaligen Preisanpassung und der Inflation als einem Prozeß stetig steigender Preise (oder, gleichbedeutend, einem Prozeß stetigen Verfalls des Geldwertes) zu unterscheiden. Vor dem Zusammenbruch herrschte in vielen osteuropäischen Staaten ein Zustand zurückgestauter Inflation: Die handelbaren Güter waren knapp; vielfach wurden zur vermeintlichen Beruhigung der Bevölkerung nominale Einkommensteigerungen verordnet. Andererseits aber waren die Preise streng staatlich kontrolliert, und der Nachfrageüberhang, der sich aus der Diskrepanz zwischen dem knappen Angebot und der hohen nominalen Nachfrage ergab, wurde durch lange Warteschlangen rationiert.

Verbraucherpreise Osteuropa

Veränderungen in vH zum Vorjahr

	1991	*1992*	*1993*	*1994*	*1995*	*1996*	*1997*
Bulgarien	338,5	79,5	63,9	122,0	62,2	110	100
Polen	70,3	43,0	35,3	32,2	27,8	20	15
Rumänien	165,5	210,4	256,1	166,8	32,2	35	25
Slowakei	61,2	10,0	23,2	13,4	9,9	6,5	6,5
Tschechien	56,6	11,1	20,8	10,0	9,1	9	8
Ungarn	35,0	23,0	22,5	18,8	28,2	23	20
Rußland	150	2500	840	224	203,0	40	25
Ukraine	88	1150	10155	401	377,0	60	35
Weißrußland	80	1020	1577	1960	709,0	50	50
Kasachstan	--	1380	2560	1160	246,5	155	--

Quelle: Deutsches Institut für Wirtschaftsforschung, Dez. 1996

Tabelle 2.1. Entwicklung der Verbraucherpreise in Osteuropa

Am einfachsten läßt sich diese Situation mit Hilfe eines einfachen Modells von Geldangebot und -nachfrage verstehen. Bei gegebenem Transaktionsvolumen Y wollen die Wirtschaftssubjekte eine bestimmte reale Geldmenge $\frac{M^N}{P} = k^* \cdot Y$ halten. Wenn die Preise staatlich kontrolliert werden und das Geldangebot M^A überhöht ist, kommt es aufgrund des monetären Überhangs zu erzwungener Kassenhaltung

$$M^A > k^* PY \tag{2.1}$$

Der monetäre Überhang kann grundsätzlich auf drei Wegen abgebaut werden: (1) Ein Gleichgewicht auf dem Geldmarkt kann durch einen Anstieg des realen Transaktionsvolumens (d.h. steigender Produktionstätigkeit Y) erreicht werden. In Osteuropa kam es freilich genau zu der gegenteiligen Entwicklung: Offiziellen Statistiken zufolge fand ein drastischer Einbruch der Produktionsaktivität statt. Weil demnach die verfügbare Realgeldmenge im Vergleich zur gewünschten zu hoch war, konnte das Ungleichgewicht nur auf zwei anderen Wegen reduziert werden: (2) durch eine Währungsreform, wie etwa in Deutschland in den zwanziger Jahren und nach dem Zweiten Weltkrieg oder (3) durch einen Anstieg des Preisniveaus.

Beide Wege können letztlich gleichermaßen das Ungleichgewicht abbauen; sie können jedoch ganz unterschiedliche Verteilungswirkungen haben: Bei einer Währungsreform wird an die Bevölkerung ein neuer Anfangsbestand an Geldvermögen verteilt. Nur dann, wenn diejenigen, die bisher über hohe Geldbestände verfügten, auch mit einem entsprechend höheren Bestand neuer Geldscheine ausgestattet würden, käme es zu keiner Umverteilung. In der Regel aber ist eine Währungsreform mit einer gleichmäßigeren Verteilung der neuen Geldscheine auf die Gesamtbevölkerung verbunden. Diejenigen, die in der Vergangenheit (etwa aufgrund politisch privilegierter Stellung) große Geldbestände akkumuliert haben, würden sich damit verschlechtern. Anders bei einem Anstieg des Preisniveaus: Er macht die ohnehin kärglichen Sparguthaben der ärmeren Schichten rasch völlig wertlos; Inhaber großer Vermögen, die sich dank ihrer Kreditsicherheiten günstig verschulden können, profitieren davon.

Aus politischen Gründen (wohl weil die Mehrzahl der Entscheidungsträger zur letzteren Klasse gehörten) entschieden sich die osteuropäischen Staaten gegen eine Währungsreform. Der monetäre Überhang mußte somit zwangsläufig zu einem Anstieg des Preisniveaus führen. Prinzipiell ist dies ein einmaliger Anpassungsprozeß, der aber nicht abrupt in einem Schritt stattfindet, sondern über eine gewisse Zeit andauert. Sobald der Anpassungsprozeß abgeschlossen ist, würde sich der Geldmarkt im Gleichgewicht befinden; ein weiterer Preisanstieg (insbesondere eine dauerhafte inflationäre Entwicklung) ist aus dem vorher bestehenden Geldüberhang nicht erklärbar.

Für die inflationäre Tendenz wurde vielfach (insbesondere von osteuropäischen Ökonomen) die Privatisierung der Monopolbetriebe verantwortlich gemacht. Weil aufgrund der hohen Spezialisierung viele Güter häufig nur von einem Unternehmen hergestellt wurden, bestand zweifellos ein monopolistischer Preissetzungsspielraum, der Anreize zu überhöhten Preisen bot. Dieser Argumentation zufolge wird Inflation auf Monopolmacht zurückgeführt. Ganz ähnlich argumentieren manche westliche Ökonomen. Sie sehen in den 90er Jahren das Ende des inflationären Zeitalters anbrechen, weil Deregulierung und Privatisierung den Wettbewerb stimulieren und damit die Preise reduzieren (vergleiche den Bericht des *Economist*).

<u>*Das Ende der Inflation?*</u>

Roger Bootle, chief economist at HSBC Greenwell, a securities firm, has just published a study, „The End of the Inflationary Era“, in which he argues that the western world is entering a new period of price stability, similar to that which prevailed for three centuries before the second world war.

Mr. Bootle blames the surge in inflation since the war not on excess growth in demand, but on the increased power of trade unions and greater industrial monopoly power. This, he says, reduced price competition. But now, he argues, the structure of economies is becoming disinflationary. Changing technology, the dwindling power of trade unions, privatisation and growing competition from emerging economies will all help to hold down inflation.

Quelle: *Economist* vom 26.11.1994

Warum sind Erklärungen, die in Monopolmacht die Ursache für inflationäre Prozesse sehen, wenig überzeugend? Das Mißverständnis liegt darin, daß sie einen einmaligen Effekt mit einem dauerhaften inflationären Prozeß verwechseln. Zweifellos führt eine monopolistische Verzerrung auf einem Markt zu überhöhten Preisen. Nimmt die Monopolmacht auf allen Märkten zu, so kommt es gesamtwirtschaftlich zu einer Reduktion des Transaktionsvolumens und damit zu einem Anstieg des Preisniveaus. Eine dauerhafte inflationäre Entwicklung ist aber damit ebenso wenig verbunden wie umgekehrt bei einer Demonopolisierung eine Reduktion der Inflationsrate erwartet werden kann. Monopolmacht geht nur dann mit einer höheren Inflationsrate einher, wenn monopolistische Verzerrungen Anlaß für eine expansivere Geldpolitik sind. Wir werden später (im Kapitel 5) untersuchen, unter welchen Bedingungen dies der Fall sein kann.

Wie bei vielen anderen historischen Beispielen liegt der Grund für die inflationären Entwicklungen in den Staaten der ehemaligen Sowjetunion aber in der exzessiven Geldschöpfung, die angesichts unzureichender Steuereinnahmen zur Finanzierung der Staatsausgaben beitragen sollte. Dem Staat fließen aus der Geldschöpfung Einnahmen zu, allerdings nur dann, wenn das von ihm angebotene Geld von den privaten Wirtschaftssubjekten auch nachgefragt wird. Ein zu starkes Wachstum der Geldmenge wirkt inflationär. Im folgenden wollen wir diesen Zusammenhang genauer untersuchen.

2.2 Der Zusammenhang zwischen Geldschöpfung, Wachstum und Inflation

Das Verständnis der komplexen Wirkungszusammenhänge wird erleichtert, wenn wir stationäre Gleichgewichte betrachten - langfristige Zustände, in denen alle Märkte zu jedem Zeitpunkt im Gleichgewicht sind und alle Größen zudem mit konstanter Rate wachsen. Deshalb vernachlässigen wir in diesem Kapitel kurzfristige Schwankungen und gehen davon aus, daß flexible Preise für einen permanenten Ausgleich von Angebot und Nachfrage auf allen Märkte sorgen. Die Auswirkung kurzfristiger Störungen untersuchen wir erst im nächsten Kapitel. Wir beginnen unsere Analyse mit der Frage, welche Faktoren das allgemeine Preisniveau in einer Volkswirtschaft zu einem bestimmten Zeitpunkt determinieren.

2.2.1 Gesamtwirtschaftliches Gleichgewicht bei flexiblen Preisen

Das allgemeine Preisniveau bestimmt sich aus dem Zusammenspiel zwischen aggregiertem Angebot und aggregierter Nachfrage. Das Angebot in einer Volkswirtschaft gibt an, wieviel in einer Volkswirtschaft produziert werden kann. Dies hängt von den verfügbaren Ressourcen sowie vom technischen Wissen ab. Abgesehen von Schwankungen im Auslastungsgrad der Wirtschaft kann bei vorgegebenem Faktoreinsatz (der gesamtwirtschaftlichen Menge an Arbeit N und dem gesamtwirtschaftlichen Kapitalstock K) und bei gegebenem technischen Wissen maximal nur die Menge produziert werden, die durch die gesamtwirtschaftliche Produktionsfunktion: $Y = F(N, K)$ bestimmt ist. Der Kapitalbestand ist durch die Investitionsentscheidungen in der Vergangenheit festgelegt. Kurzfristig wird er als gegeben betrachtet; langfristig verändert er sich in Abhängigkeit von den durchgeführten Investitionen.

Für die Höhe des Arbeitseinsatzes sind Angebots- und Nachfrageentscheidungen auf dem Arbeitsmarkt ausschlaggebend. Auf kompetitiven Märkten bestimmt sich die gesamtwirtschaftliche Nachfrage nach Arbeit aus dem Grenzprodukt der Arbeit, abgeleitet aus der Produktionsfunktion bei gegebenem Kapitalstock. Im Gleichgewicht entspricht das Grenzprodukt der Arbeit dem Reallohn.

(2.2)
$$\frac{\partial Y}{\partial N} = \frac{W}{P}$$

Die Grenzproduktkurve (vgl. Abb. 2.1) determiniert die Nachfragefunktion nach Arbeit $N^N\left(\frac{W}{P}\right)$: mit sinkendem Reallohn nimmt die Arbeitsnachfrage zu.

Die Entscheidungen der Arbeitnehmer über Freizeit und Güterkonsum bestimmen das Arbeitsangebot. Sofern Vermögenseffekte keine Auswirkungen auf die Arbeitsentscheidungen haben, ist die Angebotsfunktion $N^A\left(\frac{W}{P}\right)$ nur von den relativen Preisen (dem Reallohn) abhängig. In Abb. 2.1 nimmt das Arbeitsangebot mit dem Reallohn monoton zu; aufgrund von Einkommenseffekten ist ein solcher Verlauf freilich nicht zwingend.

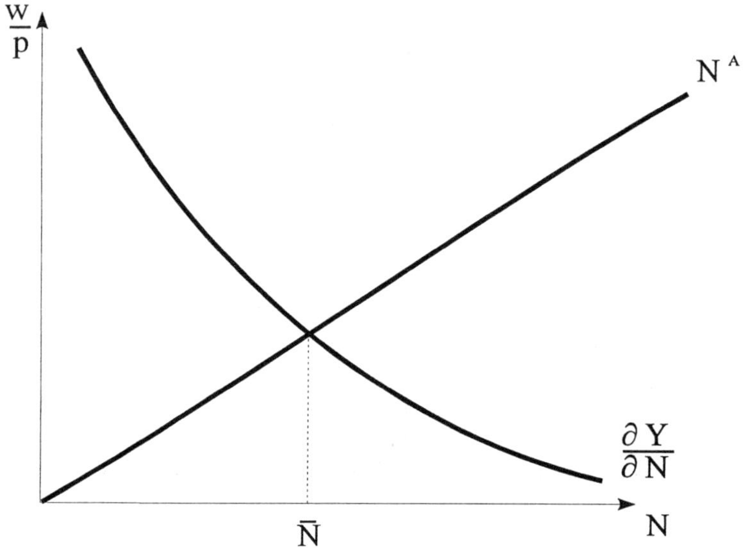

Abb. 2.1. Arbeitsmarkt

Der Schnittpunkt zwischen Arbeitsangebots- und Arbeitsnachfragekurve $N^N\left(\frac{W}{P}\right) = N^A\left(\frac{W}{P}\right)$ ergibt die Menge an Arbeit $\overline{N}$, die sich bei flexiblen Preisen und Löhnen als Gleichgewicht in der Volkswirtschaft einspielt. Entsprechend der partiellen Produktionsfunktion $Y = F(N, \overline{K})$ leitet sich daraus bei gegebenem Kapitalstock $\overline{K}$ auch das Vollbeschäftigungsgleichgewicht $\overline{Y}$ ab (vgl. Abb. 2.2).

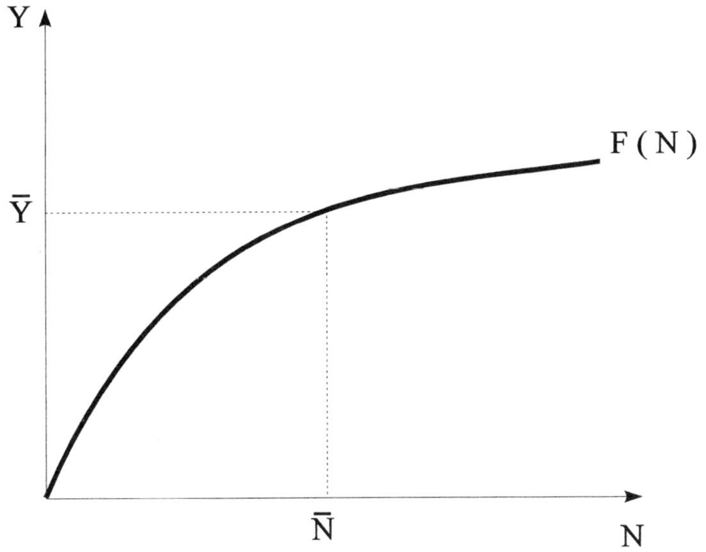

Abb. 2.2. Partielle Produktionsfunktion

$\bar{Y}$ stellt somit das Produktionsniveau bei Vollbeschäftigung dar. Weil bei Preisflexibilität Änderungen des Preisniveaus keinen Einfluß auf $\bar{Y}$ haben, ist die langfristige Angebotskurve vom Preisniveau unabhängig; sie verläuft parallel zur *p*-Achse (vgl. Abb. (2.3).

Das gesamtwirtschaftliche Gleichgewicht ist durch den Schnittpunkt von aggregierter Angebots- und Nachfragefunktion bestimmt. Sind Löhne und Preise vollkommen flexibel, wird das gesamtwirtschaftliche Produktionsniveau allein von der Güterangebotsseite determiniert. Wie sich die Nachfrage aus privatem Konsum, privaten Investitionen, Staatsnachfrage und Nettoexportnachfrage zusammensetzt, ist dabei irrelevant. Nachfrageverschiebungen (etwa Verschiebungen zwischen staatlicher Nachfrage und privater Nachfrage oder zwischen Konsum und Investition) bestimmen allein, wie sich das BIP auf die einzelnen Nachfragekomponenten aufteilt. Erhöht sich die gesamtwirtschaftliche Nachfrage (etwa wegen einer Zunahme der Nettoexporte oder gestiegenem Geldvermögen), verschiebt sich die Nachfragekurve nach oben; wegen der unelastischen Angebotskurve hat dies aber keine Auswirkungen auf das Produktionsniveau, sondern erhöht nur das allgemeine Preisniveau *P*. Gleiches gilt bei einem Rückgang der Nachfrage: Bei flexiblen Preisen passen sich Preise und Löhne so an, daß weiterhin Vollbeschäftigung auf dem Arbeitsmarkt herrscht.

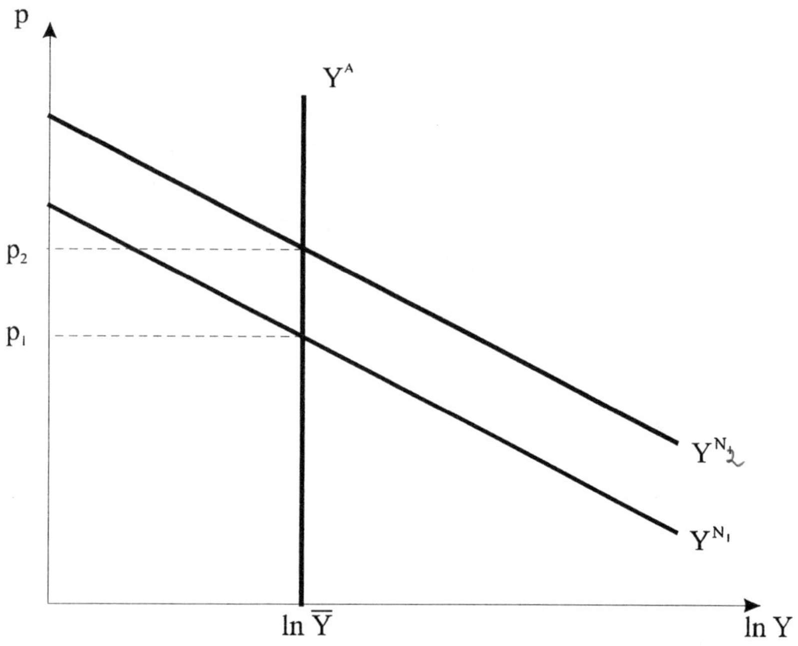

Abb. 2.3. Gesamtwirtschaftliches Gleichgewicht bei flexiblen Preisen

Viele Preise und Löhne sind jedoch zumindest für einen gewissen Zeitraum rigide; sie passen sich nur langsam an veränderte Bedingungen an. Aus diesem Grund kann es kurzfristig zu Abweichungen vom langfristigen Produktionsniveau kommen. Die kurzfristige Angebotsfunktion wird in Kapitel 3 abgeleitet. Die in Abb. 2.3 eingezeichnete Kurve gibt nur die langfristige Angebotsfunktion wider, nachdem sich alle Preise an Nachfrageverschiebungen angepaßt haben.

2.2.2 Die Ineffizienz des gesamtwirtschaftlichen Gleichgewichts

Würde auf allen Güter- und Faktormärkten perfekter Wettbewerb herrschen, könnte Arbeitslosigkeit im langfristigen Gleichgewicht überhaupt nicht vorkommen. In der Realität sind jedoch sowohl Güter- wie Arbeitsmärkte alles andere als perfekt. Auch wenn es auf den ersten Blick paradox erscheint, kann deshalb selbst im langfristigen Vollbeschäftigungsgleichgewicht $\overline{Y}$ durchaus ein hohes Maß an (*friktioneller*) Unterbeschäftigung vorliegen. Das Gleichgewichtsniveau $\overline{Y}$ liegt dann unter dem sozial optimalen Produktionsniveau Y^*: $\overline{Y} < Y^*$. In dem Ausmaß, in dem damit auch das Beschäftigungsniveau $\overline{N}$ vom sozial effizienten Niveau N^* abweicht, herrscht auch im Gleichgewicht Arbeitslosigkeit:

$$\bar{u} = \frac{N^* - \bar{N}}{N^*} \tag{2.3}$$

Bei dieser Form von Unterbeschäftigung handelt es sich nicht um ein konjunkturelles, sondern um ein strukturelles Problem. Weil konjunkturelle Maßnahmen zur Bekämpfung dieser Form von Unterbeschäftigung weitgehend wirkungslos sind, wird die Arbeitslosenrate $\bar{u}$ in der Literatur häufig (in einer recht unglücklichen Formulierung) als „natürliche" Arbeitslosenrate bezeichnet. Damit ist die Arbeitslosigkeit gemeint, die bei flexiblen Preisen und Löhnen nicht durch eine aktive Nachfragepolitik beseitigt werden kann.

Lange Zeit fiel es den Ökonomen schwer, solch strukturelle Ineffizienzen zu erfassen. Dies liegt daran, daß als Standardmodell der ökonomischen Theorie das neoklassische Modell vollkommener Konkurrenz verwendet wird. Wie die Fundamentaltheoreme der Wohlfahrtstheorie nachweisen, entspricht in einer neoklassischen Welt perfekter Märkte das Vollbeschäftigungsgleichgewicht immer einer effizienten Allokation. Das Produktionsniveau, das die gesamtwirtschaftliche Wohlfahrt (die gesamtwirtschaftlichen Konsummöglichkeiten unter Berücksichtigung des damit verbundenen Arbeitsleides) maximiert, fällt unter diesen Bedingungen immer mit dem gesamtwirtschaftlichen Gleichgewicht $\bar{Y}$ zusammen.

Eine Vielzahl von Faktoren kann aber dafür verantwortlich sein, daß die Produktion im Marktgleichgewicht ineffizient niedrig ist, und auf dem Arbeitsmarkt dementsprechend strukturelle Unterbeschäftigung vorliegt. Erst in jüngster Zeit ist es gelungen, einfache Makromodelle zu entwickeln, die solche Ineffizienzen erfassen.[1] In all diesen Ansätzen sind verschiedene Externalitäten dafür verantwortlich, daß Produktion und Beschäftigung im Vergleich zur sozial optimal Lösung zu niedrig ausfallen. Wir wollen nur einige Beispiele herausgreifen:

Sucharbeitslosigkeit: In einer Wirtschaft, die strukturellem Wandel unterworfen ist, befindet sich ein Teil der potentiellen Arbeitskräfte, unabhängig von konjunkturellen Schwankungen, auf der Suche nach neuen Jobs, die den veränderten Rahmenbedingungen entsprechen. Eine ganze Reihe von Gründen können verantwortlich dafür sein, daß der Suchprozeß nicht effizient abläuft: etwa mangelnde Organisation der Arbeitsvermittlung; oder auch die Tatsache, daß die Suchintensität sowohl auf Seiten der Arbeitnehmer wie der Arbeitgeber aufgrund externer Effekte ineffizient niedrig ist.

Verzerrungen des Arbeitsangebots wegen Besteuerung: Die Einkommensteuer treibt einen Keil zwischen Brutto- und Nettolohn; durch andere Lohnnebenkosten wird dieser Keil noch verstärkt. Während die Arbeitnehmer ihre Angebotsent-

---

1 Für einen Überblick vgl. Mankiw/Romer (1991), Illing (1992) sowie Romer (1995).

scheidungen am realen Nettolohn $\frac{W^n}{P}$ orientieren, hängt die Arbeitsnachfrage vom Bruttolohn $\frac{W^b}{P}$ ab, der $\frac{W^n}{P}$ um den Steuersatz τ übersteigt. Die effektive Arbeitsangebotsfunktion dreht sich deshalb nach links (vgl. Abb. 2.4). Beim Marktgleichgewicht mit einer Beschäftigung $\overline{N}$ (und der entsprechenden Produktionsmenge $\overline{Y}$) entsteht ein Wohlfahrtsverlust, weil die Steuereinnahmen $\tau\frac{W^b}{P}$ niedriger sind als der aus der Besteuerung resultierende Verlust an Konsumenten- und Produzentenrente. In Abb. 2.4 ist der Wohlfahrtsverlust durch das schraffierte Dreieck gekennzeichnet.

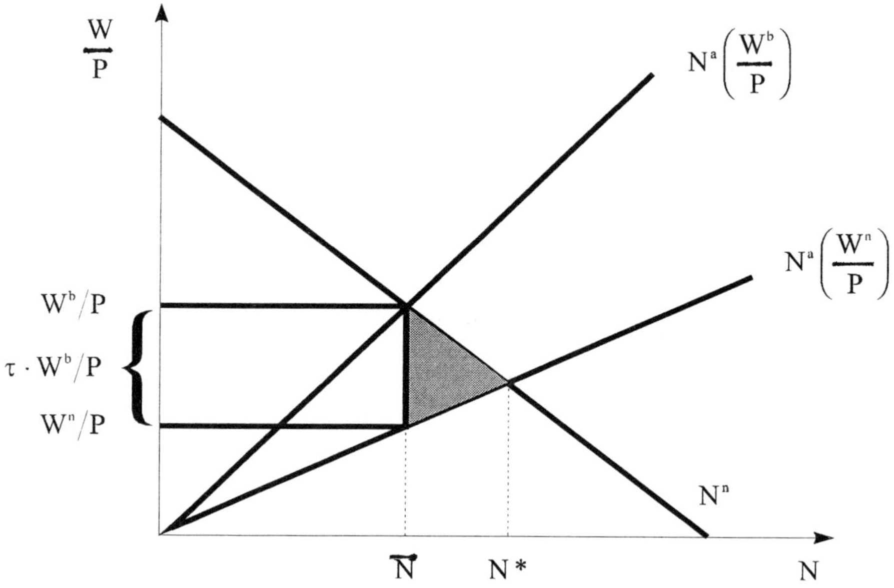

Abb. 2.4. Verzerrungen des Arbeitsangebots wegen Steuerlast

Monopolmacht: Monopolmacht auf Seiten der Unternehmen oder auf Seiten der Arbeitnehmer bewirkt, daß im Vergleich zum sozial effizienten Beschäftigungsniveau gesamtwirtschaftlich zu wenig Arbeit eingesetzt und damit zu wenig produziert wird. Betrachten wir als Beispiel eine Ökonomie mit einer Vielzahl von Unternehmen, die jeweils für das von ihnen produzierte Gut einen monopolistischen Preissetzungsspielraum haben. Im einfachsten Fall sind alle Unternehmen symmetrisch und sehen sich einer Nachfrage mit konstanter Nachfrageelastizität $\varepsilon > 1$ gegenüber. Die optimale Preisstrategie besteht darin, einen Preis zu setzen, der entsprechend der Monopolregel einen Aufschlag $\left(1-\frac{1}{\varepsilon}\right)$ auf die Grenzkosten enthält.

Gehen wir zunächst von einem kompetitiven Arbeitsmarkt aus. Während also auf den vielen Produktmärkten jeweils kleine Monopole bestehen, konkurrieren alle Unternehmen um eine große Zahl homogener Arbeitskräfte. Die Arbeitsnachfrage des einzelnen Unternehmens orientiert sich an der Regel, daß der mit einer zusätzlichen Arbeitskraft erzielte Grenzerlös gerade dem Lohnsatz entsprechen muß:

(2.4)
$$\left(1-\frac{1}{\varepsilon}\right)\frac{\partial Y}{\partial N}=\frac{W}{P}.$$

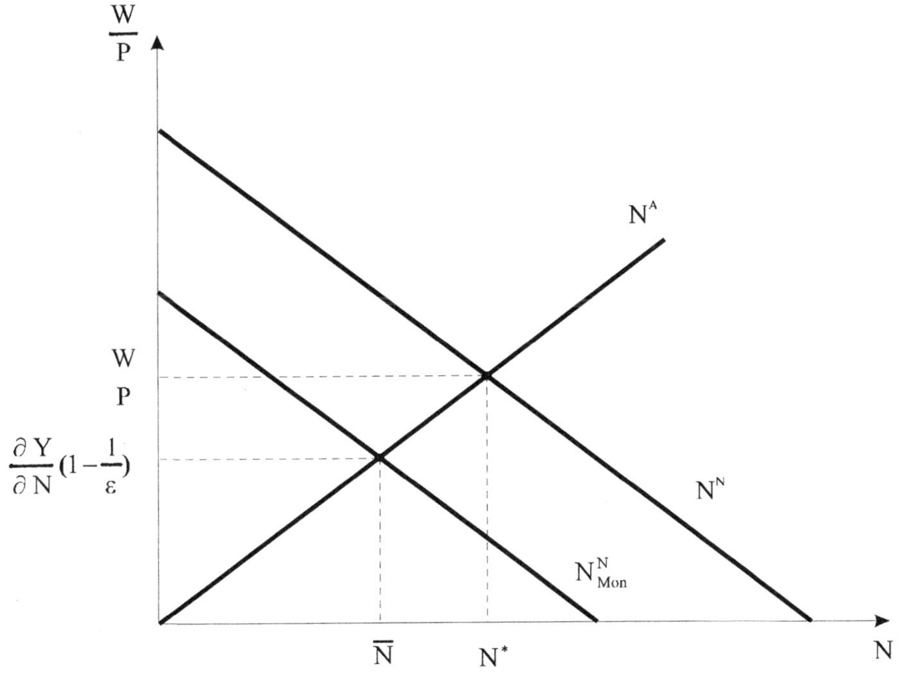

Abb. 2.5. Die Preissetzungskurve N^N_{Mon}

Die Monopolmacht der Unternehmen verschiebt die aggregierte Gesamtnachfrage nach Arbeit über alle Unternehmen im Vergleich zu der durch Gleichung **(2.2)** bestimmten Nachfrage bei kompetitiven Gütermärkten nach links (vgl. die Kurve

N_{Mon}^{N} in Abb. 2.5). Je unelastischer die Nachfrage (je höher der monopolistische Spielraum), desto stärker die Verschiebung der Kurve. Die Kurve läßt sich gesamtwirtschaftlich als **Preissetzungskurve** interpretieren. Das gesamtwirtschaftliche Gleichgewicht ist einfach durch den Schnittpunkt von Preissetzungskurve und Arbeitsangebotskurve charakterisiert. Der monopolistische Preisspielraum bewirkt, daß der aggregierte Arbeitseinsatz $\overline{N}$ im Vergleich zur optimalen Lösung N* ineffizient niedrig ist (vgl. Abb. 2.5) und damit auch das Produktionsniveau zu niedrig ausfällt. Aufgrund der Monopolmacht der Unternehmen auf den Gütermärkten liegt der Reallohn unter dem effizienten Niveau.

Eine realistischere Betrachtung berücksichtigt zudem auch Unvollkommenheiten auf dem Arbeitsmarkt. Solche Unvollkommenheiten verstärken die eben abgeleiteten Aussagen noch: Wenn sich auch die Arbeitsanbieter monopolistisch verhalten, läßt sich ganz analog eine **Lohnsetzungskurve** konstruieren, die links oberhalb der kompetitiven Angebotskurve verläuft *(vgl.* die Kurve N_{Mon}^{A} in Abb. 2.6*)*. Zwar ist nun der Gesamteffekt auf den Reallohn unbestimmt (je nachdem, ob die Monopolmacht der Unternehmen auf dem Gütermarkt oder die Monopolmacht der Arbeitsanbieter auf dem Arbeitsmarkt überwiegt, liegt er unter oder über dem Niveau bei vollkommener Konkurrenz). Beide Effekte aber lösen einen Rückgang der Beschäftigung aus, so daß sich die negative Wirkung auf Beschäftigung und Produktion kumuliert (eine ausführliche Analyse findet sich in *Franz 1996)*.

Eine exakte gesamtwirtschaftliche Analyse ist natürlich weit komplexer als die hier angestellten Überlegungen. Eine Vielzahl von makroökonomischen Modellen mit monopolistischer Konkurrenz (auf dem Arbeits- oder Gütermarkt) zeigen aber, daß sich die Wirkungen monopolistischer Verzerrungen durch eine Verschiebung der effektiven Arbeitsnachfrage- bzw. Angebotsfunktion nach links darstellen läßt. Auf makroökonomischer Ebene ruft Monopolmacht Nachfrageexternalitäten hervor, die für ein gesamtwirtschaftlich ineffizient niedriges Produktionsniveau verantwortlich sind.

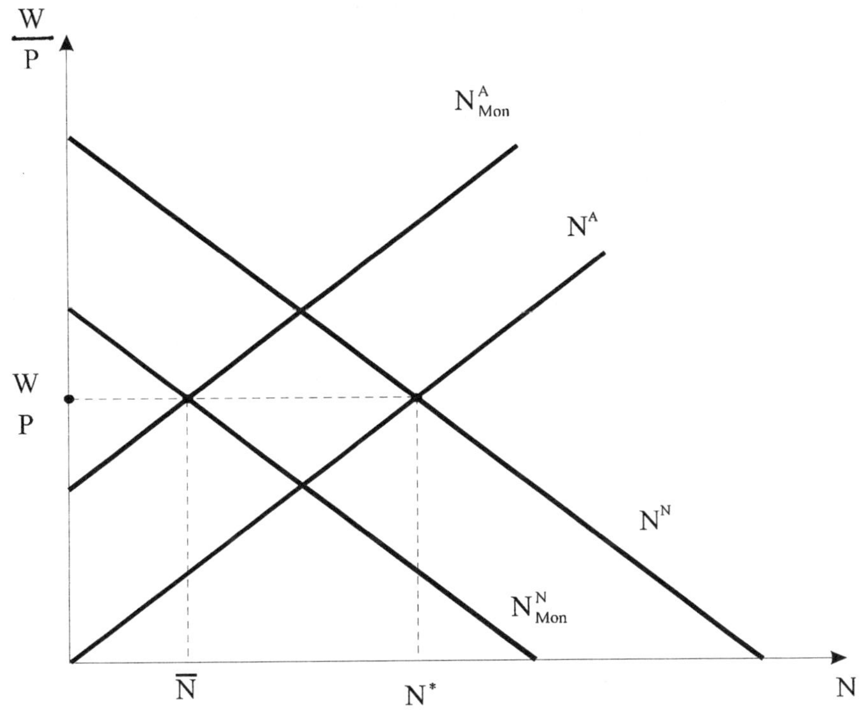

Abb. 2.6. Preissetzungs- und Lohnkurve

Wie die Beispiele zeigen, können negative externe Effekte ganz unterschiedlicher Art dafür verantwortlich sein, daß das Beschäftigungsniveau ineffizient niedrig ausfällt. Den größten Erfolg bei der Korrektur dieser Ineffizienzen versprechen wirtschaftspolitische Maßnahmen, die unmittelbar an den beschriebenen Ineffizienzen ansetzen: dazu können etwa eine effizientere Arbeitsvermittlung (z.B. durch Konkurrenz privater Vermittlungsagenturen), der Abbau von Lohnnebenkosten oder die Intensivierung von Wettbewerb auf Arbeits- und Produktmärkten beitragen. Eine Grunderkenntnis der ökonomischen Theorie besagt ja, daß der wirksamste Weg zur Wohlfahrtsverbesserung im direkten Abbau der Ineffizienzen liegt.

In vielen Fällen aber sind solche strukturellen Maßnahmen ganz einfach nicht durchführbar. Das Produktionsniveau $\overline{Y}$ stellt dann nur eine Second Best-Lösung dar, die unter dem sozial erwünschten Niveau liegt: $Y^* > \overline{Y}$.

2.2.3 Gleichgewicht auf dem Geldmarkt: Die Quantitätstheorie

Die gesamtwirtschaftliche Nachfrage in Abb. 2.3 geht mit steigendem Preisniveau zurück. Dahinter steht die Überlegung, daß ein Anstieg des allgemeinen Preisniveaus das Realvermögen der privaten Wirtschaftssubjekte und damit ihre Nachfrage reduziert. Im einfachsten Fall läßt sich die gesamtwirtschaftliche Nachfragefunktion aus der simplen Quantitätsgleichung ableiten, die eine stark vereinfachte Beschreibung des Gleichgewichts auf dem Geldmarkt liefert.

Gemäß der Quantitätsgleichung wird das Geldangebot M^A direkt von der Zentralbank kontrolliert.[2] Die privaten Wirtschaftssubjekte fragen Geld nach, weil sie bei ihren Transaktionen das vom Staat bereitgestellte Geld (Bargeld und Banknoten) als Zahlungsmittel verwenden. Der Bedarf an Zahlungsmitteln ist um so höher, je mehr Transaktionen geplant werden. Der mit steigender gesamtwirtschaftlicher Nachfrage $Y(t)$ zunehmende Transaktionsbedarf löst eine entsprechende Nachfrage an zusätzlichen Transaktionsmitteln aus. Um die gleiche Menge an realen Transaktionen durchführen zu können, muß zudem mit steigendem Preisniveau die Nominalgeldmenge gleichermaßen steigen. Die Nachfrage nach staatlich geschaffenem Geld (der Geldbasis) steigt somit proportional zur nominalen gesamtwirtschaftlichen Nachfrage:

(2.5) $$M^N(t) = k\ P(t)\ Y(t) \text{ bzw. } \frac{M^N(t)}{P(t)\ Y(t)} = k$$

Im folgenden unterstellen wir zunächst als einfachsten Fall, daß der Kassenhaltungskoeffizient k und damit - als Inverse - die Umlaufgeschwindigkeit des Geldes (definiert als $V = \frac{1}{k} = \frac{PY}{M}$) konstant sind. Im Gleichgewicht muß die Geldnachfrage dem Geldangebot entsprechen: $M^A(t) = M^N(t) = M(t)$, so daß:

(2.6) $$M = kPY$$

Durch Logarithmieren dieser Gleichung ($\ln M = \ln k + \ln P + \ln Y$) ergibt sich:

(2.7) $$m = \ln k + \ln Y + p$$

---

2 In modernen Finanzsystemen erfolgt der Großteil der Geldversorgung über private Kreditinstitute. Die Zentralbank kontrolliert nur das sogenannte Zentralbankgeld (die Geldbasis). Die Quantitätstheorie unterstellt einen stabilen Zusammenhang zwischen der Menge an Zentralbankgeld Z und dem Geldangebot M^A: $M^A = z \cdot Z$. Vgl. dazu ausführlicher Abschnitt 2.4.

Aus dieser Bedingung folgt für die gesamtwirtschaftliche Nachfragefunktion: Bei gegebener nominaler Geldmenge ist ein Anstieg der gesamtwirtschaftlichen Güternachfrage nur dann mit einem Gleichgewicht auf dem Geldmarkt vereinbar, wenn das Preisniveau sinkt. Bei gegebenem Produktionsniveau y und gegebener Geldmenge m spielt sich das allgemeine Preisniveau durch den Schnittpunkt zwischen y^N und y^A ein.

Eine Erhöhung des nominalen Geldangebots verschiebt die gesamtwirtschaftliche Nachfragekurve nach oben (vgl. Abb. 2.3). Sind die Preise flexibel (und ist die Angebotskurve dementsprechend völlig unelastisch), so ruft eine solche Nachfragesteigerung ausschließlich Preiseffekte hervor. Im langfristigen Gleichgewicht muß das Preisniveau proportional mit der Geldmenge wachsen: $\Delta\ p = \Delta\ m$.

2.2.4 Geldmengenwachstum und Inflation

Bisher untersuchten wir den Zusammenhang zwischen Preisniveau, Geldmenge und gesamtwirtschaftlicher Produktion anhand des Gleichgewichts zu einem bestimmten Zeitpunkt. In einer dynamischen Analyse sind wir aber an den Wachstumsraten der gesamtwirtschaftlichen Größen interessiert. Schließlich bedeutet Inflation π ja nicht eine einmalige Veränderung, sondern einen **dauerhaften** Anstieg des Preisniveaus: $\pi = \dot{P}/ P$. Wie kann es zu einem solch dauerhaften Anstieg kommen? Die Beziehung zwischen den Wachstumsraten erhalten wir durch die Ableitung von Gleichung (2.7) nach der Zeit[3]:

(2.8) $$\mu = \pi + y + \dot{k}/ k\ .$$

μ bezeichnet die Wachstumsrate der Geldmenge ($\mu = \dot{M}/ M$); y die Wachstumsrate des BIP $(y = \dot{Y}/ Y)$; $\dot{k}/ k$ schließlich ist die Änderungsrate des Kassenhaltungskoeffizienten.

Hier wird - wie im gesamten Buch - die Wachstumsrate des BIP $g_Y = \dot{Y}/ Y$ mit dem Logarithmus des BIP gleichgesetzt: $g_Y = y = \ln Y$. Eine genaue Analyse müßte für die beiden Größen eigentlich unterschiedliche Symbole verwenden. Der Grund für die Gleichsetzung liegt darin, daß wir im Lauf des Buchs meist nur an einem Vergleich zwischen zwei Zeitpunkten interessiert sind. Beim Vergleich

3 Zur Beziehung zwischen Wachstumsrate und logarithmischem Niveau vgl. S. 12.

zwischen den beiden Zeitpunkten t=0 und t=1 bestimmt sich aber der logarithmische Wert des Produktionsniveaus gemäß der Beziehung: $y_1 = y_0 + g_Y$ (zur Ableitung vgl. S. 12). Bei gegebenem Anfangswert y_0 liefern somit y_1 und g_Y die gleiche Information. Es macht keinen Unterschied, ob wir den Endwert oder die Wachstumsrate betrachten. Die Normierung des Anfangswerts auf $Y_0 = 1$ bzw. $\ln Y_0 = y_0 = 0$ rechtfertigt damit die Gleichsetzung $y = y_1 = g_Y$.

Aus dem selben Grund ist es beim Vergleich zwischen zwei Zeitpunkten egal, ob wir das Preisniveau zum Endzeitpunkt oder die Veränderung des Preisniveaus (die Inflationsrate) verwenden. Gesamtwirtschaftliches Angebot und Nachfrage, in Abb. 2.3 im *(P, ln Y)*-Raum abgebildet, lassen sich somit genauso auch im (π, y)-Raum darstellen (vgl. Abb. 2.7). Das Wachstum y von Nachfrage und Angebot ist dann eine Funktion der Inflationsrate $\pi = p - p_0$ - jeweils ausgehend vom Anfangsniveau y_0 bzw. p_0. Über die Beziehung zwischen Arbeitsangebot, Beschäftigung und Produktion läßt sich die Angebotsfunktion - wie in Abb. 2.7 - auch in eine Phillipskurve überführen - den Zusammenhang zwischen Inflation und Arbeitslosenrate .

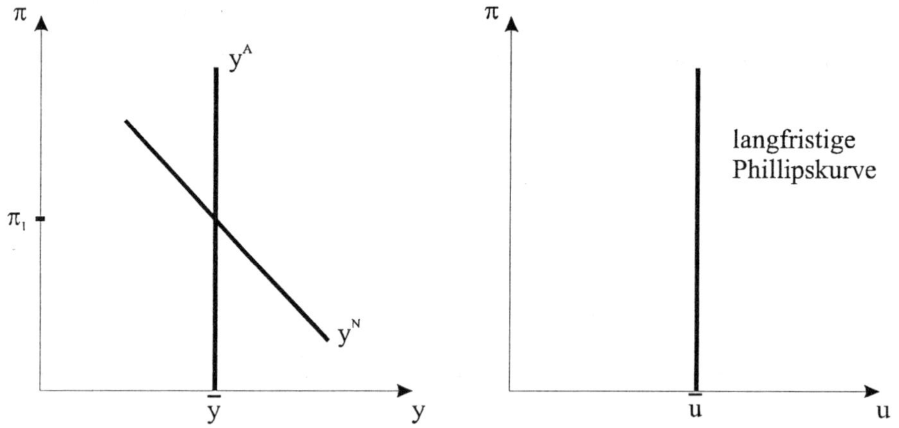

Abb. 2.7. Langfristige Angebots- und Phillipskuve

2.2.4.1 Die Quantitätstheorie in einer wachsenden Wirtschaft

Sofern sich der Kassenhaltungskoeffizient k nicht verändert ($\dot{k} = 0$), liefert Gleichung (2.8) eine einfache Beziehung zwischen den Wachstumsraten von Preisniveau, Geldmenge und Produktionsniveau:

$$\pi = \mu - y \,. \qquad (2.9)$$

Ein stetiges Wachstum der Geldmenge mit der konstanten Rate $\mu = \frac{\dot{M}}{M}$ ist nun genau dann mit Preisstabilität vereinbar, wenn das Geldangebot nur in dem Umfang wächst, in dem die Realgeldnachfrage aufgrund steigenden Produktionsniveaus zunimmt *($\mu = y$)*. Der zusätzliche Transaktionsbedarf wird dann durch die zusätzliche Geldschöpfung gerade abgedeckt. Wächst die Geldmenge dagegen stärker als das Produktionsniveau, so ergibt sich eine Inflation entsprechend der Differenz der beiden Wachstumsraten.

Zunächst freilich stellt Beziehung *(2.8)* eine reine Identität dar; sie wird erst dann aussagekräftig, wenn Hypothesen darüber formuliert werden, durch welche Faktoren die verschiedenen Wachstumsraten determiniert sind.

Die ***Quantitätstheorie*** in der einfachsten Form stellt folgende Hypothesen auf:

a) Die Wachstumsrate der Wirtschaft y hängt (zumindest langfristig, wenn von kurzfristigen Störungen abgesehen wird) nicht von der Inflationsrate ab.

b) Der Kassenhaltungskoeffizient k verändert sich in einem stationären Gleichgewicht nicht, d.h. $\dot{k} = 0$.

c) Die Geldmenge und damit auch ihre Wachstumsrate μ kann direkt von der Zentralbank gesteuert werden.

Unter diesen Bedingungen ist Inflation ein rein monetäres Phänomen: Notwendige und hinreichende Voraussetzung für einen langfristigen Anstieg des Preisniveaus ist ein entsprechendes Wachstum der Geldmenge. Würde die Quantitätstheorie in dieser einfachen Form zutreffen, dann ließe sich Inflation ganz einfach über die Steuerung der Geldmenge kontrollieren. Geldpolitik wäre eine recht langweilige Tätigkeit; sie könnte einem Computer überlassen werden, der automatisch die vorprogrammierte optimale Politik ausführt.

Tatsächlich jedoch ist die Aufgabe, die Inflationsrate zu kontrollieren, weit komplexer und damit auch spannender. Der Rest des Buchs wird sich mit verschiedenen Aspekten befassen, die diese Aufgabe erschweren. Weil die Annahmen der Quantitätstheorie, wenn überhaupt, nur in stark modifizierter Form zutreffen, muß eine realistische Analyse eine Vielzahl zusätzlicher Faktoren berücksichtigen. So kann die Zentralbank mit Hilfe ihrer Instrumente nur indirekt auf die Entwicklung der Geldmenge Einfluß nehmen; sie hängt auch vom Verhalten der Geschäftsbanken und der privaten Wirtschaftssubjekte ab. Zudem ist die Geldnachfrage (und damit der Kassenhaltungskoeffizient k) keine fixe Größe, sondern leitet sich aus dem Optimierungskalkül der Nachfrager ab. Sie kann je nach Einkommenselastizität mit steigendem Einkommen zu- oder abnehmen; sie kann sich auch aufgrund anderer Faktoren (etwa von Finanzinnovationen) verändern. Weil die Realgeldnachfrage zinsabhängig ist $(k=k(i))$, der Nominalzins sich aber an die Entwicklung der Inflationsrate anpaßt, geht die gewünschte Kassenhaltung k beispielsweise mit steigender Inflationsrate zurück. Zudem kann auch die Wachstumsrate y des Produktionsniveaus von der Inflationsrate beeinflußt werden.

Sofern diese Zusammenhänge bekannt und damit prognostizierbar sind, erschweren sie zwar die Geldpolitik, machen eine exakte Steuerung der Inflationsrate aber nicht prinzipiell unmöglich. Die Schwierigkeiten, die sich angesichts stochastischer Störungen ergeben, werden erst in Abschnitt 2.4 und in Kapitel 4 diskutiert. Zunächst unterstellen wir jedoch, daß die Zentralbank das Geldmengenwachstum perfekt kontrollieren kann und damit auch die Inflationsrate π festlegt. In den folgenden Abschnitten 2.2.4.2 und 2.2.4.3 untersuchen wir, welche Modifikationen sich bei Zinsabhängigkeit der Geldnachfrage ergeben, und diskutieren den Zusammenhang zwischen Inflation und Wirtschaftswachstum. Abschnitt 2.3 stellt dann die Frage, nach welchen Kriterien die langfristige Inflationsrate bestimmt werden sollte.

2.2.4.2 Zinsabhängige Geldnachfrage

Wie in Kapitel 1 abgeleitet, geht die Nachfrage nach Realgeld mit steigendem Zins zurück $(k=k(i))$, weil die Opportunitätskosten der Geldhaltung zunehmen. Führt ein Anstieg der Inflationsrate gemäß der Fisherschen Zinsgleichung $i = r + \pi^e$ zu einem Anstieg der Nominalzinsen, so ergeben sich also negative Auswirkungen auf die reale Kassenhaltung. Die Folgen von Änderungen des Geldmengenwachstums können sich demnach nicht allein auf die Anpassung der Inflationsrate beschränken. Bei der Analyse der Konsequenzen müssen wir zwischen langfristigem Gleichgewicht und kurzfristiger Anpassung unterscheiden. Betrachten wir als Ausgangspunkt eine Situation langfristigen Gleichgewichts: Geldmenge und Inflation wachsen mit konstanter Rate; Zinssatz $i = r + \pi^e$ und Inflationserwartungen $\pi^e = \pi = \mu - y$ entsprechen den Gleichgewichtswerten; die nachgefragte Kassenhaltung entspricht zu jedem Zeitpunkt dem Geldangebot:

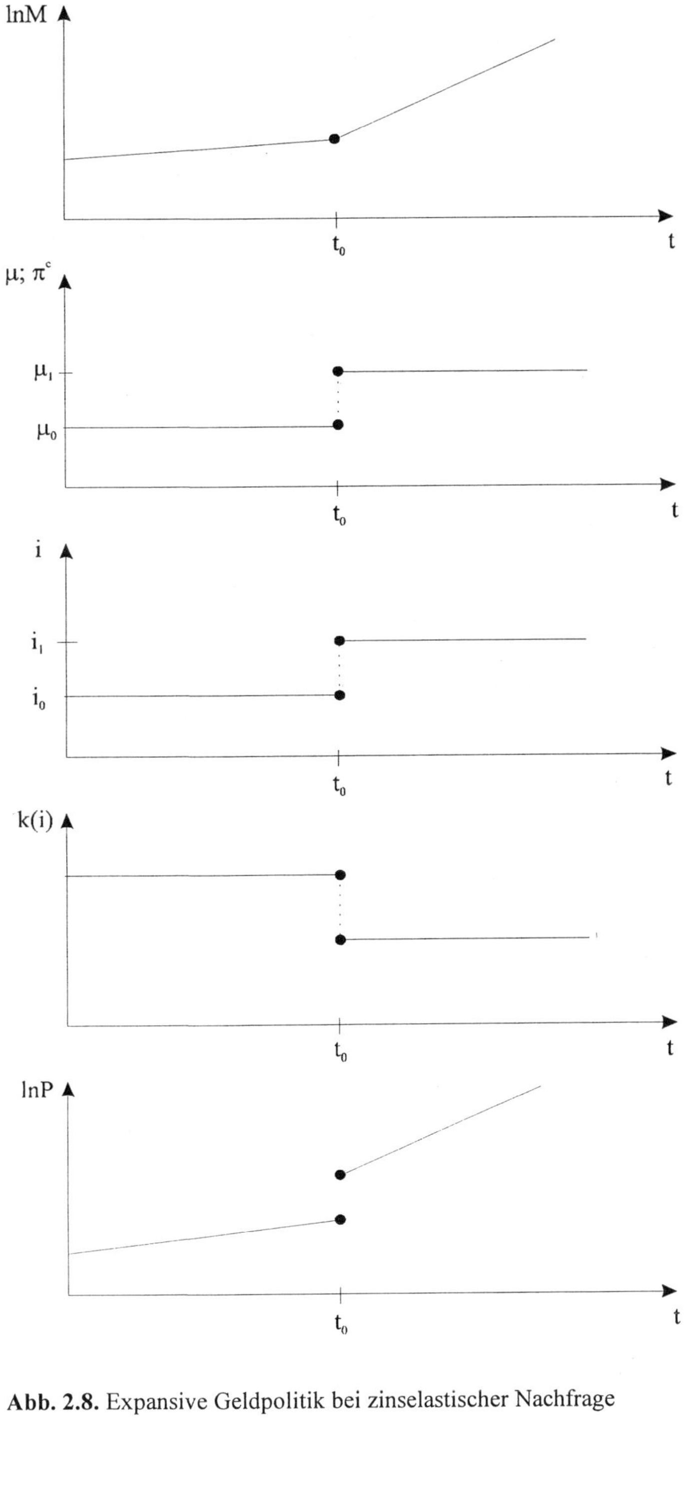

Abb. 2.8. Expansive Geldpolitik bei zinselastischer Nachfrage

$$k\,(r+\mu-y)=\frac{M}{P\,Y} \tag{2.10}$$

Zum Zeitpunkt t_0 erfolge nun ein Wechsel zu einer dauerhaft expansiveren Politik (vgl. Abb. 2.8). Das stärkere Geldmengenwachstum geht einher mit einer entsprechend höheren Inflationsrate. Wird die neue Politik von den Wirtschaftssubjekten unmittelbar durchschaut, dann passen sich Zinssatz und Inflationserwartungen - wie in Abb. 2.8 gezeigt - sofort durch eine Verschiebung nach oben an dieses höhere Niveau an. Zugleich aber führt die expansivere Politik zu einem Rückgang der Realgeldnachfrage. In t_0 verschiebt sich k deshalb umgekehrt abrupt nach unten. Damit aber würde sich ein Ungleichgewicht zwischen Geldangebot und Geldnachfrage ergeben. Es kann nur dadurch ausgeglichen werden, daß das Preisniveau in einer Übergangsphase stärker steigt als die Geldmenge.

Bei völlig flexiblen Preisen wird das Ungleichgewicht (wie in Abb. 2.8) sofort durch einen Sprung des Preisniveaus nach oben abgebaut. $P(t_0)$ muß dabei so stark ansteigen, daß die rechte Seite von Gleichung (2.10) an das neue reduzierte Nachfrageniveau angepaßt wird. Weil Preise sich in der Realität aber nicht abrupt anpassen, sondern nur verzögert reagieren, wird die Inflationsrate für einen gewissen Zeitraum (bis zur Anpassung der Preise an das neue langfristige Gleichgewichtsniveau) über dem neuen langfristigen Niveau liegen. Statt eines einmaligen Niveaueffektes kommt es also zu einem temporären Überschießen. Ähnliche Phänomene können sich auch aufgrund anderer struktureller Verschiebungen ergeben (etwa einer Änderung der langfristigen Wachstumsrate oder einer Änderung der Steuerstruktur). Aus dem gleichen Grund müßte es umgekehrt beim Versuch, die Inflation auf eine niedrigeres Niveau zu senken, durch die dadurch ausgelöste Stimulierung der Geldnachfrage in der Übergangsphase zu einem überproportionalen Rückgang der Inflation kommen. Soll dies vermieden werden, müßte die Geldmenge zunächst nach oben an das gestiegene Nachfrageniveau angepaßt werden, bevor das Geldmengenwachstum abgebremst wird.

2.2.4.3 Superneutralität des Geldes

Ob von Inflation - abgesehen von dem im vorangehenden Abschnitt beschriebenen Effekt auf die Geldnachfrage - auch andere reale Auswirkungen ausgehen, ist umstritten. Der entscheidende Punkt bezieht sich auf die Frage, ob Inflation das langfristige Realeinkommen (bzw. dessen Wachstumsrate) beeinflußt. Dies bezeichnet man als die Frage nach der *Superneutralität* des Geldes. Langfristig ist Geld ja in dem Sinne neutral, daß eine einmalige Veränderung der Geldmenge nur eine entsprechende proportionale Änderung des Preisniveaus hervorruft. Von Superneutralität des Geldes spricht man dann, wenn auch eine Veränderung der Wachstumsrate des Geldes (und damit eine Änderung der Inflationsrate, also der

Wachstumsrate des Preisniveaus) abgesehen von dem Effekt auf die Geldnachfrage keine Realwirkungen ausübt.

In Standardmodellen der **neoklassischen Wachstumstheorie** sind langfristige Wachstumsrate und Realzins allein durch technologische Faktoren, Bevölkerungswachstum und Präferenzen bestimmt. Die **Wachstumsrate** y der Volkswirtschaft hängt von der Wachstumsrate der Bevölkerung sowie der (exogenen) Rate des technischen Fortschritts ab. Der **Realzins** bestimmt sich dann unabhängig von der Inflationsrate aus der Summe aus y und der **Zeitpräferenzrate** $\delta: r = y + \delta$. Die Inflationsrate kann unter solchen Bedingungen zwar nicht die Wachstumsrate beeinflussen, wohl aber das Niveau des Realeinkommens. Die Wirkung hängt davon ab, wie Ersparnis und Kapitalakkumulation auf Änderungen der Inflationsrate reagieren. Bleibt die Kapitalintensität unverändert, dann ist Geld **superneutral**. Dies trifft aber nur unter sehr speziellen Bedingungen zu. Es gibt freilich ebenso gute Gründe anzunehmen, eine höhere Inflationsrate gehe mit höherer oder aber niedrigerer Kapitalintensität einher. Gleichermaßen plausible Hypothesen führen zu völlig entgegengesetzten Schlußfolgerungen.

James Tobin (1965) zufolge investieren die Wirtschaftssubjekte bei zunehmender Inflation verstärkt in Realkapital. Er unterstellt dabei eine **substitutive** Beziehung zwischen den Vermögensanlagen Realkapital und Realgeldhaltung. Weil eine höhere Inflationsrate Geldhaltung als Anlageform unattraktiv macht, verschiebt sich die Zusammensetzung des Portfolios zugunsten eines stärkeren Anteils an Realkapital. Bleibt die gesamte Vermögensbildung konstant, dann ermöglicht die mit steigender Inflationsrate einhergehende höhere Kapitalbildung einen Anstieg des Pro-Kopf-Einkommens.

Dieser **Tobin-Effekt** ist aber keineswegs robust. *Tobin* geht von einer substitutiven Beziehung zwischen Geldhaltung und Realkapitalbildung aus und betont damit implizit die **Wertaufbewahrungsfunktion** des Geldes. Wenn dagegen zwischen beiden Anlageformen (etwa wegen Liquiditätsrestriktionen) eine komplementäre Beziehung besteht, dann ergibt sich umgekehrt eine negative Beziehung zwischen Inflation und Realkapital. Dies ist immer dann der Fall, wenn Geld überwiegend zu Transaktionszwecken gehalten wird: Wenn Geld essentiell für die Finanzierung von Realinvestitionen ist, dann verteuert ein Anstieg der Inflationsrate nicht nur die Geldhaltung, sondern gleichzeitig auch die Investitionen. Falls also Geld als Transaktionsmittel ein zu Kapital komplementärer Produktionsfaktor ist, reduziert Inflation das Grenzprodukt dieses komplementären Faktors und wirkt sich so negativ auf das Realeinkommen aus.

Die **moderne Wachstumstheorie** bestimmt die Wachstumsrate endogen. Änderungen des Anlageverhaltens können sich dann nicht nur auf das Niveau, sondern auch auf die Wachstumsrate selbst auswirken. Unter solchen Bedingungen läßt sich ein Einfluß der Inflationsrate auf die langfristige Wachstumsrate ableiten.

Wieder gilt freilich, daß gleichermaßen plausible Hypothesen zu völlig entgegengesetzten Schlußfolgerungen führen. Sofern eine komplementäre Beziehung zwischen Geld und Kapital besteht, reduziert Inflation nun die langfristige Wachstumsrate. Ein plausibler Mechanismus basiert darauf, daß ein Anstieg der Inflation verstärkt Ressourcen in die Produktion von Finanzdienstleistungen lenkt. Damit aber werden Ressourcen aus produktiven Sektoren abgezogen, die über ihren Beitrag zu Forschung und Entwicklung sowie zur Bildung von Humankapital zu verstärktem Wachstum beitragen könnten. Ein Überblick über verschiedene Modellansätze, die Geld in endogene Wachstumsmodelle integrieren, findet sich in *Howitt (1993).*

Wenn Inflation die Wachstumsrate senkt, betragen die potentiellen Gewinne einer Reduktion der Inflationsrate ein Vielfaches der Gewinne, die in Standardmodellen mit exogener Wachstumsrate denkbar sind. Auf der anderen Seite aber können sich bei endogenem Wachstum auch die Kosten vervielfachen, die mit einem Rückgang der Inflation verbunden sind. Wie in Kapitel 3 gezeigt wird, führt eine restriktive Politik wegen kurzfristiger Rigiditäten zumindest temporär zu einem Rückgang von Produktion und Beschäftigung. Modelle mit endogenem Wachstum sind nun in der Regel durch multiple Gleichgewichte charakterisiert, in denen der tatsächliche Gleichgewichtspfad von den Anfangsbedingungen abhängt. Das aber bedeutet, daß temporäre Schocks dauerhafte Wirkungen auslösen können, die noch lange bestehen bleiben, nachdem der auslösende Faktor bereits lange verklungen ist. Dieses Phänomen bezeichnet man als **Hysteresis**. Kommt es - ausgelöst durch eine restriktive Geldpolitik zur Senkung der Inflation - zu einem Anstieg der Arbeitslosenrate, so können solche Hysteresiseffekte dafür verantwortlich sein, daß die Arbeitslosigkeit auch langfristig auf dem höheren Niveau verharrt.

Empirische Studien weisen auf eine negative Beziehung zwischen durchschnittlicher Inflationsrate und durchschnittlicher Wachstumsrate hin. Nach Schätzungen von *Stanley Fischer (1993)* ist bei einem Anstieg der jährlichen Inflationsrate von 5 auf 50 Prozentpunkte ein Rückgang der Wachstumsrate um 1,8 Prozentpunkte zu beobachten. Seinen Berechnungen zufolge ist diese Beziehung nichtlinear: Bei niedrigen Inflationsraten ist sie nicht nachweisbar (schon allein deshalb, weil in den letzten Jahrzehnten kaum Beispiele für Perioden niedriger Inflation zu finden sind); bei sehr hohen Inflationsraten nimmt der marginale Effekt auf die Wachstumsrate wieder ab. Eine Vielzahl anderer Studien kommt zu ähnlichen Ergebnissen.[4]

---

[4] *Heitger (1985)* führte eine der ersten detaillierten ökonometrischen Cross Section Studien durch. *De Gregorio (1993)* untersuchte lateinamerikanische Staaten. Einen aktuellen Überblick bieten *Gylafson/ Herbertsson (1996).*

Die Ergebnisse sind allerdings mit Vorsicht zu interpretieren, weil nicht zwingend gelten muß, daß die höhere Inflation das niedrigere Wachstum ausgelöst hat. Die **Kausalitätsbeziehung** kann wesentlich komplexer sein. Ungünstige strukturelle Eigenschaften können für das niedrigere Wachstum verantwortlich sein; daraus resultierende fehlende Steuereinnahmen könnten einen Zwang zur verstärkten Geldschöpfung ausüben. Die empirischen Ergebnisse lassen allerdings den Schluß zu, daß hohe Inflation für langfristiges Wachstum nicht förderlich ist.

Gleichgültig, welcher Effekt letztlich dominiert, wir werden im folgenden zur Vereinfachung davon ausgehen, daß Geld superneutral ist. Die Wachstumsrate der Volkswirtschaft, Realzins sowie Pro-Kopf-Einkommen werden als exogen betrachtet.

2.3 Die optimale Inflationsrate

Nachdem wir in den vorhergehenden Abschnitten den Zusammenhang zwischen Geldschöpfung und Inflation geklärt haben, stellt sich nun die Frage, welche Inflationsrate langfristig angestrebt werden sollte: Wie hoch ist die optimale Inflationsrate π^*?

Bei dieser Bestimmung geht es um das Abwägen zwischen Kosten und Vorteilen der Inflation. Wenn die Bedingung der Superneutralität des Geldes erfüllt ist, bestehen die Kosten der Inflation in den bereits in Kapitel 1 diskutierten Wohlfahrtsverlusten. Dem stehen als langfristige Vorteile einer Inflationspolitik die Einnahmen gegenüber, die dem Staat aus dieser Finanzierungsquelle zufließen. Hochinflationäre Entwicklungen sind meist nur dann zu beobachten, wenn Staaten über keine alternativen Finanzierungsmöglichkeiten verfügen. Wir werden deshalb zunächst den Zusammenhang zwischen Geldschöpfung und staatlicher Budgetbeschränkung genauer betrachten und dann versuchen, anhand verschiedener Kriterien das optimale Maß an Geldschöpfung festzulegen.

2.3.1 Seigniorageeinnahmen und Geldschöpfung

Der Staat ist Angebotsmonopolist für die Beschaffung von Zentralbankgeld. Intuitiv leuchtet ein, daß Geldschöpfung dem Staat Ansprüche über reale Ressourcen verschafft. Früher entstanden Geldschöpfungs- bzw. Seigniorageeinnahmen direkt als Münz - oder Prägegewinn des Staates: Die Kosten der Prägung (im wesentlichen der Preis für die gekauften Metalle) waren niedriger als die Einnahmen, weil das Metall durch die Prägung mehr wert wurde. Aus der Differenz zwischen den Einnahmen durch den Verkauf von Münzen und den angefallenen Kosten konnten prächtige Paläste finanziert werden.

Gold - eine unrentable Vermögensanlage

Die Notenbanken legen die unverzinslichen Einlagen ihrer Kunden meist recht rentabel in Staatspapieren und Fremdwährungsreserven (etwa Dollarguthaben in Form verzinslicher US-Rentenpapiere) an. Dagegen werfen die Goldbestände, in denen Zentralbanken traditionellerweise einen Teil ihres Vermögens angelegt haben, schon seit langem eine sehr magere Rendite ab. Während Gold in Zeiten hoher Inflation als Alternativanlage attraktiv ist, geht die spekulative Nachfrage mit abnehmender Inflationsrate immer mehr zurück. Weil Gold an sich keine Erträge abwirft (der Bestand im Tresor vermehrt sich ja nicht von selbst), müßte der Goldpreis (ähnlich wie der Ölpreis) entsprechend der Hotelling-Regel mit dem Zinssatz steigen, wenn das Metall eine anderen Anlageformen vergleichbare Rendite abwerfen sollte. Der Goldpreis hält sich jedoch (genau wie der Ölpreis) nicht an diese Regel. Hätten die Notenbanken ihre Goldbestände rechtzeitig versilbert (und den Verkaufserlös in verzinsliche Anlagen investiert), könnten sie weit höhere Erträge vorweisen.

So ist es nicht verwunderlich, daß manche Notenbanken zur Bereinigung ihrer Portfoliostruktur immer heftiger mit dem Verkauf der Goldbestände liebäugeln. Angesichts der schwindenden Bedeutung hoher Goldbestände als Signal für die Solidität einer Zentralbank erscheint ein solcher Assettausch grundsätzlich sinnvoll. Würden alle Zentralbanken ihre Goldbestände verkaufen, ergäben sich aber verheerende Auswirkungen auf den Goldpreis (und damit auf die politische Lage der Produzentenstaaten Südafrika und Rußland). Schließlich verfügen die Zentralbanken über Goldreserven von 35 000 Tonnen, das Zwölffache der weltweiten Jahresproduktion.

Derzeit ist das Motiv für Goldverkäufe allerdings vor allem im Versuch einer staatlichen Bilanzkosmetik zu sehen. Weil die Goldbestände in der Regel unter ihrem Marktwert bilanziert sind, entsteht bei der Aktivierung der Reserven bilanztechnisch ein Wertzuwachs. Durch diese Art kreativer Buchführung läßt sich das offizielle Verschuldungsniveau eines Staates elegant reduzieren. So hat etwa die belgische Zentralbank im März 1996 32% ihrer Goldreserven im Wert von 11 Mrd. DM verkauft, um einen Beitrag zum Abbau der hohen Staatsverschuldung zu leisten. Selbst wenn durch Sterilisierungsmaßnahmen eine Ausweitung der Geldmenge beim Verkauf der Goldbestände verhindert wird, sollte man einer solchen Bilanzkosmetik mit Skepsis begegnen.

Die Kosten der Geldproduktion fallen heutzutage kaum ins Gewicht; sie betragen nahezu Null. Die Papier- und Druckkosten für einen Tausendmarkschein sind im Vergleich zu der dadurch geschaffenen Kaufkraft vernachlässigbar gering. Ein Großteil der Geldschöpfung erfolgt nicht direkt durch den Kauf von Gütern (etwa zum Bau prächtiger Zentralbankpaläste), sondern indem die Zentralbank Wertpapiere kauft. Die Wertpapiere bringen Zinseinnahmen, während Zentralbankeinlagen in der Regel unverzinslich sind oder nur eine geringe Verzinsung abwerfen. In einer modernen Geldwirtschaft bestehen also die Seigniorагegewinne vor allem in zukünftigen Zinseinnahmen - oder anders formuliert: in der Ersparnis an Zinszahlungen, die der Staat leisten müßte, wenn er sich auf dem Kapitalmarkt verschulden würde.

2.3.1.1 Die intertemporale Budgetrestriktion des Staates

Machen wir uns dies klar, indem wir die Finanzierungsalternativen des Staates betrachten. Er kann a) Steuern erheben; b) Wertpapiere ausgeben (Neuverschuldung durch Staatspapiere) und schließlich c) Geld drucken. Die Zentralbank betrachten wir dabei in diesem Abschnitt als einen Teil des Staates. Alle Einnahmen, die ihr zufließen, werden deshalb in der Budgetbeschränkung des Staates saldiert. Wie sich im Verlauf des Buches zeigen wird, gibt es zwar gute Gründe dafür, der Zentralbank gegenüber den staatlichen Behörden Unabhängigkeit einzuräumen, um so die Geldpolitik gegen politischen Druck etwa zur Finanzierung des Staatsdefizits (durch den Aufkauf von Staatsschuldtiteln gegen Ausgabe von Zentralbankgeld) resistent zu machen. Auch die Übertragung der Einnahmen aus Geldschöpfung (der Gewinne aus Zentralbanktätigkeit) auf das Staatsbudget könnte durch entsprechende Regeln erschwert werden. All das ändert aber nichts an der Tatsache, daß eine korrekte staatliche Vermögensbilanz auch die Einnahmen aus Geldschöpfung als Finanzierungsquelle verbuchen sollte.

Die Interdependenzen zwischen den verschiedenen Finanzierungsalternativen werden durch die intertemporale Budgetbeschränkung des Staates erfaßt. Wie bei Unternehmen und privaten Haushalten entsteht immer dann ein staatliches Defizit (ein Anstieg der Verschuldung auf dem Kapitalmarkt), wenn die laufenden Ausgaben die laufenden Einnahmen übersteigen. Die Ausgaben setzen sich aus den aktuellen Staatsausgaben G sowie den in der Vergangenheit eingegangenen Zinsverpflichtungen zusammen. Wenn B_0 den Nettoschuldenstand des Staates bezeichnet, dann entspricht bei Staatspapieren mit unendlicher Laufzeit die jährliche Finanzierungslast dem Produkt aus Zins und Staatsschuld $i \cdot B_0$. Im Gegensatz zur Privatwirtschaft erzielt der Staat seine Einnahmen im wesentlichen über Zwangsbeiträge (den Steuern T) sowie durch Geldschöpfung. Staatliche Geldschöpfung ist gleichbedeutend mit der Zunahme der Geldbasis - dem vom Staat kontrollierten Zentralbankgeld. Zur Vereinfachung unterstellen wir im folgenden, daß dies der Veränderung der Geldmenge $\dot{M}$ entspricht. Die Budgetrestriktion des Staates lautet dann:

$$\dot{B} + \dot{M} = G - T + iB . \tag{2.11}$$

$G - T$ bezeichnet man als Primärdefizit, $i \cdot B_o$ ist die nominale Zinsbelastung.

Das kreditfinanzierte Budgetdefizit $\dot{B}$ muß durch Neuemission verzinslicher Staatspapiere am Kapitalmarkt gedeckt werden. Der Schuldenstand B kann allerdings nicht beliebig wachsen, weil sonst irgendwann einmal der Anteil der Zinsverpflichtungen an den laufenden Gesamtausgaben untragbar hoch wird (zur Tragfähigkeit der Staatsverschuldung vgl. ausführlicher Kapitel 9).

Ein rein nominelles Wachstum ist aber für die Frage der Finanzierung der realen Staatsschuld irrelevant, weil Steuern und Staatsausgaben im gleichen Umfang steigen. Die entscheidende Größe ist vielmehr die Realverschuldung. Die realen Größen erhält man, indem statt den nominalen Größen Anteile am nominalen Inlandsprodukt betrachtet werden. So ist die Schuldenquote definiert als Anteil der Verschuldung am Inlandsprodukt: $b = \frac{B}{PY}$. Entsprechend bezeichnet $g = \frac{G}{PY}$ die Ausgabenquote und $\tau = \frac{T}{PY}$ die Steuerquote. Das reale Primärdefizit berechnet sich aus der Differenz $g - \tau$. Die Entwicklung der Schuldenquote im Zeitablauf ist durch folgende fundamentale Gleichung bestimmt (zur Herleitung vgl. nächste Seite):

$$\dot{b} = g - \tau + (i - \pi - y)b - \mu \cdot k \tag{2.12}$$

Die Schuldenquote wächst, wenn die Summe aus Primärdefizit sowie der realen Zinsbelastung die Geldschöpfungseinnahmen $\mu \cdot k$ (alle Größen definiert als Anteil am Inlandsprodukt PY) übersteigen. Bei der Berechnung der realen Zinsbelastung ist eine Bereinigung um Wachstums- und Inflationseffekte notwendig: Zinsrückzahlungen sind leichter möglich, wenn die Steuereinnahmen als Folge von Wirtschaftswachstum in Zukunft entsprechend stark steigen; dagegen sind rein nominelle Zinszahlungen unerheblich, sofern die Inflationsrate von den Kreditgebern korrekt antizipiert wird. Weil $i = r + \pi^e$, ist der relevante Zinssatz die Differenz $r - y$ zwischen Realzins und Wachstumsrate der Wirtschaft. Im folgenden analysieren wir in der Regel stationäre Zustände (Steady States). Im Steady State bleibt die Realverschuldung konstant, d.h. $\dot{b} = 0$.

<u>*Entwicklung der Schuldenquote:*</u>

Die staatliche Budgetrestriktion (2.11) $\dot{B} + \dot{M} = G - T + iB$ läßt sich umformen zu:

$$\text{(2.11a)}\quad \frac{\dot{B}}{B} = \frac{G}{B} - \frac{T}{B} + i - \frac{\dot{M}}{B} = \frac{g}{b} - \frac{\tau}{b} + i - \frac{\dot{M}}{M}\frac{M}{PY}\frac{1}{b}.$$

Die Änderungsrate der Schuldenquote $b = \frac{B}{PY}$ erhält man durch Logarithmieren und Ableiten nach der Zeit:

$$\text{(2.11b)}\quad \frac{\dot{b}}{b} = \frac{\dot{B}}{B} - \frac{\dot{P}}{P} - \frac{\dot{Y}}{Y} = \frac{\dot{B}}{B} - \pi - y\text{, so daß gilt: } \frac{\dot{B}}{B} = \frac{\dot{b}}{b} + \pi + y.$$

Aus den beiden Beziehungen folgt durch Umformungen unmittelbar die Gleichung (2.12), mit $\mu = \frac{\dot{M}}{M}$ als Wachstumsrate der Geldbasis und k als Kassenhaltungskoeffizient.

$\frac{\dot{M}}{P \cdot Y} = \frac{\dot{M}}{M} \cdot \frac{M}{P \cdot Y} = \mu \cdot k$ ist der Anteil am Sozialprodukt, der dem Staat durch laufende Geldschöpfung zufällt. Diese Einnahmen aus Geldfinanzierung entsprechen der Wachstumsrate μ der realen Geldbasis, multipliziert mit dem Kassenhaltungskoeffizienten k. k kann als Bemessungsgrundlage der Steuer auf Geldhaltung, μ als Steuersatz interpretiert werden. Weil ein Geldmengenwachstum über y hinaus inflationär wirkt, bezeichnet man die Einnahmen $\pi \cdot k$ auch als Inflationssteuer. Wir unterstellten bisher, daß die Geldnachfrage nicht auf Zinsänderungen reagiert. Ist dagegen die Geldnachfrage zinselastisch, dann geht die Realgeldnachfrage k mit steigender Inflation zurück, weil die Wirtschaftssubjekte mit steigendem Nominalzins ihre Geldhaltung einschränken. Die Bemessungsgrundlage der Inflationssteuer reduziert sich damit. Die sich daraus ergebenden Wohlfahrtsverluste (der sogenannte „Schuhsohleneffekt") wurden bereits in Abschnitt 1.4.2 untersucht.

2.3.1.2 Seignioragekonzepte

Seigniorage bezeichnet alle Einnahmen, die dem Staat durch sein Monopol über die Bereitstellung von Geld zufließen. In der Literatur findet man unterschiedliche, scheinbar widersprüchliche Definitionen der Seigniorage. Aus ökonomischer Sicht geht es darum, die jährlichen Gesamteinnahmen zu erfassen. Für diese Frage ist es unerheblich, ob und zu welchem Zeitpunkt die Zentralbank einen Teil ihrer Gewinne an den Staatshaushalt abführt (dies hängt von institutionellen und bilanztechnischen Faktoren ab); ausschlaggebend ist vielmehr, welche Einnahmen tatsächlich entstehen. Dazu muß die zwischen Staatshaushalt und Zentralbank konsolidierte Vermögensbilanz betrachtet werden.

Eine naheliegende Antwort besteht darin, die Einnahmen mit dem Zuwachs der Geldbasis gleichzusetzen. Die Geldschöpfung entspricht dem Anstieg der Geldbasis ΔM. Weil letztlich aber die Verfügung über reale Ressourcen von Interesse ist, muß ΔM durch das Preisniveau P dividiert werden. Zur Vereinheitlichung der Darstellung betrachten wir die realen Einnahmen aus Geldschöpfung als Anteil am realen Sozialprodukt. Bei stetiger Betrachtung gilt:

(2.13) $$S_M = \frac{\dot{M}}{PY}$$

S_M bezeichnet die laufenden Einnahmen aus Geldschöpfung. Sie lassen sich auch anhand der Wachstumsrate der realen Geldbasis ermitteln:

(2.13a) $$S_M = \mu\, k$$

Weil $\mu\, k = \frac{\dot{M}}{M}\frac{M}{PY} = \frac{\dot{M}}{PY}$, sind die beiden Konzepte identisch.

S_M erfaßt jedoch nur einen Teil der gesamten Seigniorageeinnahmen. Das korrekte Konzept ermittelt Seigniorage aus den fiktiven Zinseinnahmen, die dem Staat aus der Emission von Geld zufließen. Sie entstehen deshalb, weil die privaten Wirtschaftssubjekte einen Teil ihrer Vermögensansprüche in Form unverzinslichen Geldes statt zinsbringender Staatspapiere halten.[5]

5 Werden die Zentralbankguthaben verzinst (mit dem Zinssatz $\hat{i}$), dann entstehen Seigniorageeinnahmen nur in dem Umfang, in dem dieser Zins $\hat{i}$ unter dem Marktzins liegt: $S = (i - \hat{i})\, k$.

(2.14) $S = i\, k$

Weil $i = r + \pi^e$ und $\mu = y + \pi$, unterscheiden sich die beiden Konzepte bei rationalen Erwartungen ($\pi^e = \pi$) um den Faktor $(r - y)\, k$. Es gibt gute Gründe dafür, anzunehmen, daß der Realzins r langfristig über der Wachstumsrate der Wirtschaft y liegt; die beiden Konzepte kommen also zu unterschiedlichen Ergebnissen. Der Unterschied liegt darin, daß S_M nur die Einnahmen berücksichtigt, die dem Staat jeweils aus der Neuemission von Geld zufließen. Bei der korrekten Ermittlung der Gesamteinnahmen muß aber zusätzlich berücksichtigt werden, daß die gesamte Nettorealverschuldung des Staats niedriger ist, wenn die privaten Wirtschaftssubjekte einen Teil ihrer Vermögensansprüche an den Staat in Form unverzinslichen Geldes halten.

Bei dieser Betrachtung ist es völlig unerheblich, ob die Zentralbank in ihrem Portfolio Wertpapiere privater Emittenten oder aber Staatspapiere enthält, solange die Rendite der Anlagen gleich hoch ist.[6] Entscheidend ist die Betrachtung der konsolidierten Vermögensbilanz des Staates (einschließlich der Zentralbank). Die Geldbasis in Höhe von k stellt einerseits Realverbindlichkeiten der Zentralbank an die privaten Wirtschaftssubjekte dar. Diesen Verbindlichkeiten stehen in der Bilanz als Aktivposten Wertpapiere in gleicher Höhe gegenüber. Während die Verbindlichkeiten nicht verzinst werden, werfen die Aktiva Zinserträge (mit einer Nominalverzinsung i) ab. Die reale Effektivrendite dieser Papiere beträgt gerade $i - \pi - y = r - y$. Der Staat als Besitzer dieser Aktiva erzielt daraus somit reale Zinseinnahmen in Höhe von $(r - y)\, k$. Genau dieser Beitrag muß zu den laufenden Geldschöpfungseinnahmen hinzugerechnet werden, wenn man die gesamten Seigniorageeinnahmen berechnen will. Es gilt:

$$S = S_M + (r - y)k = (\mu + r - y)\, k = (\pi + y + r - y)\, k = i\, k$$

In welcher Beziehung steht dieses Resultat zur Gleichung (2.12)? Dort bezeichnet b die kreditfinanzierte Nettoverschuldung (Bruttoverschuldung $\tilde{b}$ abzüglich des Zentralbankvermögens k). Differenzieren wir als Test kurz zwischen den Vermögensbilanzen von Staat und Zentralbank. Die Bruttoverschuldung $\tilde{b}$ des Staates ist genau um das Zentralbankvermögen k höher: $\tilde{b} = b + k$. Damit beläuft sich die reale Bruttozinsbelastung des Staatshaushaltes auf $(r - y)\, \tilde{b}$. $\tilde{S}$ seien die Gewin-

---

6 In dem Umfang, in dem die Zentralbank unverzinsliche Aktiva (wie Goldbestände) hält, muß die Analyse modifiziert werden. Bei einem effizienten Portfoliomanagement würde die Zentralbank nur einen sehr geringen Anteil solch unverzinslicher Anlagen halten, da sie (etwa im Vergleich zu einer Anlage in Fremdwährungsreserven) erhebliche Zinsverluste bringen.

ne, die von der Zentralbank an den Staat abgeführt werden. Die Vermögensgleichung des Staates ohne Zentralbank lautet: $\dot{b} = g - \tau + (i - \pi - y)\tilde{b} - \tilde{S}$. Führt die Zentralbank jeweils die tatsächlich anfallenden Gewinne[7] an den Staat ab ($\tilde{S} = S$), so erhalten wir genau Gleichung (2.12).[8] Ob die Zentralbank ihr Vermögen in Form von Wertpapieren des privaten Sektors (etwa von Banken) hält oder dem Staatshaushalt direkt Kredite einräumt, macht dabei keinen Unterschied.

Umstellung auf den Euro: Umverteilung der Notenbankgewinne

Die Bundesbank erwies sich bisher als Europas profitabelste Notenbank. 1995 erzielte sie Gewinne in Höhe von 10,9 Mrd DM. Abgesehen von bilanztechnischen Feinheiten entsprechen diese Gewinne den Seigniorageeinnahmen. Sie entstehen, weil den unverzinslichen Verbindlichkeiten der Bundesbank (Banknoten und Einlagen der Banken etwa in Form von Mindestreservehaltung) zinsbringende Aktiva gegenüberstehen (insbesondere einheimische und ausländische Staatspapiere). In der Hochzinsphase 1991/93 fielen die Gewinne dementsprechend noch üppiger aus.

Daß die Notenbankeinnahmen in der Bundesrepublik besonders hoch sind, erklärt sich aus der im internationalen Vergleich relativ hohen Bargeldhaltung - dies zum einen, weil in Deutschland Kreditkarten als Zahlungsmittel erst allmählich populär werden; zum anderen, weil die DM insbesondere in Osteuropa, etwa bei der russischen Mafia, als Transaktionsmittel und Reservewährung sehr beliebt ist. Zudem wurde die Nachfrage der Banken nach Zentralbankgeld zumindest bisher durch vergleichsweise hohe Mindestreservesätze stimuliert.

Nach der Einführung des Euro fallen die Seigniorageeinnahmen der europäischen Zentralbank (EZB) zu. Sie wird die Gewinne auf die beteiligten Länder aber nicht nach deren Bargeldhaltung aufteilen, sondern entsprechend dem Anteil, den die Länder jeweils am Kapital der EZB halten. Der Anteil dieser Kapitaleinlagen bestimmt sich nach dem Bevölkerungsanteil sowie dem Anteil des BIP der beteiligten Länder.

---

7 Bildet die Zentralbank Rücklagen, so sind die abgeführten Gewinne niedriger. Für eine konsolidierte Betrachtung ist dies aber irrelevant.

8 Die Ergebnisse wurden hier für eine Steady-State-Analyse unter der Bedingung konstanter Geldnachfrage abgeleitet; sie können aber leicht verallgemeinert werden. Vgl. dazu *Baltensberger/Jordan (1994)*.

Europas Gewinner...
in Mio. $

	Zentralbank-gewinne 1995	*Erwartete Gewinne**	*Netto-Gewinn-Veränderung*
Frankreich	649	4.377	3.728
Italien	2.266	4.081	1.815
Großbritannien	2.213	3.952	1.639
Portugal	5	476	471
Griechenland	155	515	360
...und Verlierer			
Österreich	1.206	592	-614
Dänemark	1.069	438	-631
Spanien	3.472	2.279	-1.193
Deutschland	8.425	5.806	-2.619
Schweden	3.511	747	-2.764
Gesamte EU	25.747	25.747	--

* In der Währungsunion mit allen 15 Staaten, wenn die Gewinne proportional zu den EWI-Einlagen verteilt werden.

Quelle: Central Banking.

Tabelle 2.2. Europas Gewinner und Verlierer (Quelle: Central Banking 1996)

Wäre dieser Verteilungsschlüssel bereits 1995 auf die gesamte EU angewendet worden, hätte Deutschland nach Berechnungen der Zeitschrift „Central Banking" über 2,6 Mrd. $ weniger bekommen (bei ihrer Berechnung zählt sie auch die Abschreibungen auf Währungsreserven zu den Gewinnen). Am meisten hätte Schweden verloren. Dagegen wären Frankreich, Italien und Großbritannien die eindeutigen Gewinner gewesen (vgl. dieTabelle 2.2).

Es wäre jedoch falsch, diese Berechnungen einfach in die Zukunft zu extrapolieren. Zum einen steht noch nicht endgültig fest, welcher Anteil der nationalen Notenbankeneinnahmen an die europäische Zentralbank tatsächlich abzuführen ist. Zudem ist zu erwarten, daß sich die Geldnachfragegewohnheiten in den verschiedenen Staaten angleichen. Der internationale Wettbewerb der Banken (die Tatsache, daß Konkurrenzbanken sich andernorts - etwa in London - günstiger refinanzieren können) erzwang in Deutschland bereits eine drastische Reduktion der Mindestreservesätze auf maximal 2%. Wertpapierpensionsgeschäfte zwischen Banken wurden Anfang 1997 sogar völlig von der Mindestreservepflicht befreit in der Absicht, den Finanzplatz Deutschland zu stärken, nachdem die Banken solche Geschäfte größtenteils in das mindestreservefreie London verlagert hatten. Auch die Zahlung von Zinsen auf Reservehaltung ist derzeit in der Diskussion. Zudem wird die Bedeutung der Bargeldhaltung mit zunehmender Verbreitung von Electronic Banking immer mehr abnehmen.

Freilich wird Deutschland auf jeden Fall zu den Verlierern zählen, weil es für die Einnahmen, die bisher aus der Rolle der DM als internationales Zahlungsmittel zufließen, keinesfalls kompensiert wird. Selbst wenn die russische Mafia sofort zum Euro wechseln würde, statt Zuflucht im Dollar zu suchen, werden in Zukunft alle Teilnehmerstaaten an dem daraus fließenden Gewinn beteiligt.

2.3.2 Die optimale Inflationsrate nach Friedman

Finanzierung mit Hilfe von Geldschöpfung ist, wie jede andere Form der Besteuerung, mit einem Ressourcen-Transfer vom privaten Sektor hin zum Staat verbunden. Während aber die Festlegung anderer Steuerarten in der Regel der parlamentarischen Kontrolle unterliegt, kann die Inflationssteuer auf subtile Art in indirekter Weise erhoben werden. Eine Regierung, die sich beim Versuch, die Steuern zu erhöhen, politischen Widerständen gegenüber sieht, unterliegt somit leicht der Versuchung, auf die scheinbar unauffälligere Form der Finanzierung über Geldschöpfung auszuweichen. Dementsprechend liegt die Gefahr nahe, daß die Inflationssteuer in überhöhtem Maß eingesetzt wird.

Wie hoch ist nun die optimale Inflationsrate? Diese Frage hat *Milton Friedman* (*1970*) unter dem etwas mißverständlichen Titel „Die optimale Geldmenge" (korrekter müßte es heißen: Das optimale Geldmengenwachstum) untersucht. Wenn die Geldnachfrage zinsabhängig ist, verursacht Inflation Wohlfahrtsverluste. Machen wir uns dies anhand einer einfachen Geldnachfragefunktion (Abb. 2.9) klar für den Fall, daß das BIP nicht wächst *(y=0)*.

Die Nachfragekurve nach Realgeld gibt den Grenzvorteil an, den die Wirtschaftssubjekte aus Geldhaltung erzielen. Sinkt der Zinssatz von i_1 auf i_0, so wird Geldhaltung attraktiver; der Gesamtnutzen steigt in Abb. 2.9 um die durch das schraffierte Trapez gekennzeichnete Fläche $A+B$. Damit können wir aber umgekehrt auch den Wohlfahrtsverlust antizipierter Inflation ermitteln: $i_0 = r$ sei der Nominalzins bei Inflationserwartungen von Null ($\pi^e = 0$). Steigt nun der Zins auf $i_1 = r + \pi$, weil eine Geldpolitik mit Inflationsrate $\pi^e = \pi$ erwartet wird, so reduziert sich die Konsumentenrente um die Fläche $A+B$.

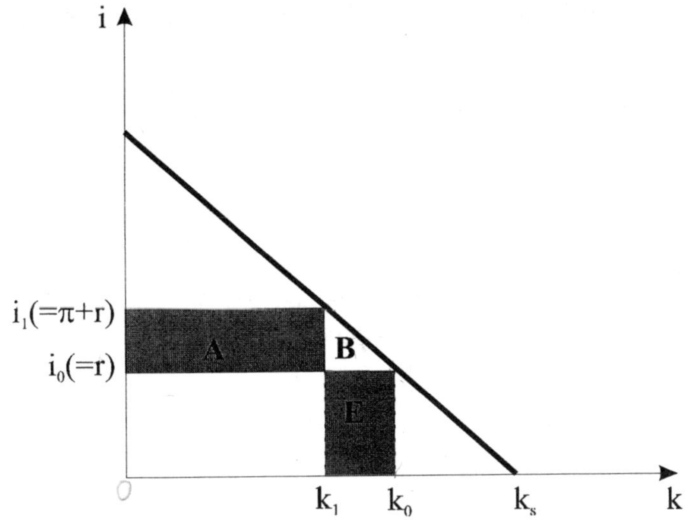

Abb. 2.9. Wohlfahrtsverlust der Inflationssteuer

Geldschöpfung verschafft dem Staat aber reale Einnahmen $S = i \cdot k$. Ein Anstieg der Inflationsrate erhöht im langfristigen Gleichgewicht den Zinssatz proportional. Die Inflation ermöglicht Einnahmen in Höhe von $\pi \cdot k$ (dem Rechteck *A* in Abb. 2.9) - dem Produkt aus Inflationsrate (dem „Steuersatz") und der Realgeldmenge *k* (der „Steuerbemessungsgrundlage"). Weil aber mit steigendem Zins die Geldhaltung von k_0 auf k_1 zurückgeht, entsteht andrerseits ein Einnahmeausfall gemäß der Fläche *E* in Höhe von $i_0(k_0 - k_1)$. Der Geldschöpfungsgewinn aus Inflation entspricht damit der Differenz der beiden Flächen *A-E*.

Im Umfang der zusätzlichen Nettoeinnahmen *A-E* stehen den Wohlfahrtsverlusten der privaten Wirtschaftssubjekte die Vorteile des Staates in Form von Steuereinnahmen (die beispielsweise für nutzenbringende öffentliche Güter verwendet werden können) gegenüber. Der Wohlfahrtsverlust der privaten Wirtschaftssubjekte übersteigt jedoch die Steuereinnahmen um die schraffierten Flächen B+E in Abb. 2.9. Genau in diesem Umfang bringt Inflation gesamtwirtschaftliche Wohlfahrtsverluste mit sich.

Wie bei anderen Steuerarten entstehen die Wohlfahrtsverluste gerade dadurch, daß die privaten Wirtschaftssubjekte versuchen, der Steuer auszuweichen: Es kommt zu Substitutions-Effekten (konkret: es erfolgt eine Umschichtung in andere Vermögensanlagen, die mit höheren Transaktionskosten verbunden sind). Nur dann, wenn die Geldnachfrage zinsunelastisch ist (in diesem Fall wäre die Nachfragefunktion eine vertikale Parallele zur i-Achse), kommt es zu keinerlei Verzerrungen: Dann stehen den Verlusten der Privaten Einnahmen des Staates in gleicher Höhe gegenüber. Die Inflationssteuer würde dann als Kopfsteuer (lump-sum-tax) wirken.

Die Überlegungen verleiten zu der Hypothese, daß die gesamtwirtschaftliche Wohlfahrt dann maximal ist, wenn die Inflationsrate π gerade null beträgt. Wie *Friedman (1970)* zeigt, ist dies jedoch nicht völlig korrekt: Optimal wäre es vielmehr, eine Deflation in Höhe des Realzinses durchzuführen: $\pi = -r$. Das leitet sich aus folgender Überlegung ab: Die Zentralbank kann Papiergeld nahezu kostenlos produzieren; die Grenzkosten der Produktion sind gleich null. Die Wohlfahrt ist aber dann maximal, wenn die Differenz zwischen dem Gesamtnutzen von Geldhaltung und den Gesamtkosten der Geldproduktion maximiert wird.

Als Bedingung erster Ordnung folgt daraus: Der Grenznutzen der Realgeldhaltung sollte den Grenzkosten der Geldproduktion (von Null) entsprechen. Anders formuliert: Der Nominalzins i sollte gleich 0 sein. Bei einem Nominalzins von 0 würden die Wirtschaftssubjekte soviel Realkasse halten, daß sie damit völlig gesättigt wären - und damit keine Transaktionskosten anfallen. In Abb. 2.9 wäre dies bei einer Kassenhaltung k_s der Fall.

Die Vorstellung einer optimalen Inflationsrate erscheint zunächst eine ziemlich abstruse Idee zu sein. Wie könnte sie realisiert werden? Eine Möglichkeit bestünde darin, Geldhaltung zu verzinsen. Weil eine stetige Verzinsung von Geld aber unpraktikabel ist, könnte als Alternative eine Deflation in Höhe des Realzinses erfolgen. Dadurch würde gewährleistet, daß Geldhaltung den gleichen Realertrag abwirft wie jede andere Anlageform. Wie kann eine solche Deflation erreicht werden? In einer wachsenden Wirtschaft steigt die Nachfrage nach Transaktionskasse mit der Rate y. Wird die Geldmenge konstant gehalten $(\mu = 0)$, würde das Preisniveau entsprechend sinken. Es gilt ja: $\mu = \pi + y$. Falls $\mu = 0$, folgt demnach $\pi = -y$. Sofern der Realzins der Wachstumsrate entspricht *(r=y)*, besteht die optimale Politik also darin, die Geldmenge konstant zu halten. Dagegen wäre für $r > y$ eine stärkere Deflation erforderlich; im Zeitablauf müßte ständig ein Teil der Geldmenge stillgelegt werden.

Offensichtlich ist dies eine extreme theoretische Spielerei. Ein Problem der Argumentation von Friedman besteht darin, daß der Sättigungspunkt für reale Kassenhaltung eventuell erst bei unendlich hoher Transaktionskasse erreicht sein kann (in Abb. 2.9 würde dies bedeuten, daß die Nachfragefunktion sich asymptotisch der k-Achse nähert).

Gegen *Friedmans* Theorie führte *Edmund Phelps* (1973) zudem folgendes Gegenargument an: Die Überlegungen wären nur dann korrekt, wenn sich die Staatsausgaben auf andere Weise ohne Wohlfahrtsverluste finanzieren ließen. Das setzt voraus, daß der Staat in der Lage ist, Pauschalsteuern zu erheben, die keinen Spielraum für Ausweichreaktionen der Wirtschaftssubjekte lassen. Derartige Pauschalsteuern stehen jedoch in der Realität nicht zur Verfügung. Alle anderen Steuern (etwa Einkommens- oder Konsumsteuer) rufen in gewissem Umfang Verzerrungen hervor. Eine optimale Mischung aus verschiedenen Steuerarten, die die gesamten Wohlfahrtsverluste der Besteuerung minimiert, kann somit durchaus mit einer positiven Inflationsrate einhergehen. Dies soll in den nächsten Abschnitten genauer untersucht werden.

2.3.3 Maximierung der Geldschöpfungseinnahmen

Betrachten wir zur Klärung wieder den einfachsten Fall - eine Wirtschaft ohne Wachstum *(y=0)*. Die dauerhaft erzielbaren Seigniorageeinnahmen lassen sich als Produkt aus Zinssatz und Kassenhaltungkoeffizient ermitteln: $S = i \cdot k(i)$. Weil $i = r + \pi$, führt ein Anstieg der Inflationsrate einerseits, bei gegebenem *k*, zu höheren Einnahmen aus der Inflationssteuer. Andererseits aber geht die Nachfrage nach Realkassenhaltung zurück, so daß sich die Bemessungsgrundlage der Steuer reduziert. Bei entsprechend hoher Inflationsrate sinken also die Geldschöpfungseinnahmen wieder, bis sie schließlich gegen null gehen, wenn die Nachfrage nach Geldhaltung bei zu hoher Inflation gegen null tendiert. Die Einnahmen aus Geldschöpfung lassen sich also - wie bei jeder anderen Steuer auch - durch eine Laffer-Kurve beschreiben (vgl.Abb. 2.10).

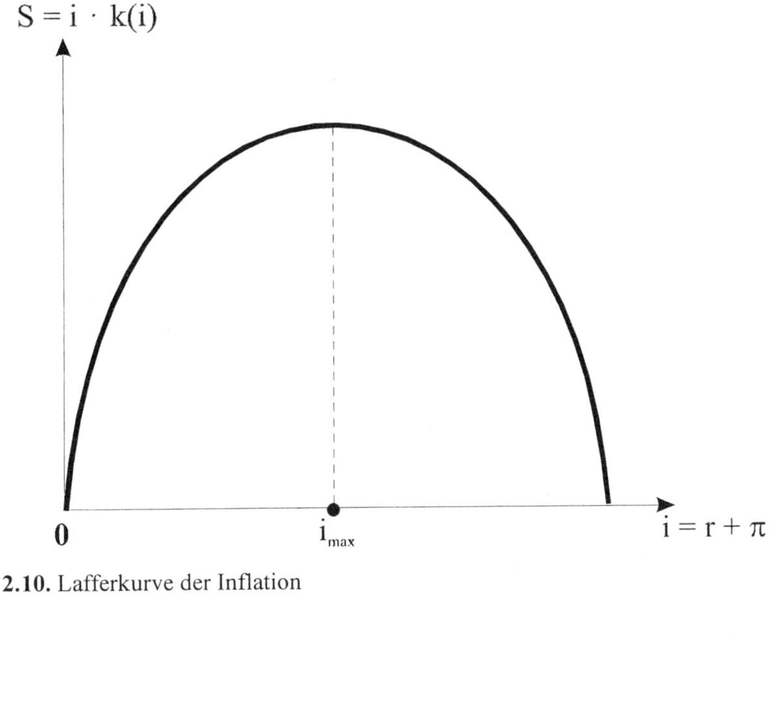

Abb. 2.10. Lafferkurve der Inflation

Die Einnahmen können bei unterschiedlichen Inflationsraten gleich hoch sein. Ist der Staat an der Maximierung seiner Geldschöpfungseinnahmen interessiert, wird er als Angebotsmonopolist unter Berücksichtigung der fallenden Nachfragekurve die Inflationsrate so bestimmen, daß der Grenzertrag der Geldproduktion den Grenzkosten entspricht. Weil die Grenzkosten der Produktion für Papiergeld praktisch gleich null sind, läßt sich die Optimalbedingung einfach ableiten:

$$\frac{\partial S}{\partial i} = k + i \cdot \frac{\partial k}{\partial i} = k \cdot (1 + \eta_k) = 0 \quad \text{bzw.} \quad \eta_k = -1$$

mit $\eta_k = \frac{\partial k}{\partial i} \frac{i}{k} < 0$ als Nachfrageelastizität

Aus dieser Gleichung bestimmt sich der Zinssatz, der die Seigniorageeinnahmen maximiert. Die damit verbundene Inflationsrate ist festgelegt durch die Beziehung $\pi = i - r$. Die Einnahmen sind dann maximal, wenn die Nachfrageelastizität nach Realgeldhaltung gerade -1 beträgt. Wenn der Staat an der Maximierung der Geldschöpfungseinnahmen interessiert ist, ergibt sich die gleiche Lösung wie bei einem Angebotsmonopolisten, der zu Grenzkosten von null produziert.

2.3.4 Minimierung der Wohlfahrtsverluste aus Besteuerung

Steuern rufen Substitutionseffekte und damit Verzerrungen hervor. Die Lohnsteuer etwa wirkt sich negativ auf Arbeitsangebotsentscheidungen aus. Eine Zinsbesteuerung schreckt Kapitalbildung ab. Je höher der Steuersatz, desto größer der Wohlfahrtsverlust. Näherungsweise läßt sich der Wohlfahrtsverlust durch das Quadrat des Steuersatzes approximieren. Die marginalen Wohlfahrtsverluste wachsen demnach linear mit dem Steuersatz an. Auch die Wohlfahrtsverluste der Inflation lassen sich in gleicher Weise durch das Quadrat der Inflationsrate beschreiben. Nehmen wir an, die Verluste aus Besteuerung hängen von der gesamten Steuerbelastung der Wirtschaft ab, das heißt, von den Steuereinnahmen bezogen auf das BIP. Der relevante Steuersatz ist dann $\tau = \frac{T}{P \cdot Y}$. Eine effiziente Finanzierungspolitik ist dadurch gekennzeichnet, daß sie die Summe der Wohlfahrtsverluste aus Steuersatz und Inflationsrate minimiert.[9]

---

[9] Die folgenden Ausführungen sollten nicht zu dem Fehlschluß verleiten, staatliche Aktivitäten würden zwangsläufig Wohlfahrtsverluste hervorrufen. Die Staatsausgaben g ermöglichen Wohlfahrtgewinne in Form öffentlicher Güter. Sie können dabei durchaus im Vergleich etwa zu Privatinvestitionen eine höhere Produktivität aufweisen (man denke nur

Die Wohlfahrtsverluste seien durch die Zielfunktion charakterisiert:

$$L = a\,\pi^2 + \tau^2 . \qquad (2.15)$$

Der Parameter a gibt das relative Gewicht der Wohlfahrtsverzerrungen aus Inflation im Vergleich zur Besteuerung an. Je niedriger a, desto geringeres Gewicht wird den Verlusten aus Inflation zugemessen. Zur Vereinfachung sehen wir von der Möglichkeit einer kreditfinanzierten Staatsverschuldung ab. Um einen Staatsanteil in Höhe von $g = \frac{G}{PY}$ finanzieren zu können, stehen dem Staat dann nur Steuern beziehungsweise Geldfinanzierung zur Verfügung. Seine Budgetbeschränkung lautet

$$\tau + \pi k = g . \qquad (2.16)$$

Die effiziente Steuerpolitik minimiert die Wohlfahrtsverluste (*Gleichung* (2.15)) unter Berücksichtigung der Nebenbedingung (2.16*)* (der Budgetbeschränkung des Staates). Einsetzen der Budgetbeschränkung in die Verlustfunktion (2.15) ergibt als Bedingung erster Ordnung:

$$a\,\pi - k\,(g - \pi\,k) = 0 \qquad (2.17)$$

Daraus berechnet sich:

$$\pi = \frac{k}{a + k^2}\,g\,; \quad \tau = \frac{a}{a + k^2}\,g \text{ sowie } L = \frac{a}{a + k^2}\,g^2 \qquad (2.18)$$

Wenn Geldschöpfung der Milderung von Steuerverzerrungen dient, dann ergibt sich somit als Zielgröße eine positive Inflationsrate. Je nach der Gewichtung der einzelnen Verzerrungen kann sie entsprechend hoch ausfallen. Wenn Verzerrungen durch Inflation geringes Gewicht haben (der Faktor a sehr klein ist), wird ein Großteil der Staatseinnahmen durch Geldschöpfung gedeckt. Die optimale Kombination zwischen Steuer- und Geldfinanzierung ist gekennzeichnet durch:

---

an Bildungseinrichtungen). Im folgenden gehen wir aber davon aus, daß das wohlfahrtsoptimale Niveau g bereits bestimmt wurde. Eine ganz andere Frage ist, in welcher Form g dann finanziert werden soll. Entsprechend der Optimalsteuertheorie geht es hier darum, die mit der Finanzierung verbundenen Wohlfahrtsverluste zu minimieren.

$$\pi = \frac{k}{a}\tau . \tag{2.19}$$

Die Inflationsrate ist im Vergleich zum Steuersatz um so höher, je höher der Kassenhaltungskoeffizient k und je niedriger der Parameter a. Dieses Ergebnis ist intuitiv leicht zu interpretieren: Mit steigender Geldhaltung k (der Bemessungsgrundlage für die Inflationssteuer) steigt die relative Ergiebigkeit einer Inflationssteuer. Wird den Verlusten aus Inflation nur ein geringes Gewicht zugemessen (ist a niedrig), wird Geldhaltung stärker besteuert. Dies gilt immer dann, wenn das Steuersystem stark verzerrend wirkt.

Die einzelnen Staaten unterscheiden sich in starkem Maße bezüglich der Effizienz des Steuersystems. In manchen Staaten (etwa ohne funktionierende Steuerverwaltung) rufen Steuererhöhungen besonders starke Ausweichreaktionen hervor; angesichts der damit verbundenen Wohlfahrtsverluste mag es sinnvoll sein, als kleineres Übel die Verzerrungen durch hohe Inflationen in Kauf zu nehmen. So lassen sich etwa Aktivitäten der Schattenwirtschaft nur schwer besteuern. Solche Aktivitäten werden in der Regel mit Hilfe von Schwarzgeldern abgewickelt, um eine Erfassung zu vermeiden. Eine höhere Inflationsrate wäre in diesem Fall ein Substitut für eine direkte Besteuerung (etwa von Mafia-Aktivitäten); a wäre dann relativ klein.

Seigniorage als
Anteil am BIP

Belgien	0,44	Japan	0,42
Deutschland	0,52	Niederlande	0,46
Frankreich	0,28	Schweden	0,48
Italien	0,65	USA	0,43

Quelle: BIZ Basel, Electronic Money, Oktober 1996

Tabelle 2.3. Seigniorageeinnahmen als Anteil am BIP

In den meisten Staaten sind die Einnahmen aus Geldschöpfung im Vergleich zu anderen Steuereinnahmen verschwindend gering (in Deutschland und vielen anderen Staaten der EU betragen sie je nach Berechnungsmethode nur zwischen 0,4 % und 1 % des Sozialprodukts - vgl. Tabelle 2.3). Manche Staaten dagegen sind in starkem Maße auf die Finanzierung mit Hilfe von Geldschöpfung angewiesen. Die hohen Inflationsraten in lateinamerikanischen und manchen osteuropäischen Ländern sind nicht zuletzt darauf zurückzuführen, daß es diesen Ländern nicht gelungen ist, ein funktionierendes Steuersystem in Gang zu bringen. Das Argument von *Edmund Phelps (1973)*, daß unter solchen Bedingungen zur Glättung der Wohlfahrtsverluste auch eine entsprechende Inflationsbesteuerung angebracht ist, ist jedoch mit Vorsicht zu genießen. Schließlich würden Anstrengungen, das Steuersystem zu reformieren und effizienter zu gestalten, die Verzerrungen von vorne herein verhindern.

Gegenüber dem Argument von *Phelps (1973)* ist aber noch aus einem anderen Grund eine gewisse Skepsis angebracht. Er betrifft die Frage der theoretischen Fundierung. Gemäß der Theorie der Optimalbesteuerung, maßgeblich entwickelt von *Diamond/Mirrlees (1971),* sollten zwar unter Second-Best-Bedingungen in der Tat alle Güter des Endverbrauchs so besteuert werden, daß an der Grenze die Last zwischen den verschiedenen Steuerarten ausgeglichen ist. Zwischenprodukte aber sollten dieser Regel zufolge nicht besteuert werden. *Kimbrough (1986)* argumentiert deshalb, daß das Argument von *Phelps* nur dann korrekt ist, wenn Geld letztlich direkt in die Nutzenfunktion der Wirtschaftssubjekte eingeht. Er entwickelt ein Modell, in dem die Funktion des Geldes dagegen gerade darin liegt, die Transaktionskosten (Einkaufszeiten) zu reduzieren, die den Wirtschaftssubjekten beim Kauf ihrer Konsumgüter entstehen. Geld übernimmt so die Funktion eines Zwischenguts, das eine effektivere Produktion der Endgüter ermöglicht. Wie *Kimbrough* (1986) zeigt, ist in seinem Modell weiterhin die Regel von *Friedman (1970)* gültig, obwohl Steuern verzerrende Effekte haben. Da ganz unterschiedliche Modelle der Geldhaltung gleichermaßen plausibel erscheinen, läßt sich über die Relevanz des Arguments keine endgültige Aussage treffen.[10] Angesichts der Tatsache, daß den Seigniorageeinnahmen in den westlichen Industriestaaten keine überragende Bedeutung zukommt, spricht allerdings vieles dafür, daß die optimale Inflationsrate sehr niedrig sein dürfte.

---

10 Vgl. dazu auch *Sargent (1990)* sowie für eine detaillierte Analyse *Woodford (1990)*.

2.3.5 Inflation als Schmiermittel der Wirtschaft?

Die Ausführungen in diesem Kapitel haben gezeigt, warum Geldwertstabilität Wohlfahrtsgewinne mit sich bringt. Preisstabilität wird vielfach mit einer Inflationsrate von Null gleichgesetzt und dementsprechend ein Ziel $\pi^* = 0$ gefordert. Dahinter steht die Überlegung, daß der Inflationsgefahr Tür und Tor geöffnet werden, sobald einmal ein bißchen Inflation toleriert wird: Wer könnte garantieren, daß etwa bei einem Ziel $\pi^* = 2{,}5\%$ nicht auch eine Steigerung auf 3,5 % toleriert wird und so weiter... Analog der Erkenntnis, daß es nicht möglich ist, nur halb schwanger zu sein, wird Enthaltsamkeit in Form stabiler Preise gefordert. Aus ökonomischer Sicht ist diese Überlegung jedoch keineswegs zwingend. Orientiert sich die Politik an einem zu niedrigen Inflationsziel, so können erhebliche Wohlfahrtsverluste entstehen. Verschiedene Argumente sprechen dafür, daß die Zielgröße eher zwischen 1 und 3 Prozent liegen sollte. Sie beziehen sich auf statistische Meßprobleme sowie auf Preisrigiditäten.

(1) Meßprobleme: Die gemessene Inflationsrate (der Index der Lebenshaltungskosten für alle privaten Haushalte) übertreibt die wahre Preisentwicklung aus verschiedenen Gründen: Qualitätsverbesserungen werden vom Preisindex nicht erfaßt; und der Laspeyres-Index berücksichtigt nicht die Substitution zu relativ preisgünstigeren Gütern (vgl. Abschnitt 1.3). Aufgrund dieser Meßprobleme geht die Deutsche Bundesbank davon aus, daß eine statistisch ausgewiesene Inflationsrate von 2 % mit Preisstabilität vereinbar ist.

(2) Preisrigiditäten: Wie die folgenden Abschnitte zeigen werden, sind Lohn- bzw. Preisrigiditäten für reale Effekte der Geldpolitik verantwortlich. Falls nun die Löhne nach unten starr sind (die Arbeitnehmer also nicht bereit sind, nominale Lohnsenkungen zu akzeptieren), dann wird Reallohnflexibilität um so schwieriger, je niedriger die durchschnittliche Inflationsrate ist. Ein allgemeiner Anstieg des Preisniveaus könnte dagegen eine Anpassung der Lohnstruktur an veränderte Knappheiten erleichtern: die Löhne in den Wachstumssektoren könnten schneller steigen, ohne daß die Nominallöhne in Krisenbranchen sinken müßten. Nominallohnrigiditäten würden sich erst in Kombination mit einem zu ehrgeizigen Inflationsziel in reale Rigiditäten umsetzen. Bei einem Ziel $\pi^* = 0$ etwa kommt es in der Hälfte aller Fälle zu einer Deflation, falls das Inflationziel nur im Durchschnitt erreicht wird. Sind Lohnsenkungen nur gegen erhebliche Widerstände durchsetzbar, würde dies starke Ungleichgewichte auf dem Arbeitsmarkt auslösen. Ein weniger ehrgeiziges Inflationsziel könnte dagegen die Umsetzung nominaler Rigiditäten in reale verhindern.

Inwieweit dieses Argument zutrifft, ist stark umstritten. Es unterstellt ja bei den Arbeitnehmern Geldillusion: Sie sind zwar nicht bereit, einem Rückgang ihres Nominallohns zuzustimmen, nehmen dagegen Reallohnsenkungen in Form unterdurchschnittlicher Lohnsteigerungen klaglos hin. Eine Lohnsenkung um 3 % bei Preisstabilität ist aber gleichbedeutend mit einer Lohnsteigerung um 2 % angesichts einer Inflationsrate von 5 %. Häufig wird argumentiert, daß die Arbeitnehmer zumindest nach einer hinreichend langen Lernphase der Preisstabilität diesen Zusammenhang durchschauen und nominale Lohnsenkungen akzeptieren. In einer wachsenden Wirtschaft kann zudem eine Anpassung der Lohnstruktur auch ohne Lohnsenkungen erfolgen.

Empirische Studien deuten freilich darauf hin, daß solche Nominalrigiditäten in der Tat vorliegen. Auf den ersten Blick scheint dies nur schwer mit ökonomischer Rationalität vereinbar zu sein. Eine theoretische Rechtfertigung kann darin liegen, daß sich Arbeitnehmer an sozialen Normen orientieren und sich einer individuellen Lohnsenkung wegen der damit verbundenen Unsicherheit über ihre relative Lohnposition widersetzen (vgl. etwa *Akerlof/Dickens/Perry 1996*). Nominale Größen übernehmen in dieser Sicht wieder eine Koordinierungsfunktion. Das Argument ist im Prinzip nur die Kehrseite der Überlegung, daß hohe Inflation zu Verzerrungen führt, weil eine Indexierung von Kontrakten (etwa zur Vermeidung der Besteuerung rein nominaler Zins- und Kapitalerträge) nicht funktionieren kann. Wer mit diesem Argument Wohlfahrtsverluste aus hoher Inflation begründet (und damit implizit Geldillusion auf Seiten der Steuerzahler akzeptiert), wird die Bedeutung nominaler Rigiditäten schwerlich negieren können (vgl. auch *Card/Hsylop 1996*).

(3) Nominalrigiditäten sind auch für den Realzins von Bedeutung (vgl. *Summers 1991*): Weil der Nominalzins für Wertpapiere nicht negativ werden kann (Geld mit einer Nominalverzinsung von Null legt automatisch eine Untergrenze fest), könnte bei einer Inflationsrate von Null der Realzins nie negativ werden. Unter bestimmten Bedingungen kann jedoch ein negativer Realzins als wirtschaftspolitisches Instrument zur Stimulierung der Wirtschaftsaktivität erwünscht sein. Ein Inflationsziel $\pi^* = 0$ würde es von vorne herein unmöglich machen, negative Realzinsen als Politikinstrument einzusetzen.

Ein zu ehrgeiziges Inflationsziel kann also mit starken Wohlfahrtseinbußen verbunden sein. Trotzdem wird in den folgenden Kapiteln meist $\pi^* = 0$ als optimale Zielgröße verwendet. Diese Annahme dient freilich nur der Vereinfachung der mathematischen Ableitungen. Zur Übung sollte der Leser versuchen, auch jeweils die Lösung im allgemeineren Fall (mit $\pi^* \neq 0$ in der Zielfunktion) abzuleiten.

2.4 Probleme bei der Inflationskontrolle

Bisher unterstellten wir, ausgehend von der Quantitätsgleichung, daß Geldpolitik sich allein auf die Preisentwicklung auswirkt und daß die Zentralbank in der Lage ist, die Inflationsrate π perfekt zu kontrollieren. Unter solchen Bedingungen dürfte es für keinen Zentralbanker ein Problem darstellen, jede ihm als Zielgröße vorgegebene Norm π^* wunschgemäß zu realisieren. Der Rest des Buchs beschäftigt sich damit, warum die vernünftige Gestaltung der Geldpolitik tatsächlich jedoch eine viel komplexere und interessantere Herausforderung darstellt. Dies hängt im wesentlichen damit zusammen, daß die Annahmen der Quantitätstheorie, wie sie in Gleichung (2.8) formuliert wurden, in der einfachen Form nicht zutreffen.

In der Realität reagieren viele Preise nur sehr langsam. Geldpolitik wirkt deshalb (in der kurzen Frist) zunächst einmal auf das reale Produktions- und Beschäftigungsniveau; erst wenn die realen Effekte abklingen, stellt sich die Wirkung auf das Preisniveau ein. Dabei können Verzögerungen von bis zu zweieinhalb Jahren auftreten. Das bedeutet, daß Geldpolitik kurzfristig immer auch Auswirkungen auf die reale Wirtschaftsaktivität hat. Jeder Versuch, die Inflationsrate zu reduzieren, ist also zwangsläufig zumindest temporär mit einem Anstieg der Arbeitslosenrate verbunden. Daß Geldpolitik reale Effekte hat, ermöglicht es andererseits auch, sie zur Stabilisierung von Konjunkturschwankungen einzusetzen. Kapitel 3 beschäftigt sich ausführlich mit der Analyse der kurzfristigen Effekte der Geldpolitik.

Bei der Herleitung der Quantitätsgleichung gingen wir bisher zudem davon aus, daß ein eindeutiger, bekannter Zusammenhang zwischen den geldpolitischen Instrumenten und der Inflationsrate besteht. Eine Vielzahl stochastischer Elemente stört aber die Wirkungskette und kann im schlimmsten Fall den in Gleichung (2.8) abgeleiteten Zusammenhang ganz auflösen. Kapitel 4 analysiert die Auswirkungen stochastischer Schocks. Die Störungen lassen sich vereinfacht folgendermaßen zusammenfassen:

a) Die Zentralbank kann die Entwicklung der Geldmenge nicht eigenständig kontrollieren. Als Angebotsmonopolist kann sie zwar die Menge an **Zentralbankgeld** Z bestimmen (die sogenannte **Geldbasis** - die Summe aus Bargeld und den Einlagen, die die Kreditinstitute bei der Zentralbank halten). Praxiserfahrene Theoretiker wie *Goodhardt (1994)* und *Gebauer (1996)* bezweifeln sogar, daß die Geldbasis von der Zentralbank exogen kontrolliert werden kann. Der Großteil der Geldversorgung wird heutzutage aber in Form von Sichteinlagen von Banken oder anderen Finanzintermediären bereitgestellt. Die Banken haben wiederum eine bestimmte Nachfrage nach Zentralbankgeld. Die Quantitätstheorie unterstellt einen stabilen, prognostizierbaren Zusammenhang zwischen Geldmenge und Zentralbankgeldmenge: $M = z \cdot Z$ mit z als Geldmengenmultiplikator.

Der Multiplikator z ist jedoch keine fixe Größe. Ein verändertes Verhalten der Geschäftsbanken kann die Absichten der Zentralbank durchkreuzen. Im Extremfall, wenn die Banken ihr Geldangebot jeweils automatisch an die Kreditnachfrage der privaten Wirtschaftssubjekte anpassen, wäre das Geldangebot völlig endogen. Die Geldnachfrage würde sich dann quasi selbst das jeweils benötigte Angebot schaffen. Jeder Versuch, durch Steuerung der Zentralbankgeldmenge die Geldmenge zu beeinflussen, würde durch entsprechende Gegenreaktionen der Finanzintermediäre konterkariert. Verfechter der Real Business Cycle-Theorie vertreten gerade deshalb die These, daß eine exakte Geldmengensteuerung unmöglich ist.

b) Das Kernproblem besteht darin, daß die Geldmenge ein recht unscharfer Begriff ist - nicht ohne Grund werden je nach Fragestellung unterschiedliche Abgrenzungen der Geldmenge verwendet. Die Geldmenge M_3 etwa - das von der Deutschen Bundesbank präferierte Konzept - berücksichtigt zusätzlich zu den in M_1 enthaltenen Komponenten noch kurzfristige Termin- und Spareinlagen (vgl. nächste Seite). Jede Portfolioumschichtung zwischen verschiedenen Anlageformen, die nicht aus dem Transaktionsmotiv erfolgt, kann je nach Abgrenzung der Geldmenge eine Verschiebung der Geldnachfragefunktion bedeuten. Häufig kommt es daher zu unvorhergesehenen Schocks der Geldnachfrage (sogenannten Sonderfaktoren).

Finanzinnovationen (etwa die Einführung von Geldmarktfonds oder Electronic Banking) rufen veränderte Nachfragegewohnheiten hervor.[11] Weil sie in der Regel breitere Vermögensanlageformen liquider machen, senken sie die Nachfrage nach traditionellen Transaktionsmitteln und reduzieren damit die Kassenhaltung in der Berechnung engerer Geldmengenkonzepte. Würden Finanzinnovationen gar dazu führen, daß alle Vermögensanlagen gleichermaßen liquide sind, könnte die Nachfrage nach unverzinslichem Zentralbankgeld sogar verschwindend gering werden, sofern sie nicht durch entsprechende Regulierungsmaßnahmen (Zwangsnachfrage nach Geld durch Mindestreserveverpflichtungen) künstlich stimuliert würde.

Eine wesentliche Eigenschaft von Bargeld - die Anonymität der Zahlungsströme - macht eine solche Entwicklung allerdings unwahrscheinlich: Anonymität ist eine wichtige Voraussetzung für die sogenannte Schattenwirtschaft. Solche Aktivitäten

---

11 Dies ist keineswegs eine Entwicklung, die erst in jüngster Zeit begonnen hat. Die zunehmende Verwendung von Gehaltskonten bei Privatbanken (statt der Bargeldauszahlung) war die vielleicht gravierendste Finanzinnovation der Vergangenheit.

lassen $k = \frac{M}{PY}$ aus zwei Gründen steigen: zum einen nimmt der Zähler wegen des steigenden Bargeldbedarfs zu; zum anderen sinkt der Nenner, weil illegale Aktivitäten nicht in die offizielle BIP-Statistik eingehen. In Deutschland erhöht sich k seit Anfang der 80er Jahre. Eine Erklärung dafür könnte - neben der Zunahme der Schattenwirtschaft zur Steuerhinterziehung - auch in verstärkter Bargeldhaltung von DM im Ausland liegen.

Geldbasis und Geldmengenkonzepte

Als Geld bezeichnen wir alle liquiden Mittel, die für Transaktionen verwendet werden können. Weil sie potentielle Kaufkraft darstellen, können sie jederzeit nachfragewirksam sein. Eine strenge Abgrenzung zwischen Geld und anderen Vermögensanlagen ist aber nicht möglich, weil geldnahe Aktiva schnell (und ohne Kursverluste) in Geld umgewandelt werden können. Der Liquiditätsgrad verschiedener Aktiva läßt sich nicht eindeutig fassen; zwischen den verschiedenen Anlageformen gibt es vielmehr einen fließenden Übergang. Geld wird eben nicht nur zu Transaktionszwecken, sondern auch als Wertaufbewahrungsmittel verwendet. Ob bestimmte Anlageformen als potentielle Kaufkraft oder aber als Wertaufbewahrungsmittel gehalten werden, ist nicht unterscheidbar; eine strikte Trennung zwischen beiden Motiven demnach unmöglich. Steigt die Geldmenge, weil die Wirtschaftssubjekte Umschichtungen zur Optimierung ihrer Portfoliostruktur vornehmen, dann wird ein solcher Anstieg aber nicht nachfragewirksam.

Weil nicht eindeutig abgegrenzt werden kann, was alles als Geld bezeichnet werden sollte, verwendet man alternative Konzepte zur Abgrenzung der Geldmenge. Das engste, die Geldmenge M_1, erfaßt Bargeld (Münzen und Banknoten - neudeutsch: Cash) sowie die Sichteinlagen (Depositen D) der Nichtbanken bei den Kreditinstituten: $M_1 = C + D$. Die Geldmenge $M_2 = M_1 + TG$ berücksichtigt zusätzlich kurzfristige Termingelder TG (mit einer Laufzeit bis zu 4 Jahren) und die Geldmenge $M_3 = M_2 + SP$ darüber hinaus noch Spareinlagen SP mit dreimonatiger Kündigungsfrist.

Als geldpolitische Orientierungsgröße verwendet die Deutsche Bundesbank das recht weit gefaßte Aggregat M_3, weil es sich - so ihre Begründung - auch auf kurze Sicht relativ stetig entwickelt. Weil Geldmengensteuerung jedoch vor allem auf das Transaktionsmotiv zielt, würde die Geldmenge M_1 als Zielgröße eigentlich näher liegen. Sie ist das Aggregat, das dem Transaktionsmotiv am nächsten kommt. Die Geldmenge M_1 unterliegt aber schon seit langem aufgrund starker Substitution zwischen den verschiedenen Anlageformen großen Schwankungen.

Doch auch die Entwicklung von M_3 wird sehr oft (in jüngster Zeit immer häufiger) von sogenannten „Sonderfaktoren" beeinflußt. Die deutschen Anleger legen zudem (etwa um die Zinsbesteuerung zu vermeiden) verstärkt Geld im Ausland an; auch Geldmarktfonds bieten eine neue Alternativanlageform. Diese Faktoren werden von der Bundesbank in der Geldmenge „ M_3 erweitert" erfaßt, die auch jeweils in ihren Monatsberichten ausgewiesen wird.

Offensichtlich bestimmt die Zentralbank nicht allein über die Entwicklung der verschiedenen Geldmengenaggregate. Geschäftsbanken entscheiden ja (im Zusammenspiel mit der Geldnachfrage durch die Nichtbanken) über die Gewährung von Sichteinlagen, Termingelder und Sparguthaben. Die Zentralbank kontrolliert dagegen das sogenannte **Zentralbankgeld**. Es setzt sich aus Bargeld und den **Zentralbankguthaben der Kreditinstitute** zusammen. Das Zentralbankgeld wird auch als **Geldbasis** bezeichnet, weil es die Grundlage für die Schaffung von Geld durch die Geschäftsbanken bildet. Es besteht nämlich eine indirekte Beziehung zwischen den Zentralbankguthaben der Geschäftsbanken und den von ihnen gewährten Depositen. Die Banken benötigen ja ihrerseits **Zentralbankgeld** - entweder als gesetzlich vorgeschriebene Mindestreserve (einen bestimmten Anteil der von ihnen gewährten Sicht- bzw. Termin- und Sparguthaben) oder als freiwillige Reservehaltung, um jederzeit den Bedarf ihrer Kunden an Zentralbankgeld decken zu können.

Entsprechend diesem Liquiditätsbedarf müssen sich die Geschäftsbanken bei der Zentralbank **refinanzieren**. Zu diesem Zweck unterhalten sie dort unverzinsliche Guthaben. Als Gegenposition überlassen sie der Notenbank Wertpapiere bestimmter Qualität (etwa gesicherte Wechsel oder Staatspapiere), die der Zentralbank Zinseinkünfte einbringen. Die Notenbank entscheidet, in welchem Umfang sie Wertpapiere aufkauft und bestimmt so, über wieviel **Zentralbankguthaben** die Banken verfügen können. Der größte Teil dieser Guthaben wird im Rahmen sogenannter **Offenmarktgeschäfte** an die meistbietenden Banken versteigert. Die Bundesbank kauft von den Geschäftsbanken Wertpapiere für einen vorgegebenen Zeitraum auf (sie nimmt diese Wertpapiere „in Pension"). Der **Zinssatz** für solche Wertpapierpensionsgeschäfte ist mittlerweile zur entscheidenden geldpolitischen Steuergröße geworden. Weil sie damit die Liquidität der Geschäftsbanken bestimmt, kann sie so indirekt Einfluß auf die Entwicklung der Geldmenge nehmen. Hat eine Bank dringenden Bedarf an Zentralbankguthaben, so kann sie ihn auch auf dem **Geldmarkt** decken. Dort werden zwischen den Banken Zentralbankguthaben gehandelt, um so einen Ausgleich unterschiedlicher Liquiditätsbedürfnisse zu ermöglichen. Der Zinssatz am Geldmarkt orientiert sich sehr eng am Zinssatz für Wertpapierpensionsgeschäfte.

Elektronisches Geld

Bargeld wird in Zukunft immer stärker von sogenanntem elektronischem Geld abgelöst. Chipkarten, mit denen an entsprechenden Terminals bargeldlos gezahlt werden kann und die (etwa per Telephon) wiederaufgeladen werden können, werden bereits in unterschiedlichsten Varianten getestet. Sobald sich ein einheitlicher Standard herausbildet, dürften diese Karten rasch an Popularität gewinnen und die traditionellen Geldautomaten verdrängen. Noch weit revolutionärer ist das sogenannte Cybergeld - der digitale Einkauf im Internet, per Mausklick vom heimischen PC aus. Weil diese neuen Technologien die traditionelle Geldhaltung (insbesondere die Nachfrage nach Bargeld) reduzieren, schrumpft die Bilanz der Notenbank.

Mit sinkender Kassenhaltung k geht der Notenbank eine wichtige Einnahmequelle verloren (vgl. Abschnitt 2.3.1). Stärkere Sorgen bereitet den Zentralbanken aber die Frage, ob dann das Volumen an Zentralbankgeld überhaupt noch ausreicht, um die Zinsen am Geldmarkt in die gewünschte Richtung zu lenken. Zudem wird die Volatilität der einzelnen Geldmengenaggregate zumindest in der Übergangsphase zunehmen. Weil die traditionellen Geldmengenkonzepte dann immer weniger brauchbar werden, wird so die Geldmengensteuerung erschwert. Dies ist natürlich nur dann ein Problem, wenn Zentralbanken auch in Zukunft - in einer Welt elektronischen Geldes - noch benötigt werden. Vertreter der Free-Banking Schule sehen im Cybergeld bereits das Ende der traditionellen Rolle von Geld kommen und eine neue Ära mit freiem, unregulierten Zahlungsverkehr anbrechen. Dagegen plädieren manche Zentralbanker dafür, die Emission elektronischen Geldes ebenso zum Monopol der Notenbank zu machen wie bisher die Ausgabe von Banknoten.

Die Frage, auf welche Weise sich Geldpolitik zunächst auf reale Größen und dann auf die Preise auswirkt - die Frage nach dem **Transmissionsmechanismus** - ist komplex und noch weitgehend unerforscht. Dabei treten große Zeitverzögerungen auf, die starken Schwankungen unterworfen sind. Während langfristig eine mehr oder weniger stabile Beziehung zwischen Geldmengenwachstum und Inflationsrate besteht, sind die kurzfristigen Auswirkungen extrem volatil. *Milton Friedman* spricht in diesem Zusammenhang von *long and variable lags* - eine Formulierung, die mittlerweile zum geflügelten Wort geworden ist.

Die Konsequenzen stochastischer Schocks auf die Geldpolitik werden in Kapitel 4 detaillierter untersucht. Doch selbst wenn eine perfekte Kontrolle der Inflation möglich wäre, kann die tatsächlich verfolgte Politik aufgrund falscher Anreize von der optimalen abweichen. Die Kapitel 5 bis 8 untersuchen deshalb, wie Geldpolitik angesichts solcher Anreizprobleme gestaltet werden sollte.

Ein Grund liegt in mangelnder Glaubwürdigkeit für stabilitätsorientierte Politik. Erwarten etwa die privaten Wirtschaftssubjekte aufgrund unvollkommener Glaubwürdigkeit der Zentralbank eine hohe Inflationsrate, dann fordern hohe Inflationserwartungen auch eine entsprechend expansive Geldpolitik heraus, die die Inflationserwartungen im nachhinein bestätigt. Die Zentralbank betreibt eine akkommodierende Geldpolitik, sofern die Anpassungskosten zu hoch sind, die mit einer restriktiven Politik verbunden wären. Sie paßt ihre Politik damit endogen den Erwartungen der privaten Wirtschaftssubjekte an. Das Wechselspiel zwischen den Erwartungen und den Anreizen für eine stabilitätsorientierte Politik steht im Mittelpunkt der Kapitel 5 bis 7.

Ein anderes Anreizproblem besteht in der Gefahr, daß die geldpolitischen Akteure aufgrund von Eigeninteressen wirtschaftspolitisch abweichende Ziele verfolgen. So kann beispielsweise zur Maximierung kurzfristiger Wahlchancen das langfristige Ziel der Preisstabilität geopfert werden, sofern die Zentralbank den Pressionen der Regierung nachgibt. Kapitel 8 behandelt die politökonomische Analyse der Geldpolitik.

2.5 Übungsaufgaben

2.1 Ermitteln Sie die im Steady State dauerhaft erzielbaren Seigniorageeinnahmen für folgende Geldnachfragefunktion: $k = c\, e^{-a i}$ (Dies ist die Nachfragefunktion, die in der Literatur am häufigsten verwendet wird, seit sie Phillipe Cagan 1956 für die Analyse von Hyperinflation verwendet hat). Leiten Sie eine entsprechende Lafferkurve ab und ermitteln Sie die Bedingung für die Maximierung der Geldschöpfungseinnahmen.

2.2 Bei der Ableitung der optimalen Mischung zwischen Steuer- und Geldschöpfungsfinanzierung in Abschnitt 2.3.4 wurde eine unelastische Geldnachfrage unterstellt. Leiten sie die äquivalente Bedingung im Fall einer elastischen Nachfragefunktion ab und interpretieren Sie das Ergebnis.

2.3 Analysieren Sie - analog zum Vorgehen in Abschnitt 2.2.4.2 - die Konsequenz einer Veränderung des Monopolgrades in der Wirtschaft auf das langfristige Gleichgewicht und gehen Sie auf die beim Übergang denkbaren Anpassungsprobleme ein.

2.4 Nehmen Sie an, elektronisches Geld würde Bargeldhaltung vollkommen ablösen; abgesehen davon aber komme es zu keiner Änderung der Geldhaltungsgewohnheiten. Untersuchen Sie die Auswirkung auf die verschiedenen Geldmengenaggregate sowie auf den Zusammenhang zwischen Geldbasis und Geldmenge.

3 Geldpolitik bei kurzfristigen Störungen: Stabilisierungspolitik

Die zweite zentrale Herausforderung der Geldpolitik neben der Gewährleistung von Preisstabilität besteht in der Stabilisierung der Wirtschaftsaktivität. Während ersteres sich auf langfristige Aspekte der Geldordnung bezieht, geht es bei der Stabilisierungspolitik darum, welche Reaktionen auf kurzfristige Schocks erfolgen sollen. Bei der langfristigen Betrachtung in Kapitel 2 war es sinnvoll, von Schwankungen zu abstrahieren; dementsprechend wurde bisher immer davon ausgegangen, daß sich die Wirtschaft in einem Gleichgewicht befindet. Angebots- und Nachfrageschocks können jedoch Abweichungen vom Gleichgewichtsniveau hervorrufen. Im folgenden soll geklärt werden, unter welchen Bedingungen eine Stabilisierungspolitik wohlfahrtssteigernd wirken kann.

3.1 Kurz- und langfristige Phillipskurve

In Abschnitt 2.2.1 wurde die langfristige Angebotskurve abgeleitet. Langfristig, wenn alle Preise und Löhne völlig flexibel sind, reagiert das gesamtwirtschaftliche Angebot auf Änderungen des Preisniveaus überhaupt nicht; die langfristige Angebotskurve ist völlig preisunelastisch. Unter solchen Bedingungen kann auch die Arbeitslosenrate von der Inflation nicht beeinflußt werden. Die langfristige Phillipskurve, die den Zusammenhang zwischen Arbeitslosenrate u und Inflation beschreibt, verläuft ebenfalls vertikal.

Bei völlig unelastischer Angebotskurve rufen Nachfrageschocks ausschließlich Preiseffekte hervor. Betrachten wir als Beispiel eine Erhöhung des Geldmengenwachstums. Sie verschiebt die gesamtwirtschaftliche Nachfragekurve nach oben (vgl. Abb.3.1). Bei unelastischem Angebot aber führt jede Änderung der Geldmenge unmittelbar zu einer proportionalen Anpassung aller nominalen Preise und Löhne; auf die reale Wirtschaftsaktivität hat sie keinen Einfluß. Anders formuliert: Geld ist langfristig neutral.

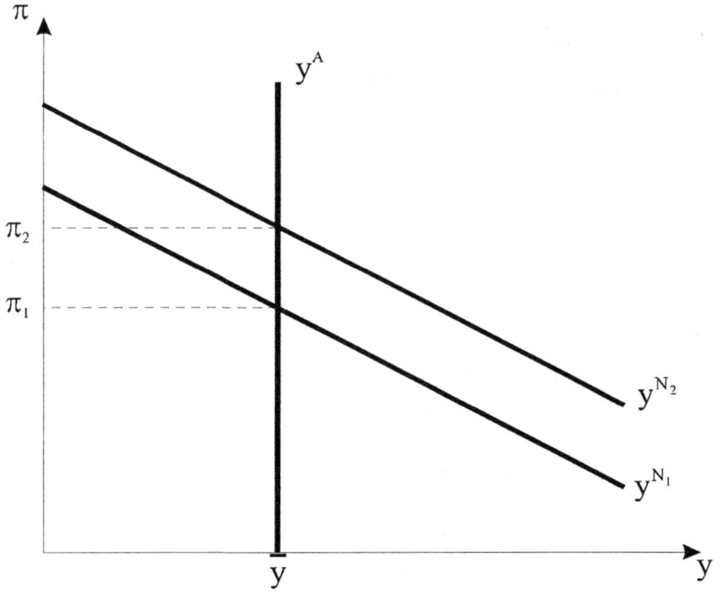

Abb.3.1. Nachfrageschock bei flexiblen Preisen

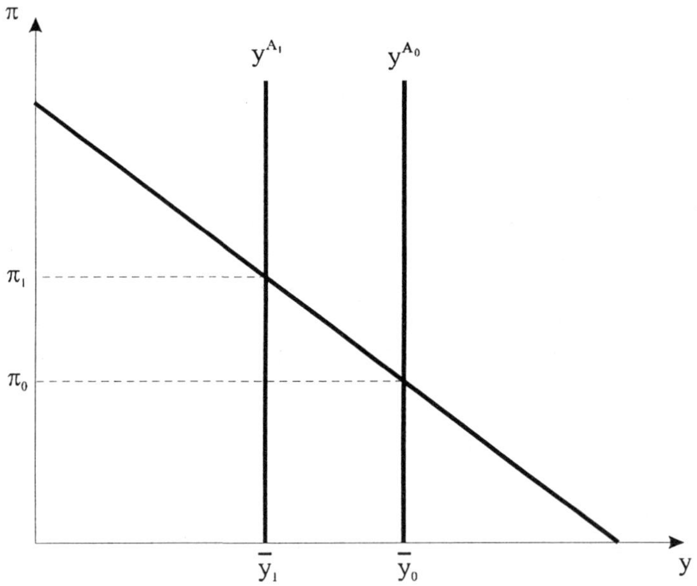

Abb. 3.2. Angebotschock bei flexiblen Preisen

Schwankungen auf der Angebotsseite (wie etwa eine Verschiebung des Arbeitsangebots durch den Abbau von Lohnnebenkosten; technologische Schocks; Schocks auf andere Inputs wie z.B. eine Verteuerung der Ölpreise, die die Verfügbarkeit des Produktionsfaktors unerwartet reduziert) verschieben die Angebotsfunktion; sie haben zugleich Preis- und Mengeneffekte. Ein negativer Angebotsschock etwa reduziert das Vollbeschäftigungswachstum von $\bar{y}_0$ auf $\bar{y}_1$; gleichzeitig steigt die Inflation von π_0 auf π_1 (vgl. Abb. 3.2).

3.1.1 Die kurzfristige Phillipskurve

Die Vertreter der neuen klassischen Makroökonomie (insbesondere *Robert Lucas* sowie *Thomas Sargent* und *Neil Wallace*), die in einem neoklassischen Modellrahmen mit flexiblen Preisen argumentierten, zogen aus diesen Überlegungen Anfang der 70er Jahre den Schluß, daß jede antizipierte Geldpolitik keinerlei reale Effekte haben kann. Nach Lucas können nur dann kurzfristig reale Effekte auftreten, wenn eine überraschende Änderung der Geldpolitik erfolgt - und zwar nur solange die Wirtschaftssubjekte aus Verwirrung über die tatsächliche Preisentwicklung ihre eigenen Preise nicht optimal anpassen.[1]

Betrachten wir als Illustration, wie die Wirtschaftssubjekte auf die Ankündigung einer expansiveren Geldpolitik reagieren, die eine Stimulierung der Wirtschaftsaktivität zum Ziel hat. In Erwartung der gestiegen gesamtwirtschaftlichen Nachfrage werden die Wirtschaftssubjekte daraufhin ihre Preis- und Lohnforderungen so nach oben anpassen, daß bei der höheren Inflationsrate weiterhin Gleichgewicht auf allen Märkten besteht. Die expansivere Politik läßt somit nur die Inflationsrate steigen; bei flexiblen Preisen hat sie keinerlei Effekt auf Beschäftigungs- und Produktionsniveau. Nur wenn die Politik überraschend durchgeführt wird, kann sie stimulierend wirken, solange die Wirtschaftssubjekte getäuscht werden. Langfristig aber ist eine systematische Täuschung in eine Richtung nicht durchführbar.

Die zentralen Thesen der Neuen Klassischen Makroökonomie lassen sich so zusammenfassen:

1) Expansive Politik kann nur dann erfolgreich sein, wenn es ihr gelingt, die Wirtschaftssubjekte bewußt zu täuschen. Systematische Täuschungsmanöver sind jedoch unmöglich, weil sie irgendwann einmal durchschaut und damit antizipiert werden. Nur eine stochastische Geldpolitik kann demnach überhaupt dauerhaft reale Effekte haben. Jeder Versuch, eine bewußte systemati-

1 *Kissmer (1992)* gibt einen Überblick über die neue klassische Makroökonomie.

sche Stabilisierungspolitik zu betreiben, muß bei rational handelnden Wirtschaftssubjekten dagegen zum Scheitern verurteilt sein.

2) Eine Geldpolitik, die auf bewußter Täuschung beruht, ist zudem zwangsläufig mit negativen Wohlfahrtseffekten verbunden. Sie setzt voraus, daß die Wirtschaftssubjekte daran gehindert werden, ihr individuelles Optimum zu verwirklichen und resultiert damit in einer ineffizienten Allokation.

Die Aussagen der Neuen Klassischen Makroökonomie haben zu einem drastischen Umdenken in der Makroökonomie geführt. Die Erkenntnis, daß Stabilisierungspolitik bei rationalen Erwartungen nicht systematisch das langfristige Beschäftigungsniveau über das Gleichgewichtsniveau steigern kann, wird mittlerweile von allen Ökonomen geteilt. Auch Vertreter der Neuen Keynesianischen Makroökonomie haben das Konzept rationaler Erwartungen übernommen. Sie haben jedoch nachgewiesen, daß die beiden angeführten wirtschaftspolitischen Schlußfolgerungen auch angesichts rationaler Erwartungen der Wirtschaftssubjekte keineswegs zutreffen müssen.

Sie basieren vielmehr auf zwei zusätzlichen implizit versteckten Annahmen: Das erste Argument unterstellt eine Welt völlig flexibler Preise; das zweite Argument basiert auf der Annahme, das gesamtwirtschaftliche Marktgleichgewicht sei automatisch effizient (es gelte also $\bar{y} = y^*$). Wie in Abschnitt 2.2.2 gezeigt, kann aber aus einer ganzen Reihe von Gründen die gesamtwirtschaftliche Produktionsaktivität ineffizient niedrig sein ($\bar{y} < y^*$). Dann aber wird die Sache erheblich komplizierter: Eine bewußte Täuschung könnte nun im Prinzip durchaus wohlfahrtsverbessernd wirken. Wir untersuchen dieses auf den ersten Blick paradoxe Resultat in Abschnitt 3.2 genauer. Das Problem besteht freilich darin, daß eine solche Täuschung auf Dauer nicht gelingen kann - entsprechend Abraham Lincoln's Motto: *You may fool all of the people some time, and you can fool some people all of the time, but you can't fool all of the people all of the time.* Die daraus resultierenden Komplikationen sind Gegenstand der Kapitel 5 und 6.

Im folgenden wollen wir uns intensiver mit dem ersten Argument auseinandersetzen. Eine systematische Stabilisierungspolitik ist nur dann unmöglich, wenn die Wirtschaft sich ohnehin automatisch immer im Vollbeschäftigungsgleichgewicht befindet. Das setzt aber voraus, daß völlig flexible Preise und Löhne eine permanente Markträumung garantieren. Unter solchen Bedingungen wäre jedoch aktive Stabilisierungspolitik sowieso gänzlich überflüssig. Sobald dagegen in der Ökonomie Preisrigiditäten vorliegen, kann auch eine im voraus angekündigte, vollständig antizipierte Geldpolitik reale, wohlfahrtssteigernde Auswirkungen haben. *Stanley Fisher (1977)* und *John Taylor (1980)* haben dies in einem Modell nachgewiesen, in dem auf allen Märkten vollkommener Wettbewerb herrscht; ihr Argument gilt aber in noch stärkerem Maß, wenn monopolistische Verzerrungen vorliegen.

Die Kernidee ist sehr einfach: In der Regel werden Löhne in Lohnverhandlungen für einen längeren Zeitraum festgelegt; ebenso werden Preise von den Unternehmen häufig längerfristig im voraus bestimmt. Um die Aussagen zu vereinfachen, konzentrieren wir uns Im folgenden auf Lohnkontrakte. Die Vertragsparteien berücksichtigen zum Zeitpunkt der Lohnvereinbarungen neben unternehmens- bzw. branchenspezifischen auch gesamtwirtschaftliche Daten. Dabei spielt insbesondere die erwartete Inflationsrate eine wichtige Rolle, weil von ihr die Entwicklung des Realeinkommens und der realen Kosten abhängt.

Sobald die Nominallöhne einmal vereinbart sind, bleiben sie eine gewisse Zeit unverändert. Aufgrund von Nachfrage- und Angebotsschocks werden aber die tatsächlichen Daten fast zwangsläufig von den ursprünglich erwarteten abweichen. Entwickelt sich die Inflationsrate anders als erwartet, entsprechen die vertraglich fixierten Nominallöhne nicht mehr den markträumenden Gleichgewichtspreisen. Es kommt zu Ungleichgewichten.

Ist es möglich, mit geldpolitischen Maßnahmen schneller auf solche Schocks zu reagieren als die privaten Wirtschaftssubjekte (werden sie also wirksam, bevor die Nominalkontrakte an die veränderten Bedingungen angepaßt werden), dann verfügt die Geldpolitik über einen Handlungsvorsprung gegenüber den privaten Wirtschaftssubjekten. Unter solchen Bedingungen ist eine effiziente Stabilisierungspolitik möglich. In Abhängigkeit vom konkreten Schock wird die im voraus angekündigte Stabilisierungspolitik ausgeführt, und baut so die aufgrund der Preisrigiditäten entstehenden Ungleichgewichte ab.

Stabilisierende Geldpolitik hat damit den Charakter eines öffentlichen Gutes. Während gemeinsame Preisanpassungen die Koordinierung der Aktivitäten einer Vielzahl von Wirtschaftssubjekten erforderlich macht und dabei jedesmal Anpassungskosten anfallen, kann eine Koordinierung über die Geldmenge zentral von der geldpolitischen Behörde ausgeführt werden. Am plastischsten läßt sich dies durch den Vergleich mit der Einführung der Sommerzeit verdeutlichen (vgl. *David Romer 1996*): Sie soll jedem ermöglichen, die Tagesaktivitäten jeweils eine Stunde früher zu beginnen, um so insgesamt Energie zu sparen. Die Sommerzeit dient als zentraler Koordinationsmechanismus, der die Zeiteinteilung neu skaliert. Im Prinzip könnte genau der gleiche Effekt auch dadurch erreicht werden, daß alle einfach miteinander verabreden, sich jeweils eine Stunde früher zu treffen: Unternehmer und Arbeitgeber müßten etwa vereinbaren, die Arbeit um 6 Uhr statt um 7 Uhr zu beginnen; mit den öffentlichen Verkehrsbetrieben wird eine Vereinbarung getroffen, Züge und Busse schon eine Stunde früher fahren zu lassen etc. Offensichtlich würden solche Verabredungen enorme Koordinationskosten verursachen und vermutlich ein heilloses Chaos auslösen. Die zentrale Einführung der Sommerzeit ist ein weit effizienterer Mechanismus. Ganz analog dazu erspart eine Variation der Geldmenge die sonst notwendige Anpassung einer Vielzahl von Preisen.

Ein einfaches Modell soll die Auswirkung von Preisrigiditäten genauer illustrieren: Die Lohnverhandlungen legen bestimmte Nominallohnsteigerungen fest; sie orientieren sich an der durchschnittlich erwarteten Entwicklung. Konkret gelte, daß auf dem Arbeitsmarkt ein Lohn vereinbart wird, der das Erreichen des Vollbeschäftigungsgleichgewichts $\overline{N}$ gewährleistet, sofern die tatsächliche Inflationsrate den Erwartungen π^e entspricht. Exogene Schocks rufen später aber Ungleichgewichte hervor. So kann es zu einem unerwarteten Einbruch der Auslandsnachfrage kommen, oder plötzlich aufkommender Pessimismus schreckt die Investoren davon ab, ihre Pläne im ursprünglichen Umfang auszuführen. Solche Nachfrageeinbrüche könnten dadurch aufgefangen werden, daß alle Preise und die gesamten Lohnkontrakte nach unten revidiert werden. Weil solche Anpassungen aber erst mit langer Verzögerung zustandekommen, kommt es zunächst zu einem Ungleichgewicht.

Viele Szenarien sind denkbar bei der Frage, was sich in einer solchen Ungleichgewichtssituation abspielt. In der Tradition von Fischer und Taylor gehen wir davon aus, daß die Arbeitnehmer nach Vertragsabschluß bereit sind, zum vereinbarten Nominallohn beliebig viel zu arbeiten (ex post ist das Arbeitsangebot also zum Nominallohnsatz $\overline{w}$ völlig elastisch). Die tatsächliche Arbeitsmenge wird dann ausschließlich von der Nachfragefunktion nach Arbeit bestimmt. [2]

Steigt als Folge eines positiven Nachfrageschocks die Inflationsrate über das erwartete Niveau ($\pi > \pi^e$), so bedeutet dies effektiv eine Reallohnsenkung. Die Unternehmen reagieren darauf mit verstärktem Arbeitseinsatz $N > \overline{N}$; das gesamtwirtschaftliche Wachstum übersteigt das normale Niveau: $y > \overline{y}$. Im umgekehrten Fall eines Nachfrageeinbruchs ($\pi < \pi^e$) kommt es zu einem Anstieg des Reallohns, der die Arbeitsnachfrage und Produktion unter das Vollbeschäftigungsniveau drückt. Die Konsequenz ist Unterbeschäftigung. Nur falls die aktuelle Inflationsrate den Erwartungen entspricht ($\pi = \pi^e$), wird das normale

---

2 Diese Modellierung ist natürlich nicht die einzig denkbare oder die einzig plausible. Fixpreismodelle verwenden einen ganz anderen Ungleichgewichtsmechanismus: Sie gehen davon aus, daß jeweils die kurze Marktseite bestimmt, wieviel gearbeitet wird. Liegt der Reallohn über dem Gleichgewichtslohn, bestimmt die Arbeitsnachfrage den Arbeitseinsatz, im umgekehrten Fall dagegen das Arbeitsangebot. Bei einem solchen Rationierungsschema wird niemals mehr als $\overline{N}$ an Arbeit eingesetzt; in der Regel weniger. Unter solchen Bedingungen kommt es zu ganz anderen Ergebnissen als im vorliegenden Modell.
Die im Text gewählte Modellierung erzeugt symmetrische Schwankungen des Beschäftigungsniveaus um $\overline{N}$ - und kontraktive Schocks rufen Rezessionen hervor, während expansive Schocks einen Boom erzeugen. Solange $\overline{N} < N*$, muß es nicht zu Kapazitätsengpässen kommen. Es liegt natürlich nahe, die Beschränkung $N \leq N*$ einzuführen. Sie würde die Analyse erheblich komplizieren, aber an den Grundaussagen nichts ändern.

Wachstum $\bar{y}$ realisiert. In einem linearisierten logarithmischen Modell läßt sich damit eine kurzfristige Angebotskurve wie in Abb.3.3 ableiten:[3]

$$y_t^A = \bar{y} + a(\pi_t - \pi_t^e) \tag{3.1}$$

Der Parameter a gibt an, wie stark die Produktion auf Preisänderungen reagiert; er determiniert die Steigung der Angebotskurve. Je kleiner a, desto steiler ist die Kurve; d.h., um so mehr nähert sie sich der langfristigen vertikalen Phillipskurve an. Je flacher die Kurve (je höher a), desto stärker wirkt sich eine Abweichung der Inflationsrate von den Erwartungen auf den realen Sektor aus. Die Inflationserwartungen π^e bestimmen die Lage der Kurve: für $\pi = \pi^e$ gilt $y = \bar{y}$; mit steigenden Inflationserwartungen π^e verschiebt sich die Kurve demnach nach oben.

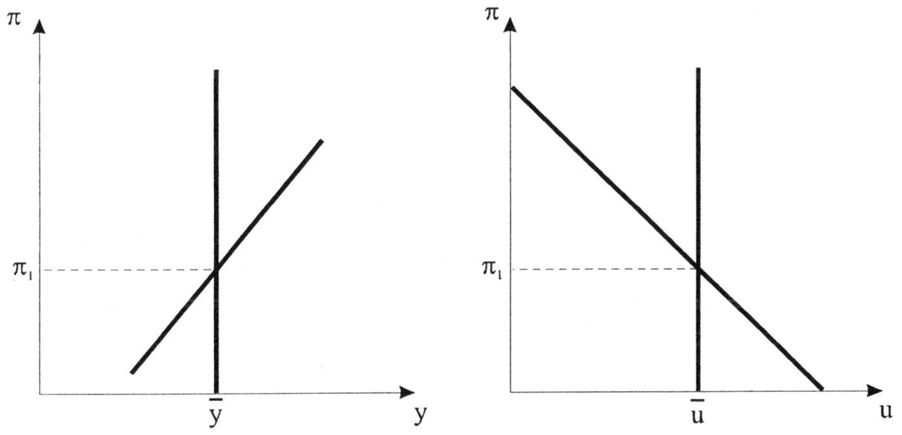

Abb.3.3. Lang- und kurzfristige Angebotsfunktion und Philipskurve

Der kurzfristigen Angebotskurve entspricht jeweils eine bestimmte kurzfristige Phillipskurve (vgl. Abb.3.3). Aus *Gleichung* (3.1) läßt sich die einfache Phillipskurvenrelation ableiten (mit $\bar{u}$ als die Arbeitslosenrate beim Normalwachstum $\bar{y}$ mit der Beschäftigung $\bar{N}$):

3 In Abschnitt 3.1.4 wird gezeigt, wie die lineare Angebotsfunktion der Gleichung (3.1) explizit aus einer gesamtwirtschaftlichen Cobb/Douglas-Produktionsfunktion abgeleitet werden kann.

(3.2) $$u_t = \bar{u} + d(\pi_t^e - \pi_t)$$

Bei gegebenen Erwartungen π^e kann eine aktive Geldpolitik zumindest kurzfristig Output und Beschäftigungsniveau beeinflussen. Inwieweit eine solche Politik dauerhaft erfolgreich ist, hängt davon ab, wie sich die Erwartungen im Zeitablauf verändern.

Die traditionelle keynesianische Theorie vernachlässigte den Einfluß der Inflationserwartungen. Sie unterstellte einfach einen stabilen Trade Off zwischen Inflationsrate und Arbeitslosenrate. Dann ist es möglich, durch eine geeignete Inflationspolitik das Output-Niveau auf jede gewünschte Zielgröße zu steigern. Um die im Marktgleichgewicht $\bar{y}$ herrschende Unterbeschäftigung abzubauen, muß nur auf Dauer eine Politik mit entsprechend hoher Inflationsrate gewählt werden. Gemäß *Gleichung* (3.1) muß gelten:

$$\pi - \pi^e = \frac{y^* - \bar{y}}{a}$$

Implizit ist dabei natürlich unterstellt, daß die Inflationserwartungen sich selbst auf Dauer nicht verändern. Während es durchaus sinnvoll sein kann, die Inflationserwartungen kurzfristig als gegeben anzusehen, erscheint die Vorstellung, eine solche Politik könnte dauerhaft erfolgreich sein, freilich extrem unplausibel: Sobald die Wirtschaftssubjekte diese Politik durchschauen, werden sie bei den nächsten Lohnverhandlungen entsprechend höhere Lohnsteigerungen durchsetzen. Ein Versuch, das Output-Niveau dauerhaft über das Gleichgewichtsniveau zu steigern, ist damit zum Scheitern verurteilt.[4]

Eine Wirtschaftspolitik, die den Trade Off auszunutzen versucht, bewirkt damit gerade, daß sich dieser vermeintlich stabile Zusammenhang verändert. Die Erwartungen der Wirtschaftssubjekte reagieren auf die Politikmaßnahmen; die Erwartungen bestimmen aber wiederum den Verlauf der Phillipskurve. Weil das Verhalten endogen von der betriebenen Wirtschaftspolitik abhängt, kann bei der Festlegung der Politik die Relation nicht als exogen angenommen werden. Das Problem kann beispielhaft am Verlauf der Phillipskurve in der Bundesrepublik Deutschland illustriert werden. Zwischen 1959 und 1973 bestand ein relativ

---

4 Die Mehrzahl der Keynesianer hat eine solche Politik auch nie propagiert. Ziel keynesianischer Politik ist vielmehr die Stabilisierung von Konjunkturschwankungen. Wie im folgenden gezeigt wird, muß mit der Stabilisierung von Nachfrageschocks keineswegs ein Anstieg der Inflationserwartungen verbunden sein. Für diesen Fall macht es somit durchaus Sinn, konstante Erwartungen zu unterstellen. Problematisch wird es erst, angesichts permanenter Angebotsschocks weiterhin von einem solchen stabilen Zusammenhang auszugehen (vgl. unten).

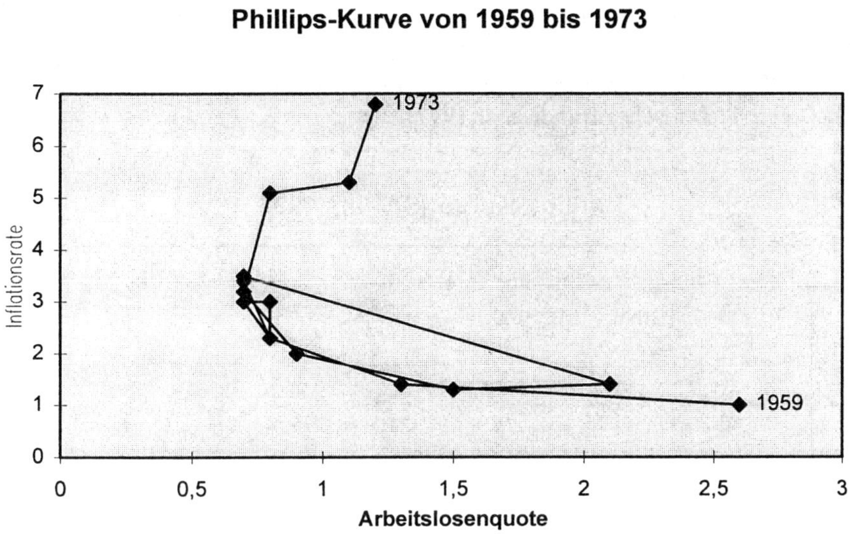

Abb. 3.4. Stabile Phillipskurve 1959-1973

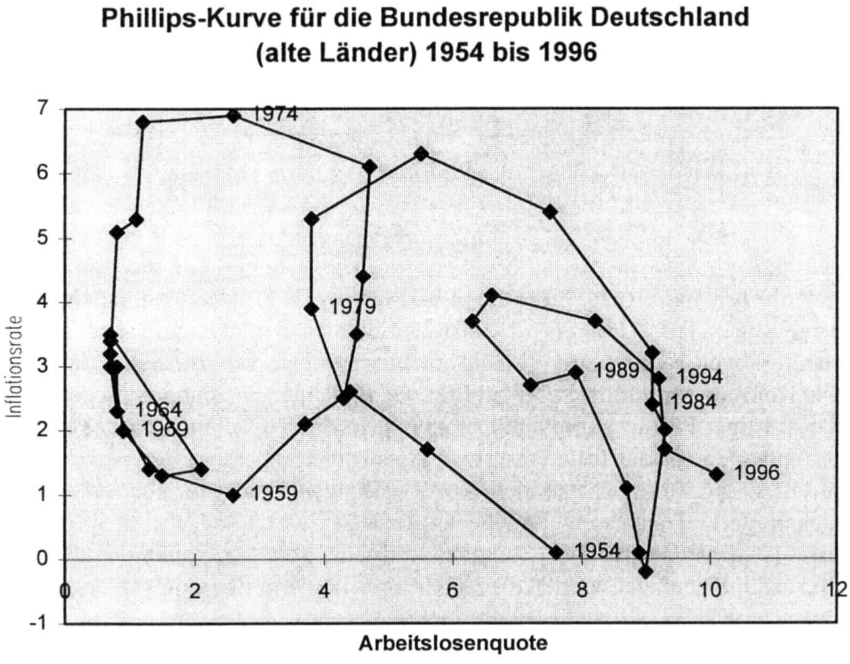

Abb. 3.5. Der Zusammenbruch der Phillipskurve nach 1973

stabiler Zusammenhang zwischen Inflations- und Arbeitslosenrate (vgl. Abb. 3.4). Danach aber ist diese stabile Beziehung zusammengebrochen (Abb. 3.5). Strukurelle Änderungen haben eine Verschiebung der Relation ausgelöst. Allerdings läßt sich ab 1981 durchaus wieder ein relativ stabiler Zusammenhang erkennen (Abb. 3.6). (Daten: Statistisches Bundesamt 1997).

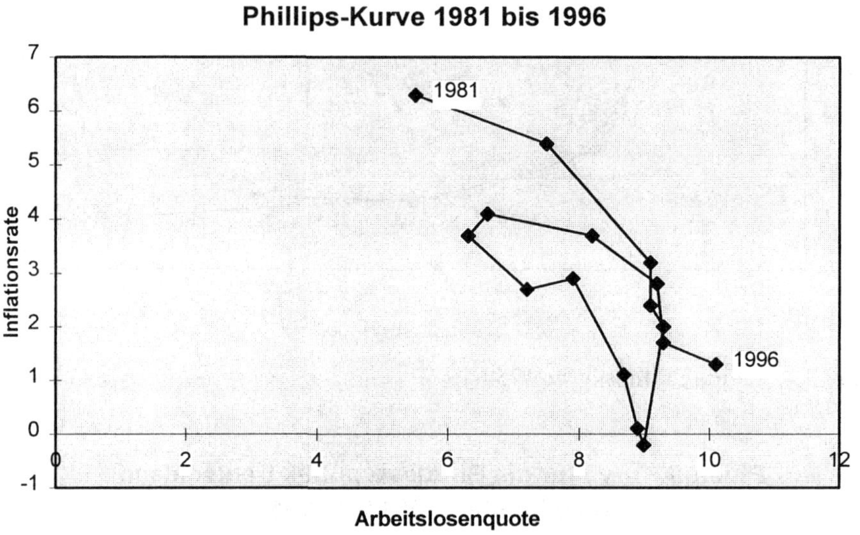

Abb. 3.6. Das Wiederauferstehen der Phillipskurve nach 1981

Wie *Milton Friedman (1968)* und *Edmund Phelps (1968)* erkannten, ist ein stabiler langfristiger Trade Off mit den Grundprinzipien der ökonomischen Theorie (der langfristigen Neutralität von Geld) nicht vereinbar. Sie kritisierten das traditionelle Konzept der Phillipskurve und führten die Unterscheidung zwischen kurz- und langfristiger Phillipskurve ein. Dahinter steht die Vorstellung, daß zwar kurzfristig (solange sich die Inflationserwartungen nicht anpassen) der beschriebene Trade Off vorliegen kann, daß sich die Erwartungen langfristig aber an den tatsächlichen Verlauf anpassen: Für die Laufzeit der vertraglich fixierten Tarifabschlüsse ist die Phillipskurven-Relation konstant; zum Zeitpunkt der nächsten Tarifverhandlungen aber werden die Löhne an veränderte Erwartungen angepaßt.

Die Lucas-Kritik

Die Erkenntnis, daß sich die Phillips-Kurve bei veränderten Erwartungen verschiebt, war der Ausgangspunkt für die sogenannte **Lucas-Kritik** von *Robert Lucas* (dem Nobelpreisträger 1995). *Lucas (1976)* argumentiert, daß es zu gravierenden Fehleinschätzungen führen kann, bei der Analyse von Politikmaßnahmen zu unterstellen, bisher beobachtete stabile Beziehungen würden nicht auf Änderungen von Politikmaßnahmen reagieren und könnten deshalb von der Politik ausgenutzt werden. Weil die Wirtschaftssubjekte aber bewußt auf Politikmaßnahmen reagieren, ist es leicht möglich, daß bisher stabile Beziehungen zusammenbrechen. Dann aber würde die Politik letztlich ganz andere Effekte auslösen als ursprünglich beabsichtigt.

Die durch eine veränderte Politik ausgelöste Verschiebung der Phillipskurve ist nur ein Beispiel dieses Sachverhalts. Er ist auch für viele andere Fragen relevant - wie bei der Auswirkung von Steuerreformen oder bei Änderungen des Wechselkursregimes. Die Lucas-Kritik hat ganz grundsätzliche Bedeutung; sie führte deshalb auch zu einem veränderten Verständnis der Modellierung von Wirtschaftspolitik. Sie fordert, die Reaktionen der privaten Wirtschaftssubjekte auf Politikmaßnahmen explizit zu berücksichtigen. *Lucas (1976)* zufolge ist es daher unumgänglich, zur Analyse von Wirtschaftspolitik mikroökonomisch fundierte Modelle zu verwenden, in denen das Verhalten aller Wirtschaftssubjekte explizit modelliert wird. Weil strategische Auswirkungen der Politik am besten durch spieltheoretische Modelle erfaßt werden, ist nicht verwunderlich, daß Spieltheorie mittlerweile in der modernen Theorie der Wirtschaftspolitik eine so große Bedeutung erlangt hat.

Daß es problematisch ist, stabile strukturelle Beziehungen zu unterstellen, hat auch gravierende Auswirkungen auf die Beurteilung der Ergebnisse ökonometrischer Analysen. Wenn empirisch geschätzte Zusammenhänge stark von der in der Vergangenheit betriebenen Politik geprägt sind, macht es keinen Sinn, bei Simulationen zur Abschätzung der Auswirkungen von Politikänderungen zu unterstellen, daß diese Beziehungen stabil bleiben. Die Schätzung mikroökonomisch fundierter Modelle mit rationalen Erwartungen erfordert allerdings komplexe Methoden.

3.1.2 Geldpolitik bei adaptiven Erwartungen

Friedman und *Phelps* gingen davon aus, daß die Erwartungen sich adaptiv anpassen: die zukünftigen Erwartungen basieren auf der in der Vergangenheit beobachteten Entwicklung. Die Inflationserwartungen werden revidiert, falls die tatsächliche Inflationsrate von der zuvor erwarteten abweicht. Der einfachste Anpassungsprozeß bei adaptiven Erwartungen läßt sich durch folgende Gleichung beschreiben:

$$\pi_t^e - \pi_{t-1}^e = \lambda\left(\pi_{t-1} - \pi_{t-1}^e\right) \tag{3.3}$$

Bei adaptiven Erwartungen ist eine dauerhafte Stimulierung der Beschäftigung schwerer zu erreichen als bei fixen Erwartungen. Betrachten wir dazu Abb. 3.7.

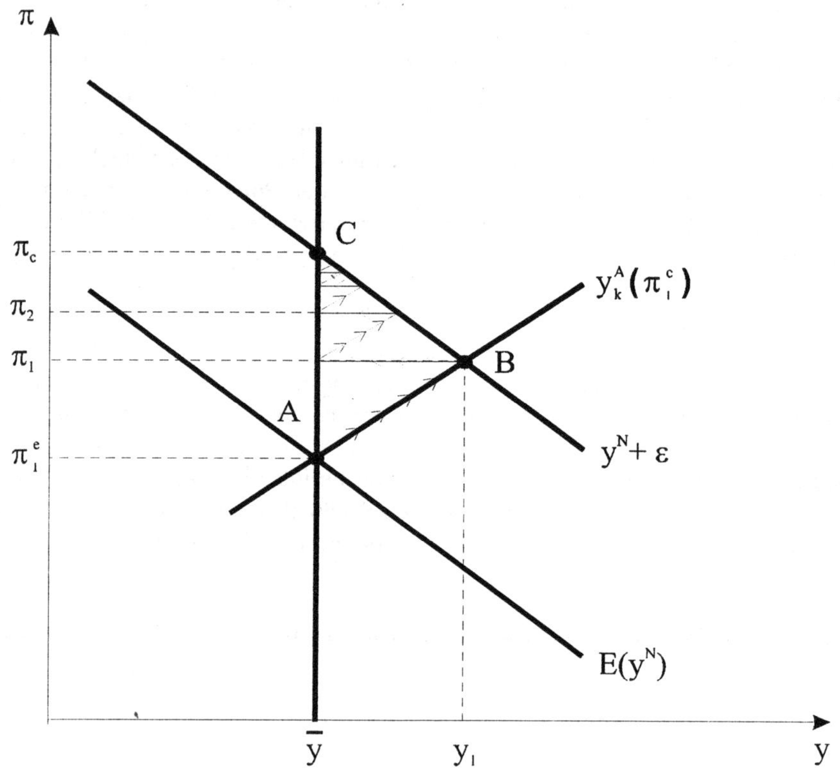

Abb. 3.7. Kurzfristige Stimulierung bei adaptiven Erwartungen

Ausgangspunkt ist die erwartete Nachfrage $E(y^N)$ mit Inflationserwartungen $\pi_1^e = \pi_0$ (Punkt A). Die kurzfristige Angebotsfunktion verläuft gemäß $y_k^A(\pi_1^e)$.

Eine unerwartet expansive Politik verschiebt die Nachfragekurve über das erwartete Niveau auf $y^N + \varepsilon$. Dies stimuliert zunächst das Wachstum auf y_1, erhöht aber zugleich die Inflation auf π_1 (Punkt B). Die Stimulierung wird mit einem Anstieg der Inflationserwartungen in der nächsten Periode auf $\pi_2^e = \lambda\,\pi_1 + (1-\lambda)\,\pi_1^e$ erkauft (in Abb. 3.7) ist $\lambda = 1$ unterstellt, so daß $\pi_2^e = \pi_1$). Die kurzfristige Angebotskurve verschiebt sich folglich nach oben.

Im Lauf des Anpassungsprozesses steigen die Erwartungen, bis sie dem neuen langfristigen Nachfrageniveau $y^N + \varepsilon$ (Punkt C) entsprechen. Eine Stimulierung der Wirtschaftsaktivität ist somit nur kurzfristig möglich. Sie muß mit einem dauerhaften Anstieg der Inflationsrate erkauft werden. Denn aufgrund der gestiegenen Inflationserwartungen muß nun die Inflation auf dem hohen Niveau π_C^e verharren, allein um einen Produktionseinbruch unter $\bar{y}$ zu verhindern. Soll die Produktion aber weiterhin auf dem Niveau y_1 bleiben, müßte die Inflationsrate immer stärker erhöht werden (in Abb. 3.8 wird die Nachfrage immer stärker ausgedehnt, damit das Wachstum entlang der sich ständig nach oben verschiebenden Angebotskurven weiterhin auf y_1 stimuliert werden kann).

Bei adaptiven Erwartungen ist es im Prinzip weiterhin möglich, das Outputniveau dauerhaft auf jedes gewünschte Niveau anzuheben. Dies erfordert, daß die Inflationsrate permanent weiter steigt. Die Wirtschaftssubjekte orientieren ihre Erwartungen jedoch ausschließlich an den Beobachtungen in der Vergangenheit; sie stellen dabei nicht das aktuelle Verhalten der Regierung in Rechnung. Deshalb kann es ihr gelingen, sie jedesmal aufs neue zu überraschen. Wird die Inflationsrate etwa in jeder Periode um eine konstante Rate $\Delta\pi$ erhöht, passen sich zwar die Preiserwartungen mit der gleichen Rate an; sie hinken der aktuellen Entwicklung aber immer hinterher. Wirtschaftssubjekte mit adaptiven Erwartungen unterschätzen bei einer solchen Politik die Entwicklung der Inflationsrate auf Dauer mit dem Prognosefehler:

$$(3.4) \qquad \pi - \pi^e = \frac{\Delta\pi}{\lambda}$$

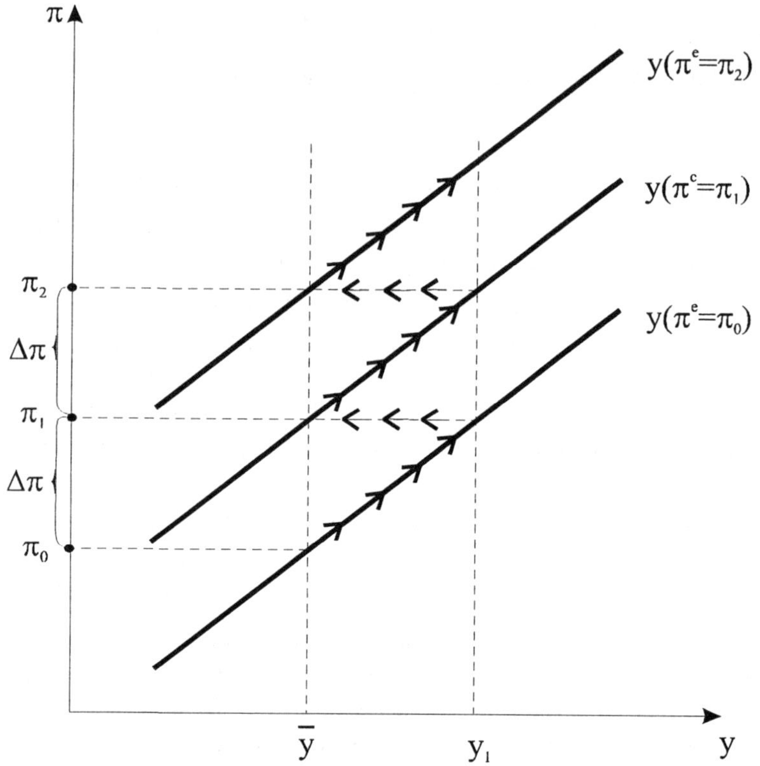

Abb. 3.8. Dauerhafte Stimulierung bei adaptiven Erwartungen

Wird Gleichung (3.4) in die Angebotsfunktion (3.1) eingesetzt, läßt sich berechnen, wie stark die Inflationsrate wachsen muß, um die Produktion y_t^A auf ein gewünschtes Niveau y^* zu bringen. Damit $y_t^A = y^*$, müßte die Inflationsrate mit der konstanten Rate zunehmen:

(3.5) $$\Delta\pi = \frac{\lambda}{a}(y^* - \bar{y})$$

Die erforderliche Steigerungsrate ist um so höher, je stärker das gewünschte Output-Niveau y^* vom Marktgleichgewicht $\bar{y}$ abweicht, je schneller die Inflationserwartungen sich an Prognosefehler anpassen (falls der Parameter λ gegen ∞ geht, passen sie sich sofort an) und je unelastischer die kurzfristige Phillipskurve verläuft (falls a gegen 0 geht, wird die kurzfristige Phillipskurve sehr steil; um einen minimalen Beschäftigungserfolg zu erzielen, ist dann ein starker Anstieg der Inflationsrate erforderlich).

Im vorigen Abschnitt wurde argumentiert, es sei unplausibel anzunehmen, die Inflationserwartungen blieben auf Dauer unverändert. Offensichtlich ist es aber ebensowenig plausibel, davon auszugehen, daß die Wirtschaftssubjekte auf Dauer einem adaptiven Erwartungsprozeß folgen. Schließlich müssen sie ja im Laufe der Zeit immer wieder lernen, daß ihre Erwartungen permanent enttäuscht werden. Rationale Wirtschaftssubjekte werden zumindest nach einer gewissen Anpassungsphase die Systematik der Politik durchschauen und ihre Erwartungsbildung entsprechend revidieren. Das Endergebnis eines solchen Lernprozesses wird durch ein Modell mit rationalen Erwartungen wiedergegeben. Im folgenden Abschnitt untersuchen wir die Rolle der Geldpolitik bei rationalen Erwartungen.

3.1.3 Geldpolitik bei rationalen Erwartungen

Das Konzept rationaler Erwartungen geht davon aus, daß die Wirtschaftssubjekte ihre Erwartungen zukunftsorientiert bilden. Sie machen Prognosen darüber, wie sich die relevanten Daten im betrachteten Zeitraum entwickeln werden. Dabei verwenden sie alle zum Zeitpunkt der Entscheidung verfügbaren Informationen. Dazu zählt auch die Kenntnis über ökonomische Zusammenhänge. Im konkreten Beispiel wollen die Tarifparteien zum Zeitpunkt der Lohnverhandlungen die Preisentwicklung über die Laufzeit des Tarifvertrags abschätzen. Die Entwicklung der Inflationsrate hängt davon ab, wie stark gesamtwirtschaftliches Angebot und gesamtwirtschaftliche Nachfrage wachsen. Wir betrachten Im folgenden den Fall, daß Angebot und Nachfrage abgesehen von temporären Schocks mit einem konstanten Trend wachsen. Die Schocks sind also nur in der betrachteten Periode wirksam.

3.1.3.1 Langfristiges Gleichgewicht

Das Gleichgewicht bei rationalen Erwartungen muß in mehreren Schritten ermittelt werden. Zunächst, in der ersten Stufe, bilden die privaten Wirtschaftssubjekte Erwartungen über das Wachstum von Angebot und Nachfrage. Weil die Nachfrage auch von der Geldpolitik abhängt, müssen sie dabei auch Prognosen über die erwartete Politik anstellen. Sie versuchen, die Varianz des Prognosefehlers $E(\pi - \pi^e)^2$ zu minimieren. Ihre Erwartungen bestimmen sie deshalb so, daß, gegeben π^e, die im Durchschnitt erwartete Nachfrage dem durchschnittlichen Angebot entspricht.

In der zweiten Stufe - nachdem die Nominallöhne vertraglich fixiert sind - treten dann bestimmte Schocks auf Angebot und Nachfrage ein. Die Geldbehörde legt in Kenntnis dieser Schocks ihre Politik fest und kann demnach stabilisierend in den

Wirtschaftskreislauf eingreifen. Die privaten Wirtschaftssubjekte versuchen bereits in der ersten Stufe, diese Geldpolitik zu antizipieren. Ein rationales Erwartungsgleichgewicht liegt dann vor, wenn das erwartete Verhalten der Geldbehörde übereinstimmt mit dem Verhalten, das aus ihrer Sicht tatsächlich optimal ist.

Untersuchen wir zunächst den ersten Schritt - die Prognose über gesamtwirtschaftliches Angebot und Nachfrage. Die Produktion wächst - abgesehen von Erwartungsfehlern sowie von unvorhersehbaren Schocks ε - mit der Rate $\bar{y}$.

(3.6) $$y_t^A = \bar{y} + a(\pi_t - \pi_t^e) + \varepsilon_t$$

Die temporären Angebotsschocks ε sind zum Zeitpunkt der Tarifverhandlungen nicht vorhersehbar. Es gilt demnach:

(3.7) $$E(\varepsilon) = 0; Var(\varepsilon) = \sigma_\varepsilon^2 = E(\varepsilon^2)$$

Die beste Prognose über das gesamtwirtschaftliche Angebot ist demnach

(3.8) $$E(y^A) = \bar{y} + a(E\pi - \pi^e)$$

Die Nachfrageentwicklung hängt neben anderen Faktoren auch vom Geldmengenwachstum μ ab. Wir gehen davon aus, daß die aggregierte Nachfrage entsprechend einer simplen Quantitätsgleichung wächst:

(3.9) $$y^N = \mu - \pi + \eta$$

Der Parameter η repräsentiert temporäre Nachfrageschocks (Schocks, die die Geldnachfrage verschieben). Wieder gilt, daß solche Schocks nicht vorhersehbar sind:

(3.10) $$E(\eta) = 0; Var(\eta) = \sigma_\eta{}^2 = E(\eta^2)$$

Die beste Prognose über das Wachstum der gesamtwirtschaftlichen Nachfrage ist damit:

(3.11) $$E(y^N) = E(\mu) - \pi$$

Unterstellen wir zunächst einfach, daß die Geldpolitik korrekt antizipiert wird. Bei rationalen Erwartungen gilt:

$$\pi^e = E\pi \tag{3.12}$$

Die Inflationserwartungen entsprechen dem Durchschnittswert der tatsächlich realisierten Inflationsraten. Sie entsprechen damit der Inflationsrate, zu der das erwartete Angebot $\bar{y}$ und die erwartete Nachfrage $\mu^e - \pi$ im Gleichgewicht sind (vgl. Abb. 3.9). Für den Schnittpunkt von durchschnittlicher Nachfrage und durchschnittlichem Angebot gilt $E\, y^A = E\, y^N$ bzw.

$$\pi^e = E\,\pi = \mu^e - \bar{y} \tag{3.13}$$

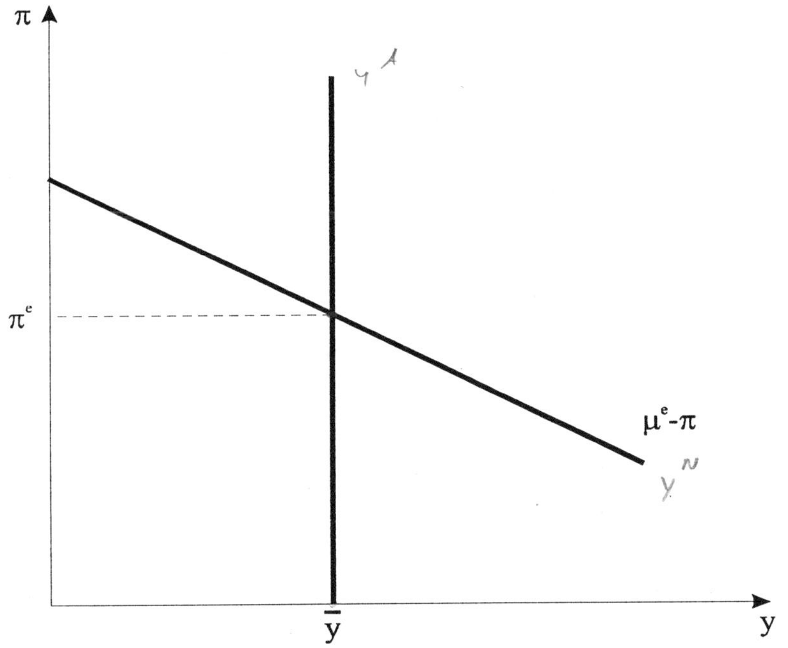

Abb. 3.9. Langfristiges Gleichgewicht bei rationalen Erwartungen

3.1.3.2 Geldpolitik angesichts von Schocks

Weil die Nachfrage vom Geldmengenwachstum abhängt, haben die Tarifparteien ein starkes Interesse daran, die Geldpolitik korrekt zu prognostizieren. Sie könnten natürlich auf die Ankündigungen der geldpolitischen Behörden vertrauen, werden sich aber überlegen, ob die Ankündigungen glaubwürdig sind. Dazu müssen sie Erwartungen darüber bilden, wie die aus Sicht der Geldbehörde optimale Politik aussieht. Rationale Erwartungen liegen dann vor, wenn die erwartete Geldpolitik dem aus Sicht der Geldbehörde tatsächlich optimalen Verhalten entspricht.

Die Geldbehörde legt das Geldmengenwachstum μ erst nach Kenntnis der Angebots- (ε) und Nachfrage-(η) Schocks fest. μ kann deshalb auf die Schocks reagieren. Folgt die Geldpolitik linearen Feedback-Regeln, so läßt sie sich beschreiben durch:

(3.14) $$\mu = \mu(\varepsilon, \eta) = \overline{\mu} + \gamma_\varepsilon + \gamma_\eta$$

Die Parameter γ_ε und γ_η geben an, wie stark die Geldpolitik auf Angebots- bzw. Nachfrageschocks reagiert. Die privaten Wirtschaftssubjekten kennen diese Regel; sie antizipieren bei rationalen Erwartungen das durchschnittliche Geldmengenwachstum: $\mu^e = \overline{\mu}$. Im folgenden untersuchen wir, wie Geldpolitik bei unterschiedlichen Regeln zur Stabilisierung von temporären Nachfrage- und Angebotsschocks beitragen kann. Eine denkbare starre Regel besteht etwa darin, auf Schocks überhaupt nicht zu reagieren: $\mu = \overline{\mu}$ (mit $\gamma_\varepsilon = \gamma_\eta = 0$).

3.1.3.3 Reaktion auf Nachfrageschocks

Ein negativer Nachfrageschock *(η < 0)* verschiebt die aggregierte Nachfrage in Abb. 3.10 entsprechend der gestrichelten Kurve nach links. Bei flexiblen Löhnen und Preisen würde die Inflation auf π_0 sinken; die Produktion steigt dann wieder auf das Gleichgewichtsniveau $\overline{y}$. Weil die Lohnkontrakte bereits im voraus bestimmt wurden und sich an der Rate π^e orientierten, gilt nun aber kurzfristig die gestrichelte Angebotskurve. Der negative Nachfrageschock dämpft die Inflationsrate; dadurch verteuern sich die Reallöhne. Es kommt zu einem entsprechenden Beschäftigungsrückgang; die Wachstumsrate sinkt auf y_1, und die Inflation fällt auf π_1.

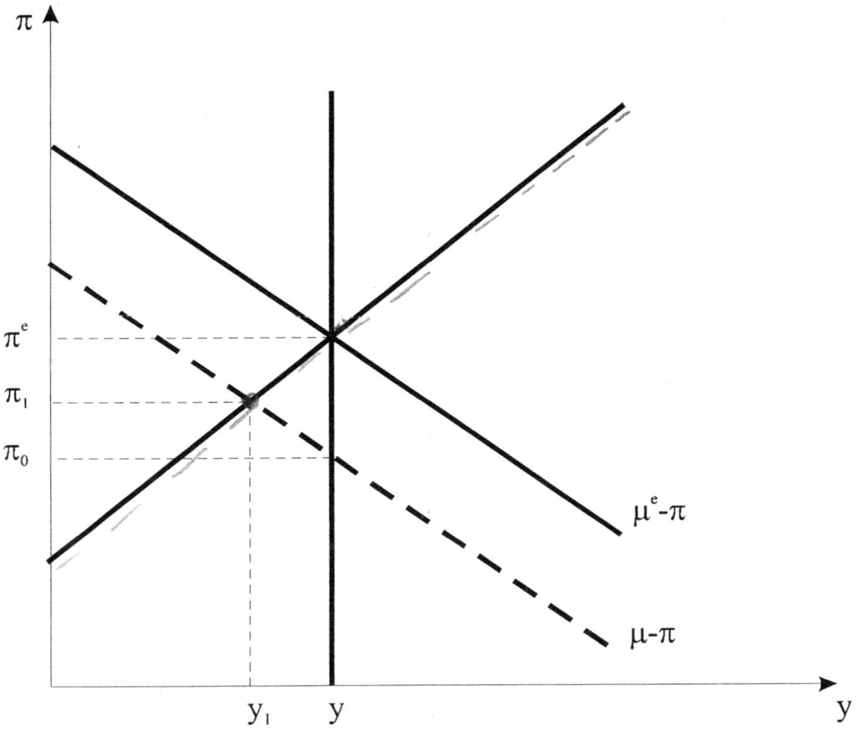

Abb. 3.10. Nachfrageschock bei rationalen Erwartungen

Kann die Geldpolitik unmittelbar ohne Wirkungsverzögerungen auf den Nachfrageschock reagieren, dann ist sie in der Lage, solche Nachfrageschocks vollständig zu stabilisieren. Auf einen negativen Nachfrageschock müßte die Geldpolitik so expansiv reagieren, daß die Nachfragekurve wieder auf die ursprüngliche, durchgehend gezeichnete Gerade $\mu^e - \pi$ zurückverschoben wird. Der Nachfrageschock würde dann durch eine entsprechende Gegenreaktion der Geldmengenentwicklung konterkariert. Umgekehrt würde ein expansiver Schock durch eine restriktive Geldpolitik ausgeglichen. Diese Art von Stabilisierungspolitik sichert zugleich Outputwachstum $\bar{y}$ und Preisentwicklung $\bar{\pi}$ vollständig gegen Nachfrageschocks ab.

3.1.3.4 Reaktion auf Angebotsschocks

Betrachten wir nun einen negativen Angebotsschock, der das Wachstum auf $\tilde{y} = \bar{y} - \varepsilon_1$ reduziert. Damit verschieben sich lang- und kurzfristige Angebotsfunktion nach links (vgl. Abb. 3.11).

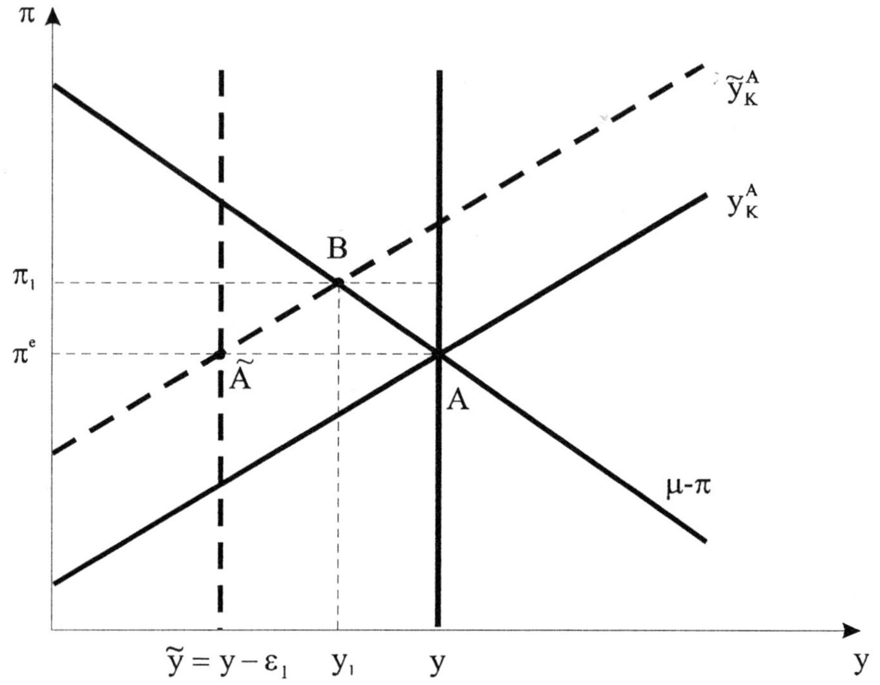

Abb. 3.11. Angebotsschocks bei rationalen Erwartungen

Bei unveränderter Nachfrage kommt es nun gleichzeitig zu einem Einbruch des Produktionswachstums und verstärkter Inflation - die Inflation steigt auf π_1; die Wachstumsrate geht auf y_1 zurück; es herrscht Stagflation. Der Versuch, auf den Angebotsschock mit aktiver Nachfragepolitik zu reagieren, könnte zwar kurzfristig die Produktion steigern, allerdings nur auf Kosten weiter steigender Inflation (eine expansive Geldpolitik verschiebt die Nachfragekurve nach rechts; damit erhöht sich die Inflation noch stärker). Umgekehrt müßte der Versuch, die Inflationsrate zu stabilisieren, mit verstärkten Produktionsschwankungen erkauft werden: Wird zur Dämpfung der inflationären Entwicklung eine restriktive Geldpolitik betrieben, verschiebt sich die Nachfragekurve nach links; das Produktionswachstum geht damit auf $\tilde{y} = \bar{y} - \varepsilon_1$ zurück. Angesichts von Angebotsschocks besteht also ein Trade Off zwischen der Stabilisierung von Produktions- und Preisschwankungen. Welcher Effekt stärker gewichtet wird, hängt von der Zielfunktion der Geldbehörde ab.

Die hier angeführten Überlegungen liefern eine nicht unplausible Erklärung dafür, warum die Phillipskurven-Beziehung bis Anfang der 70er Jahre relativ stabil geblieben ist, dieser stabile Zusammenhang danach aber zusammengebrochen ist. In den 60er Jahren wurde in fast allen Staaten eine klassische keynesianische Politik der Nachfragestabilisierung betrieben. Wie gezeigt, muß eine solche Stabilisierungspolitik die Inflationsrate keineswegs in die Höhe treiben. Weil es dann rational ist, die Inflationserwartungen nicht zu verändern, kommt es auch zu keiner Verschiebung der kurzfristigen Phillipskurve.

In den 70er Jahren dominierten dagegen mit den abrupten Ölpreissteigerungen Angebotsschocks. Die drastische Verteuerung des Inputfaktors Energie reduzierte die gleichgewichtige Wachstumsrate der Wirtschaft. Jeder Versuch, das Wachstum zu stimulieren, wirkt einem solchen Fall inflationär. Ist der Angebotsschock zudem dauerhaft (wie dies etwa bei den Ölpreisschocks der Fall war), dann muß der Versuch, aktive Stabilisierungspolitik zu betreiben, zum Scheitern verurteilt sein: Angesichts eines permanenten Angebotsschocks kann das Produktionswachstum langfristig nicht von $\tilde{y} = \bar{y} - \varepsilon_1$ abweichen. Sobald sich die Erwartungen angepaßt haben, besteht die einzige Konsequenz einer expansiven Geldpolitik in einem Anstieg der Inflationsrate.

3.1.3.5 Formale Analyse

Untersuchen wir nun explizit, welches Gleichgewicht sich nach der Realisation von Schocks einstellt und welche Konsequenzen unterschiedliche geldpolitische Regelungen dabei haben. Produktion und Inflation ergeben sich nun aus der Bedingung, daß die tatsächliche Nachfrage mit der kurzfristigen Angebotsfunktion übereinstimmen müssen:

$$y^A = y^N \tag{3.15}$$

Unter Berücksichtigung rationaler Inflationserwartungen (Gleichung (3.13)) ergibt sich als Lösung:

$$\pi = \frac{\mu + a\,\mu^e}{1+a} - \bar{y} + \frac{1}{1+a}(\eta - \varepsilon) \tag{3.16}$$

Eine informativere Schreibweise ist:

(3.17) $$\pi - \pi^e = \frac{1}{1+a}\left(\mu - \mu^e\right) + \frac{1}{1+a}(\eta - \varepsilon)$$

(3.18) $$y - \bar{y} = \frac{a}{1+a}\left(\mu - \mu^e\right) + \frac{1}{1+a}\varepsilon + \frac{a}{1+a}\eta$$

Die Gleichungen präzisieren die Überlegungen, die wir oben anhand von Graphiken angestellt haben: Die Inflationsrate liegt über den Erwartungen, falls die Geldmenge überdurchschnittlich wächst, falls ein positiver Nachfrage- oder aber ein negativer Angebotsschock eintritt. Entsprechend gilt für den Output: Er liegt über dem Durchschnitt, falls die Geldmenge überdurchschnittlich wächst oder falls ein positiver Angebots- bzw. Nachfrageschock erfolgt.

Wird eine stabilisierende Geldpolitik gemäß der Regel (3.14) $\mu = \mu(\varepsilon, \eta) = \bar{\mu} + \gamma_\varepsilon + \gamma_\eta$ betrieben, dann ergeben sich ex post die Gleichgewichtswerte:

(3.19) $$\pi - \pi^e = \frac{1+\gamma_\eta}{1+a}\,\eta + \frac{\gamma_\varepsilon - 1}{1+a}\,\varepsilon$$

(3.20) $$y - \bar{y} = \frac{1+\gamma_\varepsilon}{1+a}\,\eta + \frac{a \cdot \gamma_\varepsilon + 1}{1+a}\,\varepsilon$$

Reagiert die Geldpolitik auf Nachfrageschocks vollständig antizyklisch $(\gamma_\eta = -1)$, dann werden sowohl Preisniveau wie Produktion gegen Nachfrageschocks vollständig abgesichert. Dagegen ergibt sich bei Angebotsschocks der oben skizzierte Trade-Off: Eine Politik, die das Produktionsniveau stabilisieren will $(\gamma_\varepsilon < 0)$ verstärkt die Preisschwankungen. Umgekehrt kann eine Stabilisierung des Preisniveaus $(\gamma_\varepsilon > 0)$ nur auf Kosten verstärkter Produktionsschwankungen erfolgen. Würde etwa durch eine prozyklische Politik das Preisniveau vollständig stabilisiert ($\gamma_\varepsilon = 1$), dann würden die Output-Schwankungen überhaupt nicht gedämpft. Erfolgt umgekehrt eine antizyklische Politik zur perfekten Stabilisierung der Produktion ($\gamma_\varepsilon = -\frac{1}{a}$), dann schwankt das Preisniveau um so stärker.

Die Ausführungen haben gezeigt, daß eine antizyklische Geldpolitik im Prinzip auch bei rationalen Erwartungen der Wirtschaftssubjekte, die die Geldpolitik exakt antizipieren, möglich ist. Dies gilt unter folgenden Bedingungen:

(a) die aggregierte Angebotskurve verläuft aufgrund von Rigiditäten im privaten Sektor kurzfristig steigend und

(b) Geldpolitik kann schneller auf unvorhergesehene Schocks reagieren als dies den privaten Wirtschaftssubjekten möglich ist.

3.1.4 Ableitung der aggregierten Angebotskurve bei einer Cobb/Douglas-Produktionsfunktion

Im folgenden soll gezeigt werden, wie sich für eine Cobb/Douglas-Produktionsfunktion

(3.21) $$Y = K^{\alpha} N^{1-\alpha} e^{\varepsilon}$$

die kurzfristige aggregierte Angebotskurve ableiten läßt.[5] In der kurzen Frist ist der Kapitalstock K fix. Weil die Berücksichtigung von Monopolmacht einen wesentlich komplexeren Modellrahmen erfordert, letztlich aber zu ganz ähnlichen Resultaten führt, betrachten wir Im folgenden eine Ökonomie mit vollkommener Konkurrenz auf allen Märkten. Die gesamtwirtschaftliche Arbeitsnachfrage ergibt sich dann aus der Bedingung:

(3.22) $$\frac{\partial Y}{\partial N} = (1-\alpha)\frac{K^{\alpha}}{N^{\alpha}} e^{\varepsilon} = \frac{W}{P}$$

Um lineare Funktionen zu erhalten, erweist es sich als hilfreich, alle Größen zu logarithmieren. Die Cobb/Douglas-Produktionsfunktion (3.21) lautet in logarithmischer Form:

(3.23) $$y = \alpha k + (1-\alpha)n + \varepsilon$$

Durch Logarithmieren der Bedingung erster Ordnung (3.22) erhält man die Arbeitsnachfragefunktion in logarithmischer Form:

$$\ln(1-\alpha) + \alpha k - \alpha n + \varepsilon = w - p$$

bzw.

---

5 Vgl. dazu etwa *Rogoff (1985)* oder *Blanchard/Fischer (1989)*.

(3.24) $$n^N = \frac{1}{\alpha}\ln(1-\alpha) + k - \frac{w-p}{\alpha} + \frac{\varepsilon}{\alpha}$$

Das Arbeitsangebot nehme mit dem Reallohnsatz zu:

(3.25) $$n^A = \bar{n} + \delta(w-p)$$

Bei der folgenden Analyse erweist es sich als sinnvoll, konstante Größen in passender Form zu normieren, um so möglichst einfache Ausdrücke zu erhalten. Wir definieren daher:

(3.26) $$\bar{n} = \frac{1}{\alpha}\ln(1-\alpha) + k$$

Bei flexiblen Preisen und Löhnen würde sich nach Realisation der Schocks als Gleichgewicht auf dem Arbeitsmarkt (durch Gleichsetzen von Arbeitsangebot (3.25) und Arbeitsnachfrage (3.24)) folgendes Beschäftigungsniveau ergeben:

(3.27) $$\tilde{n} = \bar{n} + \frac{\delta}{1+\alpha\delta}\varepsilon$$

Der Nominallohn $\overline{w}$ wird aber in Tarifverhandlungen vereinbart, bevor das Ausmaß des Schocks ε bekannt ist. Während der Laufzeit des Tarifvertrags werden die Arbeitskräfte zum vereinbarten Nominallohn jeweils soviel arbeiten wie von Seiten der Unternehmen gewünscht. Die effektive Beschäftigung wird nach Realisation des Schocks ε folglich entsprechend der Arbeitsnachfragefunktion (3.24) bestimmt. Bei gegebenem Nominallohn $\overline{w}$ ergibt sich aus Gleichung (3.24) unter Verwendung der Vereinfachung (3.26) als effektive Beschäftigung:

(3.28) $$n = \bar{n} + \frac{p-\overline{w}}{\alpha} + \frac{\varepsilon}{\alpha}$$

In den Lohnverhandlungen wird der Nominallohn $\overline{w}$ so bestimmt, daß die erwarteten quadratischen Abweichungen des ex post - Beschäftigungsniveaus vom optimalen Beschäftigungsniveau $\tilde{n}$ minimiert werden. Also:

(3.29) $$\overline{w} \text{ so daß } \mathrm{Min}\ E(n-\tilde{n})^2$$

Die Abweichungen der tatsächlichen von der optimalen Beschäftigung lassen sich durch Einsetzen der Gleichungen (3.27) und (3.28) ausdrücken als

(3.30) $$n-\tilde{n}=\frac{p-\overline{w}}{\alpha}+\frac{\varepsilon}{\alpha(1+\alpha\delta)}$$

Offensichtlich sind die Abweichungen genau dann minimal, wenn der Lohnsatz dem erwarteten Preisniveau entspricht:

(3.31) $$\overline{w}=p^e$$

Gemäß (3.23) beträgt das durchschnittliche Produktionsniveau $\overline{y}$:

(3.32) $$\overline{y}=\alpha k+(1-\alpha)\overline{n}$$

Aus den Gleichungen (3.28) und (3.31) erhält man dann für die aggregierte kurzfristige Angebotsfunktion folgende Beziehung

(3.33) $$y=\overline{y}+\frac{(1-\alpha)}{\alpha}(p-\overline{w})+\frac{\varepsilon}{\alpha}=\overline{y}+\frac{(1-\alpha)}{\alpha}(p-p^e)+\frac{\varepsilon}{\alpha}$$

Bei entsprechender Normierung $\frac{1-\alpha}{\alpha}=a;\ \frac{\varepsilon}{\alpha}=\tilde{\varepsilon}$ ergibt sich

(3.34) $$y=\overline{y}+a(p-p^e)+\tilde{\varepsilon}$$

Unter Verwendung der Definition $\pi_t=p_t-p_{t-1};\ \pi_t^e=p_t^e-p_{t-1}$ gilt $\pi_t-\pi_t^e=p_t-p_t^e$. Damit folgt aus (3.34) die einfache, in Gleichung (3.1) verwendete Beziehung.

3.2 Geldpolitik bei monopolistischer Konkurrenz

Wir haben die Ergebnisse bisher anhand eines Modells vollkommener Konkurrenz abgeleitet. In den nächsten beiden Abschnitten analysieren wir ein stilisiertes Modell monopolistischer Konkurrenz. In einem solchen Ansatz läßt sich die Wirksamkeit systematischer Stabilisierungspolitik angesichts von Preisrigiditäten noch weit überzeugender ableiten - aus dem einfachen Grund, daß Entscheidungen über Preisänderungen sinnvoll nur in einem Rahmen erfaßt werden können, in dem die einzelnen Wirtschaftssubjekte über einen Preissetzungsspielraum verfügen. Weil bei monopolistischer Konkurrenz Nachfrageexternalitäten dazu führen, daß das Marktgleichgewicht ineffizient niedrig ist, läßt sich zudem einfach illustrieren, daß eine Politik überraschender Inflation durchaus wohlfahrtssteigernde Effekte haben kann.

3.2.1 Die Natur von Nachfrageexternalitäten

Übersteigt das optimale Produktionsniveau aufgrund bestimmter Externalitäten das Niveau des Marktgleichgewichts ($y^* > \bar{y}$), so besteht ein Anreiz, durch aktive Nachfragepolitik die Produktion zu stimulieren und damit die Unterbeschäftigung abzubauen. Weil $\bar{N}$ und $\bar{y}$ Gleichgewichtslösungen darstellen (das Ergebnis freiwilliger Entscheidungen aller Wirtschaftssubjekte sind), kann Nachfragepolitik freilich nur wirksam sein, wenn sie die Wirtschaftssubjekte zu individuell suboptimalen Entscheidungen veranlaßt. Wenn die Arbeitnehmer beispielweise den Reallohn überschätzen, sind sie bereit, mehr zu arbeiten. Durch eine Politik bewußter, nicht antizipierter Täuschung könnte somit die Beschäftigung auf das optimale Niveau gesteigert werden.

Auf den ersten Blick mag es absurd erscheinen, daß eine solche Täuschung über die Höhe des Reallohns, die zu individuell suboptimalen Entscheidungen führt, eine aus Sicht der sozialen Wohlfahrt optimale Lösung ermöglicht. Der Grund liegt darin, daß die oben beschriebenen negativen externen Effekte zwar zu einer individuell rationalen, aus kollektiver Sicht aber suboptimalen Lösung führen. Es liegt ein Koordinationsversagen ähnlich dem Gefangenendilemma vor. Ein höheres Beschäftigungs- und Produktionsniveau liegt im Interesse aller (es würde eine Pareto-Verbesserung ermöglichen); wenn aber alle anderen zu einer entsprechenden Produktionssteigerung beitragen, ist der einzelne individuell noch besser gestellt, falls er selbst davon abweicht.

Weil dieses scheinbare Paradoxon so ohne weiteres nicht zu verstehen ist, soll das Argument anhand eines stilisierten Beispiels illustriert werden, das die Natur von Nachfrageexternalitäten aufzeigt. Es ist eine stark vereinfachte Version des Standardmodells von *Blanchard/Kiyotaki (1987)*. Betrachten wir wieder eine Wirtschaft mit vielen symmetrischen monopolistischen Anbietern. Der Gewinn von Unternehmen *i* hängt u.a. vom eigenen Preis sowie dem allgemeinen Preisniveau und der Geldmenge ab. Der Realgewinn, definiert in Einheiten des Warenkorbs mit Preisniveau *P*, erhöht sich, wenn der Preis des eigenen Gutes P_i steigt. Er sinkt dagegen mit steigendem allgemeinen Preisniveau. Ein Anstieg des Geldvermögens steigert die Nachfrage nach dcm produzierten Gut. Weil der Realgewinn bei proportionaler Änderung aller Preise und der Geldmenge unverändert bleibt, gilt:

(3.35) $$G_i = G_i\left(\frac{P_i}{P}, \frac{M}{p}\right)$$

Unternehmer *i* legt bei gegebenem *P* und *M* seinen eigenen Preis P_i entsprechend der Bedingung fest:

(3.36) $$\frac{\partial G_i}{\partial P_i} = 0$$

Jeder einzelne Unternehmer versucht, seine Monopolmacht durch entsprechende Preissteigerungen auszunutzen. Während jeder individuell rational handelt, indem er seinen monopolistischen Preissetzungsspielraum ausnutzt, resultiert gesamtwirtschaftlich daraus aber ein überhöhtes Preisniveau: Das generelle Preisniveau *P* bestimmt sich ja aus der Summe der Einzelentscheidungen. Im symmetrischen Gleichgewicht muß schließlich gelten:

(3.37) $$P_i = P .$$

Das allgemeine Preisniveau *P* beeinflußt wiederum über den Nachfrageeffekt den Gewinn G_i. Ein Anstieg von *P* übt einen negativen externen Effekt auf den Gewinn der einzelnen Unternehmen *i* aus: Bei gegebener Geldmenge *M* reduziert sich ja mit steigendem *P* die aggregierte Nachfrage. Vom Nachfragerückgang ist jeder Anbieter betroffen; würde ein einzelner Anbieter aber seinen Preis senken, dann bringt dies ihm selbst nur einen Gewinnrückgang: Die steigende gesamtwirtschaftliche Nachfrage verteilt sich auf alle Sektoren, so daß nahezu der gesamte Vorteil anderen als Externalität zufließen würde. Solange diese Externalitäten nicht über alle Unternehmen hinweg internalisiert würden, hat der einzelne Anbieter kein Interesse an einer Preissenkung, weil sie den eigenen Gewinn schmälert.

Würden dagegen alle Anbieter kollektiv ihre Preise reduzieren, könnten sie gemeinsam von der dadurch ausgelösten Zunahme der aggregierten Nachfrage profitieren. Ein solches Vorgehen ist jedoch keine Gleichgewichtslösung: Der einzelne Anbieter würde sich aufgrund seiner Monopolmacht noch besserstellen, wenn er selbst einen höheren Preis festsetzt. Abb. 3.12 illustriert das Auseinanderfallen von individueller und kollektiver Rationalität: Bei gegebener Geldmenge M und einem bestimmten Preisniveau P hat der Gewinn G_i in Abhängigkeit vom eigenen Preis P_i einen Verlauf entsprechend den in Abb. 3.12 gestrichelt gezeichneten Linien (bei einem Preisniveau P^* etwa ist die durch die Punkte A und D verlaufende Linie relevant; bei einem Preisniveau $\hat{P}$ dagegen die durch Punkt B).

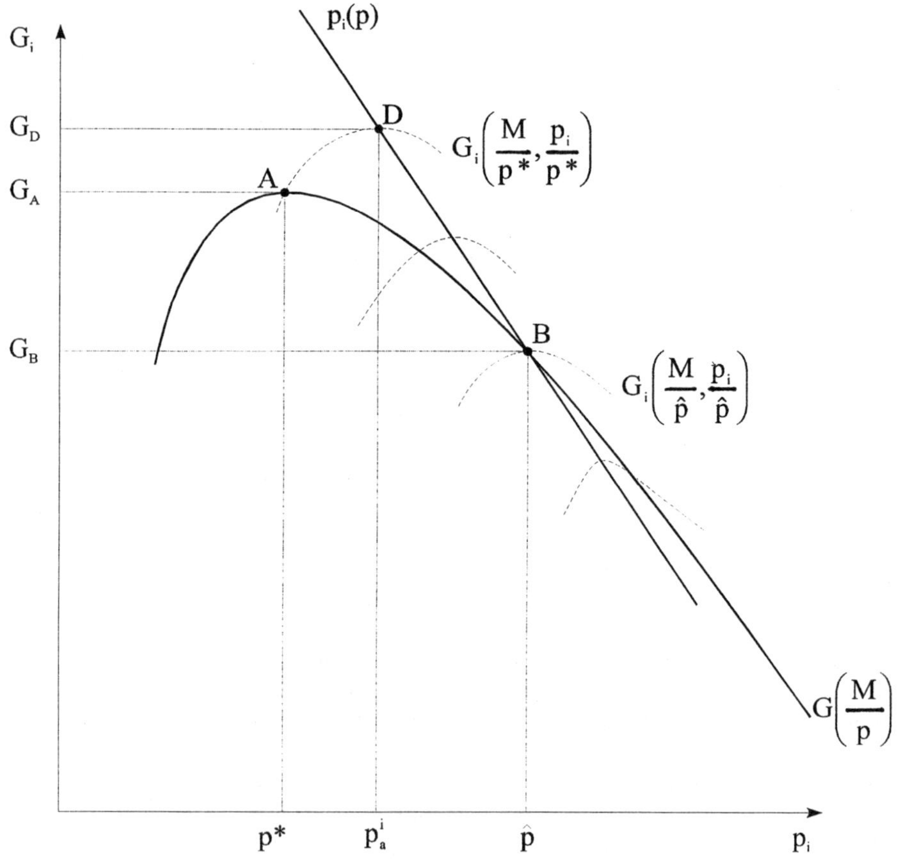

Abb. 3.12. Individuell rationale Preissetzung bei monopolistischer Konkurrenz

Aus der individuellen Optimalbedingung (3.36) läßt sich eine Reaktionsfunktion $P_i(P)$ konstruieren. Bei einem Preisniveau P^* würde der einzelne Unternehmer den Preis $P_i(P^*)$ verlangen. Weil im allgemeinen Gleichgewicht $G = G_i$ gelten muß, ist es ist durch den Schnittpunkt B der beiden Kurven charakterisiert. Dort sind beide Bedingungen (3.36) und (3.37) gleichzeitig erfüllt[6].

Weil P einen negativen externen Effekt auf G ausübt ($\frac{\partial G_i}{\partial P} < 0$ an der Stelle $P_i = \hat{P}$), könnte eine koordinierte Preissenkung Wohlfahrtsgewinne hervorrufen. Dies zeigt folgende Überlegung: Würden jeweils P_i und das allgemeine Preisniveau P gleichermaßen variiert, ergäbe sich als Gewinnfunktion $G\left(\frac{M}{P}\right) = G_i\left(1, \frac{M}{P}\right)$ die durchgehend gezeichnete Linie. Sie stellt alle Auszahlungskombinationen dar, bei denen die Bedingung $P_i = P$ erfüllt ist. Eine koordinierte Preissenkung von $\hat{P}$ auf P^* erhöht den Gewinn der einzelnen Unternehmen (von G_B auf G_A). Solch eine koordinierte Aktion stellt jedoch kein Nash-Gleichgewicht dar: Gegeben, daß sich alle anderen daran halten, würde i sich - ausgehend von Punkt A - selbst noch besser stellen, wenn er seinen monopolistischen Spielraum zu einer Preiserhöhung auf P_i^A ausnutzt. Alle Unternehmer würden zwar von einem niedrigeren Preisniveau profitieren; die Preisreduktion ist aber nicht mit dem individuell optimalen Preissetzungsverhalten kompatibel.

3.2.2 Der Menükostenansatz

Bei monopolistischem Verhalten reichen bereits geringe Preisanpassungskosten aus, um eine Anpassung der Preise an veränderte Bedingungen unrentabel zu machen. Wegen der sich daraus ergebenden Preisrigiditäten kann Geldpolitik besonders effektiv sein. Führt eine Geldmengensteigerung nicht zu entsprechenden Preisanpassungen, stimuliert sie die Produktion und erhöht (aufgrund der Nachfrageexternalitäten) die gesamtwirtschaftliche Wohlfahrt. Dies ist die zentrale Botschaft des sogenannten Menükostenansatzes, der von *Akerlof/Yellen (1985)*, *Mankiw (1985)* und *Parkin (1986)* entwickelt wurde.

Die Intuition des Ansatzes ist denkbar einfach; sie basiert auf dem Umhüllungstheorem. Untersuchen wir, wie sich eine Erhöhung der Geldmenge in dem Mo-

---

6 In der Abbildung ist implizit unterstellt, daß das Gleichgewicht stabil ist: für $P < \hat{P}$ ist $P_i(P) > P$; umgekehrt für $P > \hat{P}$.

dell auswirkt, das im letzten Abschnitt vorgestellt wurde. Bleibt das allgemeine Preisniveau P unverändert, ergeben sich zwei Effekte: Zum einen steigt als direkter Effekt die Nachfrage, weil sich die Realgeldmenge erhöht hat; zum anderen werden dadurch Preisanpassungen induziert:

$$\frac{dG_i}{dM} = \frac{1}{P}\left[\frac{\partial G_i}{\partial M} + \frac{\partial G_i}{\partial P_i}\frac{\partial P_i}{\partial M}\right] \tag{3.38}$$

Wurde der Preis im Ausgangspunkt optimal gewählt, gilt auch nach einem kleinen Schock weiterhin: $\frac{\partial G_i}{\partial P_i} = 0$. Das bedeutet: Bei kleinen Variationen von M hat eine weitere Preisanpassung keinen fühlbaren Effekt erster Ordnung auf das Gewinnniveau. Anders formuliert: Läßt i seinen Preis unverändert, ist diese Untätigkeit für ihn nicht mit spürbaren direkten Verlusten verbunden. Verursachen Preisänderungen Kosten, dann ist es sogar individuell rational, die Preise konstant zu lassen, sofern diese Kosten die aus einer Preisanpassung erwarteten Vorteile übersteigen. Da die individuellen Vorteile sehr klein ausfallen, genügen bereits geringe Anpassungskosten, um Preisrigiditäten als Ergebnis ökonomisch rationalen Kalküls zu begründen.

Die weit interessantere Einsicht liegt freilich darin, daß dieses individuell rationale Verhalten im Fall unvollkommener Konkurrenz durchaus drastische gesamtwirtschaftliche Auswirkungen haben kann. *Mankiw (1985)* wählt entsprechend provokativ als Titel seines Aufsatzes die Bezeichnung "Menükosten", um anzudeuten, daß sich gravierende gesamtwirtschaftliche Effekte ergeben können, selbst wenn diese Kosten so gering sind wie das Auswechseln einer Speisekarte.

Der Grund liegt in den externen Effekten, die mit Marktmacht einhergehen. Das betrachtete Beispiel macht dies unmittelbar einsichtig: Da eine Nichtanpassung für alle individuell rational ist, bleibt auch das allgemeine Preisniveau P unverändert. Bei konstanten Preisen aber hat jede Änderung der nominalen Geldmenge reale Auswirkungen auf die gesamtwirtschaftliche Nachfrage. Ein Anstieg der Geldmenge induziert einen positiven Nachfrageeffekt, der die Gesamtwirtschaft näher an das Wohlfahrtsoptimum heranbringt.

Abb. 3.13 zeigt den Unterschied zwischen individuellem und gesamtwirtschaftlichem Kalkül: $G_0(\frac{P_i}{P_0}, \frac{M_0}{P_0})$ gibt die Gewinnfunktion bei der ursprünglichen Geldmenge M_0 wider. Steigt die Geldmenge auf M_1, dann verschieben sich alle Auszahlungsfunktionen parallel so nach rechts, daß etwa das Maximum C der

Gewinnfunktionen $G_1(\frac{P_i}{P_1}, \frac{M_1}{P_1})$ (nach proportionaler Anpassung des Preisniveaus) dem Maximum A der ursprünglichen Funktion entspricht (Dies folgt aus der in Kapitel 2 diskutierten Neutralität des Geldes). Verharren nun aber alle anderen Preise auf dem Ausgangsniveau P_0, dann verläuft die individuelle Gewinnfunktion $G_1(\frac{P_i}{P_0}, \frac{M_1}{P_0})$ nach der Geldmengensteigerung durch den Punkt B.

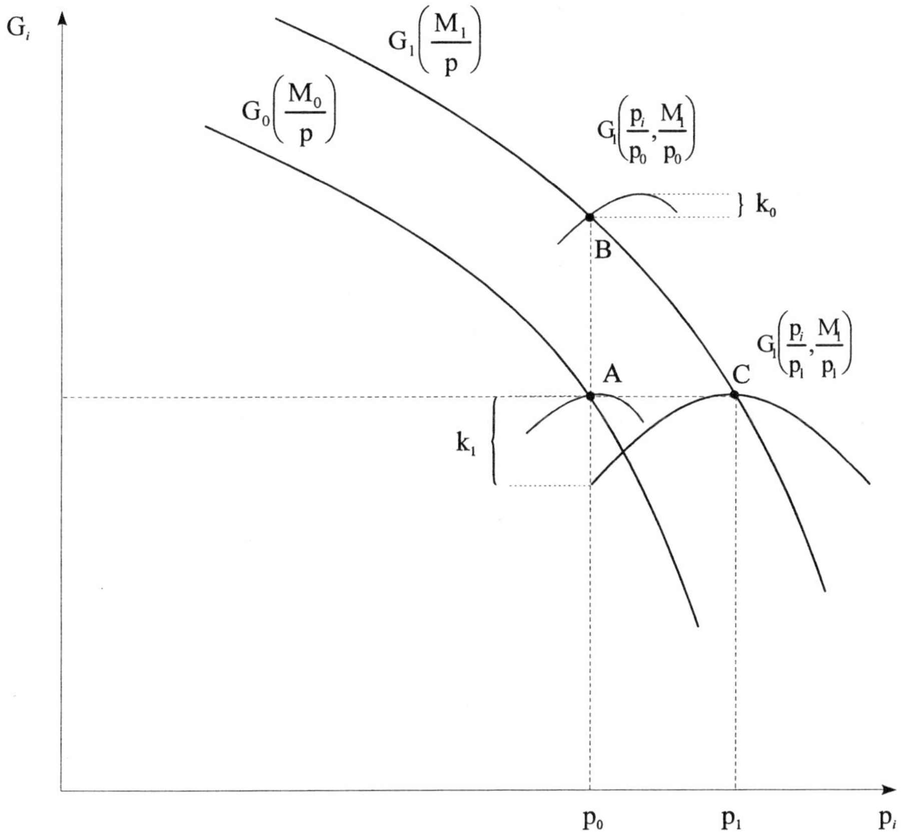

Abb. 3.13. Preisanpassungskosten

Weil bei nicht-marginalen Änderungen im Punkt B gilt: $\frac{\partial G_i}{\partial P_i} > 0$, könnte i sich durch eine Preisanpassung besser stellen. Allerdings ist der individuelle Vorteil daraus sehr gering. Die Anpassung unterbleibt, sofern die dabei anfallenden Anpassungskosten K den erwarteten Vorteil K_0 übersteigen. Die Rigidität der Nominalpreise wirkt sich im konkreten Fall positiv auf die gesamtwirtschaftliche Nachfrage aus: Jeder gelangt auf ein höheres Gewinnniveau.

Expansive Geldpolitik wirkt im betrachteten Modell völlig äquivalent zu einer kollektiven Preissenkung. Eine solche Preissenkung lag aber gerade nicht im individuellen Eigeninteresse der Anbieter. Falls Anpassungskosten verhindern, daß expansive Geldpolitik zu Preissteigerungen führen, kann sie als Substitut für eine Internalisierung der Nachfrageexternalitäten dienen; sie übernimmt so die Funktion eines öffentlichen Gutes.

Umgekehrt freilich würde eine restriktive Geldpolitik dann die Ineffizienz noch weiter verschärfen, die monopolistische Preisstrategien auf makroökonomischer Ebene erzeugen. Preisrigiditäten führen dann zu einem weiteren Rückgang der aggregierten Nachfrage; die Ökonomie bewegt sich noch stärker von der wohlfahrtsoptimalen Lösung fort. Die Asymmetrie der Wirkungen expansiver und restriktiver Politik entspricht dem intuitiven Verständnis, daß Rezessionen schädlich sind, während ein Boom in der Regel als positiv gewertet wird.

Dem Menükostenansatz gelingt es somit, reale Auswirkungen von Geldpolitik theoretisch zu fundieren. Eine expansive Politik ist freilich wieder nur dann wirksam, wenn sie unerwartet erfolgt; zudem bringt sie nur eine kurzfristige Stimulierung - nämlich nur solange, bis Preisanpassungen erfolgen. Dahinter steht die gleiche Überlegung wie in Abschnitt 3.1.: Zum Zeitpunkt der Preissetzung haben die Unternehmen bestimmte Erwartungen über das zukünftige Preisniveau (sie basieren ihre Prognosen beispielsweise auf der erwarteten Geldmengenentwicklung); sie legen ihren eigenen Preis so fest, daß er optimal an das erwartete allgemeine Preisniveau angepaßt ist. Folglich kann es nur dann zu den beschriebenen realen Effekten kommen, wenn die Geldpolitik expansiver als erwartet ausfällt. Schließlich wird irgendwann einmal ein Punkt kommen, an dem der Vorteil einer Preisanpassung die damit verbundenen Fixkosten übersteigt.

Der Menükostenansatz liefert eine mikroökonomische Fundierung für Preisrigiditäten. Die Ergebnisse sind freilich mit gewisser Vorsicht zu interpretieren. Implizit wurde bisher immer unterstellt, daß alle Unternehmen ihre Preise exakt zum gleichen Zeitpunkt festlegen bzw. ändern. In der Realität beobachten wir jedoch zeitlich gestaffelte Anpassungen (staggered contracts). Es ist denkbar, daß sich die realen Effekte dann verschärfen; unter bestimmten Bedingungen können gestaffelte Anpassungen aber auch ganz ohne makroökonomische Auswirkungen bleiben, weil sie sich im Aggregat ausgleichen. Zudem ist denkbar, daß multiple Gleichgewichte existieren: Eine koordinierte Preisanpassung aller Unternehmen kann trotz Anpassungskosten in manchen Fällen ebenfalls ein Gleichgewicht darstellen. (vgl. die Übungsaufgabe).

Die hier abgeleiteten Aussagen sind also nicht notwendigerweise robust. Der Menükostenansatz ist aber nur ein Beispiel dafür, wie sich Preisrigiditäten begründen lassen. Andere Mechanismen (andere Formen von Marktunvollkommenheiten) können ähnliche Effekte hervorrufen. Für weiterführende Arbeiten vgl. etwa *Ball/Romer (1990)*, *Mankiw/Romer (1991a)*, *Caballero/Engel (1993)* und *Fuhrer/Moore (1995)*. Einen guten allgemeinen Überblick über makroökonomische Implikationen von Preisrigiditäten bieten *Blanchard/Fischer (1989)*, *Anderson (1995)* und *Romer (1996)*. All diese Ansätze liefern eine Begründung dafür, daß Geldpolitik kurzfristig reale Effekte hervorrufen kann, während sich langfristig (nach entsprechender Anpassung der Preise) rein nominale Auswirkungen ergeben.

3.3 Übungsaufgabe

Zeigen Sie anhand von Abb. 3.9, unter welchen Bedingungen bei Preisanpassungskosten multiple Gleichgewichte auftreten können: D.h., in einem Gleichgewicht passen alle Unternehmen ihre Preise an, während in einem zweiten Gleichgewicht eine Preisanpassung unterbleibt.

4 GELDPOLITIK ALS KONTROLLPROBLEM

4.1 Wohlfahrtsanalyse der Stabilisierungspolitik

Kapitel 2 und 3 machten deutlich, daß sich Wohlfahrtsverluste zum einen aus Abweichungen der Inflationsrate von der Zielgröße π^* (mangelnder Preisstabilität) ergeben, zum anderen aufgrund von unerwünschten Schwankungen der realen Wirtschaftsaktivität (Abweichungen von der Zielgröße y^*). Zwar wirkt Stabilisierungspolitik bei Nachfrageschocks auf Preise und Output gleichermaßen dämpfend; bei Angebotsschocks ist aber ein Konflikt zwischen beiden Stabilisierungszielen unvermeidlich: In welche Richtung die Stabilisierung erfolgen sollte, hängt von der Gewichtung der beiden Ziele (der konkreten Zielfunktion) ab. In diesem Kapitel untersuchen wir, wie Geldpolitik gestaltet sein sollte, wenn sie die Maximierung einer sozialen Wohlfahrtsfunktion zum Ziel hat. Aufgabe der Geldpolitik ist es, die Wohlfahrtsverluste aus den Abweichungen von den Zielgrößen zu minimieren. Rein formal handelt es sich dabei um ein einfaches Kontrollproblem. Die Zielfunktion

(4—1) $$Max \quad W = W(\pi - \pi^*, y - y^*) .$$

soll unter bestimmten Nebenbedingungen maximiert werden. Die Zielfunktion sei konkav in π und y und erreiche ihr Maximum bei $\pi = \pi^*; y = y^*$. Meist verwenden wir zur Illustration eine quadratische Verlustfunktion:

(4—2) $$Min \quad L = (\pi - \pi^*)^2 + b\,(y - y^*)^2$$

Die Verlustfunktion erfaßt einerseits die langfristigen Ziele (die Wohlfahrt hängt von den langfristigen Zielwerten π^* und y^* ab), zum anderen die Kosten kurzfristiger Schwankungen (Schwankungen um die Zielwerte reduzieren die Wohlfahrt). Der Parameter b gibt die relative Gewichtung des Produktionsziels im Vergleich zum Ziel der Preisstabilität an. Die Wohlfahrtsfunktion kann im (π-y) Diagramm durch "Indifferenzkurven" charakterisiert werden. Sie geben alle Kombinationen zwischen y und π an, die den gleichen Wohlfahrtsverlust mit sich bringen. *Abb.* 4.1. illustriert den Verlauf der Indifferenzkurven für $b=1$. Die Verluste sind im Punkt B (mit $\pi = \pi^*; y = y^*$) minimal. Abweichungen von den Zielgrößen verursachen jeweils Verluste; die Indifferenzkurven sind durch konzentrische Kreise charakterisiert.

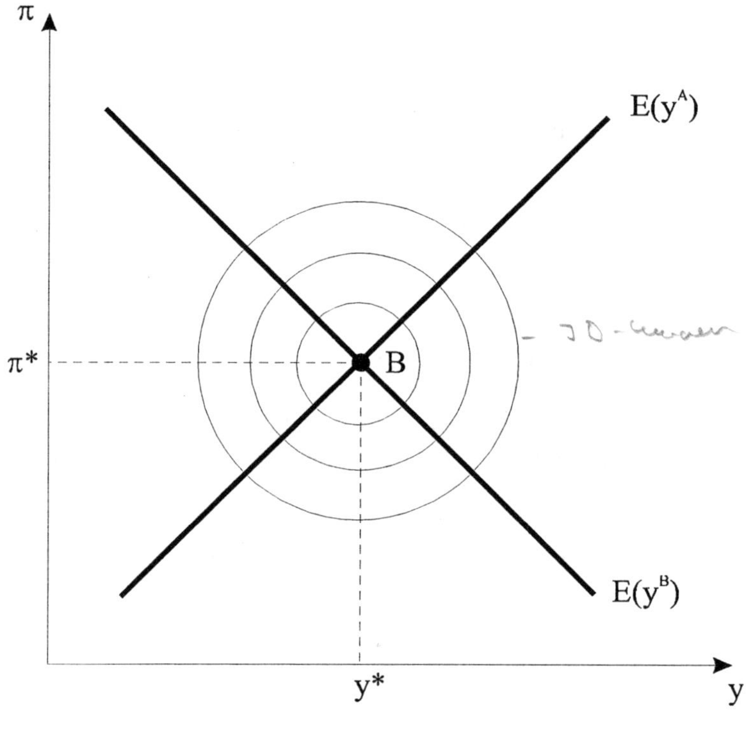

Abb. 4.1. Gesamtwirtschaftliche Verlustfunktion

π^* gibt als Inflationsziel die gewünschte Inflationsrate an. Sie kann als das Niveau interpretiert werden, zu dem Preisstabilität herrscht (später setzen wir meist $\pi^* = 0$). y^* ist das angestrebte Produktionswachstum. In diesem Kapitel unterstellen wir durchwegs, daß das angestrebte Produktionswachstum genau dem entspricht, das im Marktgleichgewicht realisiert wird: $y^* = \bar{y}$. Kapitel 2 und 3 machten zwar deutlich, daß das gewünschte Wachstum aus einer Reihe von Gründen über der gleichgewichtigen Wachstumsrate liegt ($y^* > \bar{y}$). Die Analyse der optimalen Geldpolitik für diesen Fall ist aber wesentlich komplizierter; sie wird in Kapitel 5 ausführlich untersucht.

Gemäß Gleichung (4—2) nehmen die Wohlfahrtsverluste mit steigender Distanz zu den Zielgrößen π^* und y^* quadratisch zu. Weil die ersten Ableitungen einer quadratischen Verlustfunktion linear sind, kann mit ihr einfach gerechnet werden; die Wohlfahrtsverluste lassen sich einfach durch Mittelwert und Varianz berechnen. Wegen der quadratischen Zielfunktion liefert die Varianz ein eindeutiges Maß für das Risiko.

4.1.1 Optimale flexible Politik

Der Erfolg der Geldpolitik hängt davon ab, wie gering die Abweichungen von den Zielwerten π^* und y^* gehalten werden können. Exogene Schocks verursachen kurzfristige Abweichungen; Geldpolitische Maßnahmen können dazu beitragen, diese Abweichungen zu dämpfen und so Inflationsrate und Produktionswachstum zu stabilisieren. Dabei muß als Nebenbedingung die kurzfristige Angebotsfunktion berücksichtigt werden:

(4—3) $$y^A = \bar{y} + a(\pi - \pi^e) + \varepsilon$$

Wie in Kapitel 3 gilt wieder $E(\varepsilon) = 0$ und $Var(\varepsilon) = \sigma_\varepsilon^2$. Sofern $y^* = \bar{y}$, besteht gemäß der Angebotsfunktion (4—3) folgender Zusammenhang zwischen Inflationsrate und Produktionswachstum (zur Vereinfachung normieren wir im folgenden $a=1$):

(4—3a) $$y - y^* = (\pi - \pi^e) + \varepsilon,$$

Für gegebene Angebots- und Nachfrageschocks ε und η ist die optimale Kombination zwischen Inflation und Output damit durch die Minimierung der Verluste

(4—4) $$L = (\pi - \pi^*)^2 + b\,(\pi - \pi^e + \varepsilon)^2$$

bestimmt. Als Bedingung erster Ordnung erhält man:

(4—5) $$(\pi - \pi^*) + b\,\left(\pi - \pi^e + \varepsilon\right) = 0 \text{ bzw.}$$

$$\pi = \frac{1}{1+b}(\pi^* + b\pi^e - b\varepsilon)$$

Ex ante, vor Realisation der Schocks, rechnen die Wirtschaftssubjekte damit, daß eine Politik gemäß (4—5) betrieben wird. Bei rationalen Erwartungen ($\pi^e = E(\pi)$) gilt demnach:

(4—6) $$E(\pi) = \frac{1}{1+b}\left(\pi^* + bE(\pi) - bE(\varepsilon)\right) \text{ bzw.}$$

$$\pi^e = E(\pi) = \pi^*$$

Die Geldpolitik verwirklicht im Durchschnitt die Zielgröße π^*. Die optimale Reaktion auf Schocks ist durch die Bedingung gekennzeichnet:[1]

(4—7) $$\pi - \pi^* = -\frac{b}{1+b}\varepsilon \quad \text{und} \quad y - y^* = \frac{1}{1+b}\varepsilon$$

Das Preisniveau sollte angesichts von Nachfrageschocks vollständig stabilisiert werden; die Inflationsrate soll zudem je nach Gewichtung des Outputziels einen Teil der Angebotsschocks absorbieren und damit die Produktionsschwankungen dämpfen (Bei gleicher Gewichtung beider Ziele *(b=1)*, tragen Inflation und Output einen proportionalen Anteil an den Schwankungen).

Einsetzen der Abweichungen (4—7) in die Verlustfunktion (4—2) liefert als erwarteten Verlust[2] der optimalen Politik:

(4—8) $$EL = \frac{b}{1+b}\sigma_\varepsilon^2$$

4.1.2 Die Äquivalenz unterschiedlicher Regeln bei perfekter Information

Die optimale Politik (4—7) wurde als eine Funktion der Inflationsrate formuliert. Die hier abgeleitete optimale Stabilisierungspolitik kann als Auftrag an die Geldpolitik interpretiert werden, einer flexiblen Regel zu folgen. Eine solche Regel könnte im Prinzip unabhängig von der Frage implementiert werden, welcher Instrumente sich die Geldpolitik bedient. Sie läßt sich gleichermaßen durch eine

---

1 Dies erhält man durch Einsetzen von $\pi^e = \pi^*$ in die Bedingung erster Ordnung (4—5) bzw. in die Angebotsfunktion (4—3a).

2 $$EL = E\left(-\frac{b}{1+b}\varepsilon\right)^2 + b\,E\left(\frac{1}{1+b}\varepsilon\right)^2 = \frac{b^2}{(1+b)^2}\sigma_\varepsilon^2 + \frac{b}{(1+b)^2}\sigma_\varepsilon^2 = \frac{b}{1+b}\sigma_\varepsilon^2$$

Geldmengenregel beschreiben. Unter Berücksichtigung des Zusammenhangs zwischen Geldmengenwachstum, Outputwachstum und Inflation $\pi = \mu - y$ (Gleichung 2.9) ist das optimale Wachstum der Geldmenge bestimmt durch die Bedingung:

(4—9) $$\mu = \pi^* + y^* + \frac{1-b}{1+b}\, \varepsilon - \eta$$

Das Wachstum der Geldmenge soll im Durchschnitt dem gewünschten Wachstum von Produktion und Preisniveau entsprechen: $\bar{\mu} = \pi^* + y^*$ - es muß genügend Geld bereitgestellt werden, um die mit dem erwarteten Produktionswachstum steigende Geldnachfrage zu befriedigen und zudem Spielraum für die „unvermeidbare Inflationsrate" zu lassen. Darüber hinaus aber sollen Schocks bezüglich Geldnachfrage durch Gegenreaktionen ausgeglichen werden; je nach Gewichtung der Ziele soll die Geldmenge zudem positiv oder negativ auf Outputschocks reagieren. Bei gleicher Gewichtung beider Ziele ($b=1$) ist es optimal, bei Angebotsschocks überhaupt nicht einzugreifen. Die am Wachstum des Produktionspotentials orientierte Geldmengenpolitik wirkt ja bereits automatisch stabilisierend auf Angebotsschocks.

Eine perfekte Geldmengensteuerung entsprechend Gleichung (4—9) hätte den gleichen Effekt wie eine direkte Kontrolle der Inflationsrate gemäß Gleichung (4—7). Wirkt Geldpolitik, indem sie das Gleichgewicht auf dem Geldmarkt über den Geldzins steuert, so läßt sich auch eine entsprechende Zinsregel ableiten (vgl. Abschnitt 4.2.3.3). In der Praxis ist eine solche Feinsteuerung aber nicht durchführbar. Dies liegt zum einen daran, daß eine Vielzahl stochastischer Störungen (Informationsprobleme) eine direkte Kontrolle von Preisentwicklung und Wachstum unmöglich macht. Zum anderen ist nicht auszuschließen, daß die geldpolitische Behörde ganz andere Ziele verfolgt und ihre Politik deshalb von der optimalen Regel (4—7) abweicht. Dann kann es sinnvoll sein, starre Regeln vorzuschreiben, um sie enger an ihren Auftrag zu binden. Die Problematik flexibler Regeln bei mangelnder Glaubwürdigkeit wird in den folgenden Kapiteln ausführlich behandelt. Die Regeln (4—7) bzw. (4—9) liefern einen Referenzmaßstab, anhand dessen unterschiedliche starre Regeln beurteilt[3] werden können.

---

3 Der exakten Resultate sind zwar abhängig von der unterstellten quadratischen Zielfunktion; diese arbeitet aber entscheidende Faktoren heraus, die Vor- bzw. Nachteile der jeweiligen Regeln determinieren.

4.1.3 Ein Vergleich verschiedener starrer Regeln

Ist eine perfekte Feinsteuerung gemäß den Regeln (4—7) bzw. (4—9) nicht durchführbar, so sind - quasi als Second-Best-Lösung - Kompromisse unvermeidbar. Im Extremfall, wenn die Schocks gar nicht beobachtet werden können, sind flexible Reaktionen erst gar nicht möglich. Verfügt die Notenbank nicht über die erforderlichen Informationen, so muß sie eine mehr oder weniger starre Regel verfolgen. Aber auch unter solchen Bedingungen stehen verschiedene Optionen zur Verfügung. Wir wollen kurz die Implikationen unterschiedlicher Regeln genauer untersuchen.

4.1.3.1 Geldmengenregel

Bei einer starren Geldmengenregel, die nicht auf Schocks reagiert, sondern sich nur an der erwarteten Geldnachfrage orientiert ($\overline{\mu} = \pi^* + y^*$) sind Inflation und Wachstum folgendermaßen bestimmt:

$$\pi - \pi^* = \frac{1}{2}(\eta - \varepsilon)\,;\; y - y^* = \frac{1}{2}(\varepsilon + \eta) \text{ mit dem Verlust}$$

$$EL = \frac{1+b}{4}(\sigma_\varepsilon^2 + \sigma_\eta^2)\,.$$

Es ist klar, daß bei einer Gewichtung $b \neq 1$ die Reaktion auf Angebotsschocks nicht der oben abgeleiteten optimalen Politik entsprechen kann. Der entscheidende Unterschied einer starren Geldmengenregel zu der optimalen Regel liegt aber darin, daß sie auf Nachfrageschocks überhaupt nicht reagiert. Insbesondere bei einer instabilen Geldnachfrage (einer hohen Varianz σ_η^2) wäre eine starre Geldmengenregel den meisten anderen im folgenden diskutierten Regeln unterlegen - es sei denn, der Geldpolitik wird ein diskretionärer Handlungsspielraum eingeräumt, der flexible Reaktionen auf beobachtbare „Sonderfaktoren" erlaubt.

4.1.3.2 Inflationsziel (Inflation Targeting)

Verfolgt die Geldbehörde ein starres Inflationsziel und ignoriert damit das Ziel der Outputstabilisierung, so versucht sie, die Inflationsrate konstant zu halten: $\pi - \pi^* = 0$. Wohlfahrtsverluste ergeben sich dann nur aus Outputschwankungen: $y - y^* = \varepsilon$. Der erwartete Verlust beträgt:

$$EL = b\,\sigma_\varepsilon^2$$

Wird ein solches Inflation Targeting strikt interpretiert, sind Angebotsschocks mit starken Produktionsschwankungen verbunden. Wird dem Ziel der Outputstabilisierung ein hohes Gewicht zugemessen, ergeben sich hohe Wohlfahrtsverluste; ein striktes Inflationsziel stellt dann keine angemessene Regel dar. Inflationsziele werden deshalb häufig mit einem diskretionärem Spielraum (einer Anpassung der Zielgröße im Fall von Angebotsschocks) formuliert.

4.1.3.3 Outputziel

Ist Geldpolitik auf die Stabilisierung des Outputziels fixiert, dann ergeben sich Wohlfahrtsverluste allein aus Schwankungen des Preisniveaus: $\pi - \pi^* = \varepsilon$ und $y - y^* = 0$ mit dem Verlust: $EL = \sigma_\varepsilon^2$

4.1.3.4 Nominales BIP-Ziel

Von verschiedenen Ökonomen wurde vorgeschlagen, statt feste Regeln für Inflation oder Geldmenge vorzugeben das nominale BIP zu stabilisieren: $\pi + y = \pi^* + y^*$. Diese Regel stabilisiert Nachfrageschocks vollständig, bei Angebotsschocks wirkt die Regel wie ein automatischer Stabilisator.

$$\pi - \pi^* = -\frac{1}{2}\varepsilon \text{ und } y - y^* = \frac{1}{2}\varepsilon \text{ mit dem Verlust: } EL = \frac{1+b}{4}\sigma_\varepsilon^2$$

Das nominale BIP-Ziel aggregiert die beiden Ziele der Preis- und der Produktionsstabilität in einer Größe. Werden beide Ziele gleich stark gewichtet ($b = 1$), verwirklicht das BIP-Ziel gerade die oben abgeleitete optimale Regel (4—7). Dieses Ergebnis wird allerdings sehr stark vom unterstellten quadratischen Verlauf der Verlustfunktion geprägt, der Abweichungen von beiden Zielen gleich gewichtet. Die Hauptschwierigkeit eines BIP-Ziels besteht darin, daß im Gegensatz zur Geldmengen- und Preisentwicklung Statistiken über das BIP erst mit starker Zeitverzögerung verfügbar sind und darüber hinaus noch starken Revisionen unterliegen. Häufig wird die endgültig offizielle BIP-Statistik erst Jahre später bekanntgegeben. Müßte Geldpolitik abwarten, bis verläßliche Statistiken vorliegen, wäre sie zur Stabilisierung nicht einsetzbar.

Doch auch die anderen hier diskutierten Regeln stoßen bei der praktischen Umsetzung auf erhebliche Schwierigkeiten. Angesichts von Kontrollfehlern ist weder eine perfekte Steuerung des Preisniveaus noch des Wirtschaftswachstums möglich. Im nächsten Abschnitt untersuchen wir, welche Konsequenzen sich für die Geldpolitik aus solchen Kontrollfehlern ergeben.

4.2 Geldpolitik bei stochastischen Kontrollfehlern

Mangelnde Information angesichts stochastischer Störungen erschwert das Kontrollproblem im wesentlichen aus zwei Gründen: Zum einen können die Schocks selbst in der Regel nur **unvollkommen beobachtet** werden. Zum anderen besteht Unsicherheit darüber, wie sich die geldpolitischen Instrumente auf die Zielgrößen auswirken.

4.2.1 Das Grundproblem

Wenn aufgrund der **Unsicherheit über die exakten Wirkungszusammenhänge** eine perfekte Steuerung der Zielgrößen unmöglich wird, läßt sich die oben abgeleitete Regel (4—7) nicht mehr realisieren. Das muß aber keineswegs bedeuten, daß starre Regeln, wie sie im vorigen Abschnitt betrachtet wurden, die optimale Antwort auf solche Unsicherheit darstellen. Untersuchen wir als einfachstes Beispiel eine Wohlfahrtsfunktion, die ausschließlich die Stabilisierung des Preisniveaus zum Ziel hat ($\pi^* = 0$ mit $b = 0$ für das Gewicht des Outputziels):

(4—10) $$Min \;\; L = E(\pi)^2$$

Die Notenbank kann die Inflationsrate nicht direkt festlegen; durch ihre geldpolitischen Instrumente (wie Geldmarktzins oder Geldbasis) übt sie nur einen indirekten Einfluß aus. Zwischen dem Instrument Z und der Zielgröße π bestehe folgender Zusammenhang:

(4—11) $$\pi = z\,Z + \eta$$

η sei eine normalverteilte Zufallsgröße mit Erwartungswert Null: $\eta \sim N\,(0, \sigma_\eta^2)$. Ziel der Politik ist die Minimierung der erwarteten Verluste

(4—12) $$E\,(z\,Z + \eta)^2$$

Ohne stabilisierende Eingriffe der Notenbank (Z=0) würde der Schock η Fluktuationen des Preisniveaus hervorrufen. Bei vollständiger Information besteht die optimale Politik einfach darin, das Preisniveau perfekt zu stabilisieren:

(4—13) $$Z = -\frac{\eta}{z}$$

Die antizyklische Politik garantiert in diesem Fall - unabhängig von den Störungen η - ein konstantes Preisniveau.

Das Kontrollproblem wird aber durch zwei Faktoren erschwert. Zum einen ist der Wirkungszusammenhang zwischen dem geldpolitischen Instrument Z und der Zielgröße π unsicher. Zum anderen ist die Notenbank nur unvollkommen über den Schock η informiert. Betrachten wir die beiden Probleme getrennt.

Zunächst gehen wir davon aus, daß die Zentralbank η exakt beobachten kann. Unsicherheit über den Wirkungszusammenhang bedeutet, daß der Wirkungsparameter z stochastischen Schwankungen unterliegt. Wieder unterstellen wir eine Normalverteilung: $z \sim N(\bar{z}, \sigma_z^2)$. Wie unten abgeleitet, ergibt sich als optimale Reaktion:

(4—14) $$Z = -\frac{\bar{z}}{\sigma_z^2 + \bar{z}^2}\eta$$

Im Vergleich zu (4—13) fällt die Reaktion auf den Schock angesichts der Unsicherheit ($\sigma_z^2 > 0$) vorsichtiger aus. Für $\sigma_z^2 \to \infty$ sollte gar keine Reaktion erfolgen.

Ein ganz ähnliches Resultat ergibt sich bei unvollständiger Information über den Schock η. Die Zentralbank kann die Zufallsvariable η nicht direkt beobachten, sondern erhält nur die verzerrte Information ψ mit $\psi = \xi + \eta$. ξ sei eine unabhängig von η normalverteilte Zufallsvariable mit $\xi \sim N(0, \sigma_\xi^2)$. Aus der Beobachtung von ψ muß die Zentralbank den wahren Wert η schätzen. Weil $E(\eta|\psi) = \frac{\sigma_\eta^2}{\sigma_\eta^2 + \sigma_\xi^2}\psi$, fällt die optimale Reaktion im Vergleich zur Regel (4—7) wieder schwächer aus:

(4—15) $$Z = -\frac{\sigma_\eta^2}{\sigma_\eta^2 + \sigma_\xi^2}\frac{1}{z}\psi$$

Je weniger informativ das Signal ψ (je größer die Varianz der Störgröße σ_ξ^2 im Vergleich zur Varianz σ_η^2 des zu stabilisierenden Schocks), desto weniger sollte das Preisniveau stabilisiert werden. Im Extremfall $\sigma_\xi^2 \to \infty$ sollte wieder auf Stabilisierung ganz verzichtet werden.

Ableitung der optimalen Politik bei stochastischen Kontrollfehlern

Das Ziel besteht darin, nach Realisation des Schocks η die erwarteten Verluste (4—12) $E\,(z\,Z + \eta)^2$ zu minimieren.

Falls η beobachtbar ist und keinerlei Unsicherheit vorliegt, ergibt die Ableitung von (4—12) nach Z die Bedingung erster Ordnung: $2\,z\,(z\,Z + \eta) = 0$ .Daraus folgt

(4—13): $Z = -\dfrac{\eta}{z}$

Ist z eine unabhängig von η normalverteilte Zufallsvariable $z \sim N\,(\bar{z}, \sigma_z^2)$ so ergibt sich aus der Umformung der Zielfunktion (4—12) in: $Z^2\,E\,z^2 + 2\,Z\,E(z)\,\eta + \eta^2$ als Bedingung erster Ordnung $Z = -\dfrac{\bar{z}\,\eta}{E\,z^2}$. Weil aber $Var(z) = \sigma_z^2 = E\,z^2 - \left(E(z)\right)^2 = E\,z^2 - \bar{z}^2$, gilt $E\,z^2 = \sigma_z^2 + \bar{z}^2$ und damit Gleichung (4—14): $Z = -\dfrac{\bar{z}}{\sigma_z^2 + \bar{z}^2}\,\eta$.

Kann statt η nur $\psi = \xi + \eta$ beobachtet werden, und sind η wie ξ unabhängig voneinander normalverteilt, dann ist ψ normalverteilt mit $\psi \sim N\,(\bar{\eta} + \bar{\xi}, \sigma_\eta^2 + \sigma_\xi^2)$. Für $\bar{\eta} = \bar{\xi} = 0$ beträgt der bedingte Erwartungswert $E(\eta\,|\psi) = \dfrac{\sigma_\eta^2}{\sigma_\eta^2 + \sigma_\xi^2}\,\psi$. Wenn der Wirkungszusammenhang z bekannt ist, lautet die Bedingung erster Ordnung nun: $2\,Z\,z^2 + 2\,z\,E(\eta\,|\psi) = 0$, woraus Bedingung (4—15) folgt.

Die abgeleiteten Ergebnisse sind intuitiv einleuchtend; für die praktische Gestaltung der Geldpolitik helfen sie aber nur bedingt. Tatsächlich ist das Problem weit komplexer als es bisher erscheint: Zum einen stehen der Zentralbank in der Regel verschiedene geldpolitische **Instrumente** zur Verfügung (etwa die Alternative zwischen einer Steuerung des Zinses oder der Geldbasis). Die verschiedenen Instrumente können je nach Situation in unterschiedlicher Weise zur Stabilisierung beitragen. Von welchen Bedingungen abhängt, welches **Instrument** eingesetzt werden sollte, wird in Abschnitt 4.2.3.3 untersucht.

Die Unsicherheit über die Beziehung z zwischen dem Instrument Z und den Zielvariablen kann zudem durch detaillierte theoretische Analyse der Transmissionsmechanismen sowie ökonometrische Schätzungen der Wirkungszusammenhänge reduziert werden. Sie können die Qualität der Geldpolitik entscheidend verbessern. Abschnitt 4.3 betrachtet unterschiedliche Transmissionsmechanismen. Schließlich verfügt die Zentralbank über eine große Vielfalt potentieller Informationsvariablen. Dies wirft die Frage nach geeigneten **Indikatoren** (**Informationsvariablen**) auf: Auf welche Variablen soll die Notenbank überhaupt reagieren? Abschnitt 4.2.3 beschäftigt sich mit dieser Frage. Zunächst aber fragen wir uns, ob angesichts der beschriebenen Kontrollfehler die bisher verwendete Zielfunktion überhaupt angemessen ist.

4.2.2 Preisziel vs. Inflationsziel

Beim Ziel der Preisstabilität geht es um die Forderung nach einem stabilen Geldwert. Bisher hatten wir dieses Ziel als Auftrag formuliert, die Inflationsrate in bestimmter Weise zu steuern. Letztlich bezieht sich Preisstabilität aber auf das Preisniveau: Die Preise (das allgemeine Preisniveau) sollten im Zeitablauf stabil bleiben. Dann würde es aber naheliegen, das Ziel stabiler Preise in einen Auftrag umzusetzen, direkt die Entwicklung des Preisniveaus P_t* im Zeitablauf zu steuern, statt dieses Ziel in Form einer angestrebten Inflationsrate π_t* zu operationalisieren.

Machen wir uns den Unterschied zwischen beiden Konzepten klar für den Fall, daß als Preisziel ein konstantes Preisniveau $P*$ bzw. - in logarithmischer Schreibweise - $p*$ angestrebt wird bzw. als Inflationsziel eine Rate von Null ($\pi* = 0$). In einer Welt ohne Schocks wäre es gleichgültig, welches Konzept wir verwenden: Falls zu jedem Zeitpunkt $p_t = p*$, gilt auch immer $\pi_t = \pi* = 0$ und umgekehrt. Kontrollfehler verursachen aber Zufallsschwankungen ξ_t; kurzfristige Abweichungen vom langfristigen Ziel sind damit in jeder Periode unvermeidbar. Die Schocks ξ_t seien im Zeitablauf unabhängig voneinander verteilt mit $E(\xi_t) = 0$ und $E(\xi_t^2) = \sigma_\xi^2$.

Wird das Preisziel verfolgt, so muß die Geldpolitik bei Abweichungen immer dafür sorgen, das Preisniveau langfristig wieder auf das Ausgangsniveau $p*$ zurückzubringen. Trat in der Vergangenheit ein inflationärer Schock auf, muß so lange eine Deflationspolitik betrieben werden, bis p^* wieder erreicht ist. Bei einer Anpassungsgeschwindigkeit $\lambda \in [0,1]$ auf Fehler in der Vergangenheit gilt (vgl. *Fischer 1994*):

(4—16) $$p_t = p_{t-1} + \lambda(p^* - p_{t-1}) + \xi_t$$

Ein Inflationsziel $\pi^* = 0$ versucht dagegen, das Preisniveau jeweils auf dem gegenwärtigen Niveau zu stabilisieren. Abweichungen in der Vergangenheit bleiben dabei unberücksichtigt ($\lambda = 0$). Das Preisniveau folgt damit einem Random Walk:

(4—17) $$p_t = p_{t-1} + \xi_t$$

Ein Inflationsziel ist mit starker Unsicherheit über die Entwicklung des langfristigen Preisniveaus verbunden: Die Varianz des zukünftigen Preisniveaus nimmt linear mit steigender zeitlicher Entfernung zu. Beim Preisziel ist die Unsicherheit über die Preisentwicklung in ferner Zukunft weit geringer. Herrscht Stabilität des Preisniveaus, so können die Wirtschaftssubjekte bedenkenlos langfristige Nominalkontrakte (selbst mit einer Laufzeit von 99 Jahren) auf einer sicheren Kalkulationsgrundlage abschließen. Das Preisniveau wäre (abgesehen von kurzfristigen Schwankungen) selbst über einen solchen Zeitraum hinweg prognostizierbar.

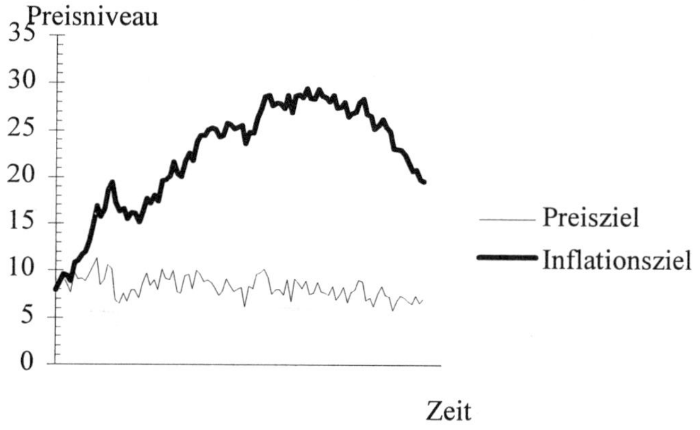

Abb. 4.2. Entwicklung des Preisniveaus: Preis- vs. Inflationsziel.

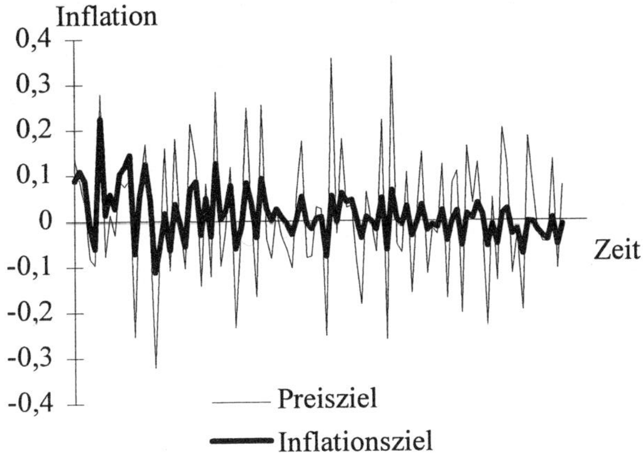

Abb. 4.3. Schwankungen der Inflationsrate: Preis- vs. Inflationsziel

Abb. 4.2 zeigt anhand von Simulationen die Entwicklung des Preisniveaus unter den beiden Regeln (4—17) bzw. (4—18).

Da die meisten Kontrakte nur über relative kurze Fristen abgeschlossen werden und langfristige Kontrakte durch Indexierungsklauseln gesichert werden können, wiegt dieser Vorteil jedoch gering im Vergleich zu dem Nachteil eines Preisziels: Das Problem einer solchen Politik besteht darin, daß sie kurzfristig mit weit stärkeren Schwankungen der Inflationsrate erkauft werden muß, um immer wieder das jeweils angestrebte Niveau zu erreichen. Die der Abb. 4.2 entsprechenden Simulationen der Schwankungen der Inflationsrate gemäß den Regeln (4—17) bzw. (4—18) ist in Abb. 4.3 dargestellt (vgl. dazu auch *Fischer (1994)*, S. 281ff.). Solch kurzfristigen Schwankungen können durch Rückwirkungen auf das Produktionsniveau drastische negative Wohlfahrtseffekte auslösen. Aus diesem Grund wird das Inflationsziel meist dem Preisziel vorgezogen; wir beziehen uns im folgenden immer auf das Inflationsziel.[4]

4 Die Frage nach der geeigneten Zielformulierung wird derzeit insbesondere im Zusammenhang mit der Politik des Inflation Targeting stark diskutiert. Dabei herrscht keineswegs Einigkeit darüber, daß das Inflationsziel dem Preisziel überlegen sei (vgl. etwa *Goodhardt 1994*). *Svensson (1996b)* zeigt, daß ein Preisziel bei mangelnder Glaubwürdigkeit der Geldpolitik (vgl. Kapitel 5) und bei Persistenz von Schocks geringere Schwankungen verursachen kann als ein Inflationsziel.

4.2.3 Indikatoren und Zwischenziele

Geldpolitischer Handlungsbedarf besteht immer dann, wenn Abweichungen von den Zielgrößen zu erwarten sind. Besteht das Ziel allein in der Preisstabilität, so ist eine restriktive Politik angebracht, sobald ein zu starker Anstieg der Inflationsrate zu befürchten ist, während im umgekehrten Fall eine Lockerung erfolgen sollte. Wird darüber hinaus auch eine Verstetigung des Wachstums angestrebt, muß zudem auch der Entwicklung der realen Größen Rechnung getragen werden. Die verschiedenen Schocks, die Abweichungen von den Zielgrößen auslösen, können von der Zentralbank aber in der Regel nur sehr unvollkommen beobachtet werden. Woran soll sich Geldpolitik dann aber orientieren?

4.2.3.1 Indikatoren und Reaktionsfunktionen

Naiv könnte man argumentieren, die Zentralbank solle immer dann eine restriktivere Geldpolitik betreiben, wenn die vom statistischen Amt veröffentlichte Inflationsrate (bzw. die reale Wachstumsrate) über dem Zielwert liegt. Die Abweichungen dieser Variablen von den Zielgrößen dienen dann als Indikator (Informationsvariable) für geldpolitischen Handlungsbedarf. Verwendet die Zentralbank den Geldmarktzins i als ihr Instrument Z, so ließe sich ein solches Verhalten durch folgende Reaktionsfunktion[5] beschreiben:

(4—18) $$\Delta i_t = \gamma_1 (\pi_{t-1} - \pi^*) + \gamma_2 (y_{t-1} - y^*)$$

Die Parameter $\gamma_1; \gamma_2$ geben die Geschwindigkeit an, mit der die Politik auf Abweichungen von den jeweiligen Zielen reagiert (wird ausschließlich das Preisziel verfolgt, so würde gelten $\gamma_2 = 0$). Eine solche - an der Vergangenheit orientierte - Regel könnte nur dann funktionieren, wenn jeweils verläßliche aktuelle Daten verfügbar wären und Geldpolitik zudem unmittelbar wirken würde. Beide Bedingungen sind jedoch nicht erfüllt: Zum einen kann zumindest die reale Wachstumsrate erst mit starker Verzögerung gemessen werden. Zum anderen aber wirken sich - als weit gravierenderes Problem - geldpolitische Impulse erst mit langen Verzögerungen (oft von ein bis zwei Jahren) auf die Preisentwicklung aus. Eine an der Vergangenheit orientierte Politik kann damit sogar destabilisierend wirken. Geldpolitik sollte nicht rückwärts gewandt sein; sie sollte sich vielmehr an der in

---

5 Eine vergleichbar einfache Regel (mit $\gamma_1 = \gamma_2 = 0{,}5$) kann - einer Studie von *Taylor (1993)* zufolge - die Entwicklung der von der amerikanischen Notenbank kontrollierten Federal Funds Rate erstaunlich gut beschreiben.

Zukunft zu erwartenden Entwicklung orientieren. Eine solch vorausschauende Reaktionsfunktion[6] könnte folgendermaßen aussehen:

(4—19) $$\Delta i_t = \gamma_1 \left(E(\pi_t | \Omega_{t-1}) - \pi^*\right) + \gamma_2 \left(y_t | \Omega_{t-1}) - y^*\right)$$

Ω_{t-1} bezeichnet den zum Handlungszeitpunkt verfügbaren Informationsstand. Dazu zählen alle für die Prognose relevanten Informationen. Als Informationsvariablen können monetäre Indikatoren wie die Entwicklung verschiedener Geldmengenaggregate sowie verschiedener Preisindizes verwendet werden. Indikatoren wie die Zinsstrukturkurve oder die Differenz zwischen der Rendite nominaler und indexierter Staatsanleihen liefern Informationen über die Inflationserwartungen der privaten Sektors. Aber auch die Entwicklung realer Größen (wie Frühindikatoren bezüglich der Auftragseingänge oder die Arbeitslosenrate) sowie Wechselkursbewegungen können wichtigen Aufschluß über die zukünftig zu erwartende Entwicklung geben. Praktische Geldpolitik basiert im allgemeinen auf einem ganzen Menü von Indikatoren, deren Gewichtung im Zeitablauf zudem stark variiert; sie läßt sich nicht auf eine einfache Reaktionsfunktion zurückführen (vgl. etwa *Cecchetti (1995)*.

4.2.3.2 Zwischenziele

Die Tatsache, daß geldpolitische Instrumente sich erst mit starker Verzögerung auf die Zielgrößen auswirken, hat manche Notenbanken veranlaßt, einer zweistufigen Prozedur zu folgen: Sie richten ihre laufende Politik nicht direkt an der eigentlichen Zielfunktion (dem Endziel) aus, sondern orientieren sich dabei an einem **Zwischenziel** - etwa wie die Deutsche Bundesbank an der Geldmenge M_3.

In der ersten Stufe wird zunächst die Entwicklung des Zwischenziels (der Geldmenge) für den betrachteten Zeitraum so bestimmt, daß das gewünschte Endziel im Durchschnitt erreicht werden kann. Dahinter steht folgende Überlegung: Während der Zusammenhang zwischen Instrument und Endziel durch verschiedenste nicht beeinflußbare stochastische Störungen verzerrt wird, kann die Zentralbank das Zwischenziel unmittelbarer kontrollieren. In der zweiten Stufe (der tatsächlich ausgeführten Politik) setzt die Zentralbank deshalb ihre Instrumente ausschließlich

---

6 Bemerkenswerterweise kommen *Clarida/Gertler (1996)* in einer ökonometrischen Analyse zu dem Schluß, daß sich das Verhalten der Deutsche Bundesbank durch eine solche Reaktionsfunktion gut beschreiben läßt: Angesichts drohender Inflation wird der Zins rasch angehoben; bei nachlassendem Inflationsdruck werden die Zinsen dann langsam wieder gesenkt. Zudem zeigt ihre Analyse, daß die Reaktionsfunktion auch die Entwicklung des realen Sektors berücksichtigt.

dazu ein, das anfangs formulierte Zwischenziel zu stabilisieren. Sie verhält sich dabei quasi so, als ob das Zwischenziel ihr Endziel wäre.

Würde eine solche Politik strikt durchgeführt, so wäre die Geldmengenentwicklung zugleich die einzige Ziel- und Informationsvariable. Jedes Überschießen der Zielgröße müßte durch eine entsprechende Gegenreaktion der Instrumente korrigiert werden. Diese Politik entspricht nur dann der Reaktionsfunktion (4—19), wenn die aktuelle Geldmengenentwicklung die beste Prognose über die zu erwartende Inflationsrate liefert $E(\pi_t|\Omega_{t-1}) = \mu_{t-1}$ und wenn zudem Geldpolitik auf reale Faktoren nicht reagieren sollte ($\gamma_2 = 0$).

Wird Geldpolitik als ein Problem optimaler stochastischer Kontrolle verstanden, so spricht zunächst nichts dafür, eine solche Zwischenzielpolitik zu betreiben, statt direkt von den Endzielen auszugehen - wie etwa in der in (4—19) formulierten Regel. Ist das Geldmengenwachstum der beste Schätzer der Inflation, fallen beide Strategien zusammen. Liefern darüber hinaus aber noch zusätzliche Indikatoren wesentliche Informationen für die Inflationsprognose, so würde eine Politik, die sich allein am Zwischenziel orientiert, zu Fehlentscheidungen führen. Der Charme einer solchen Strategie besteht jedoch in ihrer **Transparenz**: Weil die Öffentlichkeit jede Abweichung von der Regel unmittelbar beobachten kann, diszipliniert sie das Verhalten der Zentralbank. Für die Zentralbank können nämlich durchaus Anreize bestehen, eine zu lockere Geldpolitik zu betreiben (vgl. Kapitel 5 bis 8). Sind diese Anreizprobleme gravierend, so würde eine am Zwischenziel ausgerichtete Politik Sanktionsmechanismen erleichtern.

Das Problem einer strikten Zwischenzielpolitik liegt jedoch in der Gefahr, wesentliche Informationen zu ignorieren. Wenn **Sonderfaktoren** das Geldmengenwachstum als Indikator verzerren, könnte der sture Versuch, die Geldmenge in den vorher festgelegten Korridor zu pressen, sich sehr nachteilig auf die Entwicklung des Endziels auswirken. Aus genau diesem Grund verfolgt die Bundesbank keineswegs eine solch sture Zwischenzielpolitik. Seit sich ihre Politik (seit 1975) an der Geldmengenentwicklung als Zwischenziel ausrichtet, hat sie den festgelegten Zielkorridor vielmehr in gut der Hälfte der Jahre verfehlt (vgl. Tabelle 4.1). Viel erfolgreicher war sie dagegen darin, das angestrebte Ziel niedriger Inflation zu erreichen.

Die pragmatische Politik der Bundesbank zeigt sich auch daran, daß als Erklärungsvariable der Geldpolitik auch reale Faktoren (die Kapazitätsauslastung sowie der reale Außenwert der DM) von Bedeutung sind. So tolerierte die Bundesbank häufig ein Überschießen der Geldmenge in der Absicht, exzessive reale Aufwertungen zu verhindern *(Neumann/von Hagen 1993)*. Während ökonometrische Studien der Reaktionsfunktion der Bundesbank einen signifikanten Einfluß der Entwicklung des realen Sektors nachweisen, trägt das Geldmengenwachstum nur wenig zur Erklärung bei *(Clarida /Gertler 1996* und *Bernanke/Mihov (1996)*.

	Geldmengenwachstum		**Inflationsrate**	
Jahr	*Ziel*	*tatsächliches Wachstum*[1)]	*Ziel*	*tatsächliche Inflationsrate*[2)]
1975	8,0	9,5	4,5	5,9
1976	8,0	8,9	4,5	4,2
1977	8,0	9,5	3,5	3,8
1978	8,0	12,1	3,0	2,7
1979	6,0-9,0	6,4	3,0	4,1
1980	5,0-8,0	4,8	4,0	5,4
1981	4,0-7,0	3,5	3,8	6,3
1982	4,0-7,0	6,1	3,5	5,3
1983	4,0-7,0	7,0	3,5	3,4
1984	4,0-6,0	4,7	3,0	2,3
1985	3,0-5,0	4,6	2,5	2,2
1986	3,5-5,5	7,7	2,5	-0,2
1987	3,0-6,0	8,0	2,0	0,3
1988	3,0-6,0	6,7	2,0	1,2
1989	5,0	4,7	2,0	2,8
1990	4,0-6,0	5,6	2,0	2,7
1991	4,0-6,0	5,2	2,0	3,6
1992	3,5-5,5	9,4	2,0	5,1
1993	4,5-6,5	7,4	2,0	4,5
1994	4,0-6,0	5,7	2,0	2,7
1995	4,0-6,0	2,1	2,0	1,8
1996	5,0	8,1	2,0	1,5
1997	3,5-6,5		2,0	
1998	5,0		2,0	

1) bis 1990 Zahlen für Westdeutschland, ab 1991 für Gesamtdeutschland.
2) bis 1991 Zahlen für Westdeutschland, ab 1992 für Gesamtdeutschland.
Quelle: Deutsche Bundesbank, Geschäftsberichte und Monatsberichte.

Tabelle 4.1. Erfolgsbilanz der Deutschen Bundesbank

Der Erfolg der Bundesbank ist somit wohl eher auf ihren Erfolg bei der Inflationsbekämpfung zurückzuführen sowie darauf, daß es ihr meist gelungen ist, der Öffentlichkeit plausible Begründungen für Abweichungen vom Zwischenziel zu liefern. So interpretiert, besteht die wesentliche Disziplinierungsfunktion einer Zwischenzielstrategie darin, die Zentralbank einem detaillierten Begründungszwang auszusetzen und damit für Transparenz zu sorgen.

Sollten solche Abweichungen aber zur Regel werden, so kann das Zwischenziel diese Funktion nicht mehr überzeugend erfüllen. Die meisten Staaten sind mittlerweile denn auch wieder von der Strategie abgekommen, die Geldmenge als Zwischenziel zu verwenden. Der Grund liegt darin, daß der traditionell stabile Zusammenhang zwischen Geldmengenwachstum und Output- und Preisentwicklung - etwa aufgrund von Finanzinnovationen - in fast allen Staaten im letzten Jahrzehnt zusammengebrochen ist. Der Wechsel zu jeweils neuen Geldmengenaggregaten konnte daran ebenso wenig ändern wie etwa die Berücksichtigung des Finanzvermögens als zusätzliche Erklärungsvariable. *Benjamin Friedman und Kenneth Kuttner (1996)* illustrieren dies eindrucksvoll für das Beispiel der USA. Nur in Deutschland war die Beziehung bisher recht stabil (vgl. *Issing 1996b)*.

4.2.3.3 Inflation Targeting: Endziel oder Zwischenziel?

Als Reaktion auf die beschriebene Instabilität der Geldnachfrage sind in den letzten Jahren immer mehr Staaten dazu übergegangen, direkte Inflationsziele zu formulieren. Die Idee eines Inflationsziels ist zwar keineswegs neu; Anfang der 30er Jahre gab es in Schweden bereits als Vorläufer ein Experiment mit einem expliziten Preisstandard. Zunehmender Popularität erfreut sie sich aber erst seit Anfang der 90er Jahre. Als erster Staat führte Neuseeland 1990 ein Inflationsziel ein. Kanada und Israel folgten 1991; nach dem Austritt aus dem EWS wechselte auch England im Oktober 1992 zu dieser Strategie. Schweden, Finnland, Spanien und Mexiko sind mittlerweile ebenfalls zu einem Inflationsziel übergegangen. Einen guten Überblick über die damit verbundenen theoretischen Fragen und sowie Probleme der praktischen Umsetzung liefern *Leiderman/Svensson (1995)* und *Haldane* (*1995*).

Neuseeland - Das Land mit dem optimalen Zentralbankkontrakt?

1989 wurde in Neuseeland eine ehrgeizige Reform des Zentralbankgesetzes beschlossen. Sie gilt mittlerweile als ein Musterbeispiel, das dem in Kapitel 6 ausführlich beschriebenen optimalen Zentralbankkontrakt sehr nahekommt. Detaillierte Analysen des neuseeländischen Modells finden sich in *Walsh (1995b)* und *McCallum (1996)*. Die Vereinbarung zwischen Regierung und Zentralbank trat am 1.2.1990 in Kraft. Sie gibt der Zentralbank explizit den Auftrag, nach einer Übergangsphase die Inflationsrate in einem Zielkorridor zwischen 0 und 2% zu steuern. Sie kann frei darüber entscheiden, welche geldpolitischen Instrumente sie dafür verwendet (**Instrumentenunabhängigkeit**). Die Regierung kann ihr dabei allerdings - nach Parlamentsbeschluß - auch ein von Preisstabilität abweichendes Ziel vorgeben.

Falls die tatsächliche Inflationsrate sich außerhalb der festgelegten Bandbreite bewegt, muß der Zentralbankchef mit finanziellen Sanktionen rechnen - im schlimmsten Fall kann er entlassen werden. Eine Abweichung von dieser Zielgröße ist nur im Fall spezifisch festgelegter schwerer Schocks zugelassen. Diese Regelung kann als ein kontingenter Kontrakt interpretiert werden, der explizit ein Inflationsziel formuliert und Abweichungen nur bei öffentlich beobachtbaren exogenen Angebotsschocks zuläßt. Um einen Stabilitätsanreiz zu setzen, wird zudem das Budget der Zentralbank für einen Fünfjahreszeitraum im voraus in nominalen Größen fixiert.

Als Maß für die Inflationsrate verwendet die Zentralbank einen modifizierten (bereinigten) Konsumgüterpreisindex. Bei der Ermittlung dieser „*Underlying Inflation rate*" werden durch Änderungen der indirekten Steuern bedingte Preiseffekte ebenso heraus gerechnet wie Zinseffekte und die Preissteigerungen des Nahrungsmittel- und Energiesektors - mit der Begründung, daß bei diesen Faktoren kurzfristig starke Schwankungen auftreten, auf die Geldpolitik nicht reagieren sollte. Diese Ausnahmeregelungen sollen Flexibilität angesichts von Angebotsschocks einräumen (wie durch Wechselkursbewegungen verursachte Veränderungen der Terms of Trade oder Naturkatastrophen, die den Viehbestand stark reduzieren). Transparenter wäre das Vorgehen freilich, wenn Abweichungen vom Zielkorridor auf der Basis des offiziellen Konsumpreisindex durch einen expliziten Verweis auf die spezifischen Sonderfaktoren begründet werden müßten.

Um das vorgegebene Ziel zu erreichen, führt die neuseeländische Zentralbank ständig Analysen der erwarteten Preisentwicklung durch. Sie veröffentlicht ihre Prognosen in regelmäßigen Abständen und macht ihre Informationen in vielfacher Form der Öffentlichkeit zugänglich. Sobald die prognostizierte Inflationsrate über dem Zielkorridor liegt, sollen restriktive geldpolitische Maßnahmen ergriffen werden. Bereits 1992 ist die Inflationsrate in Neuseeland auf 1,0 % gesunken. Unabhängig davon, ob dies direkt auf den neuen Kontrakt zurückzuführen ist oder allgemeiner auf einen Wechsel der Politik hin zu größerer Stabilität (kombiniert mit einer Phase weltweiten Rückgangs der inflationären Tendenzen), hat dieser Erfolg dem neuseeländischen Modell starke Popularität eingebracht.

Der wahre Test liegt freilich in der Frage, ob die angedrohten Sanktionsmechanismen bei einem Überschreiten der Zielgrößen tatsächlich wirksam werden. Die jüngsten Entwicklungen lassen Zweifel aufkommen: weil die Zentralbank 1993/94 den beginnenden Konjunkturaufschwung unterschätzt hat und deshalb eine zu lockere Geldpolitik betrieb, stieg die Inflationsrate 1995/96 über das Limit von 2 %. Angesichts der langen Zeitverzögerungen bestehen kaum wirksame Anreize, eine nachträgliche Strafaktion für ein solches Fehlverhalten durchzuführen - zumal Prognosefehler ex post meist entschuldbar sind.

Inflation Targeting in England

England als Mutterland der Demokratie hat sich bisher nicht dazu durchringen können, die Geldpolitik einer unabhängigen Zentralbank zu überlassen. Nicht die Bank of England, sondern das Treasury (das britische Finanzministerium) entscheidet letztlich darüber, wann die Zinsen erhöht oder gelockert werden. Nach dem erzwungenen Austritt aus dem EWS im September 1992 wechselte auch England zu einer Strategie des Inflation Targeting. Die Zielvorgabe bestand darin, den Einzelhandelspreisindex (ohne Zinseffekte) im Bereich zwischen 1 und 4% zu stabilisieren, mit der Vorgabe, die Inflationsrate bis zum Ende der Parlamentsperiode auf unter 2,5% zu bringen.

Ähnlich wie in Neuseeland führt die Bank of England detaillierte Inflationsprognosen durch; geldpolitischer Handlungsspielraum besteht, sobald die prognostizierte Rate vom Zielkorridor abweicht. Sie veröffentlicht vierteljährlich einen sehr detaillierten Inflationsreport - wohl nicht zuletzt in der Absicht, so öffentlichen Druck auf den Schatzkanzler auszuüben, ihren Empfehlungen zu folgen. Seit April 1994 werden zudem die Protokolle der monatlichen Treffen zwischen dem Schatzkanzler und dem Governor (Zentralbankchef) jeweils zwei Wochen später publik gemacht. Auf diese Weise kann die Öffentlichkeit kontrollieren, ob die Regierung den Empfehlungen der Zentralbank folgt. Diese Regelung wird vielfach als wirksamste Disziplinierung angesehen gegen Versuche, aus politikökonomischen Gründen eine zu expansive Geldpolitik zu verfolgen.

Die Hauptschwierigkeit des direkten Inflationsziels besteht im langen Zeitraum, der zwischen den geldpolitischen Maßnahmen und ihrer Wirkung auf die Preisentwicklung verstreicht. Weil geldpolitische Maßnahmen sich aber nur mit großer Zeitverzögerung auf die Inflation auswirken, ließe sich nur sehr langfristig überprüfen, ob die Zentralbank eine angemessene Politik verfolgt. Da eine Abweichung von der optimalen Politik - wenn überhaupt - erst nach gut zwei Jahren entdeckt werden könnte, muß das Inflationsziel auf einen wesentlichen Vorteil anderer Bindungsmechanismen (wie Wechselkurs- und Geldmengenziel) verzichten - der Transparenz, die eine unmittelbare Disziplinierung ermöglicht.

Gerade hierin besteht ja eines der wesentlichen Argumente für die Verwendung von Zwischenzielen. Dies wirft dies die Frage auf, ob ein direktes Inflationsziel mit einem Zwischenziel gekoppelt werden könnte, das eine vergleichbare Transparenz ermöglicht. *Svensson (1996a)* hat den Vorschlag gemacht, die Inflationsprognose der Zentralbank als Zwischenziel zu verwenden, um so die Transparenz des Inflationsziels zu verbessern (vgl. unten). Ziel dieses Vorschlag ist es, die Vorteile der Strategien eines Inflations- und eines Geldmengenziels miteinander zu kombinieren. Oberflächlich betrachtet, erscheinen die beiden Strategien zunächst ja als zwei völlig konträre Vorgehensweisen. Die Inflationsprognose basiert ja auf einem viel komplexeren (und damit weniger durchschaubaren) Prozeß als die Strategie der Geldmengensteuerung. Sie orientiert sich von vorne herein an einer Vielzahl verfügbarer Informationsvariablen, denen je nach aktueller Bedeutung unterschiedliche Gewichtung zugemessen wird. Auf den ersten Blick lädt ein solch komplexer, diskretionärer Prozeß geradezu zum Mißbrauch ein.

Im Gegensatz dazu orientiert sich das Geldmengenziel scheinbar an einer einzigen Variablen, deren Entwicklung zudem leicht nachprüfbar ist. Geldmengenpolitik scheint somit wesentlich geringere Informationsanforderungen zu stellen. Bei genauerer Betrachtung stellt sich dies aber als falsch heraus: Jede gute Politik, die darauf zielt, inflationäre Entwicklungen möglichst rechtzeitig zu bekämpfen, ist auf möglichst detaillierte Prognosen über die zukünftige Entwicklungen angewiesen und erfordert etwa fundierte Analysen der Transmissionsmechanismen. Wie in Kapitel 4 dargelegt, klammert sich vernünftige Geldmengenpolitik ja keineswegs starr an ein einmal festgelegtes Ziel, sondern berücksichtigt durchaus - so ist zunächst zu hoffen - alle relevanten zusätzlichen Informationen.

Sie versucht dabei, der Öffentlichkeit Abweichungen vom festgelegten Ziel durch entsprechende Sonderfaktoren plausibel zu machen. Eine exakte Dokumentation all der Faktoren, die für eine Inflationsprognose verantwortlich sind, hat aber faktisch genau die gleiche Funktion; in gewisser Weise ist sie sogar wissenschaftlich fundierter und damit weniger arbiträr. So betrachtet, müssen die beiden Strategien keineswegs im Widerspruch zueinander stehen. Weil niemals in Reinform angewendet, unterscheiden sie sich bei realistischer Betrachtung nur in Abstufungen.

Inflationsprognose als Zwischenziel?

Soll die Notenbank ein Inflationsziel durchsetzen, so ergeben sich bei der Durchführung und Überwachung eine Reihe von Problemen: Die Inflationsrate kann von den Notenbanken nur unvollkommen kontrolliert werden. Die aktuelle Rate ist im wesentlichen durch in der Vergangenheit getroffene Entscheidungen und Kontrakte determiniert. Laufende geldpolitische Maßnahmen können nur die Inflationsrate in der Zukunft mitbestimmen. Weil dabei aber lange und variable Verzögerungen auftreten, läßt sich kein einfacher Zusammenhang bestimmen. Zudem können nicht-monetäre Schocks, die während dieses langen Zeitraums auftreten, den Wirkungszusammenhang stören; sie lassen sich aber wegen der Lags in dieser Zeit nicht mehr korrigieren.

Die unvollständige Kontrolle erschwert die Überwachung der Geldpolitik durch die Öffentlichkeit. Weil die aktuelle Geldpolitik sich erst in eineinhalb bis zwei Jahren auswirkt und die Wirkung zudem durch die in der Zwischenzeit eintretenden Schocks verzerrt wird, dürfte es schwerfallen, die Zentralbank für Fehler zur Rechenschaft zu ziehen. Damit aber kann ein Inflationsziel kaum eine glaubwürdige Verpflichtung zur Preisstabilität ermöglichen.

Angesichts dieser Probleme halten manche Kritiker ein Geldmengen- oder Wechselkursziel für einen überlegenen Commitment-Mechanismus. Der schwedische Ökonom *Lars Svensson* (*1996*) schlägt statt dessen vor, die Zentralbank sollte als Zwischenziel die von ihr jeweils prognostizierte Inflationsrate verwenden. Weil diese Variable unter allen aktuell verfügbaren Größen am engsten mit dem Endziel korreliert ist, stellt sie seiner Meinung nach ein ideales und zudem transparentes Zwischenziel dar.

Hinter diesem auf den ersten Blick verblüffenden Vorschlag steht folgende Überlegung: Will die Zentralbank die Inflation kontrollieren, so muß sie ohnehin explizit oder implizit Inflationsprognosen aufstellen. In die Inflationsprognose gehen im allgemeinen eine Vielzahl von Informationen ein. Sollte etwa die Entwicklung der Geldmenge die beste Prognose liefern, wäre sie das adäquate Zwischenziel. Unter solchen Bedingungen wäre eine Inflationsprognose als Zwischenziel völlig äquivalent zu einem Geldmengenziel. Im allgemeinen Fall aber werden bei der Erstellung der Inflationsprognose wesentlich mehr Informationen verarbeitet; sie ist in dieser Sicht dem Geldmengenindikator überlegen.

Die Bank of England veröffentlicht in ihrem vierteljährlichen *Inflation Report* regelmäßig solche Prognosen, die mit Hilfe komplexer ökonometrischer Modellanalysen erstellt werden. Statt nur den Erwartungswert der Prognose anzugeben (der angesichts von Unsicherheit niemals exakt realisiert wird), gibt sie Schätzungen über die gesamte Verteilungsfunktion an. Indem die Zentralbank gezwungen wird, die Methodik ihrer Inflationsprognose offenzulegen, besteht - so argumentiert *Svensson* - ein Anreiz zu qualitativ hochwertiger Analyse; zudem erleichtert dies der interessierten Öffentlichkeit das Verständnis der Geldpolitik. Weicht die Inflationsprognose von der Zielgröße bzw. dem Zielkorridor ab, ohne daß entsprechende Korrekturmaßnahmen ergriffen werden, kann die Öffentlichkeit Abweichungen direkt überwachen und sanktionieren. Ein wirksamer Sanktionsmechanismus setzt allerdings voraus, daß die publizierten Prognosen von der Zentralbank nicht manipuliert werden können. Denkbar wäre etwa, daß private Rating-Agenturen die Prognosequalität anhand eigener Berechnungen bewerten. Angesichts der bisher geringen Erfahrungen ist der Erfolg einer solchen Strategie mit großer Unsicherheit behaftet.

4.2.4 Instrumente der Geldpolitik: Zins- vs. Geldmengensteuerung

Bislang gingen wir meist davon aus, daß die Zentralbank die Inflationsrate direkt (bzw. indirekt über die Entwicklung der Geldmenge) kontrollieren kann. Die eigentlichen Instrumente (Steuerungsgrößen) der Zentralbank sind jedoch das von ihr bereitgestellte **Zentralbankgeld** (die **Geldbasis**) bzw. der **Zinssatz**, zu dem dieses Zentralbankgeld den Banken zur Verfügung gestellt wird (vgl. auch Abschnitt 2.4).

Die Zentralbank beeinflußt die Nachfrage nach Zentralbankgeld, indem sie die Refinanzierungskonditionen der Geschäftsbanken festlegt. Das entscheidende Instrument der kurzfristigen Geldpolitik ist heutzutage der Zinssatz, zu dem sie den Geschäftsbanken Liquidität bereitstellt: Im Zuge von **Offenmarktgeschäften** refinanzieren sich die Geschäftsbanken mit Zentralbankgeld, indem sie der Zentralbank verzinsliche Wertpapiere überlassen. Der Zins für diese Geschäfte wird in Deutschland als **Zinssatz für Wertpapierpensionsgeschäfte** bezeichnet. Weil die Zentralbank solche Offenmarktgeschäfte häufig durchführen kann, eignen sie sich ideal für die geldpolitische **Feinsteuerung**. Änderungen des Zinssatzes wirken sich unmittelbar auf den Geldmarktzins aus (Vgl. Abb. 4.4). Der Zins bewegt sich dabei zwischen einer Obergrenze (dem Lombardsatz) und einer Untergrenze (dem Diskontsatz).

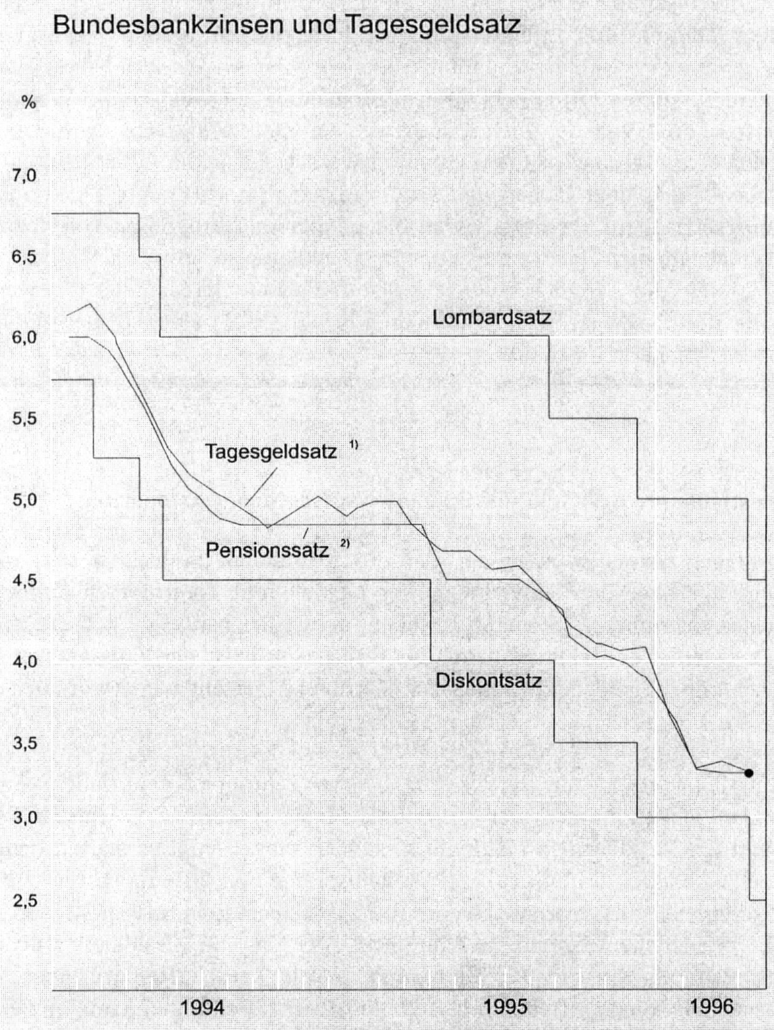

1 Monatsdurchschnitte. – **2** Monatsdurchschnittlicher Zinssatz für Wertpapierpensionsgeschäfte mit zweiwöchiger Laufzeit; einheitlicher Zuteilungssatz (Mengentender) bzw. marginaler Zuteilungssatz (Zinstender). – • = Letzter Stand: 18. April 1996.

Quelle: Deutsche Bundesbank, Geschäftsbericht 1995

Abb. 4.4. Bundesbankpolitik und Geldmarktzins

Mindestreserve - Ein Instrument der Vergangenheit?

Mindestreservevorschriften sind ein weiteres, in der Vergangenheit recht beliebtes geldpolitisches Instrument. Sie schreiben den Geschäftsbanken vor, Zentralbankgeld als einen bestimmten Anteil der den privaten Nichtbanken gewährten Einlagen zu halten. Mindestreservehaltung erzwingt so quasi Liquiditätsnachfrage der Geschäftbanken über die von ihnen aus Eigeninteresse zur Vorsichtshaltung nachgefragte Menge hinaus. Damit kann sie zur Stabilisierung (Verstetigung) der Nachfrage beitragen. In den 70er Jahren versuchte die Bundesbank, durch häufige Variation der Mindestreservesätze die Nachfrage nach Zentralbankgeld zu steuern. Variationen der Sätze stellen einen erheblichen Eingriff in die Dispositionsmöglichkeiten der Geschäftbanken dar. Aufgrund ihres Zwangscharakters eignen sie sich (als nicht marktkonformes Instrument) keinesfalls zur Feinsteuerung.

Angesichts zunehmenden internationalen Wettbewerbs geht die Bedeutung der Mindestreservepolitik immer stärker zurück. In Belgien, Dänemark, Großbritannien und Schweden gibt es mittlerweile keine Mindestreservevorschriften mehr. In Italien und den Niederlanden wird die Mindestreservehaltung teilweise verzinst. Ob die europäische Zentralbank dieses Instrument übernehmen wird, ist derzeit unklar. Die Deutsche Bundesbank hält die Mindestreserve zur Verstetigung der Geldnachfrage für unverzichtbar. Die Bank of England argumentiert dagegen, daß Geschäftsbanken ohnehin freiwillig zur Vorsichtshaltung Zentralbankgeld nachfragen und jede darüber hinaus gehende Zwangshaltung ineffiziente Verzerrungen hervorruft.

In der reduzierten Form, die wir bisher verwendet haben, wurde der Geldmarktzins gar nicht berücksichtigt. Ein solches Vorgehen unterstellt implizit, daß es keinen Unterschied macht, ob das gewünschte Gleichgewicht auf dem Geldmarkt durch Beeinflussung des Zinses oder aber über eine direkte Steuerung des Geldangebots erfolgt. In einer Welt ohne stochastische Störungen wäre dies in der Tat der Fall: Kennt die Zentralbank den (zinsabhängigen) Verlauf der Geldnachfragefunktion, so kann sie als Monopolproduzent jedes gewünschte Gleichgewicht erreichen, indem sie entweder die angebotene Menge oder aber den Preis des von ihr produzierten Gutes (den Zinssatz für Zentralbankguthaben) festlegt.

In der Praxis unterliegt jedoch nicht nur die Geldnachfrage, sondern auch der Teil des Geldangebots, den die Geschäftsbanken bereitstellen, sehr starken Schwankungen. Würde die Geldbasis (die Menge an Zentralbankgeld) ohne Rücksicht auf diese Schwankungen fixiert, könnte es zu starken Fluktuationen des Zinssatzes mit potentiell verheerenden Auswirkungen auf die Stabilität des realen Sektors kommen. Als beispielsweise Ende der 70er Jahre die US-amerikanische Notenbank für kurze Zeit eine rigide Geldmengenpolitik betrieb, kam es zu starken

Schwankungen des Geldmarktzinses; die Politik wurde bereits nach kurzer Zeit wieder auf eine Zinssteuerung umgestellt.

Könnte die Zentralbank die Gründe der Schwankungen von Geldnachfrage und Geldangebot exakt beobachten, so könnte sie darauf natürlich wieder flexibel reagieren; sie müßte diese Schocks nur ebenso berücksichtigen wie andere Nachfrageschocks. Angesichts solcher Schocks wäre freilich eine rigide Politik der Stabilisierung der Geldmenge völlig verfehlt. Wenn etwa die Wirtschaftssubjekte Geld umschichten in neue liquide Anlageformen (wie etwa Geldmarktfonds) und damit die Geldmenge in der traditionellen Definition zurückgeht, ist es völlig widersinnig, diesen Rückgang als Indiz nachlassenden Preisdrucks zu werten und zu versuchen, die traditionelle Geldmenge durch eine expansive Politik zu stabilisieren. Umgekehrt, wenn sich die Geldmenge ausweitet, weil die Kapitalanleger kurzfristig in rentablere liquide Anlageformen umschichten, ist eine restriktive Politik zur Stabilisierung der Geldmenge die falsche Reaktion. Wird dagegen eine flexible Politik verfolgt, dann sind Zins- und Geldmengensteuerung auch angesichts von Schocks völlig äquivalent.

Die Situation sieht jedoch ganz anders aus, falls die Zentralbank die Schocks nicht genau beobachten und prognostizieren kann. Da dann eine flexible Reaktion unmöglich wird, ist sie gezwungen, mehr oder weniger starre Regeln zu verfolgen. *William Poole* untersuchte bereits 1970 die Frage, ob unter solchen Bedingungen eine Zins- oder eine Geldmengensteuerung überlegen ist. Das Ergebnis seiner Analyse ist im Grunde nicht überraschend: Weist der monetäre Sektor besonders hohe Volatilität auf, ist eine Zinssteuerung überlegen; falls dagegen der reale Sektor stärkeren Störungen unterliegt, ist eine Geldmengensteuerung vorzuziehen.

Poole (1970) führte seine Analyse anhand des traditionellen keynesianischen IS-LM Modells aus. Die Ergebnisse sind zwar viel allgemeiner gültig; wir wollen die Intuition aber anhand des einfachst möglichen Beispiels verdeutlichen. Dabei gehen wir zur Vereinfachung davon aus, daß die Inflationserwartungen π_{t+1}^e der zukünftigen Perioden von der aktuellen Geldpolitik nicht beeinflußt werden. Die Frage, ob solche Inflationserwartungen **rational** sind, hängt vom Zusammenhang zwischen erwarteter Geldpolitik und Preisentwicklung ab. Da Preise sich nur mit großer Verzögerung anpassen, ist es auf jeden Fall sinnvoll, in der Anfangsphase von unveränderten Preisen auszugehen. Die Erwartungen über die kurzfristige Preisentwicklung werden deshalb in der Tat nicht auf die aktuelle Geldpolitik reagieren. Eine Zinssteigerung am Geldmarkt läßt damit den Realzins steigen und dämpft in der ersten Runde den realen Sektor.

Wie die langfristigen Inflationserwartungen reagieren, hängt von der erwarteten zukünftigen Geldpolitik ab. Wenn die Notenbank eine systematisch stabilisierende Politik betreibt und die Schocks im Zeitablauf unkorreliert sind, bilden sich rationale Inflationserwartungen für die Folgeperiode unbeeinflußt von der aktuellen

Politik: Die in Zukunft im Durchschnitt betriebene Politik entspricht dann ja genau der aktuell erwarteten, unabhängig davon, ob zur Dämpfung eines kurzfristigen Booms die laufenden Zinsen steigen. Dann ist es rational, auch auf lange Sicht von unveränderten Inflationserwartungen π_{t+1}^e auszugehen.

Ganz anders verhält es sich, wenn die restriktive Geldpolitik von den Marktteilnehmern als Signal für eine in Zukunft stabilere Politik interpretiert wird. Dann wäre denkbar, daß nun gerade wegen des Anstiegs der Geldmarktzinsen die langfristigen Nominalzinsen als Folge reduzierter Inflationserwartungen zurückgehen. Die Realzinsen und damit das Aktivitätsniveau blieben dann unverändert. Welche Erwartungen „rational" sind, hängt offensichtlich sehr stark vom jeweiligen Kontext ab. Wir gehen im folgenden davon aus, daß eine systematisch stabilisierende Politik betrieben und von den Marktteilnehmern auch antizipiert wird.

Geldpolitik wirkt zunächst unmittelbar auf den kurzfristigen Zins am Geldmarkt. Gleichgewicht auf diesem Markt herrscht, wenn die Nachfrage mit dem von der Zentralbank gesteuerten Geldangebot übereinstimmt. Anders formuliert: Das Geldmengenwachstum μ muß gerade der zusätzlichen Geldnachfrage entsprechen. Für ein vorgegebenes Wachstum μ kann Gleichgewicht auf dem Geldmarkt bei unterschiedlichen Kombinationen zwischen dem kurzfristigen Zins i und dem Produktionsniveau y herrschen. Die LM-Kurve gibt alle möglichen Gleichgewichtskombinationen an. Weil die Realgeldnachfrage wegen des Transaktionsbedarfs mit steigendem y zunimmt, mit steigenden Opportunitätskosten i dagegen fällt, hat die Kurve in Abb. 4.5 bei gegebenem Geldmengenwachstum μ einen steigenden Verlauf. Sie wird durch folgende Gleichung beschrieben:

(4—20) $$\mu - \pi = y - d\,i + \zeta$$

Zinssteigerungen reduzieren über verschiedene Transmissionsmechanismen die Wirtschaftsaktivität im realen Sektor. Die Beziehung zwischen i und y im realen Sektor wird durch die IS-Kurve beschrieben (Abb. 4.5). Mit steigendem Realzins $i - \pi_{t+1}^e$ geht die Wirtschaftsaktivität zurück. Solange die Inflationserwartungen π_{t+1}^e durch die laufende Geldpolitik nicht verändert werden, ergibt sich eine direkte negative Beziehung zwischen i und y:

(4—21) $$y = \hat{c} - b(i - \pi_{t+1}^e) + \eta = c - b\,i + \eta \quad \text{mit} \quad c = \hat{c} + b\pi_{t+1}^e$$

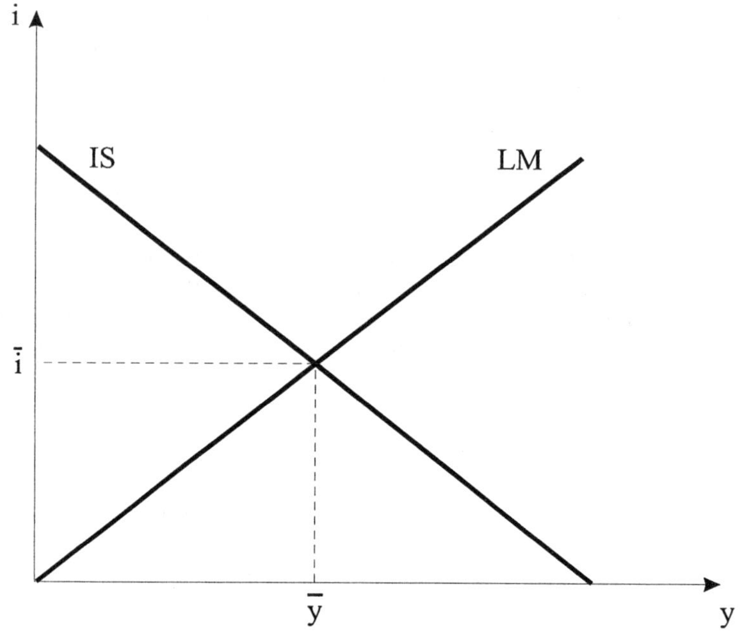

Abb. 4.5. Das IS-LM-Modell

Die Störterme η und ζ repräsentieren unerwartete Schocks auf dem Güter- bzw. Geldmarkt mit $E(\eta)=0$ und $E(\zeta)=0$. Aus den beiden Gleichungen läßt sich folgende aggregierte Nachfragefunktion ableiten:

(4—22) $$y=\frac{b}{b+d}\left[\frac{c\,d}{b}+\mu-\pi+\frac{d}{b}\eta-\zeta\right]$$

Wären alle Preise völlig flexibel, hätten geldpolitische Entscheidungen trotz des durch Gleichung (4—21) beschriebenen Mechanismus keinerlei Auswirkung auf den realen Sektor. Weil die Angebotsseite der Wirtschaft dann durch ein unelastisches Produktionsniveau $\bar{y}$ charakterisiert ist, würde jeder exogene Schock automatisch durch Anpassungen der Preise aufgefangen. Als Extremfall rigider Preise gehen wir aber im folgenden davon aus, daß das Produktionsniveau kurzfristig bei der erwarteten Inflationsrate π^e völlig elastisch ist (vgl. Abb. 4.6).

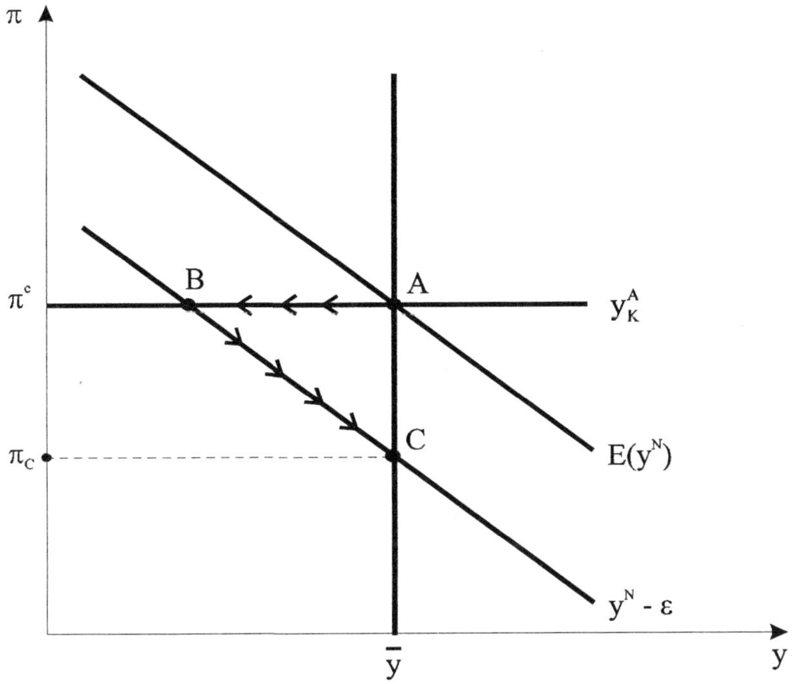

Abb. 4.6. Kurzfristig völlig elastische Angebotsfunktion

Löhne und Preise werden in Abhängigkeit von den Inflationserwartungen π^e bereits vor Kenntnis der Schocks η und ζ für die laufende Periode festgelegt; innerhalb des betrachteten Zeitraums bleiben sie dann unverändert. Die Inflationserwartungen bestimmen sich so, daß im Erwartungswert (mit $E(\eta)=E(\zeta)=0$) beide Gleichgewichtsbedingungen für das Vollbeschäftigungsniveau $\bar{y}$ erfüllt sind. Bei korrekter Prognose des durchschnittlichen Geldmengenwachstums $\bar{\mu}$ liefern die beiden Gleichungen somit als Gleichgewichtswerte:

(4—23) $$\pi^e = \bar{\pi} = \bar{\mu} + \frac{c\,d}{b} - \frac{b+d}{b}\,\bar{y}$$

(4—24) $$\bar{i} = \frac{1}{b}\left(c - \bar{y}\right)$$

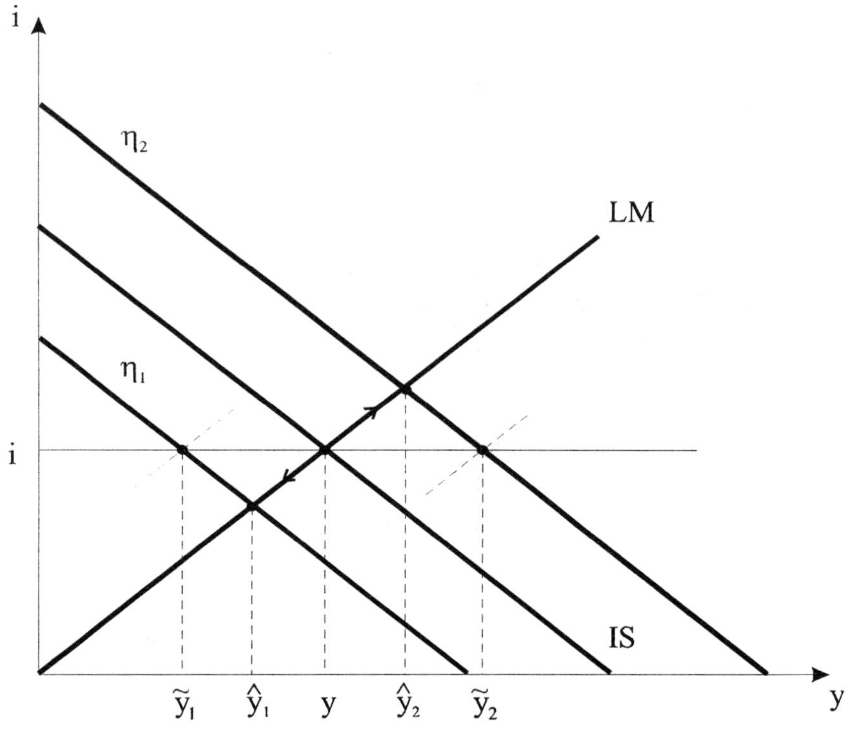

Abb. 4.7. Instabile Güternachfrage

Welche Effekte ergeben sich, falls dieses Gleichgewicht durch Schocks gestört wird? Betrachten wir zunächst (in Abb. 4.7) Störungen η auf die Güternachfrage bei stabilem Geldmarkt (ζ=0). Die Schwankungen der Güternachfrage verschieben die IS-Kurve. Sie bewege sich zwischen η_1 und η_2. Bei einer Politik konstanten Geldmengenwachstums $\bar{\mu}$ stabilisieren Zinsanpassungen nun automatisch die Produktion: Bei fallender Nachfrage sinken die Zinsen und regen so die Produktion an, während sie bei einem Nachfrageboom steigen. Die Produktion schwankt deshalb nur im Bereich $\hat{y}_1$ und $\hat{y}_2$.

Mit einer Politik der Zinssteuerung entfällt dieser automatische Stabilisierungsmechanismus. Wird der Zins auf $\bar{i}$ fixiert, dann paßt sich die Geldmenge (und damit die LM-Kurve) nämlich endogen jeweils so an, daß der Gütermarkt zum Zins $\bar{i}$ immer im Gleichgewicht ist (vgl. die gestrichelten Linien). Die Produktion schwankt nun im Vergleich zur Fixierung des Geldmengenwachstums stärker (zwischen $\tilde{y}_1$ und $\tilde{y}_2$).

Abb.4.8 geht umgekehrt von einem stabilen Gütermarkt (η =0) aus. Schwankungen der Geldnachfrage verschieben nun bei konstantem Geldmengenwachstum $\bar{\mu}$ die LM-Kurve im Bereich ζ_1 und ζ_2. Die damit verbundenen starken Zinsschwankungen induzieren eine hohe Volatilität der Produktion: Sie schwankt zwischen $\hat{y}_1$ und $\hat{y}_2$. Eine Politik konstanter Zinsen $\bar{i}$ würde unter solchen Bedingungen nun dagegen die Produktion vollständig stabilisieren. Sie gleicht die Schwankungen der Geldnachfrage durch gegenläufige Korrekturen des Geldangebots voll aus, so daß sich die LM-Kurve wieder auf das Ausgangsniveau zurückverschiebt.

Diese Intuition läßt sich durch eine formale Analyse der Auswirkungen von Schocks präzisieren. Schocks verursachen folgende Abweichungen von den Gleichgewichtsniveaus $\bar{\mu}$; $\bar{y}$; und $\bar{i}$:

(4—21a) $$y - \bar{y} = -b(i - \bar{i}) + \eta$$

(4—20a) $$\mu - \bar{\mu} = y - \bar{y} - d(i - \bar{i}) + \zeta$$

Die beiden Gleichungen stellen ein lineares Gleichungssystem dar zur Bestimmung von zwei Unbekannten als Funktion der Schocks η und ζ sowie der Geldpolitik. Je nachdem, ob kurzfristig eine Politik der Zins- oder der Geldmengensteuerung erfolgt, sind die Größen (y, μ) bzw. (y, i) endogen bestimmt.

Bei einer Zinspolitik wird die Produktion bestimmt durch:

$$y - \bar{y} = -b(i - \bar{i}) + \eta$$

Bei einer Geldmengensteuerung dagegen gilt:

$$y - \bar{y} = \frac{b}{b+d}(\mu - \bar{\mu}) + \frac{d}{b+d}\eta - \frac{b}{b+d}\zeta$$

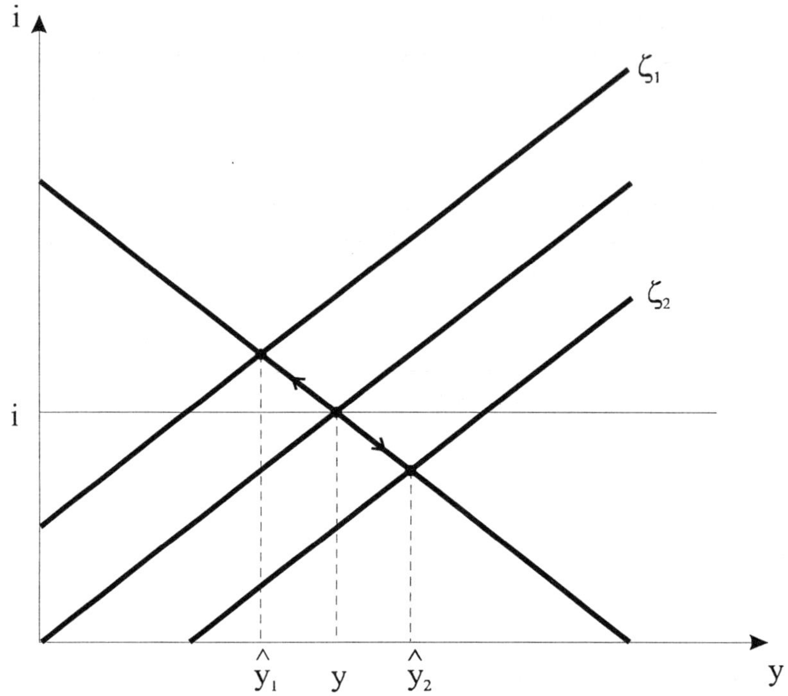

Abb.4.8. Instabile Geldnachfrage

Eine Politik der Zinsfixierung ($i = \bar{i}$) ruft immer dann starke Schwankungen hervor, wenn der Gütermarkt instabil ist (η sehr volatil ist). Eine starre Geldmengenregel ($\mu = \bar{\mu}$) würde die Wirkung solcher Schocks dämpfen; dagegen geht sie bei instabiler Geldnachfrage (hoher Varianz von ζ) mit hohen Outputschwankungen einher. Zur kurzfristigen Steuerung bedient sich die Geldpolitik heute in allen Staaten fast durchwegs der Variationen des Zinssatzes.

Häufig wird gegen eine Politik der Zinssteuerung eingewendet, daß sie das Preisniveau indeterminiert läßt. Bereits *Knut Wicksell (1898)* wies nach, daß eine Politik, die eine *dauerhafte* Stabilisierung des Zinses anstrebt, zur Indeterminiertheit des Preisniveaus führen würde. Der Grund liegt darin, daß es für das Preisniveau keinen Anker mehr gibt, wenn jeder Schock der Geldnachfrage durch eine entsprechende Veränderung der Geldmenge akkomodiert wird (vgl. dazu *Sargent/Wallace, 1975*). Diese Indeterminiertheit verschwindet aber, sobald sich die Geldpolitik an einem nominalen Anker orientiert. Im betrachteten Beispiel etwa wird der Zins zwar für einen gegebenen Zeitraum konstant gehalten; die Politik ist aber so konzipiert, daß die im Durchschnitt resultierende Geldmenge der angestrebten Inflationsrate entspricht. Damit ist eine (begrenzte) Kontrolle der Geldmenge gewährleistet (vgl. dazu auch *Blanchard/Fischer, 1989*, S. 577ff sowie *Woodford 1995*) und *Canzoneri/Diba (1996)*.

4.3 Transmissionsmechanismen der Geldpolitik

Gebannt blicken die Finanzmärkte auf Erklärungen der Mitglieder des Zentralbankrates. Die Tagespresse analysiert aufmerksam alle Äußerungen, die auf eine Änderung der Geldpolitik deuten könnten. Offensichtlich wird den Entscheidungen des Zentralbankrats große Bedeutung zugemessen. Wie aber wirken sich seine Entscheidungen tatsächlich auf die Wirtschaft aus? Auf welche Weise übt die Notenbank Einfluß auf die reale Wirtschaftsaktivität? Wie erklärt sich, daß Geldpolitik kurzfristig reale Effekte hat, langfristig dagegen nur die Preisentwicklung beeinflußt?

Die Frage nach dem Wirkungsmechanismus, in der Fachsprache wenig elegant als **Transmissionsmechanismus** der Geldpolitik bezeichnet, löst unter Ökonomen heftige Kontroversen aus. Die Wege, auf denen geldpolitische Entscheidungen den Wirtschaftskreislauf beeinflussen, sind kompliziert und bisher nur unzureichend bekannt - vielfach werden sie deshalb als „Black Box" bezeichnet. Im Lauf der Zeit können sich die Wirkungsmechanismen zudem (etwa angesichts von Finanzinnovationen) auch stark verändern. In diesem Abschnitt untersuchen wir verschiedene **Kanäle**, über die Geldpolitik wirken kann: den Zinskanal, den Wechselkurskanal, den Kreditkanal sowie den Kanal der relativen Preise. All diese Kanäle basieren auf der Überlegung, daß die Preise sich nur sehr langsam an veränderte Bedingungen anpassen; Änderungen der Geldmenge bzw. die damit verbundenen Zinsänderungen lösen deshalb Vermögenseffekte unterschiedlicher Art aus.

Bisher gingen wir einfach davon aus, daß sich Änderungen der kurzfristigen Zinssätze auf reale Größen auswirken, ohne zu begründen, durch welche Mechanismen sich geldpolitische Impulse übertragen. Im folgenden wollen wir verschiedene solcher Kanäle genauer untersuchen. Die bisherige Analyse machte bereits deutlich, daß Preisrigiditäten (eine kurzfristig elastische Angebotsfunktion) eine notwendige Voraussetzung sind, damit die beschriebenen Effekte überhaupt auftreten können. Weil sich die Preise nur langsam anpassen, wirkt sich in Abb. 4.6 ein durch einen Zinsanstieg induzierter Rückgang der realen Nachfrage zunächst auf den Output aus (er dämpft das reale Wachstum - es erfolgt eine Bewegung von A nach B). Erst langsam, wenn sich die Preise allmählich an die veränderten Bedingungen angepaßt haben, kehrt die Wirtschaft dann wieder zum Gleichgewichtswachstum $\bar{y}$ zurück. Langfristig also wirkt sich die Geldpolitik nur auf die Preise aus (Punkt C in Abb. 4.6). Wie aber kommt es überhaupt - im ersten Schritt - zu der Verschiebung der realen Nachfrage? Als Beispiel betrachten wir im folgenden immer eine restriktive Geldpolitik, die mit einem Anstieg des kurzfristigen Nominalzinses verbunden ist.[7]

4.3.1 Der Zinskanal

Der Standardmechanismus, der in allen Lehrbüchern zentrale Bedeutung einnimmt, wird vom traditionellen keynesianischen IS/LM-Modell beschrieben. Dieses Modell bildet den Prototyp der im vorhergehenden Abschnitt diskutierten Ansätze. Im IS/LM Modell wirkt Geldpolitik auf den realen Sektor über den Einfluß von Zinsänderungen auf die Investitionsaktivität.

Grundlage ist das Investitionskalkül eines gewinnmaximierenden Unternehmens. Er wird all die Investitionsprojekte durchführen, deren interne Rendite mindestens dem (langfristigen) Realzinssatz entspricht. Fällt die Rendite der marginalen Investition unter den Realzins, so wird es unrentabel, dieses Projekt zu finanzieren. Weil mit steigendem Zinssatz solche Grenzprojekte unrentabel werden, geht die Investitionsneigung mit steigendem Realzins zurück. Genau der gleiche Mechanismus bestimmt auch die Entscheidungen der Konsumenten über den Kauf langlebiger Konsumgüter. Auch solche Investitionen werden mit steigendem Realzins unrentabler. Weil umgekehrt die Ersparnisbildung mit einem Anstieg des Zinssatzes attraktiver wird, geht die Konsumnachfrage ebenso zurück wie die Investitionsnachfrage.

Der Zinskanal basiert auf folgender Wirkungskette: Der Anstieg der kurzfristigen Zinsen führt (bei zunächst unveränderten Inflationserwartungen) auch zu einem Anstieg des langfristigen Realzinses. Dies induziert einen Rückgang von Investitions- und Konsumnachfrage. Weil die Preise nur träge darauf reagieren, löst die restriktive Geldpolitik eine Rezession aus. Erst langsam, nachdem sich die Preise allmählich angepaßt haben, erholt sich die Produktion und kehrt wieder auf das Ausgangsniveau zurück. Im Lauf dieses Prozesses passen sich auch die Preiserwartungen an; damit sinken die überhöhten Realzinsen wieder auf das Ausgangsniveau. Langfristig verklingen somit die realen Effekte; übrig bleiben allein die Effekte auf die Preise.

---

[7] Einen guten Überblick über Transmissionsmechanismen liefert das Symposion im *Journal of Economic Perspectives* im Herbst 1995 mit Beiträgen von *Bernanke/ Gertler, Meltzer, Mishkin* und *Taylor* (jeweils *1995*).

In der Argumentationskette sind implizit zwei wesentliche Bedingungen für die Wirksamkeit dieses Mechanismus angesprochen:

a) Zum einen müssen die Investitionen auch wirklich elastisch auf Zinsänderungen reagieren: Je zinselastischer die Nachfrage, desto flacher verläuft die IS-Kurve, und um so größer die Wirkung von Zinsänderungen. Investitionsentscheidungen orientieren sich aber - wenn überhaupt - nur am langfristigen Zinssatz.

b) Die Geldpolitik muß deshalb zum zweiten in der Lage sein, direkten Einfluß auf diesen langfristigen Realzins auszuüben.

Kritiker des Zinskanals argumentieren, daß beide Bedingungen empirisch nicht zutreffen. Zwar ist recht gut abgesichert, daß bereits ein schwacher Zinsanstieg zunächst (mit einer Zeitverzögerung von bis zu einem Jahr) einen Rückgang der gesamtwirtschaftlichen Aktivität auslöst, der dann aber allmählich abklingt, während sich nun - nach entsprechender Verzögerung - die Preise anpassen. Diese starken Effekte können jedoch kaum mit dem im Zinskanal unterstellten Wirkungsmechanismus begründet werden.

Der Hauptgrund liegt darin, daß die (empirisch meßbaren) Änderungen des Realzinses lange Zeit sehr gering waren. Um die starken realen Effekte, die mit schwachen geldpolitischen Impulsen einhergehen, über den Zinskanal zu erklären, müßten sich entsprechend starke Reaktionen der Investitionsnachfrage auf Zinsänderungen nachweisen lassen. Die Zinselastizität von Investitionen im Unternehmenssektor ist jedoch im allgemeinen sehr niedrig. Allenfalls der private Wohnungsbau reagiert stark auf Zinsänderungen.

Zum anderen ist recht umstritten, ob die Notenbank durch Variation des Geldmarktzinses überhaupt Einfluß auf den langfristigen Realzins ausüben kann. Geldpolitik wirkt zunächst unmittelbar ja nur auf den kurzfristigen Zins. Inwieweit sie den für Investitionsentscheidungen maßgebenden langfristigen Zins beeinflussen kann, hängt insbesondere davon ab, wie die zukünftigen Inflationserwartungen reagieren. Da der langfristige Nominalzins sich als das Mittel aus laufenden und zukünftig erwarteten kurzfristigen Nominalzinsen ergibt, dürfte die aktuelle Zinssteigerung jedoch nur einen relativ schwachen Einfluß auf den für die Investitionsnachfrage relevanten Zins langer Laufzeit ausüben. Angesichts zunehmender Mobilität der Kapitalströme wird der langfristige Zins zudem immer stärker von internationalen Faktoren bestimmt.

Die Schwierigkeiten, mit Hilfe des Zinskanals plausibel zu begründen, warum in der Realität bereits sehr kleine Zinsänderungen sehr starke reale Effekte auslösen, gaben den Anstoß dazu, als Alternative bzw. Ergänzung andere Wirkungsmechanismen zu betrachten.

4.3.2 Der Wechselkurskanal

Steigt im Inland der kurzfristige Zins, wird es für internationale Anleger attraktiver, ihr Kapital hier zu investieren. Die Finanzmärkte reagieren auf Zinsunterschiede durch Portfolioumschichtungen. Die Wirkung läßt sich am einfachsten für den Fall perfekter Kapitalmobilität untersuchen. Im folgenden gehen wir deshalb davon aus, daß der einheimische Zins im Gleichgewicht vom Weltmarktzins i_{int} determiniert ist.

Die durch eine restriktive Geldpolitik induzierte Übernachfrage nach einheimischer Währung führt zu einem Aufwertungsdruck. In einem Regime fixer Wechselkurse muß dieser Druck solange durch eine expansive Geldpolitik aufgefangen werden, bis schließlich die Zinsen wieder auf das Ausgangsniveau zurückgegangen sind. In Abb. 4.9 wird die ursprüngliche Verschiebung der LM-Kurve von A nach B somit wieder rückgängig gemacht. Nationale Geldpolitik ist bei fixen Wechselkursen zum Scheitern verurteilt; die Geldpolitik wird vielmehr vom jeweiligen Leitwährungsland bestimmt (vgl. Kapitel 10).

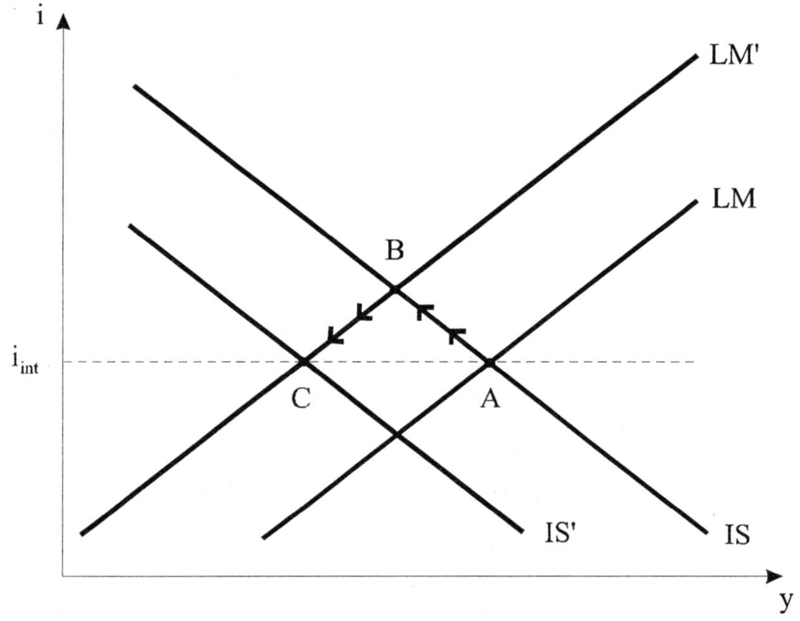

Abb. 4.9. Geldpolitik bei fixen und flexiblen Wechselkursen

Ganz anders in einem System flexibler Wechselkurse: Der durch den Zinsanstieg induzierte Kapitalzustrom löst eine Aufwertung der einheimischen Währung aus. Wenn die Preise träge reagieren, kommt es sogar zu einem Überschießen der

Wechselkurse: Sie müssen so stark steigen, daß die zwischen den Staaten bestehenden Zinsunterschiede entsprechend der Zinsparitätentheorie durch zukünftige Abwertungserwartungen ausgeglichen werden. Die Aufwertung verteuert einheimische Produkte im Vergleich zu den ausländischen. Dies stimuliert die Nachfrage nach Importgütern, während umgekehrt die Auslandsnachfrage nach Produkten der einheimischen Exportindustrie zurückgeht. Beide Effekte dämpfen die Netto-Exportnachfrage und verstärken somit den durch den Zinskanal beschriebenen Rückgang der Gesamtnachfrage.

Im umgekehrten Fall einer expansiven Geldpolitik (einer Zinssenkung) wird die Wettbewerbsfähigkeit der einheimischen Industrie durch die induzierte Abwertung gestärkt; auf diese Weise kann der Wechselkurskanal wirkungsvoll die stimulierende Wirkung expansiver Geldpolitik auf die reale Wirtschaftsaktivität unterstützen. Eine ganz andere Frage ist, ob Abwertungen bewußt zur Stimulierung der einheimischen Wirtschaft eingesetzt werden können. Durch die Abwertung wird ja quasi Arbeitslosigkeit ins Ausland exportiert; eine solche Politik geht damit zwangsläufig auf Kosten des Auslands. Man spricht deshalb auch von einer **Beggar thy Neighour Policy** - einer Politik, die den Nachbarstaat verelenden läßt. Es ist kaum zu erwarten, daß die betroffenen Staaten darauf nicht mit Gegenmaßnahmen reagieren. Wenn aber die anderen Staaten nachziehen, kommt es zu einem **Abwertungswettlauf**. Die Gefahr solcher Vergeltungsmaßnahmen läßt es ratsam erscheinen, durch eine koordinierte Geldpolitik einen derartigen Abwertungswettlauf zu verhindern, zumal der Vorteil einer solchen Politik immer nur kurzfristig sein kann - so lange, bis sich die Preise entsprechend angepaßt haben.

4.3.3 Der Kreditkanal

Während beim Zins- wie beim Wechselkurskanal die entscheidende Rolle den Preisen verschiedener Finanzaktiva (kurz- und langfristiger Wertpapiere sowie internationaler Portfolios) zukommt, steht beim Kreditkanal die Verfügbarkeit von Bankkrediten im Vordergrund. Dieser neue Ansatz, von *Bernanke/Gertler (1989, 1995)* und *Greenwald/Stiglitz (1988, 1993)* entwickelt, liefert eine alternative, ergänzende Erklärung für die Frage, warum geldpolitische Maßnahmen starke Effekte auslösen können.

Ausgangspunkt ist die Erkenntnis, daß unter neoklassischen Bedingungen selbst bei Vorliegen von Preisrigiditäten eine Vielzahl endogener stabilisierender Faktoren vorherrschen. Sie lassen es fraglich erscheinen, wie von kleinen geldpolitischen Impulsen große Wirkungen ausgehen sollten. Die neue keynesianische Makroökonomie zeigt dagegen, daß Marktunvollkommenheiten für eine Vielzahl von Externalitäten verantwortlich sind, die sich selbst verstärkende Multiplikatoreffekte auslösen können. Der Kreditmarkt bietet ein Musterbeispiel für solch unvollkommene Märkte: Dort verhindern Informationsprobleme eine reibungslose Intermediation zwischen Kapitalanbietern und -nachfragern. Über Feedback-Mechanismen auf dem Kreditmarkt können somit bereits kleine geldpolitische Anstöße durch multiplikative Effekte (einer Art Finanzakzelerator) verstärkt werden.

Die Grundidee des Ansatzes ist einfach: Bei der Vergabe von Krediten spielt das Problem asymmetrischer Information eine große Rolle. Während der Kreditnehmer über die Qualität seiner Projekte sowie über seine eigenen Fähigkeiten und Anstrengungen gut informiert ist, können Kreditgeber diese Eigenschaften nur unvollkommen beobachten. Zwar können etablierte Großunternehmen, die über eine entsprechende Reputation verfügen, sich mittlerweile direkt (auch ohne die Vermittlung von Banken) am Kapitalmarkt refinanzieren; gerade für kleinere Unternehmen aber ist dieses Prinzipal-Agent-Problem gravierend. Sie sind deshalb auf eine Finanzierung über Finanzintermediäre (Banken) angewiesen, die die notwendigen Kontrollkosten zentralisieren. Auch eine direkte Überwachung kann aber die Anreizprobleme nicht aus der Welt schaffen. Deshalb rationieren Banken ihre Kreditvergabe; zumindest verlangen sie gewisse Sicherheiten (etwa in Form von Eigenkapital oder Bürgschaften) als Voraussetzung zur Gewährung von Krediten.

Diese Restriktionen verteuern die Außenfinanzierung im Vergleich zur Innenfinanzierung aus eigenen Mitteln. Die höheren Kosten der Außenfinanzierung entsprechen gerade den durch Informationsasymmetrien verursachten Agency Kosten. Je geringer die Eigenmittel eines Unternehmens (das Nettovermögen, das sich aus liquiden Mitteln und potentiellen Sicherheiten zusammensetzt), desto gravierender die Kontrollproblematik, um so teurer also die Außenfinanzierung.

Das bedeutet, daß Unternehmen gerade in rezessiven Phasen gezwungen sind, ihre Investitionstätigkeit überproportional einzuschränken. Dies sind ja die Zeiten, in denen sie nur über einen geringen Cash-Flow verfügen und deshalb eigentlich verstärkt auf entsprechende Fremdmittel angewiesen wären (schon allein um den durch die Rezession erzwungenen Aufbau von Lagerinvestitionen zu finanzieren). Bereits die Antizipation von Kreditbeschränkungen veranlaßt sie zudem, ihrerseits Zahlungen an Vorlieferanten zu verzögern. Sinkt das Nettovermögen der Unternehmen aufgrund eines negativen Nachfrageschocks, wird der Ausgangseffekt demnach durch finanzielle Akzeleratormechanismen verstärkt.

Geldpolitik kann unter solchen Bedingungen auf zwei verschiedenen Wegen reale Effekte auslösen: Durch den Einfluß auf (1) die Kreditvergabe der Banken sowie auf (2) die Liquidität der Kreditnehmer. Eine restriktive Geldpolitik dämpft unmittelbar die Wirtschaftsaktivität, sofern die Banken darauf mit einer Einschränkung ihrer Kreditvergabe reagieren. Weil dann die Investitionstätigkeit der Unternehmen, die auf Bankkredite angewiesen sind, zurückgeht, verschiebt sich mit der

LM-Kurve gleichermaßen die IS-Kurve nach links. Wenn die Investitionsnachfrage durch Kreditrationierung beschränkt ist, können sich folglich große Mengeneffekte ergeben, ohne daß damit irgendwelche Zinseffekte verbunden sind. Inwieweit allerdings das Kreditangebot der Banken überhaupt auf die Refinanzierungskonditionen der nationalen Notenbank reagiert, ist stark umstritten. Angesichts zunehmender Deregulierung und Internationalisierung der Geldmärkte ist eher davon auszugehen, daß das Kreditvolumen von der Kreditnachfrage bestimmt wird (vgl. *Bernanke/Gertler (1995)* und *Meltzer (1995)*).

Vertreter des Kreditkanals betonen deshalb vor allem die Bedeutung des zweiten Kanals, in dem Geldpolitik das laufende Nettovermögen und damit die Liquidität der Unternehmen (balance sheet) beeinflußt. Weil ein Zinsanstieg (ausgelöst etwa durch eine restriktive Geldpolitik) den Kurswert von Vermögensanlagen reduziert, nimmt der Wert der Kreditsicherheiten eines Unternehmens ab. Die Liquidität der kreditrationierten Schuldner verschlechtert sich somit; über den oben skizzierten Mechanismus verteuert sich die Außenfinanzierung; die Investitionsaktivität kreditrationierter Unternehmen geht zurück.

Die Kernaspekte dieses Prinzipal-Agent-Problems zwischen Bank und Kreditnehmer sollen im folgenden in einfacher Form anhand eines von *Kiyotaki/Moore (1995)* entwickelten Modells skizziert werden.[8] Ein Unternehmer benötigt zur Produktion zwei Typen von Inputs: einen variablen Faktor (Arbeit) sowie einen fixen, dauerhaften Faktor Land. Der Unternehmer besitzt eine bestimmte Fläche K des Faktors Land. Den Arbeitseinsaz muß er jedoch - als Umlaufkapital - in der Anfangsperiode vorfinanzieren. Der Preis des Faktors Arbeit ist auf 1 normiert. In der Endperiode kann der Unternehmer seinen Landbesitz zum Preis q_1 verkaufen. Bei gegebener Menge K hängt die Produktion entsprechend der Funktion $f(x_t)$ vom Einsatz des variablen Faktors x_t ab.

In der Anfangsperiode verfügt das Unternehmen über einen Cash-Flow $f(x_0)$ aus vergangenen Produktionserlösen; daraus müssen allerdings zunächst die Schulden $(1+r_0)\,b_0$ für in der Vergangenheit aufgenommene Kredite b_0 zurückgezahlt werden. Mit einer Neuverschuldung b_1 kann somit als Investition in Umlaufkapital folgende Menge x_1 finanziert werden:

(4—25) $$x_1 = f(x_0) + b_1 - (1+r_0)\,b_0$$

8 Weil auf dem Kreditmarkt eine ganze Reihe von Informationsasymmetrien bedeutsam sind, wurden recht unterschiedliche Modellansätze entwickelt (vgl. etwa *Bernanke/Gertler (1989)* und *Greenwald/Stiglitz (1988, 1993)* sowie als Überblick *Bernanke/Gertler/Gilchrist (1996)*. Obwohl die einzelnen Ansätze jeweils spezifische Aspekte beleuchten, kommen alle zu recht ähnlichen Schlußfolgerungen.

Der Zins für Neukredite beträgt r_1. Der Unternehmer will mit seiner Investition x_1 den Nettoertrag in der Endperiode maximieren. Ohne Finanzierungsrestriktionen würde der Arbeitseinsatz entsprechend der Optimalbedingung gewählt:

(4—26) $$f'(x_1) = 1 + r_1$$

Er würde dabei einen Kredit b_1 entsprechend der Gleichung ((4—25) aufnehmen. Bei der Kreditvergabe muß die Bank jedoch folgendes Anreizproblem berücksichtigen: Sie hat keine direkten Zugriffsmöglichkeiten auf die Produktionserlöse (etwa weil der Unternehmer die Höhe der tatsächlichen Erträge durch Manipulation verschleiern kann). Als Sicherheit kann sie allein auf den fixen Faktor Land K zugreifen, sofern der Kreditnehmer seinen Schuldverpflichtungen nicht nachkommt. Das in der Anfangsperiode maximal verfügbare Kreditvolumen ist somit durch den Gegenwartswert dieser Kreditsicherheit beschränkt:

(4—27) $$b_1 \leq \frac{q_1 K}{1 + r_1}$$

Solange diese Gleichung erfüllt ist, wird der Unternehmer seinen Kredit immer zurückzahlen - sie ist somit die Anreizbedingung, die sich aus dem Prinzipal-Agent-Problem ergibt. Unter Berücksichtigung des Cash-flows des Unternehmens ergibt sich damit folgende Beschränkung:

(4—28) $$x_1 \leq f(x_0) + \frac{q_1 K}{1 + r_1} - (1 + r_0)\, b_0$$

Reicht das Nettovermögen des Unternehmers nicht aus, um die optimale Investition ohne Anreizrestriktionen durchzuführen, wird Ungleichung ((4—28) bindend. Dann übersteigt der Schattenpreis für interne Finanzierungsmittel den Kapitalmarktzins: Der marginale Wert einer im Unternehmen investierten Einheit Kapital ist höher als der marginale Wert am Kapitalmarkt. Die Differenz spiegelt den Schattenpreis der Agency-Kosten wider. Je niedriger das Nettovermögen, desto höher dieser Schattenpreis und um so niedriger die Produktionsaktivität.

Wie sich ein Anstieg des Zinssatzes r_1 auswirkt, hängt davon ab, ob der Unternehmer kreditrationiert ist. Bei hohem Nettovermögen wird die Anreizbedingung nicht bindend; die Investitionsstätigkeit geht dann entsprechend der traditionellen negativen Beziehung zwischen Zins und Investitionen zurück. Wird dagegen die Beschränkung bindend, kann ein Zinsanstieg wegen des hohen Leverageeffekts dramatische Auswirkungen auf das verschuldete Unternehmen haben. Der Rückgang des Nettovermögens schränkt die Möglichkeiten zur Kreditfinanzierung noch weiter ein. So muß ein Teil des Landbesitzes verkauft werden, um die erforderlichen Investitionen in Umlaufkapital tätigen zu können. Der dadurch induzierte Rückgang der Nachfrage nach Land hat einen depressiven Effekt auf den Preis dieses Faktors und führt damit zu einem weiteren Vermögensverlust, so daß ein negativer Multiplikatorprozeß in Gang kommt. *Kiyotaki/Moore (1995)* zeigen, daß in einem dynamischen Modell temporäre Schocks über den Einfluß auf die Preise der Vermögensanlagen persistente Auswirkungen haben.

4.3.4 Der Kanal der relativen Preise (Monetarismus)

Die bisher betrachteten Kanäle analysieren in der Tradition der keynesianischen Theorie spezifische Wirkungsmechanismen geldpolitischer Impulse auf die reale Wirtschaftsaktivität. Aus Sicht der **Monetaristen** vermitteln sie ein viel zu stark vereinfachtes Bild komplexer Wirkungszusammenhänge (vgl. etwa *Meltzer 1995*). Die Kapitalanleger halten in der Regel ja ein gut diversifiziertes Portfolio (angefangen von Geld über Anleihen, Aktien bis hin zu Realkapital wie Grundbesitz und langfristigen Konsumgütern). Jeder unerwartete geldpolitische Impuls stört das ursprüngliche Gleichgewicht. Die Anleger sind bestrebt, ihr vorher optimal strukturiertes Portfolio an die veränderten Bedingungen anzupassen. Solange aber gesamtwirtschaftlich die Vermögensbestände unverändert bleiben, wird dieser Versuch nur eine ganze Kette von Änderungen der relativen Preise von Vermögensanlagen auslösen.

Weil die Anleger nur unvollständige Informationen über die Dauerhaftigkeit der Impulse haben und weil bei der Umschichtung verschiedener Vermögensanlagen unterschiedlich hohe Transaktionskosten anfallen, reagieren die Preise der einzelnen Vermögensanlagen im Lauf dieses Prozesses mit unterschiedlicher Zeitverzögerung. Zunächst löst eine restriktive Geldpolitik (entsprechend dem Zinskanal) einen Zinsanstieg aus und damit einen Kursverlust festverzinslicher Wertpapiere. Der Versuch der Anleger, auch einen Teil des Aktienbestands zu verkaufen, führt zu einem Verfall der Aktienkurse. Damit sinkt der Marktpreis der Aktienunternehmen im Vergleich zu den Kapitalkosten (das Tobin´sche q). Dies macht die Finanzierung neuer Investitionsprojekte unrentabler (bei einem niedrigen q ist es attraktiver, in billiger gewordenes Altkapital zu investieren). Sinkende Aktienkurse bedeuten zudem einen Vermögensverlust der privaten Haushalte. Zusätzlich zur Dämpfung der Investitionsnachfrage kommt es deshalb auch zu einem Rückgang der privaten Konsumnachfrage. Erst nachdem sich alle Preise angepaßt haben, klingen die realen Wirkungen ab; es bleibt allein der Rückgang des Preisniveaus.

All die beschriebenen Effekte wirken letztlich in die gleiche Richtung wie beim Zinskanal. So gelangen wir nach der Betrachtung eines komplexeren, detaillierten Prozesses zu ganz ähnlichen Ergebnissen. Der Kern des Ansatzes der monetaristischen Schule besteht jedoch gerade in der Betonung der Komplexität und Variabilität der Transmissionsmechanismen. Hier liegt die Grundlage der starken Skepsis der Monetaristen gegenüber allen Versuchen, geldpolitische Impulse systematisch zu nutzen.

Milton Friedman (1959) formulierte seine Skepsis so:

„[My] proposal to increase the money stock at a fixed rate month-in and month-out is certainly simple. Surely, you will say, it would be better to „lean against the wind", rather than stand straight upright whichever way the wind is blowing. We seldom in fact know which way the economic wind is blowing until several months after the event, yet to be effective, we need to know which way the wind is going to be blowing when the measures we take now will be effective, itself a variable date that may be half a year or a year or two years from now. Leaning today against next year's wind is hardly an easy task in the present state of meteorology" (*Friedman, 1959*, S. 93).

Dahinter steht die Überlegung, daß aktive Geldpolitik aufgrund der langen, variablen Verzögerungen eher zu einer Destabilisierung als zu einer Stabilisierung der Wirtschaft führen würde. Ein Problem mit diesem Argument ist, daß es offenläßt, wie ein Verzicht auf Interventionen operationalisiert werden sollte. Was bedeutet exakt Untätigkeit der Zentralbank? Der Versuch etwa, die Geldmenge (egal in welcher Definition) permanent zu stabilisieren, würde eine überaus aktive Zinspolitik erfordern und könnte angesichts zahlreicher Finanzinnovationen große Instabilität auslösen. Eine Politik der Inaktivität kann selbst bei Unsicherheit nur in Extremfällen optimal sein (vgl. dazu die Diskussion in *Blanchard/Fischer (1989*), S.580 ff).

Eine ganz andere Frage bezieht sich darauf, ob Geldpolitik einfachen, transparenten Regeln folgen sollte. Dabei geht es darum, daß jeder diskretionärer Handlungsspielraum immer auch die Gefahr des Mißbrauchs in sich birgt. Regelbindungen können immer dann angebracht sein, wenn für geldpolitische Institutionen Anreize bestehen, von der optimalen Politik abzuweichen. Die folgenden Kapitel des Buches untersuchen, warum solche Anreize bestehen könnten und analysieren, welche Konsequenzen sich für die institutionelle Gestaltung daraus ergeben.

5 Das Problem der Glaubwürdigkeit von Geldpolitik

"Inflation ist wie Zahnpasta: sobald sie einmal aus der Tube draußen ist, ist es schwer, sie wieder hineinzubekommen." (Karl Otto Pöhl)

Im letzten Kapitel wurde gezeigt, daß eine flexible Geldpolitik Wohlfahrtsgewinne mit sich bringen kann. Zwischen den beiden Zielen, einerseits für langfristige Preisstabilität zu sorgen, andererseits aber bewußt kurzfristige Konjunkturschwankungen zu stabilisieren, muß im Prinzip kein Widerspruch bestehen. Dem traditionellen, normativen Verständnis von Wirtschaftspolitik zufolge läßt sich die optimale Geldpolitik einfach als Lösung eines Optimierungsproblems charakterisieren. Aus dieser Sicht fungiert die Regierung als sozialer Planer, der unter Berücksichtigung makroökonomischer Beschränkungen den Wert der Zielfunktion (die soziale Wohlfahrtsfunktion) maximiert. Unter solchen Bedingungen gibt es keinen Grund dafür, die Geldpolitik einer anderen Instanz (etwa einer unabhängigen Zentralbank) zu übertragen. Im Prinzip könnte man die Ausführung der Anweisungen ganz einfach einem Computer überlassen.

Ganz offensichtlich entspricht diese Vorstellung nicht der Wirklichkeit. Worin aber liegt der Grund, daß Geldpolitik in der Realität ein so schwieriges Geschäft zu sein scheint? Warum ist Reputation ein so wertvolles "Asset"; warum etwa wird die Deutsche Bundesbank weltweit wegen ihrer Glaubwürdigkeit bewundert?

Abgesehen von den Kontrollproblemen, die durch stochastische Wirkungsverzögerungen verursacht werden, liegt dies vor allem daran, daß sich die Anreize, eine stabilitätsorientierte Politik auch tatsächlich durchzuführen, im Zeitablauf verändern: Sobald einmal die privaten Wirtschaftssubjekte bestimmte Inflationserwartungen gebildet haben, ist die Politik ex post stark der Versuchung ausgesetzt, die tatsächliche Inflationsrate über das angekündigte Niveau hinaus zu steigern. Bei gegebenen Inflationserwartungen bringt eine Überraschungsinflation nämlich gewisse Vorteile.

Daß die Glaubwürdigkeit der Geldpolitik eine so zentrale Rolle im politischen Tagesgeschehen spielt, hängt also eng mit der permanenten Versuchung zusammen, eine inflationäre Politik zu betreiben. Die Frage, welchen geldpolitischen Kurs die Zentralbank in Zukunft verfolgt und wie die Preisentwicklung demzufolge verlaufen wird, hat schließlich für eine Vielzahl von Entscheidungen der privaten Wirtschaftssubjekte große Relevanz: Inflationserwartungen sind ein wesentlicher Faktor sowohl bei Lohnverhandlungen als auch bei Entscheidungen über Kapitalanlagen. Sie haben unmittelbar Einfluß auf die Höhe von Nominallöhnen und -zinsen. Nicht zuletzt sind sie auch für die Entscheidung ausschlaggebend, welcher Anteil des Vermögens in Form von Geld (liquiden Anlagen) gehalten wird, weil der Nominalzins (und damit π^e) die Opportunitätskosten von Geld determiniert.

Die Versuchung, eine Überraschungsinflation durchzuführen, erschwert die Analyse des wirtschaftspolitischen Optimierungsproblems. Die moderne Sicht der Theorie der Wirtschaftspolitik, die mit spieltheoretischen Methoden arbeitet, untersucht explizit, welche Anreize unter verschiedenen institutionellen Rahmenbedingungen bestehen. Sie berücksichtigt diese Anreize der wirtschaftspolitischen Akteure als zusätzliche Beschränkungen.

Das Interesse an einer Überraschungsinflation kann auf zwei ganz unterschiedlichen Faktoren beruhen. Zum einen können politökonomische Aspekte ausschlaggebend sein. Die Regierung ist ja vor allem an ihrer Wiederwahl interessiert. Ihre wirtschaftspolitischen Ziele können deshalb stark von der Maximierung der sozialen Wohlfahrt (wie immer diese definiert ist) abweichen. So mag die Regierung etwa vor Wahlen im Interesse der Stimmenmaximierung versucht sein, die Konjunktur durch eine expansive Geldpolitik kurzfristig zu stimulieren. Die Verzerrungen, die sich aus dem politischen Prozeß ergeben, werden in Kapitel 8 (der politökonomischen Analyse von Geldpolitik) ausführlich analysiert.

Zum anderen aber mag selbst für einen wohlwollenden Planer (einen Planer, dessen Ziel die Maximierung der sozialen Wohlfahrt ist) durchaus ein Anreiz bestehen, von ursprünglich gemachten Ankündigungen später einmal abzuweichen. Der Grund liegt darin, daß die Beschränkungen, mit denen er konfrontiert ist, sich im Zeitablauf verändern. Dieser Zusammenhang soll nun ausführlich untersucht werden.

Wir gehen im vorliegenden Kapitel also davon aus, daß die Zielfunktion der Regierung mit der Maximierung der sozialen Wohlfahrt identisch ist. Unter diesen Bedingungen gibt es drei Hauptmotive, eine Überraschungsinflation durchzuführen:

a) **Expansive Beschäftigungspolitik:** Bei fixem Nominallohn kann eine Politik überraschend hoher Inflation durch Ausnutzung des kurzfristigen Phillipskurven-Trade-Offs die Beschäftigung steigern.

b) **Reduktion der Staatsverschuldung:** Steigt die Inflationsrate über das erwartete Niveau, dann werden die Ansprüche all der Kapitalanleger, die vom Staat nominale Schuldverschreibungen gekauft haben, auf subtile Art entwertet: Weil die reale Kaufkraft der in nominalen Größen vereinbarten Schuldenrückzahlungen dadurch niedriger wird als zum Zeitpunkt des Kaufs antizipiert, erleiden die Kapitalanleger einen Wertverlust; entsprechend reduziert sich die reale Schuldenlast des Staates.

c) **Steigerung der Geldschöpfungseinnahmen:** Bei zinsabhängiger Geldnachfrage nimmt die Realgeldhaltung und damit die Basis für die Seignioragebesteuerung mit abnehmenden Inflationserwartungen zu. Will der Staat seine Seigniorageeinnahmen maximieren, hat er zunächst ein Interesse daran, durch die Ankündigung einer restriktiven Geldpolitik die Realgeldnachfrage zu stimulieren. Sobald aber einmal das Geld im Umlauf ist, könnte er durch eine höhere Inflation die Wirtschaftssubjekte zwingen, neu ausgegebenes Geld nachzufragen, um so wieder aufs Neue Seigniorageeinnahmen zu erzielen. Im Extremfall könnte eine Währungsreform (eine vollständige Entwertung der bisherigen Geldmenge, also eine unendlich hohe Inflationsrate) durchgeführt werden.

Die Aufgabe stabilitätsorientierter Politik besteht darin, Rahmenbedingungen zu schaffen, die niedrige Inflationserwartungen gewährleisten. Das Problem dabei ist, daß jegliche Anstrengungen für eine stabilitätsorientierte Politik wirkungslos bleiben müssen, wenn diese Politik von den Marktteilnehmern als letztlich nicht durchführbar angesehen wird. Der Handlungsspielraum der Geldpolitik wird demnach durch die Erwartungen, die private Wirtschaftssubjekte über geldpolitische Entscheidungen bilden, stark eingeschränkt. Oft wird ja schon lange vor Zentralbankratssitzungen in der Öffentlichkeit heiß diskutiert, wie die Entscheidungen ausfallen werden. Der Kapitalmarkt versucht, die Handlungen des Zentralbankrates zu antizipieren; Zinssenkungen bzw. -steigerungen werden in der Tagespresse und auf dem Börsenparkett bereits vorweg genommen. Die geldpolitischen Akteure stehen damit unter Zugzwang. Fallen die Entscheidungen anders aus als erwartet, kann es u.U. zu turbulenten Reaktionen kommen.

Das markanteste Beispiel ist der Versuch, den Wechselkurs gegenüber einer anderen, stabilen Währung zu fixieren. Die Anbindung an eine stabile Währung ist gleichbedeutend mit der Ankündigung, eine restriktive Geldpolitik durchzuführen - auf längere Sicht jedenfalls läßt sich eine im Vergleich zum Leitwährungsland expansivere Geldpolitik nicht mit der Fixierung des nominalen Wechselkurses vereinbaren: Gelingt es nämlich über einen längeren Zeitraum hin nicht, die inländische Inflationsrate auf das Niveau des Leitwährungslandes zu senken, so bedeutet das bei fixem Wechselkurs ja automatisch eine Aufwertung des realen Wechselkurses mit daraus resultierenden Leistungsbilanzungleichgewichten.

Die notwendige Anpassung zum Abbau des Ungleichgewichts kann nur entweder in Form einer restriktiven Geldpolitik oder aber über eine Abwertung (also eine Abkehr von der ursprünglich propagierten Politik) erfolgen. Kapitalanleger, die auf eine erfolgreiche Durchführung der Stabilitätspolitik vertrauen, würden bei einem überraschenden Realignment massive Verluste erleiden. Offensichtlich ist für ihre Anlageentscheidung die Frage der Glaubwürdigkeit der Politik von ausschlaggebender Bedeutung.

Umgekehrt lassen sich bei rechtzeitiger Disposition im Fall einer Abwertung auch entsprechend hohe Gewinne realisieren. Falls die Ankündigung einer entsprechend restriktiven Geldpolitik vom Kapitalmarkt nicht für glaubwürdig gehalten wird, kann der Versuch einer solchen Bindung somit von vornherein zum Scheitern verurteilt sein. Es ist evident, daß Erwartungen, eine Politik stabiler Wechselkursfixierung sei nicht durchzuhalten, sich sehr leicht selbst bestätigen können: Spekulative Kapitalbewegungen machen den Versuch, die Kapitalmärkte von der Glaubwürdigkeit der Fixierung des Wechselkurses zu überzeugen, so kostspielig, daß eine Abwertung quasi von den Märkten erzwungen wird. Ein eindrucksvolles Beispiel ist die Anlagepolitik von George Soros, dem nachgesagt wird, im September 1992 durch massive Spekulationen gegen das britische Pfund zu dessen Austritt aus dem Wechselkursmechanismus des EWS beigetragen zu haben.

Wechselkursabwertungen, die im Widerspruch zur angekündigten Wirtschaftspolitik stehen, sind das eklatanteste Beispiel dafür, daß die Erwartungen der Öffentlichkeit den Handlungsspielraum geldpolitischer Institutionen beschränken. Dahinter steht aber ein ganz allgemeines Problem, mit dem Geldpolitik ständig konfrontiert ist: Wie glaubwürdig sind öffentlich erfolgte Ankündigungen? Dabei geht es um ein komplexes Wechselspiel zwischen verschiedenen wirtschaftspolitischen Akteuren. Die Inflationserwartungen hängen stark von der Reputation ab. Erwartungen, daß eine stabilitätsorientierte Politik nicht durchzuhalten ist, machen es wiederum extrem kostspielig, eine solche Politik zu verfolgen. Letztlich kann das dazu führen, daß die Erwartungen sich von selbst bestätigen.

Betrachten wir als weiteres Beispiel hyperinflationäre Entwicklungen. Hyperinflation entsteht aus dem Versuch des Staates, sich günstig über eine Ausweitung der Geldmenge zu finanzieren. Nach einer gewissen Anpassungsphase werden die Wirtschaftssubjekte sehr schnell die Politik der Hyperinflation durchschauen. Sobald sie ihre Inflationserwartungen auf das hohe Niveau angepaßt haben, schränken sie ihre Geldnachfrage entsprechend drastisch ein. Der Mangel an Glaubwürdigkeit macht aber dann jeden Versuch, die hyperinflationäre Entwicklung durch restriktive Geldpolitik zu bremsen, extrem kostspielig. Solange die Wirtschaftssubjekte einem Regimewechsel nicht vertrauen, erzeugt eine

Abkehr von der bisherigen Politik hohe Anpassungskosten. Bei mangelnder Glaubwürdigkeit wäre selbst eine Währungsreform zum Scheitern verurteilt.

Die Gefahr, daß der Versuchung zu hyperinflationärer Politik nachgegeben wird, ist zumindest in den westlichen Industrieländern heute weitgehend gebannt. Die beiden anderen Motive für Überraschungsinflation (Stimulierung der Beschäftigung und Entwertung der Nominalschuld) sind aber auch in Volkswirtschaften mit stabiler Geldordnung ständig präsent. Gerade dann, wenn eine flexible Geldpolitik betrieben werden soll, kommt dem Glaubwürdigkeitsproblem eine entscheidende Bedeutung zu. In der Regel ist nämlich schwer zu erkennen, ob die Inflationsrate als optimale Antwort auf exogene Schocks gestiegen ist oder aber deshalb, weil der Versuchung zu einer Überraschungsinflation nachgegeben wurde.

Mangelnde Glaubwürdigkeit hat dann genau den gleichen Effekt wie oben am Beispiel der Hyperinflation geschildert: Die privaten Wirtschaftssubjekte werden den Anreiz, eine Überraschungsinflation durchzuführen, bereits von vorne herein berücksichtigen und ihre Inflationserwartungen entsprechend hochschrauben. In einem Gleichgewicht mit rationalen Erwartungen wird π^e dann so hoch sein, daß es sich für die Geldpolitik gar nicht mehr lohnt, eine noch stärkere Inflation auszulösen. Umgekehrt aber wäre es angesichts der hohen Inflationserwartungen zu kostspielig, eine stabile, restriktive Politik zu betreiben. Als Konsequenz fehlender Reputation sieht sich Geldpolitik quasi gezwungen, die inflationären Erwartungen durch eine akkommodierende Politik zu bestätigen.

Als Lösung bietet es sich an, die Handlungsmöglichkeiten durch bindende institutionelle Mechanismen so einzuschränken, daß der Versuchung gar nicht mehr stattgegeben werden kann. Das Problem dynamischer Konsistenz ist somit ein Beispiel für das Paradox bindender Verpflichtungen: Falls die Menge zulässiger Ex-Post-Optionen eingeschränkt werden kann (falls also die Möglichkeit, eine Überraschungsinflation durchzuführen, glaubwürdig unterbunden werden kann), wird ex ante eine bessere Lösung erreichbar.

Auf den ersten Blick mag es überraschen, daß eine freiwillige Beschränkung Vorteile bringen sollte. Die Intuition legt ja nahe, daß man um so weniger erreichen kann, je mehr Beschränkungen man unterworfen ist. Standardergebnisse der mathematischen Optimierungstheorie bestätigen diese Intuition: Das maximal erreichbare Resultat ist um so niedriger, je mehr Nebenbedingungen beim Optimierungsproblem berücksichtigt werden müssen.

Im vorliegenden Fall führt diese Intuition aber in die Irre, weil sie strategische Aspekte vernachlässigt. Wenn durch die Bindungswirkung die Erwartungen der Gegenspieler zum eigenen Vorteil beeinflußt werden können, kann es eben durchaus rational sein, sich bestimmten Fesseln zu unterwerfen. Ein bekanntes

Beispiel der Spieltheorie stammt aus der Analyse von Kriegsspielen: Ein Feldherr, der bewußt die Brücke niederbrennt, die seiner Armee einen Fluchtweg offen ließ, demonstriert damit sein unverrückbares Commitment, die Stellung skrupellos zu verteidigen. Gelingt es ihm durch diese Aktion, den Gegner von einem Angriff abzubringen, verschafft ihm die Strategie einen unbezahlbaren Vorteil.[1]

Wir werden das Problem der Glaubwürdigkeit nun am Beispiel der Anreize illustrieren, den kurzfristigen Trade-Off der Phillipskurve auszunutzen. Um den Kern des Problems in einfachster Form herauszuarbeiten, betrachten wir zunächst ein rein deterministisches Modell. Wir untersuchen dann, ob bei einer langfristigen Betrachtung Reputation das Problem mangelnder Glaubwürdigkeit lösen kann. Anschließend behandelt Abschnitt 5.3 analysiert den realistischeren Fall stochastischer Störungen. Abschnitt 5.4 schließlich entwickelt einen allgemeinen, abstrakteren Ansatz, der all die verschiedenen Motive für eine Überraschungsinflation einschließt. Der Zusammenhang zwischen Nominalverschuldung und Glaubwürdigkeit stabiler Geldpolitik wird erst in Kapitel 9 ausführlicher untersucht.

---

1 Ist sie dagegen nicht vollkommen glaubwürdig, kann ein Fehlschlag enorme Verluste hervorrufen. Im monetären Bereich sei an zahlreiche fehlgeschlagene Versuche zur Wechselkursfixierung erinnert.

5.1 Das Barro Gordon Modell

Barro/Gordon (1983a) haben - basierend auf der Arbeit von *Kydland/Prescott (1977)* - ein Ein-Perioden-Spiel analysiert, das die Anreize zur Überraschungsinflation am Beispiel der kurzfristigen Phillipskurve aufzeigt. Das von ihnen formulierte Spiel zwischen Regierung und den privaten Wirtschaftssubjekten läuft in drei Stufen ab:

(1) Die Regierung kündigt eine bestimmte Geldpolitik (und damit eine bestimmte Inflationsrate) an.

(2) Die Marktteilnehmer legen in Lohnverhandlungen den Nominallohn fest. Bei ihrer Entscheidung legen sie Inflationserwartungen π^e zugrunde.

(3) Die Regierung führt eine bestimmte Geldpolitik durch.

Die in Stufe 3 von der Regierung ausgeführte Politik muß nicht unbedingt mit der in Stufe 1 gemachten Ankündigung übereinstimmen. Zum einen ist es häufig viel einfacher, etwas anzukündigen als es später dann auch tatsächlich auszuführen. Zum anderen könnte auch Absicht dahinter stehen, bestimmte Handlungen anzukündigen, von denen von vorneherein gar nicht geplant ist, sie später wirklich durchzuführen - nämlich als Versuch, durch bewußte Täuschung bestimmte Verhaltensweisen der Marktteilnehmer hervorzurufen. Diese werden solche Versuche aber zumindest nach einer gewissen Zeit durchschauen. Im folgenden wird angenommen, daß die privaten Wirtschaftssubjekte in der Lage sind, in Stufe 2 bereits die später tatsächlich durchgeführte Politik korrekt zu antizipieren. Ihre Inflationserwartungen sind rational, d.h. sie prognostizieren die ex post tatsächlich betriebene Geldpolitik korrekt - unabhängig von den in Stufe 1 gemachten Ankündigungen.

Das Ziel der Regierung besteht wieder darin, die Wohlfahrtsverluste zu minimieren, die sich zum einen aus Inflation, zum anderen aus der Abweichung des tatsächlichen Outputwachstums von der gewünschten Wachstumsrate ergeben. Von nun an gehen wir davon aus, daß die optimale Inflationsrate Null beträgt ($\pi^* = 0$). Aus den in Abschnitt 2.2.2 diskutierten Gründen übersteigt nun jedoch - im Gegensatz zu Kapitel 4 - die Zielgröße für das Produktionswachstum y^* das Niveau $\bar{y}$, das im Marktgleichgewicht bei Vollbeschäftigung realisiert würde. Die Differenz zwischen den beiden Größen bezeichnen wir mit Δ: $y^* = \bar{y} + \Delta$. Die Wohlfahrtsfunktion lautet demnach:

(5.1) $$W = W(\pi, y - (\bar{y} + \Delta))$$

Bei gegebenen Inflationserwartungen π^e lassen sich alle erreichbaren Kombinationen zwischen π und y durch eine kurzfristige Phillipskurve beschreiben. Bei der Bestimmung der optimalen Kombination zwischen Preisstabilität und Outputwachstum berücksichtigt die Regierung als Nebenbedingung diesen makroökonomischen Zusammenhang:

(5.2.) $$y - \bar{y} = a(\pi - \pi^e)$$

Der Parameter a bestimmt die Steigung der Phillipskurve: Je kleiner a, desto steiler ist die Kurve; d.h., um so geringer ist der Effekt einer bestimmten Inflationspolitik π. Entspricht die tatsächliche Inflationsrate den Erwartungen $(\pi = \pi^e)$, so ergibt sich das Vollbeschäftigungswachstum $\bar{y}$.

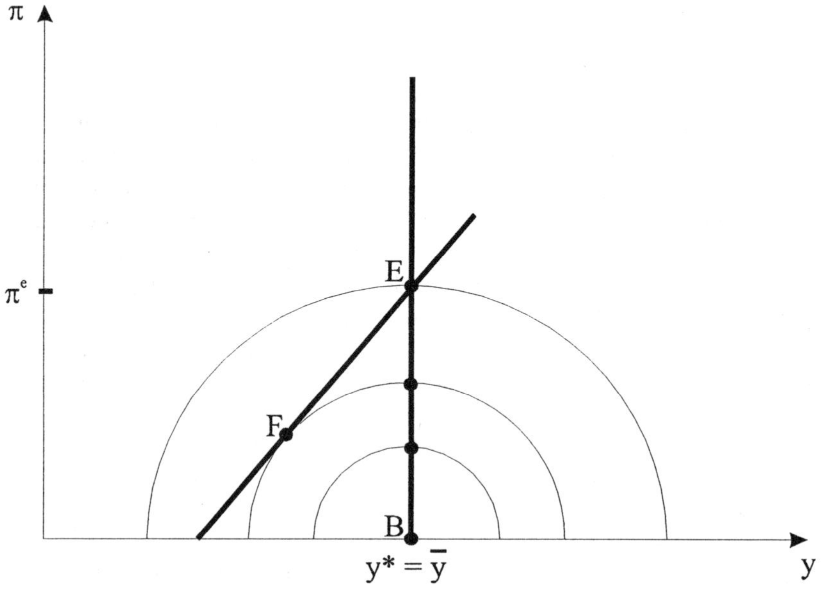

Abb. 5.1. Stabilitätsanreize für $y^* = \bar{y}$

Würde - wie im vorigen Kapitel unterstellt - das gewünschte Wachstum diesem Niveau entsprechen ($y^* = \bar{y}$), ergäben sich keinerlei Anreizprobleme: Jede Abweichung von der Optimalkombination $\pi^* = 0$, $y^* = \bar{y}$ wäre ja mit Wohlfahrtsverlusten verbunden (Abb. 5.1). Damit gibt es keinen Anlaß, den Trade-Off der

Phillipskurve auszunutzen und das Wachstum über $\bar{y}$ hinaus zu steigern (vgl. Punkt B in Abb. 5.1). Liegt die Inflationsrate über der Zielgröße ($\pi > \pi^* = 0$), so besteht umgekehrt gerade ein Anreiz, eine stabilere Politik zu verfolgen: Ausgehend von Punkt E ist es optimal, die Inflation bis zum Punkt F zu reduzieren, weil die Vorteile aus niedrigerer Inflation den Nachteil aus den damit verbundenen Wachstumseinbußen überkompensieren.

Falls jedoch eine höhere Wachstumsrate angestrebt wird, kann es für die Regierung durchaus attraktiv sein, mit einer Politik überraschender Inflation das Wachstum über $\bar{y}$ hinaus zu steigern. Betrachten wir deshalb in Abb. 5.2 den Fall $y^* > \bar{y}$. Ausgehend von Punkt C in Abb. 5.2 ließe sich die gesamtwirtschaftliche Wohlfahrt durch eine Bewegung entlang der kurzfristigen Phillipskurve steigern. Zwar sind mit einer solchen Politik Kosten verbunden, weil die Inflationsrate nun von der Zielgröße $\pi^* = 0$ abweicht. Solange aber der zusätzliche Vorteil (in Form einer Annäherung an das Wachstumsziel $y^* = \bar{y} + \Delta$) die zusätzlichen Kosten (aufgrund höherer Inflation) übersteigen, besteht ein Anreiz zur Überraschungsinflation. Ausgehend von C - ist die optimale Politik durch den Punkt Ü bestimmt.

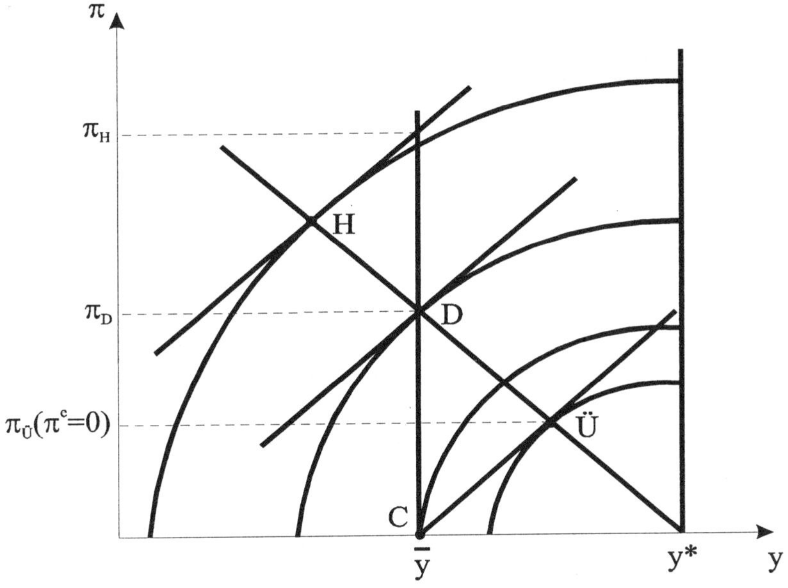

Abb. 5.2. Dynamische Inkonsistenz der Commitment-Lösung für $y^* > \bar{y}$

Die Inflationserwartungen sind jedoch nicht exogen gegeben, sondern werden vom tatsächlichen Verhalten der Regierung endogen mitbestimmt. Dabei gehen wir davon aus, daß rationale Wirtschaftssubjekte bei ihren Erwartungen die Politik der Regierung korrekt antizipieren; sie überlegen sich, was die aus Sicht der Regierung optimale Politik ist.

Die Lösung des dreistufigen Spiels hängt deshalb entscheidend davon ab, in welchem Ausmaß die Regierung die Inflationserwartungen beeinflussen kann. Verfügt sie über Glaubwürdigkeit (in dem Sinne, daß sie sich bindend verpflichten kann, eine einmal angekündigte Politik mit Sicherheit einzuhalten), so kann sie die Inflationserwartungen der privaten Akteure in die gewünschte Richtung lenken. Sie agiert als **Stackelbergführer** und bindet sich auf eine bestimmte Inflationspolitik π; die privaten Wirtschaftssubjekte passen ihre Erwartungen dann entsprechend an. In diesem Fall sprechen wir von der Commitment-Lösung.

Verfügt die Regierung dagegen über keine Glaubwürdigkeit, so sind ihre in der ersten Stufe erfolgten Ankündigungen in der dritten Stufe nicht bindend. Die Wirtschaftssubjekte tragen dem bei ihrer Erwartungsbildung Rechnung. Sie ignorieren die Ankündigungen und überlegen sich statt dessen, wie die optimale (diskretionäre) Politik der Regierung gestaltet sein wird. In einem rationalen Erwartungsgleichgewicht stimmt deshalb die ex post optimale Politik mit der erwarteten überein. Das Ergebnis bezeichnet man als diskretionäre Lösung.

5.1.1 Commitment-Lösung

Wenn die Regierung sich an die angekündigte Inflationspolitik hält, wird sie (in einer Welt ohne Schocks) den Output niemals über das Gleichgewichtsniveau $\bar{y}$ hinaus steigern: Für $\pi = \pi^e$ folgt aus *Gleichung (5.2)* ja automatisch $y = \bar{y}$. In Abb. 5.2 bedeutet dies, daß bei Glaubwürdigkeit nur Kombinationen entlang der Geraden CD erreichbar sind. Sie unterscheiden sich allein durch die Höhe der Inflationsrate bei konstantem Output $\bar{y}$. Da Inflation ausschließlich Wohlfahrtsverluste verursacht, ist offensichtlich *C* mit einer Inflationsrate $\pi = 0$ unter allen erreichbaren Lösungen die beste. Der Punkt *C* charakterisiert also die Commitment-Lösung.

Falls die privaten Wirtschaftssubjekte den Ankündigungen einer stabilen Politik Glauben schenken (und deshalb in der Erwartung stabiler Preise ($\pi^e = 0$) Lohnkontrakte mit niedrigen Lohnsteigerungen abschließen), verläuft die kurzfristige Phillipskurve durch den Punkt *C* (sie ist durch die Gerade *CÜ* gekennzeichnet). Abb. 5.2 macht deutlich, daß die Regierung nun der Versuchung ausgesetzt ist, ihre ursprünglichen Ankündigungen nicht einzuhalten. Sobald es einmal gelungen ist, die Inflationserwartungen auf ein niedriges Niveau zu senken, wäre es vorteilhaft, vom angekündigten Plan abzuweichen. Gegeben die Phillipskurve CÜ, wäre durch eine Überraschungsinflation ja eine Wohlfahrtssteigerung möglich. Das maximal erreichbare Wohlfahrtsniveau liegt im Punkt Ü (dem Tangentialpunkt einer Indifferenzkurve mit der kurzfristigen Phillipskurve). Gegeben $\pi^e = 0$, führt die Politik $\pi_{\ddot{U}}(\pi^e = 0)$ auf eine höhere Indifferenzkurve; sie ist der Commitment-Lösung überlegen.

Weil ex post ein starker Anreiz zur Überraschungsinflation besteht, ist die Commitment-Lösung **dynamisch nicht konsistent**. Der Grund liegt eben darin, daß sich das Optimierungsproblem der Regierung verändert, sobald einmal die Erwartungen π^e festgelegt sind. Nur dann, wenn Mechanismen verfügbar sind, die die Regierung bindend dazu verpflichten, sich entsprechend ihren Ankündigungen zu verhalten, ist die Commitment-Lösung glaubwürdig.

Erinnern wir uns daran, warum eine Täuschung des repräsentativen Wirtschaftssubjekts letztlich in dessen Eigeninteresse liegt. Der Grund liegt darin, daß das Gleichgewichtswachstum $\bar{y}$ wegen der im Abschnitt 2.2.2 beschriebenen Externalitäten ineffizient niedrig ist. Alle würden sich besser stellen, wenn der Output mit der Rate $\bar{y} + \Delta$ wächst. Die Täuschung mit Hilfe einer Überraschungsinflation ist somit der Versuch, von einer Second-Best-Lösung C wegzukommen, um eine Annäherung an das soziale Optimum (die First-Best-Lösung) zu erreichen .

Es wäre ein Mißverständnis, daraus zu schließen, jeder einzelne müßte ein Eigeninteresse daran haben, sich täuschen zu lassen. Aufgrund der externen Effekte fallen individuelle und kollektive Rationaliät auseinander. Zwar wären alle besser gestellt, wenn sich alle täuschen ließen. Jeder einzelne aber könnte sich individuell noch weiter verbessern, wenn er sich selbst nicht täuschen ließe (vgl. dazu genauer Abschnitt 5.4). Jeder wird also versuchen, das tatsächliche Verhalten der Regierung möglichst exakt zu prognostizieren. Das aber bedeutet: wenn damit gerechnet wird, daß die Regierung ex post ihren diskretionären Handlungsspielraum ausnutzt, kann letztlich weder C noch Ü zustandekommen. Denn die Marktteilnehmer antizipieren bei fehlender Glaubwürdigkeit, daß die Regierung von ihren Versprechungen abweicht; sie passen deshalb ihre Inflationserwartungen entsprechend an. Bei rationalen Erwartungen kann eine Politik der bewußten Täuschung nicht funktionieren. Der Versuch, vom Second-Best zum First-Best zu gelangen, muß somit scheitern und führt letztlich nur dazu, daß ein noch schlechteres Ergebnis (quasi ein Third-Best) realisiert wird. Der folgende Abschnitt analysiert die daraus resultierende diskretionäre Lösung.

5.1.2 Die diskretionäre Lösung

Wenn die Regierung bei fehlendem Commitment ex post ihren diskretionären Handlungsspielraum ausnutzt, spricht man von der **diskretionären Lösung**. Das diskretionäre Gleichgewicht ist dadurch gekennzeichnet, daß es sich - gegeben die Inflationserwartungen - für die Regierung nicht mehr lohnen darf, eine weitere Überraschungsinflation $\pi > \pi^e$ durchzuführen. Das bedeutet: Die Erwartungen π^e müssen so hoch sein, daß für die Regierung gar kein Anreiz mehr besteht, eine noch stärkere Inflationspolitik zu betreiben - es muß ex post optimal sein, die Politik $\pi = \pi^e$ durchzuführen.

Die optimale diskretionäre Politik bei gegebenem π^e ist immer durch den Tangentialpunkt einer Indifferenzkurve mit der kurzfristigen Phillipskurve (deren Verlauf ja durch die Inflationserwartungen determiniert wird) mit gekennzeichnet. In läßt sich für beliebige Inflationserwartungen π^e durch Verschiebung der kurzfristigen Phillipskurve jeweils die optimale diskretionäre Politik bestimmen. Alle Tangentialpunkte liegen auf der Geraden *DÜ*. Je höher π^e, desto höher sind die marginalen Kosten einer weiteren Inflationspolitik im Vergleich zu den marginalen Vorteilen. Die Abweichung der optimalen Politik π von der erwarteten $\pi(\pi^e)$ wird also bei einer Bewegung von Ü nach D mit steigenden Inflationserwartungen immer geringer. Die Erwartungen stimmen mit dem optimalen Verhalten genau dann überein, wenn die kurzfristige Phillipskurve die Indifferenzkurve gerade beim Outputniveau $\bar{y}$ tangiert. In Abb. 5.2 ist dies gerade im Punkt D der Fall.

Der einzige Effekt diskretionären Verhaltens besteht somit darin, daß die Inflationsrate ineffizient hoch ist (sie steigt auf π_H), ohne daß damit ein Wachstumsgewinn verbunden wäre. Definitionsgemäß kann es der Regierung bei rationalen Erwartungen nicht gelingen, die privaten Wirtschaftssubjekte bewußt zu täuschen. Im Vergleich zu *C* bringt die höhere Inflationsrate nur Wohlfahrtsverluste. Letztlich wäre es somit für alle besser, wenn sich die Regierung die Hände binden könnte, um so ex post der Versuchung zu widerstehen, eine Überraschungsinflation durchzuführen. Solange die Regierung aber nicht über Glaubwürdigkeit verfügt, zwingen die hohen Inflationserwartungen sie dazu, auch eine entsprechend inflationäre Politik zu betreiben. Ausgehend von D wäre eine restriktivere Geldpolitik nämlich zu kostspielig: Der Vorteil der niedrigeren Inflationsrate würde überkompensiert durch den damit einhergehenden Wachstumsverlust (bzw. den Anstieg der Arbeitslosenrate). Angesichts mangelnder Glaubwürdigkeit wird die Regierung also gezwungen, eine die Erwartungen akkommodierende Geldpolitik zu betreiben.

5.1.3 Modellbeispiel: Quadratische Verlustfunktion

Als analytisches Beispiel betrachten wir wieder die quadratische Verlustfunktion:

(5.3) $$L = \pi^2 + b(y - \bar{y} - \Delta)^2$$

Der Parameter b gibt die relative Gewichtung des Outputziels im Vergleich zum Inflationsziel an. Die Wohlfahrtsverluste nehmen quadratisch mit der Inflationsrate zu; sie steigen aber auch quadratisch mit der Abweichung des Outputs y von der Zielgröße $\bar{y} + \Delta$. Die Regierung minimiert die Verluste *(5.3)* unter der Nebenbedingung *(5.2)*. Wird *(5.2)* in die Zielfunktion eingesetzt, so ergibt sich :

(5.4) $$L = \pi^2 + b\,(a\,(\pi - \pi^e) - \Delta)^2$$

5.1.3.1 Commitment-Lösung

Wenn die Regierung über Glaubwürdigkeit verfügt, kann sie die Inflationserwartungen durch die in Stufe 1 angekündigte Politik beeinflussen - sie handelt als Stackelbergführer. Bei ihrem Optimierungsproblem muß sie dabei als zusätzliche Beschränkung berücksichtigen, daß die tatsächlich realisierte Inflationsrate der erwarteten Rate π^e entsprechen muß:

(5.5) $$\pi - \pi^e = 0$$

Die optimale Politik bei Commitment ergibt sich durch Maximierung von *(5.4)* unter der Nebenbedingung *(5.5)*. Durch Einsetzen von (5.5) in (5.4) ergibt sich unmittelbar als Lösung des Optimierungsproblems:

(5.6) $$\frac{\partial L}{\partial \pi} = 2\pi = 0 \quad \text{bzw.} \quad \pi = 0$$

Bei Glaubwürdigkeit wird die gewünschte Inflationsrate $\pi = 0$ realisiert. Die gesamtwirtschaftliche Wohlfahrt ergibt sich durch Einsetzen der Gleichgewichtswerte in die Zielfunktion *(5.4)*:

(5.7) $$\pi_C = \pi^e = 0; \quad y = \bar{y}; \quad L_C = b\Delta^2$$

5.1.3.2 Inkonsistenz der Commitmentlösung

Sobald es der Regierung gelungen ist, die Inflationserwartungen der Wirtschaftssubjekte auf ein niedriges Niveau $\pi^e = 0$ zu lenken, entfällt die Beschränkung durch die Erwartungsbildung *(5.5)*. In der dritten Stufe, bei gegebenen Inflationserwartungen π^e, kann die Regierung ja unbeschränkt die Zielfunktion *(5.4)* maximieren. Bei gegebenen Erwartungen π^e wägt die Regierung den marginalen Vorteil einer Abweichung $\pi \neq \pi^e$ gegenüber dem damit verbundenen marginalen Kosten ab. Die Gesamtänderung der Wohlfahrt bei gegebenem π^e bestimmt sich aus

(5.8) $$\left.\frac{\partial L}{\partial \pi}\right|_{\pi^e} = \pi + ab\left[a\left(\pi - \pi^e\right) - \Delta\right]$$

Bei $\pi^e = 0$ sind die marginalen Kosten (ausgehend von $\pi^e = 0$) nahezu 0, dagegen ergibt sich eindeutig ein marginaler Vorteil aus einer Erhöhung der Inflationsrate entsprechend der Outputsteigerung $a\ b\ \Delta$.

Die optimale Politik erhält man aus der Bedingung erster Ordnung durch Ableiten von *(5.4)* nach π. Dies liefert die Reaktionsfunktion:

(5.9) $$\pi = \frac{ba}{1 + a^2 b}\left[a\pi^e + \Delta\right]$$

Die Reaktionsfunktion gibt für beliebige Inflationserwartungen die Politik π an, die in der dritten Stufe ex post-optimal ist. Abb. 5.3 stellt die Reaktionsfunktion $\pi(\pi^e)$ dar. In Abb. 5.3 lassen sich ebenfalls Indifferenzkurven bestimmen - nun als Kombination zwischen π^e und π. Die Reaktionsfunktion ist so konstruiert, daß für gegebenes π^e die Indifferenzkurve jeweils die durch π^e verlaufende Parallele zur π-Achse tangiert. Für $\pi^e = 0$ ist die Inflationsrate $\pi_{\ddot{U}}$ optimal; andererseits wäre es bei π_0 optimal, den Punkt *Z* zu wählen. Es besteht also eine eindeutige Beziehung zwischen Abb. 5.2 und Abb. 5.3.

$\pi_{\ddot{U}}$ bestimmt sich durch Einsetzen der Inflationserwartungen $\pi^e = 0$ in die Reaktionsfunktion:

(5.10) $$\pi_{\ddot{U}} = \frac{ba}{1 + a^2 b}\Delta$$

Eine solche Politik könnte das Wachstum in die gewünschte Richtung steigern:

(5.11) $$y_{ü} = \bar{y} + \frac{a^2 b}{1 + a^2 b}\Delta$$

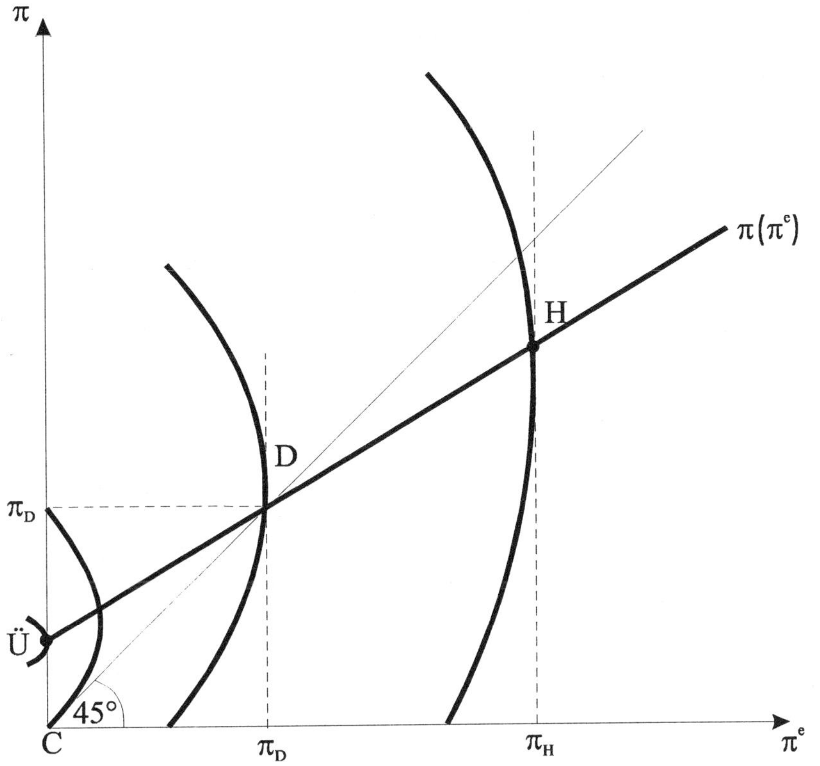

Abb. 5.3. Reaktionsfunktion

Ließe sich diese Politik erfolgreich durchführen, dann wäre die gesamtwirtschaftliche Wohlfahrt höher als in der Commitment-Lösung. Einsetzen der Gleichgewichtswerte in die Zielfunktion *(5.4)* ergibt im Vergleich zur Commitment-Lösung *(5.7)*:

(5.12) $$L_{ü} = \frac{1}{1 + a^2 b} b\,\Delta^2 = \frac{1}{1 + a^2 b} L_C < L_C$$

5.1.3.3 Das diskretionäre Gleichgewicht

Im Gleichgewicht mit rationalen Erwartungen muß es für die Regierung optimal sein, die angekündigte Politik tatsächlich durchzuführen. Diese Bedingung ist dann erfüllt, wenn in Abb. *5.3* die Reaktionskurve $\pi(\pi^e)$ die 45^0-Linie schneidet (sie gibt alle Punkte an, für die gilt: $\pi = \pi^e$). Punkt D charakterisiert sowohl in Abb. 5.2 wie in *Abb. 5.3* die diskretionäre Lösung. Algebraisch läßt sich die Inflationsrate im diskretionären Gleichgewicht aus dem Gleichungssystem der Reaktionsfunktion *(5.9)* und der Bedingung *(5.5)* bestimmen. Es gilt:

(5.13) $$\pi_D = ab\Delta$$

Ein Vergleich zeigt, daß die diskretionäre Politik gegenüber der Commitment-Lösung Wohlfahrtsverluste erzeugt. Durch Einsetzen der Gleichgewichtswerte ergibt sich:

(5.14) $$L_D = \left(1 + a^2 b\right) b\, \Delta^2 = \left(1 + a^2 b\right) L_C > L_C$$

Im diskretionären Gleichgewicht ist eine Stimulierung des Wachstums über $\bar{y}$ hinaus nicht möglich; der einzige Unterschied zur Commitment-Lösung besteht in der höheren Inflationsrate. Die Inflationsrate ist um so höher, je größer die Parameter *a*, *b* und Δ sind. Je größer *a*, desto flacher die Phillipskurve - um so stärker damit der Outputgewinn aus einer Überraschungsinflation. Je größer *b*, desto stärker ist die relative Gewichtung des Outputziels im Vergleich zum Ziel der Preisniveaustabilität. Je größer Δ, desto stärker ist die Verzerrung im Vollbeschäftigungsgleichgewicht relativ zum sozial erwünschten Wachstum; gegeben alle anderen Größen, bringt eine Outputsteigerung damit einen um so höheren Vorteil.

Mit steigenden Werten der drei Parameter nehmen also die Anreize zu, eine Überraschungsinflation durchzuführen. Entsprechend steigen auch die Inflationserwartungen. Sie werden letztlich von vornherein so hoch gewählt, daß es sich nicht lohnt, darüber hinaus noch eine Überraschungsinflation durchzuführen. Für $\pi^e = \pi_D$ entsprechen die marginalen Kosten einer Inflationspolitik π^D gerade dem marginalen Vorteil in Höhe von $ab\Delta$ (vgl. *Gleichung (5.8)*. Bei noch höheren Inflationserwartungen dagegen würden die marginalen Kosten den marginalen Vorteil übersteigen; die optimale Inflationsrate läge dann unter der erwarteten.

Die diskretionäre Lösung D würde mit der Commitment-Lösung C nur dann übereinstimmen, wenn entweder das Gleichgewichtsniveau $\bar{y}$ sozial effizient ist

($\Delta = 0$), oder wenn gar kein Phillipskurven-Trade-Off vorliegt ($a = 0$) oder aber wenn das Outputziel keine Rolle spielt ($b = 0$).

5.1.4 Indexierung als Schwungrad der Inflation?

In Staaten mit hoher Inflationsrate wurden eine Vielzahl von Mechanismen entwickelt (etwa Indexierungsklauseln), um die negativen Auswirkungen der Inflation zu mildern. Manche Ökonomen argumentieren, daß Inflation nur dann Kosten verursacht, wenn solche Anpassungsmaßnahmen nicht durchgeführt würden. Die Kosten der Inflation könnten fast auf Null gesenkt werden, wenn geeignete Mechanismen wie die Indexierung von Löhnen und Preisen, die automatische Bereinigung der Steuerbelastung um Inflationseffekte oder die Zahlung von Zinsen auf Geldhaltung forciert würden.

Zentralbanker argumentieren dagegen, daß solche Maßnahmen im Gegenteil die Widerstände gegen eine Inflationsmentalität brechen würden und damit einer inflationären Politik Vorschub leisten. In plastischen Worten formuliert: Indexierung setzt das Schwungrad der Inflation in Gang, weil die notwendige Disziplinierung durch die damit verbundenen Kosten geringer wird und so der Widerstand gegenüber einer Politik ineffizient hoher Inflation zusammenschmilzt. Würden sich alle auf eine permanente Geldentwertung einstellen und entsprechend anpassen, so fände eine schleichende Gewöhnung an eine suboptimale Situation statt, von der man sich kaum mehr lösen könnte. Im Grund geht es um eine Art Moral Hazard Problem: Der Gewöhnungseffekt reduziert die Aufmerksamkeit gegen die Gefahr einer inflationären Politik und verschärft somit die Probleme. Aus dieser Überlegung heraus sind in Deutschland seit 1948 bewußt automatische Indexierungsklauseln einem Genehmigungsvorbehalt durch die Bundesbank unterworfen.

Fischer/Summers (1989) zeigen anhand des **Barro/Gordon Modells**, daß dieses Argument angesichts des Problems mangelnder Glaubwüdigkeit berechtigt ist. Ihre Analyse verdeutlicht, daß es entscheidend darauf ankommt, in welcher Weise sich die Kosten der Inflation auswirken. Bei gegebener Inflationsrate wäre eine Verringerung der Inflationskosten sicher von Vorteil. Löst die Reduktion der Kosten aber Anreize aus, die Inflationsrate noch weiter zu steigern, kann eine solche Politik in der Tat letztlich die gesamtwirtschaftlichen Wohlfahrtsverluste erhöhen. Die Nachteile, die mit diesem indirekten Effekt (dem Abbau von Schranken gegen die Inflationsmentalität) verbunden sind, können sehr leicht die direkten Vorteile überwiegen und so insgesamt das Inflationsproblem verschärfen. Eine Argumentation, die von einer gegebenen Inflationsrate ausgeht, würde zu Fehlschlüssen verleiten, weil sie nicht berücksichtigt, daß sich die Anreize zur Inflationspolitik durch eine Änderung der Politik ebenfalls verändern.

Das Argument läßt sich anhand des Grundmodells einfach illustrieren. Betrachten wir, wie sich Maßnahmen auswirken, um die mit Inflation verbundenen Wohlfahrtsverluste zu senken. Der Faktor b gibt die relative Gewichtung der sozialen Kosten von Inflation und Outputwachstum an. Wenn die sich aus Inflation ergebenden Wohlfahrtsverluste abnehmen, spiegelt sich das in einem stärkeren Gewicht des Ziels der Outputsteigerung (einem Anstieg von b) wider.[2] Nun gilt aber: Je höher b, desto stärker sind bei diskretionärer Politik die Anreize für Inflation:

$$\pi_D = ab\Delta \tag{5.15}$$

Maßnahmen zur Reduktion der Wohlfahrtsverluste aus Inflation (d.h. Maßnahmen, die zu einer stärkeren Gewichtung von b führen), lassen die Inflationsrate ansteigen. Letztlich sind damit die gesamtwirtschaftlichen Wohlfahrtsverluste höher (je höher b, desto größer die gesamten Verluste):

$$L_D = \left(1 + a^2 b\right) b\, \Delta^2 \tag{5.16}$$

Ausschlaggebend für dieses Ergebnis ist, daß aufgrund fehlenden Commitments nur eine Second-Best-Lösung erreichbar ist. Der Verzicht auf Maßnahmen zur Reduktion der mit Inflation verbundenen Kosten dient unter solchen Bedingungen als eine Art Substitut für das Commitment zu niedrigen Inflationsraten. Dieses Argument kann allerdings keineswegs als pauschale Rechtfertigung für den Verzicht auf jegliche Indexierung interpretiert werden. Es muß vielmehr stark danach differenziert werden, inwieweit bestimmte Maßnahmen die Anreize zu einer Überraschungsinflation beeinflussen. Der Unterschied kann anhand der Parameter a und b verdeutlicht werden. Mit steigender Indexierung der Nominallöhne wird die Phillipskurve immer steiler (der Parameter a kleiner). Bei vollständiger Indexierung bestünde überhaupt kein Trade-Off mehr zwischen Inflation und Produktion. Dann entfiele aber jeder Anreiz für eine Überraschungsinflation; das Problem dynamischer Konsistenz wäre automatisch gelöst. Ähnliches trifft auf die Indexierung von Staatsanleihen zu. Indexierungsmaßnahmen, die den Grenzvorteil einer Überraschungsinflation reduzieren, wirken

---

2 In der allgemeineren Formulierung $L = b_1\, \pi^2 + b_2\, (y - \bar{y} - \Delta)^2$ verringern Maßnahmen, die die mit Inflation verbundenen Wohlfahrtsverluste reduzieren, das Gewicht b_1. Zeigen Sie, daß es letztlich aber nur auf die relative Gewichtung $b = b_2 / b_1$ ankommt.

sich positiv auf die Wohlfahrt aus. Dies gilt nur dann nicht, wenn solche Maßnahmen zu einer expansiveren Politik verleiten, weil dadurch der politische Druck der Lobbygruppen wegfällt, die ein Eigeninteresse an Preisstabilität haben.

Indexierung in Italien: Die Scala Mobile

Jahrzehntelang sicherte in Italien die Scala Mobile die automatische Indexierung der Löhne: Durch eine rückwirkende Anpassung an die Inflationsrate wurde den Arbeitnehmern der Erhalt ihrer Kaufkraft garantiert. Nach zähen Verhandlungen wurde dieser Inflationsausgleich am 23. Juli 1993 abgeschafft. Dahinter stand die Einsicht, daß die Scala Mobile selbst mit für die hohen Inflationsraten verantwortlich war. Die Abwertung der Lira nach dem Austritt aus dem EWS im September 1992 verteuerte nämlich die Importgüter und führte damit zu einem Anstieg des Lebenshaltungsindex. Wären die Arbeitnehmer für die Verschlechterung der Terms of Trade kompensiert worden, hätte dies die realen Rigiditäten auf dem Arbeitsmarkt verschärft. Eine so verstandene Indexierung hätte die notwendige Anpassung relativer Preise verhindert und damit die mangelnde Wettbewerbsfähigkeit der italienischen Wirtschaft (mit einem weiteren Anstieg der Arbeitslosenrate) zementiert.

Die Scala Mobile wurde durch ein neues Verfahren abgelöst: Auf nationaler Ebene wird nun ein Tarifvertrag mit einer Laufzeit von 4 Jahren abgeschlossen. Die Lohnsteigerungen orientieren sich am Ausmaß der erwarteten Inflationsrate. Nach 2 Jahren kann es zu Nachverhandlungen kommen, wenn die Lohnentwicklung hinter der Inflationsrate zurückliegt. Auf den ersten Blick erscheint dies nichts als die alte Methode in neuem Gewand. Der entscheidende Unterschied liegt aber darin, daß Inflationsimpulse, die sich aus einer Wechselkursveränderung ergeben, nicht zur Berechnung der Kaufkrafterhaltung herangezogen werden dürfen. Zudem müssen sich die Gewerkschaften die durchschnittliche Entwicklung der Effektivlöhne in den einzelnen Betrieben anrechnen lassen. Erwartungsgemäß werden diese Kriterien von den Tarifparteien unterschiedlich interpretiert. Daran wird deutlich, daß Konflikte unvermeidbar sind, wenn die Indexierungsregel nicht exakt festgelegt ist. Seit der Abschaffung der Scala Mobile hat sich die Inflationsrate in Italien auf 4 % im Jahr 1996 reduziert.

5.2 Reputation bei wiederholten Spielen

Im folgenden gehen wir realistischerweise davon aus, daß die Regierung sich nicht auf eine Politik festlegen kann, es sei denn, das angekündigte Verhalten ist für sie auch ex post optimal. In den bisher diskutierten Modellen ist unter dieser Bedingung nur die diskretionäre Lösung realisierbar. Bisher wurde nur ein einmaliges Spiel zwischen Regierung und den privaten Wirtschaftssubjekten betrachtet. Es fällt schwer, zu sehen, wie die Regierung in einer Ein-Perioden-Betrachtung Reputation dafür aufbauen könnte, sich an die von ihr angekündigte Politik tatsächlich zu halten.

Es erscheint dagegen viel plausibler, daß die Commitment-Lösung bei einer längerfristigen Betrachtung über mehrere Perioden hin durchsetzbar ist. Schließlich kommt der Vorteil aus Reputation für stabilitätsorientiertes Verhalten erst langfristig zum Tragen, während die Gewinne aus einer Überraschungsinflation immer nur kurzfristig anhalten können. Wenn nämlich der kurzfristige Gewinn aus diskretionärem Verhalten nur mit langfristigen Nachteilen erkauft werden kann, mag es durchaus im Eigeninteresse der Regierung liegen, ihre Reputation nicht aufs Spiel zu setzen. Bei wiederholten Spielen ist somit zu erwarten, daß die Anreize für eine Überraschungsinflation geringer werden. So liegt die Vermutung nahe, daß das Glaubwürdigkeitsproblem in einer Ein-Perioden-Analyse stark überzeichnet wurde.

Wie Erkenntnisse der Spieltheorie zeigen, trifft dies bei wiederholten Spielen unter bestimmten Bedingungen tatsächlich zu. Die Theorie wiederholter Spiele wurde zunächst vor allem auf industrieökonomische Fragestellungen angewendet. Der erste Beitrag, der die dort gewonnenen Erkenntnisse auf die Analyse von Geldpolitik übertragen hat, ist der Aufsatz von *Barro/Gordon (1983b)*. Die Grundidee, warum die Commitment-Lösung ein Gleichgewicht darstellen kann, besteht in folgender Überlegung: Niedrige Inflationserwartungen liefern der Regierung zwar einen Anreiz, kurzfristig von der angekündigten Politik *C* zur Politik *Ü* zu wechseln. Ein solcher "Betrug" hätte aber automatisch für eine bestimmte Zeitdauer den Verlust an Reputation zur Folge. Die privaten Wirtschaftssubjekte würden quasi als Vergeltung (Bestrafung) eines solchen nichtkooperativen Verhaltens ihre Inflationserwartungen auf π_D revidieren. Das beste, was die Regierung in diesem Fall erreichen kann, ist dann die diskretionäre Lösung. Dauert die Vergeltungsperiode hinreichend lange, übersteigt der langfristige Nachteil den kurzfristigen Vorteil; es liegt deshalb im Eigeninteresse der Regierung, ihre Reputation nicht aufs Spiel zu setzen.

Ein bekanntes Resultat der Spieltheorie zeigt, daß die Reputationslösung nur bei unendlich wiederholten Spielen realisierbar ist. Solange der Zeithorizont endlich ist, kann bemerkenswerterweise die Vergeltungsstrategie (der Wechsel zu diskretionären Inflationserwartungen) die Regierung nicht glaubwürdig davon abhalten, der Versuchung zur Überraschungsinflation nachzugeben. Als Konsequenz ist bei begrenztem Zeithorizont allein die diskretionäre Lösung möglich.[3] Dies basiert auf folgender Überlegung: Die Ankündigung, den Anreiz zur Überraschungsinflation nicht auszunutzen, ist nur dann glaubwürdig, wenn dieses Verhalten tatsächlich auch für alle zukünftigen Perioden optimal ist. Reputation ist eben ein zukunftsorientiertes Konzept; die Vergangenheit ist nur indirekt von Bedeutung - nämlich nur insofern, als sie Aufschlüsse über zukünftiges Verhalten ermöglicht. Ob eine Ankündigung glaubwürdig ist, muß deshalb mittels Backward Induction, von der Endperiode aus rückwärts gehend, geklärt werden.

Eine einfache Überlegung zeigt aber, daß die Regierung in der Endperiode auf jeden Fall eine Überraschungsinflation durchführt - gleichgültig, was bis zu diesem Zeitpunkt abgelaufen ist. Schließlich ist die letzte Periode identisch mit dem Basisspiel, das im vorherigen Abschnitt analysiert wurde. In der Endperiode kann es sich ja gar nicht mehr lohnen, in Reputation zu investieren. Das einzige Motiv dafür, sich an die Commitment-Lösung zu halten, lag schließlich gerade in der Absicht, sich auf diese Weise für die Zukunft langfristige Vorteile zu sichern. Nach Ablauf der Endperiode aber ist Reputation völlig wertlos. Diese Logik durchschauend, werden die privaten Wirtschaftssubjekte für die Endperiode auf jeden Fall eine hohe Inflation antizipieren - ganz egal, wie sich die Regierung vorher verhalten hat.

Soweit ist die Logik unmittelbar nachvollziehbar. Sie hat aber ungeahnte Konsequenzen. Sie führt nämlich zu dem paradoxen Ergebnis, daß bei endlichen Spielen die Commitment-Lösung kein Gleichgewicht darstellen kann und damit nur die für alle Beteiligten suboptimale diskretionäre Lösung zustandekommt, selbst wenn sich das Spiel sehr lange hinzieht. Warum? Wenn die Marktteilnehmer in der Endperiode ohnehin mit der diskretionären Lösung rechnen, lohnt es sich bereits in der Vorperiode für die Regierung nicht mehr in Reputation zu investieren. Die Erwartungen sind ja dann festgelegt, ganz egal, wie sie sich momentan verhält. Würde sie sich an die Commitment-Lösung halten, würde das in der Folgeperiode gar nicht honoriert. Somit ist bereits in der Vorperiode diskretionäres Verhalten die optimale Strategie. Durch Backward-Induction läßt sich diese Argumentation bis zur Anfangperiode fortsetzen.

---

3 Die Argumentation basiert auf der Idee der Teilspielperfektheit, die *Reinhard Selten (1975)* entwickelt wurde. *Selten* argumentiert, das unterstellte Verhalten muß - unabhängig vom bisherigen Spielverlauf - für alle zukünftigen Teilspiele optimal sein (vgl. dazu ausführlicher Kapitel 10).

Die angeführten Überlegungen basieren natürlich entscheidend auf der Annahme, daß es eine eindeutig definierte Endperiode gibt. In Situationen, in denen mit Sicherheit ein Ende des Spiels absehbar ist, ist das eben skizzierte unerfreuliche "**Endgame-Szenario**" von hoher Relevanz.[4] Im betrachteten Fall aber erscheint eine solche Annahme als extrem unplausibel. Staatliche Institutionen (wie die Zentralbank) haben in der Regel einen weit längeren Horizont als die Mehrzahl der privaten Wirtschaftssubjekte.

Dagegen mag man einwenden, daß eine demokratische Regierung schon allein wegen der Begrenztheit der Legislaturperiode nur an sehr kurzfristigen Zielen ausgerichtet sein kann. Wenn die Geldpolitik direkt der Regierung unterstellt ist, bestünde somit besonders vor Wahlen ein starker Anreiz, diskretionäre Politik zu betreiben. **Politökonomische Motive** können ein solches Verhalten, das in vielen Staaten beobachtet wird, durchaus begründen (vgl. Kapitel 8); das Modell mit endlichem Zeithorizont ist dafür aber ungeeignet. Die oben angeführte Argumentation ist ja nur dann zutreffend, wenn die Regierung mit Sicherheit (also mit einer Wahrscheinlichkeit von 1) mit ihrer Abwahl rechnet. Genau ein solches Ereignis aber versucht sie ja gerade zu verhindern - z.B. mit Hilfe einer diskretionären Politik. Diese Situation läßt sich somit in keinem Fall als Endgame-Szenario verstehen.

Betrachten wir deshalb nun die **Lösung bei unendlichem Zeithorizont**. Da dann keine Endperiode mehr fixiert ist, geht der Angelpunkt der obigen Argumentationskette verloren. Die sogenannten **Folktheoreme** der Spieltheorie zeigen, daß nun je nach den verwendeten Vergeltungsstrategien eine Vielzahl von Lösungen möglich ist.[5] Nahezu jedes Verhalten läßt sich als Gleichgewicht rechtfertigen. Unter welchen Bedingungen kann die Commitment-Lösung ein Gleichgewicht darstellen?

Barro/Gordon (1983b) betrachten als Vergeltungsmechanismen sogenannte **Triggerstrategien**. Sie lösen bei abweichendem Verhalten für eine bestimmte Zeitdauer T automatisch gewisse Strafmechanismen aus. Ziel der Triggerstrategie ist, ein Abweichen von der Commitment-Lösung für die Regierung unattraktiv zu machen. Sobald einmal eine Überraschungsinflation durchgeführt wurde,

4 Ein gutes Beispiel bietet die Privatisierung im Rahmen des Transformationsprozesses in Osteuropa: Wenn die bisherigen Manager in Kenntnis ihrer Unfähigkeit damit rechnen müssen, daß sie bei drohender Privatisierung mit Sicherheit entlassen werden, ist es nur natürlich, daß sie versuchen werden, schon vorher - im Wege einer "kalten Privatisierung" - so viel wie möglich aus ihrem Betrieb beiseite zu schaffen.

5 Die Folktheoreme zeigen, daß in einem unendlich wiederholten Spiel jede individuell rationale Auszahlungskombination als ein Nash-Gleichgewicht verwirklicht werden kann, sofern die Spieler zukünftige Auszahlungen hinreichend stark gewichten (vgl. dazu ausführlicher *Holler/Illing, 1996*).

revidieren die privaten Wirtschaftssubjekte als "Strafe" ihre Inflationserwartungen in bestimmter Weise.

Folgende **Triggerstrategie** erscheint plausibel: Die Marktteilnehmer gehen davon aus, daß in der Anfangsperiode die Commitment-Lösung zustande kommt. Bestätigen sich ihre Erwartungen, so erwarten sie, daß auch in der Folgeperiode diese Lösung verwirklicht wird. Sobald aber die Erwartungen einmal enttäuscht werden, rechnen sie von da an für immer damit, daß die Regierung stets die diskretionäre Politik verfolgt. Ein einmaliges Abweichen hat dann für immer den Verlust an Reputation zur Folge. Formal bestimmen sich die Inflationserwartungen entsprechend der Gleichung:

(5.17) $$\pi_t^e = \begin{cases} \pi_c & \text{in } t = 0 \text{ sowie für } t \geq 1 \text{ falls } \pi_s^e = \pi_s \text{ für } s < t \\ \pi_D & \text{anderenfalls} \end{cases}$$

Wann lohnt es sich für die Regierung, der Versuchung einer Überraschungsinflation zu widerstehen? Offensichtlich gilt dies genau dann, wenn der kurzfristige Vorteil einer Überraschungsinflation überkompensiert wird durch die langfristigen Nachteile, die sich aus dem Regimewechsel zur diskretionären Lösung mit hohen Inflationserwartungen ergeben. Der kurzfristige Vorteil liegt im Wohlfahrtsgewinn (präziser: dem geringeren Verlust), den die Überraschungsinflation mit sich bringt:

(5.18) $$L_{\ddot{U}} - L_C < 0$$

Der Nachteil besteht darin, daß von der Folgeperiode an für immer die diskretionäre Lösung (mit hohen Inflationserwartungen) realisiert wird. Die zukünftigen Wohlfahrtsverluste werden bei positivem Zinssatz geringer gewichtet; sie werden mit dem Diskontfaktor $\delta = \frac{1}{1+r}$ (mit $\delta < 1$ für $r > 0$) abdiskontiert. Der langfristige Nachteil berechnet sich demnach aus dem abdiskontierten zusätzlichen Wohlfahrtsverlust, der für alle Folgeperioden anfällt:

(5.19) $$(L_D - L_C)\,[\delta + \delta^2 + \delta^3 + \ldots] = \frac{\delta}{1-\delta}(L_D - L_C)$$

Eine Überraschungsinflation lohnt sich dann nicht, falls die langfristigen Nachteile (5.19) die kurzfristigen Vorteile (5.18) überwiegen. Es muß also gelten:

(5.20) $$L_{\ddot{U}} - L_C + \frac{\delta}{1-\delta}\left[L_D - L_C\right] \geq 0$$

Bei der quadratischen Verlustfunktion (**5.3**) ergibt sich durch Einsetzen der Lösungen aus (5.7), (5.12) und (5.14) folgende Bedingung:

(5.21) $$\delta \geq \frac{1}{2+ba^2}$$

Wenn δ klein ist (also bei hoher Gegenwartspräferenz; einer geringen Gewichtung zukünftiger Vorteile), zahlt es sich offensichtlich nicht aus, in Reputation zu investieren. Falls aber die zukünftigen Vorteile der Commitment-Lösung hinreichend stark gewichtet werden, kann sie sehr wohl als Gleichgewicht eines Spiels mit unendlichem Zeithorizont realisiert werden. Für $\delta > \frac{1}{2}$ ist die Bedingung immer erfüllt.

Die Übertragung der industrieökonomischen Modellstruktur auf geldpolitische Fragestellungen, wie sie von *Barro/Gordon (1983b)* modelliert wurde, ist jedoch aus verschiedenen Gründen problematisch:

a) Bei unendlich wiederholten Spielen gibt es eine enorme Vielzahl von Gleichgewichten: Dazu zählen nicht nur Commitment-Lösung und diskretionäre Lösung; es gibt vielmehr ein Kontinuum denkbarer Lösungen - je nach den verwendeten Vergeltungsstrategien. Wie das Folk-Theorem der Spieltheorie zeigt, sind auch alle Auszahlungen L mit $L_C \leq L \leq L_D$, bei geeigneten Strategien als Gleichgewichtslösung denkbar. A priori gibt es keinen Grund, eine dieser Lösungen als einzig denkbare auszuwählen. Diese Indeterminiertheit ist keineswegs eine Schwäche des Modells. Sie zeigt nur, daß es selbst bei Reputation angesichts der strategischen Effekte keineswegs selbstverständlich ist, daß die effiziente Lösung tatsächlich zustandekommt.

b) Während in industrieökonomischen Fragestellungen nur Spiele mit wenigen Spielern betrachtet werden, spielt hier die Regierung ein Spiel gegen sehr viele (im Extremfall unendlich viele) private Wirtschaftssubjekte. Der Trigger-Strategie-Mechanismus setzt aber voraus, daß alle privaten Wirtschaftssubjekte ihre Vergeltungsstrategien koordinieren. Als Strafmechanismus dienen hier die Inflationserwartungen. Wenn das Spiel nur zwischen Zentralbank und Gewerkschaften stattfinden würde, wäre die Koordination der Erwartungen unproblematisch. Gerade angesichts der Vielzahl denkbarer Gleichgewichte erscheint es aber völlig willkürlich, wie eine solche Koordination der Erwartungen dezentral zwischen sehr vielen Wirtschaftssubjekten ablaufen sollte.

c) In der Regel bilden sich Inflationserwartungen als Folge eines Lernprozesses; es macht wenig Sinn, in ihnen koordinierte Strafmechanismen zu sehen. Ein wesentlich erfolgverprechenderer Ansatz besteht daher darin, den Aufbau von Reputation als einen Lernprozeß bei unvollständiger Information zu modellieren. Kapitel 7 analysiert diesen Ansatz ausführlich.

Unabhängig von dieser Kritik vermittelt die Theorie wiederholter Spiele eine grundsätzliche Erkenntnis: wenn der langfristige Vorteil den kurzfristigen Nachteil (den Verzicht auf diskretionäre Vorteile) übersteigt, kann es lohnend sein, Reputation aufzubauen. Diese Reputation kann aber sehr fragil sein. Die Theorie verdeutlicht, daß eine große Zahl von Lösungen denkbar ist. Um genauer angeben zu können, welche Lösung sich letztlich als Gleichgewicht realisiert, müssen die institutionellen Rahmenbedingungen explizit berücksichtigt werden, die zur Auswahl eines bestimmten Gleichgewichts führen. Im nächsten Kapitel werden wir (als notwendige Ergänzung der hier abgeleiteten Ergebnisse) untersuchen, inwieweit unterschiedliche geldpolitische Institutionen eine Annäherung an die Commitment-Lösung erlauben.

In den bisher betrachteten einfachen deterministischen Modellen, in denen keine exogenen Schocks auftreten, bietet sich eine ganz simple Lösung für solch unverrückbares Commitment an. Es würde völlig ausreichen, die Inflationsrate gesetzlich auf einen festen Wert (das optimale Niveau $\pi^* = 0$) festzuschreiben. Hat der Staat - im Gegensatz zu den privaten Akteuren - eine unendliche Lebensdauer, wäre damit garantiert, daß ein solches Gesetz aus Eigeninteresse auch eingehalten wird.

Ähnlich wie Odysseus sich an einen Mast festbinden läßt, um sicherzustellen, den Verlockungen der Sirenenklänge nicht zu erliegen, könnte eine solche Fessel verhindern, daß die Geldpolitik der Versuchung zu einer Überraschung nachgibt. Die bewußte Einschränkung der Handlungsmöglichkeiten bietet die Gewähr, daß eine suboptimale Lösung verhindert wird. Der nächste Abschnitt zeigt aber, daß eine derart starre Bindung angesichts stochastischer Schocks keineswegs optimal ist.

5.3 Optimale Politik bei Schocks am Beispiel der Phillipskurve

Die vorhergehenden Abschnitte betrachteten deterministische Modelle. In einer Welt ohne Unsicherheit lassen sich nun aber leicht institutionelle Mechanismen konzipieren, die Glaubwürdigkeit garantieren können. Der Reputation dafür, die Möglichkeit zur Flexibilität nicht zu mißbrauchen, kommt erst dann überhaupt Bedeutung zu, wenn flexible Reaktionen angesichts spezifischer Schocks erwünscht sind. In Kapitel 4 wurde gezeigt, daß eine flexible Geldpolitik die optimale Antwort auf stochastische Schocks darstellt. Könnte das Glaubwürdigkeitsproblem ausschließlich durch eine starre Bindung gelöst werden, die sich jeglichen Handlungsspielraums beraubt, dann wäre damit in einer stochastischen Ökonomie ein erheblicher Effizienzverlust verbunden.

5.3.1 Das Grundproblem

Betrachten wir daher ein stochastisches Modell. Wie reagiert Geldpolitik angesichts mangelnder Glaubwürdigkeit auf Schocks? Untersuchen wir die Reaktion auf Angebotsschocks, die eine kurzfristige Verschiebung der Phillips-Kurve auslösen (Nachfrageschocks werden im folgenden vernachlässigt, weil bei ihnen kein Trade-Off zwischen Output- und Preisstabilität besteht. Zudem gehen wir zur Vereinfachung von einer völlig elastischen aggregierten Nachfragekurve aus. Die Inflation wird direkt von Geldmengenwachstum bestimmt: $\pi = \mu$ - unabhängig vom Produktionswachstum y). Wird die Steigung der Phillips-Kurve auf $a = 1$ normiert, so läßt sie sich beschreiben durch:

$$(5.22) \qquad y - \bar{y} = \left(\pi - \pi^e\right) + \varepsilon \qquad E(\varepsilon) = 0\,; \qquad Var(\varepsilon) = \sigma_\varepsilon^2$$

Ein positiver Angebotsschock $(\varepsilon > 0)$ verschiebt (bei gegebenen Inflationserwartungen) sowohl die langfristige als auch die kurzfristige Phillips-Kurve nach rechts, umgekehrt kommt es zu einer Linksverschiebung bei negativen Angebotsschocks $(\varepsilon < 0)$ (vgl. Abb. 3.8 in Abschnitt 3.1.3). Solange die Geldpolitik (die Inflationsrate π) nicht auf ε reagiert, ruft ein Schock ε gleich hohe Änderungen der Produktion hervor. Dann gilt nämlich $\pi = \pi^e$ und somit $y - \bar{y} = \varepsilon$ (vgl. die Gerade $y = \bar{y} + \varepsilon$ in Abb. 5.4.a). Je nach Verteilung der Zufallsgröße ε kommt es zu entsprechend starken Outputschwankungen.

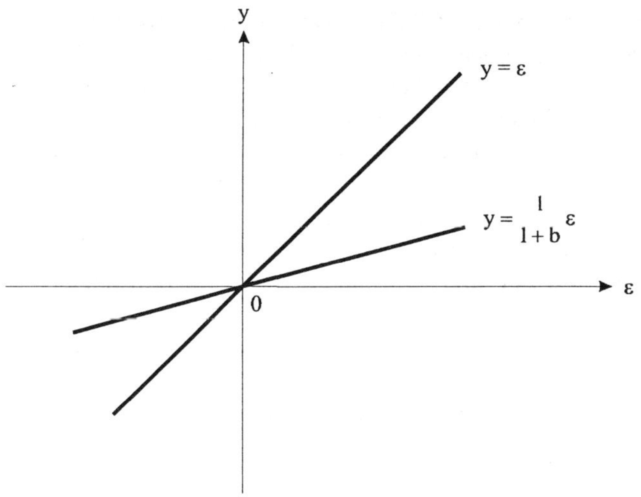

Abb. 5.4.a. Outputschwankungen

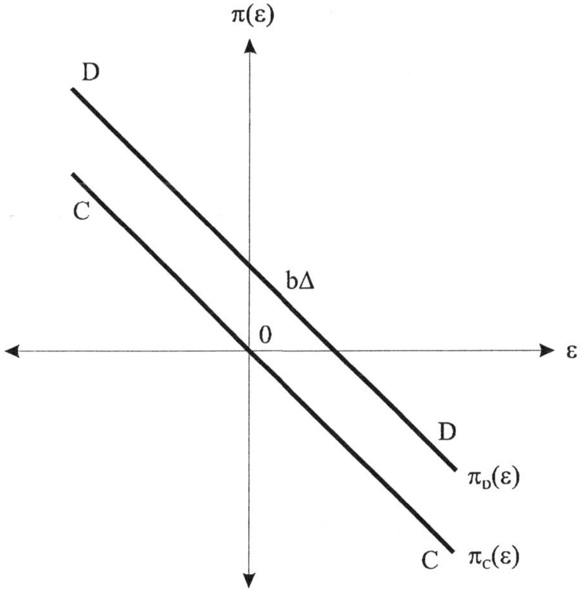

Abb. 5.4.b. Inflationspolitik

Abb. 5.4. Diskretionäre Politik vs. Commitment-Lösung

Wie in Kapitel 3 gehen wir davon aus, daß die privaten Wirtschaftssubjekte zum Zeitpunkt der Lohnverhandlungen den Schock ε nicht kennen. Sie vereinbaren einen festen Nominallohn, der für den betrachteten Zeitraum nicht angepaßt wird. Dagegen kann die Geldpolitik, die erst nach Kenntnis von ε festgelegt wird, im Prinzip flexibel auf den beobachteten Schock reagieren. Die tatsächliche Inflationsrate wird damit eine Funktion $\pi(\varepsilon)$ des realisierten Schocks ε (vgl. als Beispiel die Geraden CC oder DD in Abb. 5.4..b). Eine erfolgreiche Stabilisierung muß bei negativen Angebotsschocks die Inflationsrate über das erwartete Niveau steigern, um so (durch die Senkung der effektiven Reallöhne) die Wirtschaftstätigkeit zu stimulieren. Im Fall positiver Schocks dagegen wird eine dämpfende Politik betrieben, so daß die Preisentwicklung unter den ursprünglichen Erwartungen liegt. Bei rationaler Erwartungsbildung stimmen die Inflationserwartungen π^e aber mit der im Durchschnitt betriebenen Politik - dem Erwartungswert $E\pi$ - überein: $\pi^e = E\pi$.

Der Verlauf der Funktion $\pi(\varepsilon)$ hängt von zwei Faktoren ab: Einmal bestimmen die Inflationserwartungen den Ausgangspunkt in $\varepsilon = 0$: Je höher π^e, um so stärker verschiebt sich die Funktion nach oben. Weil $E(\varepsilon) = 0$, lassen sich die Inflationserwartungen bei symmetrischer Verteilung am Durchschnittswert $\varepsilon = 0$ an der Ordinate ablesen. Zum anderen wird die Steigung von der Intensität der Stabilisierungsmaßnahmen bestimmt: Je stärker der gewünschte Stabilisierungseffekt, um so steiler muß die Kurve verlaufen.

Bei Inflationserwartungen $\pi^e = 0$ könnte beispielsweise die Politik CC betrieben werden, mit dem Ziel, die Outputfluktuationen zu reduzieren - etwa entsprechend der Geraden $y - \bar{y} = \frac{1}{1+b}\varepsilon$. Bei höheren Inflationserwartungen dagegen (etwa $\pi^e = b\Delta$) muß eine Politik, die den gleichen Stabilisierungseffekt erzielen will, für jeden Schock mit stärkerer Inflationsdosierung reagieren. Sie erfordert demnach eine Reaktion, die durch die parallel nach oben verschobene Gerade DD repräsentiert wird. Trotz höherer Durchschnittsinflation kann die Politik DD den Output freilich nicht in stärkerem Umfang stabilisieren als CC (die Outputfluktuationen entsprechen also wieder der Geraden $y - \bar{y} = \frac{1}{1+b}\varepsilon$).

Angesichts rationaler Erwartungen läßt sich der Output nie systematisch über das Gleichgewichtsniveau $\bar{y}$ hinaus steigern. In Abb. 5.4.a läßt sich das durchschnittliche Niveau von y wieder beim Wert $\varepsilon = 0$ ablesen. Stabilisierungspolitik kann bei rationalen Erwartungen die Funktion $y(\varepsilon)$ nicht nach rechts verschieben; sie ermöglicht aber eine Drehung der ursprünglichen Kurve $y = \bar{y} + \varepsilon$ in $\bar{y}$.

Die Stabilisierung von Angebotsschocks muß durch Schwankungen der Inflationsrate erkauft werden. Wie läßt sich die optimale Geldpolitik charakterisieren? Wieder sei die Regierung bestrebt, die Summe der Wohlfahrtsverluste, die sich aus mangelnder Preisstabilität und aufgrund von Outputschwankungen ergeben, zu minimieren. Im Gegensatz zu der Analyse in Kapitel 4 liegt nun aber das angestrebte Produktionswachstum über dem Gleichgewichtsniveau: $y^* = \bar{y} + \Delta$. Die Differenz Δ der Zielgröße vom Gleichgewichtswert sei unabhängig von der konkreten Realisation des Schocks ε.

Weil die Zielgröße vom Gleichgewichtswachstum abweicht, stellt sich für die Regierung wieder das Problem der Glaubwürdigkeit. Könnte sich die Regierung glaubwürdig verpflichten, unter keinen Umständen eine Überraschungsinflation durchzuführen, dann würde die Commitment-Lösung CC realisiert. In diesem Fall legt sie sich vor Kenntnis des Schocks auf eine bestimmte Funktion $\pi_c(\varepsilon)$ fest, die ex post - nach Kenntnis des Schocks - eingehalten wird. Weil diese Politik im Durchschnitt zu einer Inflationsrate von Null führt, ergäben sich niedrige Inflationserwartungen; zugleich aber ließe sich die Geldpolitik flexibel als Stabilisierungsinstrument einsetzen. Für jedes ε wird die jeweils angemessene Politik $\pi_c(\varepsilon)$ ausgeführt. Bei negativen Angebotsschocks wird eine expansive Geldpolitik betrieben, die die tatsächliche Inflationsrate über das erwartete Niveau hinaus steigert. Die hohe Inflation stellt nun aber eine optimale, effiziente Antwort auf spezifische Schocks dar; sie ist nicht durch den Versuch begründet, den Output über das Vollbeschäftigungsniveau hinaus zu steigern. Zum Ausgleich wird bei positiven Angebotsschocks eine restriktive, deflationäre Politik betrieben. Die beschriebene Politik stabilisiert die Output-Schwankungen (in Abb. 5.4.a werden die Output-Schwankungen von $y - \bar{y} = \varepsilon$ auf $y - \bar{y} = \frac{1}{1+b} \cdot \varepsilon$ reduziert).

Wenn die privaten Wirtschaftssubjekte jedoch nicht perfekt kontrollieren können, welche konkreten Ursachen hinter einer bestimmten Inflationspolitik stehen, ist eine solche Commitment-Lösung nicht zu verwirklichen. Denn für die Regierung besteht ja immer der Anreiz, Geldpolitik auch zur Stimulierung über das Vollbeschäftigungsniveau hinaus einzusetzen und dabei vorzugeben, ein positiver Angebotsschock sei eingetreten. Analog zu den Überlegungen aus Abschnitt 5.1 werden die privaten Wirtschaftssubjekte ihre Inflationserwartungen dann von vorne herein so hoch schrauben, daß sich eine Überraschungsinflation gar nicht mehr lohnt. Die optimale Lösung läßt sich angesichts stochastischer Schocks zwar schwerer berechnen (zur Ableitung vgl. den folgenden Abschnitt), der Mechanismus aber ist im Prinzip identisch mit der Analyse der deterministischen Modelle. Die diskretionäre Lösung entspricht inAbb. 5.4) der Geraden DD, während der Outputpfad nicht anders als bei der Commitment-

Lösung CC verläuft. Mangelnde Glauwürdigkeit resultiert wiederum allein in einer höheren durchschnittlichen Inflationsrate.

5.3.2 Modellbeispiel: Quadratische Verlustfunktion

Aufgabe der Regierung ist es, die Zielfunktion

$$L = \pi^2 + b(y - \bar{y} - \Delta)^2 \tag{5.23}$$

zu minimieren unter Berücksichtigung der kurzfristigen Phillipskurve

$$y - \bar{y} = \pi - \pi^e + \varepsilon \tag{5.24}$$

Durch Einsetzen von (5.24) in (5.23) berechnet sich der erwartete Verlust als:

$$L = E(\pi^2) + bE(\pi - \pi^e + \varepsilon - \Delta)^2 \tag{5.25}$$

Die privaten Wirtschaftssubjekte bilden wieder rationale Erwartungen, so daß gilt:

$$E\pi - \pi^e = 0 \tag{5.26}$$

5.3.2.1 Die Commitment-Lösung

Flexible Politik versucht, auf jeden Schock ε optisch zu reagieren. Die optimale Poltik $\pi_c(\varepsilon)$ ergibt sich, indem für jedes ε und gegebene Erwartungen π^e die erste Ableitung der Zielfunktion (5.25) nach π gleich Null gesetzt wird. Zusätzlich muß als Nebenbedingung berücksichtigt werden, daß die Inflation im Durchschnitt den Erwartungen entsprechen muß (Gleichung (5.26). Die Commitment-Lösung ist durch die Bedingungen erster Ordnung charakterisiert:

$$\pi + b\left(\pi - \pi^e + \varepsilon - \Delta\right) = \frac{\lambda}{2} \qquad \text{für alle } \varepsilon \tag{5.27}$$

(5.28)
$$bE\left(\pi - \pi^e + \varepsilon - \Delta\right) = \frac{\lambda}{2}$$

Bedingung (5.27*)* stellt ein Gleichungssystem dar, das für alle Werte von ε (also in Abhängigkeit vom beobachteten Schock) die optimale Inflationsrate $\pi(\varepsilon)$ festlegt. λ gibt als Lagrangeparameter den Wert der Restriktion (5.26) wieder. Gleichung (5.28) bestimmt wegen $E\pi - \pi^e = 0$ und $E(\varepsilon) = 0$ als Wert für den Lagrangeparameter:

(5.29)
$$\frac{\lambda}{2} = b\left[E(\pi - \pi^e) + E(\varepsilon) - \Delta\right] = -b\Delta$$

Bei rationalen Erwartungen antizipieren die Wirtschaftssubjekte das optimale Verhalten, das durch (5.27*)* beschrieben ist, korrekt. Weil die Inflationserwartungen vor Kenntnis der konkreten Realisation ε gebildet werden, läßt sich die Inflationsrate aber nur im Durchschnitt vorhergesagen. Das im Durchschnitt optimale Verhalten ergibt sich aus dem Erwartungswert von Gleichungssystem (5.27*)* über alle ε:[6]

(5.30)
$$E\pi + bE\left(\pi - \pi^e + \varepsilon - \Delta\right) = \frac{\lambda}{2}$$

Unter Verwendung von *Gleichung* (5.29) folgt daraus als optimale durchschnittliche Politik:

(5.31)
$$E\pi = 0$$

Die mathematische Lösung ist nicht überraschend: Wenn die Regierung über Commitment verfügt, wird sie für Inflationsraten sorgen, die im Durchschnitt dem Zielwert $\pi^* = 0$ entsprechen. Die Möglichkeit eines Commitments gewährleistet, daß sich die Inflationserwartungen von vorne herein an dieser Lösung orientieren:

(5.32)
$$\pi^e = 0$$

6 Weil *Gleichung* (5.27) für jedes ε erfüllt ist, gilt die Bedingung natürlich auch, wenn die einzelnen Gleichungen mit den Wahrscheinlichkeiten für den jeweiligen Zustand ε multipliziert und dann alle addiert werden.

Die konkrete Inflationsrate hängt freilich vom tatsächlich realisierten Schock ab. Unter Verwendung der *Gleichungen* (5.29) und (5.32) ist die optimale Rate π in *Gleichung* (5.27) bestimmt durch:

(5.33) $$\pi + b(\pi + \varepsilon) = 0$$

Die optimale Politik bei Commitment läßt sich durch folgende lineare Reaktion beschreiben:

(5.34) $$\pi_C = -\frac{b}{1+b}\,\varepsilon \;;\; y_C - \bar{y} = \frac{1}{1+b}\,\varepsilon$$

Die aktive Stabilisierungspolitik reduziert die Varianz der Output-Schwankungen:

(5.35) $$Var(y_C) = \frac{1}{(1+b)^2}\sigma_\varepsilon^2$$

Das Beschäftigungsniveau schwankt weniger stark, weil ein Teil der Fluktuationen durch die Anpassung der Inflationsrate aufgefangen wird. Die Stabilisierung fällt um so stärker aus, je stärker das Output-Ziel in der Zielfunktion (5.31) gewichtet wird, d. h. je größer der Parameter *b*. Im Extremfall $b = 0$ werden naturgemäß keine Stabilisierungsmaßnahmen ergriffen. Um im Durchschnitt eine Inflationsrate von *0* zu gewährleisten, muß die Inflationsrate im Fall positiver Angebotschocks unter den Erwartungen liegen.

Ziel der Politik ist es, den ex-ante erwarteten Wohlfahrtsverlust möglichst gering zu halten. Der erwartete Wohlfahrtsverlust der Commitment-Lösung berechnet sich durch Einsetzen der Gleichgewichtswerte (5.34) in die Verlustfunktion (5.23).[7]

(5.36) $$L_C = \frac{b}{1+b}\sigma_\varepsilon^2 + b\Delta^2$$

---

7 $L_C = E\left(\frac{b}{1+b}\varepsilon\right)^2 + bE\left(\frac{1}{1+b}\varepsilon - \Delta\right)^2 = \frac{b}{1+b}\sigma_\varepsilon^2 + b\Delta^2$ wegen $\frac{b^2}{(1+b)^2} + \frac{b}{(1+b)^2} = \frac{b}{1+b}$

5.3.2.2 Die diskretionäre Lösung

Sobald einmal $\pi^e = 0$ festgelegt ist, besteht für die Regierung wieder ein Anreiz, von der Commitment-Lösung abzuweichen. Die diskretionäre Lösung ergibt sich aus der unbeschränkten Minimierung der Zielfunktion (5.31) bei gegebenen Inflationserwartungen π^e. Die Bedingung erster Ordnung liefert für jeden Wert von ε die Beziehung:

(5.37) $$\pi + b\left(\pi - \pi^e + \varepsilon - \Delta\right) = 0 \text{ für alle } \varepsilon$$

(5.37) ist ein Gleichungssystem, das quasi für jeden Schock ε eine Reaktionsfunktion auf gegebene Erwartungen π^e liefert:

(5.38) $$\pi = \frac{b}{1+b}\left[\pi^e - \varepsilon + \Delta\right]$$

Wenn *Gleichung* (5.38) für jedes ε erfüllt ist, muß es auch im Durchschnitt erfüllt sein:

(5.39) $$E\pi = \frac{b}{1+b}\left[\pi^e + \Delta\right]$$

Die Wirtschaftssubjekte antizipieren die optimale diskretionäre Politik in *Gleichung* (5.39); sie bilden ihre Erwartungen entsprechend. Einsetzen von *Gleichung* (5.26) liefert folglich:

(5.40) $$\pi^e = b \cdot \Delta$$

Gleichung (5.40) ist ganz analog zu interpretieren wie Gleichung 5.13 in Abschnitt 5.1.3.3. Gegeben (5.40) ist die optimale diskretionäre Politik bestimmt durch:

(5.41) $$\pi_D = \pi^e - \frac{b}{1+b}\varepsilon = b \cdot \Delta - \frac{b}{1+b}\varepsilon \text{ , } y_D - \bar{y} = \frac{1}{1+b}\varepsilon$$

Die Stabilisierung von Outputschwankungen erfolgt in gleicher Weise wie bei der Commitment-Lösung. Bei mangelnder Glaubwürdigkeit ist aber die durchschnittliche Inflationsrate ineffizient hoch. Angesichts rationaler Erwartungen muß natürlich der Versuch einer bewußten Täuschung zum Scheitern verurteilt sein. Wegen der höheren Inflationsraten ergeben sich Wohlfahrtsverluste im Vergleich zur Commitment-Lösung:

(5.42) $$L_D = \frac{b}{1+b}\sigma_\varepsilon^2 + (1+b)b\Delta^2 = L_C + b^2\Delta^2$$

5.4 Optimale Politik bei stochastischen Schocks: Ein allgemeiner Ansatz *

Bisher betrachteten wir die Anreize für eine Überraschungsinflation am Beispiel der Phillipskurve. Das Problem ist aber viel allgemeiner. So wird Kapitel 9 inflationäre Anreize im Zusammenhang mit der Nominalverschuldung untersuchen. Die formale Struktur ist dabei im Prinzip aber immer die gleiche, und die bisher abgeleiteten Erkenntnisse lassen sich direkt auf andere Fragestellungen übertragen. Um die Wirkungsmechanismen des Problems dynamischer Konsistenz besser verstehen zu können, soll nun ein ganz allgemeiner, abstrakter Ansatz präsentiert werden.

Im Grunde geht es immer um folgendes Spiel zwischen Regierung und privaten Wirtschaftssubjekten: Zunächst kündigt die Regierung eine bestimmte Politik an. Dann bilden die privaten Wirtschaftssubjekte bestimmte Inflationserwartungen. Nachdem ein bestimmter Schock ε beobachtet wird, legt die Regierung schließlich die Inflationsrate fest. Dabei ist sie bestrebt, die soziale Wohlfahrtsfunktion (die Wohlfahrt eines repräsentativen Wirtschaftssubjektes) zu maximieren. Ein Anstieg der Inflationsrate π wirkt sich negativ auf das Wohlbefinden der Wirtschaftssubjekte aus. Andererseits kann es (etwa wegen des dadurch ermöglichten Beschäftigungsanstiegs) durchaus Vorteile bringen, wenn die Inflationsrate über den Erwartungen liegt.

Die privaten Wirtschaftssubjekte vertrauen die Entscheidung über die Geldpolitik (als öffentliches Gut) der Regierung an; sie bilden dabei bestimmte Erwartungen über deren Verhalten. Durch welche Anreize kann die Regierung dazu gebracht werden, entsprechend den Interessen der Gesellschaftsmitglieder zu handeln? Wir behandeln diese Frage als ein abstraktes Spiel zwischen den Wirtschaftssubjekten und der Regierung. Im folgenden wollen wir den Zusammenhang zwischen den Präferenzen der Wirtschaftssubjekte und der sozialen Wohlfahrtsfunktion genauer untersuchen und zeigen, unter welchen Bedingungen ein Konflikt zwischen den privaten Wirtschaftssubjekten und der Regierung auftreten kann.[8]

Zur Vereinfachung unterstellen wir zunächst, daß alle Wirtschaftssubjekte identische Präferenzen haben.[9] Der Auftrag an die Regierung besteht dann einfach darin, den Nutzen des "repräsentativen Wirtschaftssubjekts" zu maximieren[10]. Natürlich ist durchaus denkbar, daß die Regierung bestimmte Eigeninteressen verfolgt, statt diesen Auftrag zu erfüllen. Wenn sie (etwa aus politökonomischen Gründen) andere Ziele als die Wohlfahrtsmaximierung verfolgt, ist ein Interessenkonflikt unvermeidbar. Überraschender und schwieriger zu verstehen ist dagegen, daß selbst eine wohlfahrtsmaximierende Regierung mit Anreizproblemen (dem Problem dynamischer Konsistenz) konfrontiert sein kann. Dies trifft immer dann zu, wenn externe Effekte folgender Art auftreten: jedes einzelne Wirtschaftssubjekt fährt individuell am besten, wenn es die Inflationsrate möglichst exakt prognostiziert. Andererseits könnte es davon profitieren, daß die Inflationsprognose aller anderen zu niedrig ausfällt.

5.4.1 Grundmodell

Wir betrachten eine Ökonomie mit einer großen Zahl von Individuen i = 1,...n. Das repräsentative Individuum habe die Präferenzen:

$$W_i = W(x_i, x, \pi, \varepsilon) \tag{5.43}$$

Eine steigende Inflationsrate π verursacht Wohlfahrtsverluste. Die Differenz zwischen tatsächlicher und erwarteter Rate bezeichnen wir im folgenden mit $x = \pi - \pi^e$. Die Größe $x_i = \pi - \pi_i^e$ gibt an, wie stark die tatsächliche Inflationsrate π von der individuellen Prognose π_i^e abweicht. x bezeichnet die über alle Wirtschaftssubjekte aggregierten Abweichungen:

8 Die Analyse lehnt sich an Chari/Kehoe/Prescott (1989) und Persson/Tabellini (1993) an.

9 Makroökonomische Fragestellungen lassen sich am einfachsten analysieren, wenn unterstellt wird, daß alle Individuen identische Präferenzen haben. Ein solches Vorgehen ist immer dann sinnvoll, wenn (wie im vorliegenden Fall) Verteilungsfragen für das betrachtete Problem nicht ausschlaggebend sind.

10 Die durch die Symmetrieannahme ermöglichte Vereinfachung ist nicht mehr gerechtfertigt, wenn heterogene Präferenzen im politischen Prozeß (etwa aufgrund von Verteilungskonflikten) Verzerrungen hervorrufen. Dann muß explizit die Verteilung der Präferenzen berücksichtigt werden. Die Regierung orientiert sich in diesem Fall entweder an

$$(5.44)\quad x = \frac{1}{n}\sum_{i=1}^{n} x_i = \pi - \pi^e$$

Bei der Formulierung seiner Inflationserwartungen π_i^e ist jeder einzelne bestrebt, die Politik der Regierung möglichst exakt zu prognostizieren, also den Prognosefehler $E(x_i)^2 = E(\pi - \pi_i^e)^2$ zu minimieren. Während eigene Erwartungsfehler $(E x_i \neq 0)$ den Nutzen beeinträchtigen, kann der einzelne dagegen durchaus davon profitieren, daß alle anderen die tatsächliche Inflationsrate unterschätzen $(x > 0)$. Der Einfluß, den x auf W ausübt, kennzeichnet damit gerade den externen Effekt einer Überraschungsinflation. Immer dann, wenn positive externe Effekte vorliegen, ist die erste Ableitung der Funktion W_i nach der Variablen x an der Stelle $x = 0$ positiv:[11] $W_x > 0$ für $x = 0$.

Im Modell der Phillipskurve beispielsweise orientiert sich der individuell vereinbarte Nominallohn an den Inflationserwartungen π_i^e. Aus den in Abschnitt 2.2.2 diskutierten Gründen kann das gesamtwirtschaftliche Produktions- und Beschäftigungsniveau ineffizient niedrig sein. Ein Anstieg der gesamtwirtschaftlichen Produktion, ausgelöst durch einen sinkenden durchschnittlichen Reallohn, wäre dann wohlfahrtssteigernd. Weil der Reallohn in der Gesamtwirtschaft um so niedriger ist, je größer x, gilt folglich: $W_x > 0$. Obwohl alle von einer Reduktion des generellen Lohnniveaus profitieren würden, hat der einzelne natürlich keinerlei Interesse daran, seinen eigenen Reallohn zu senken (individuell rational ist vielmehr eine Prognose $x_i = 0$). Aufgrund der externen Effekte fallen individuelle und kollektive Rationalität auseinander.

Ähnliches gilt im Fall der Nominalverschuldung, der im Kapitel 9 genauer betrachtet wird: jeder hätte einen Vorteil, wenn sich der individuelle Steuersatz und die Inflationsrate als Folge einer überraschenden Entwertung der Ansprüche anderer Kapitalbesitzer reduzieren ließe. Jeder Kapitalgeber wird aber sorgsam eine Schmälerung seiner eigenen Gläubigeransprüche an den Staat zu vermeiden suchen. Da alle in gleicher Weise rational handeln (für alle i ist $Ex_i = 0$ die optimale Strategie), kann Ex nicht ansteigen. Auch hier liegt die Ursache für das Problem dynamischer Konsistenz in externen Effekten begründet. Steuersatz und Inflationsfinanzierung rufen Wohlfahrtsverluste (Verzerrungen) hervor. Eine Besteuerung von Kapitalansprüchen (in Form einer Überraschungsinflation) wirkt dagegen ex post wie eine unverzerrende Kopfsteuer (Lump-Sum-Tax):

---

der Zielfunktion des Medianwählers oder an den Partikulärinteressen bestimmer Wählergruppen (vgl. Kapitel 8).

11 Im folgenden wird für Ableitungen die Kurzschreibweise verwendet. So gilt etwa: $W_x = \dfrac{\partial W}{\partial x}$.

Sobald die Kapitalbildung einmal erfolgt ist, hat der Faktor Kapital keine Ausweichmöglichkeiten. Weil bei rationalen Erwartungen eine solche Besteuerung aber antizipiert wird, kommt es zu drastischen Ausweicheffekten: Würden die Kapitalgeber nicht durch einen Anstieg des Nominalzinses in Höhe der Inflationsrate entschädigt, würden sie von vorne herein auf Alternativanlagen ausweichen.

Jeder einzelne versucht, Prognosefehler zu vermeiden; er möchte sich nicht täuschen lassen. In einer großen Ökonomie hat der einzelne selbst keinen fühlbaren Einfluß auf die aggregierten Größen; ebensowenig beeinflußt seine Entscheidung unmittelbar die Politik π der Regierung. Beim individuellen Optimierungskalkül nimmt er folglich sowohl den aggregierten Erwartungsfehler x als auch die Inflationsrate π als gegeben an. i wählt also seine Erwartungen (und damit x_i) so, daß der Nutzen W_i bei gegebenem x und π maximiert wird. Das Eigeninteresse der privaten Wirtschaftssubjekte bewirkt, daß gilt: $Ex_i = 0$. Es ist deshalb sinnvoll, die abstrakte Nutzenfunktion W_i so zu spezifizieren, daß die individuell optimale Lösung für alle Werte von (x, π) immer den Wert $Ex_i = 0$ ergibt[12] - jeder bildet rationale Erwartungen $\pi_i^e = E\pi$.

Weil dies für alle Individuen gilt, folgt aber unmittelbar, daß im Gleichgewicht auch immer $Ex = 0$ gelten muß. Durch diese Überlegung läßt sich die Analyse des Spiels erheblich vereinfachen. Das Verhalten des repräsentativen Wirtschaftssubjekts kann nun immer durch die Bedingung rationaler Erwartungen ($Ex = 0$) zusammengefaßt werden. Somit läßt sich die gesamtwirtschaftliche Zielfunktion in Kurzform schreiben als

$$W(x, \pi, \varepsilon) \tag{5.45}$$

W sei konkav[13] in x und π , d.h. $W_{xx} < 0$ sowie $W_{\pi\pi} < 0$. Zudem gelte $W_\pi < 0$ für $\pi > \pi^* = 0$; $W_\pi = 0$ an der Stelle $\pi = \pi^* = 0$ sowie $W_x > 0$ für $x = 0$.

---

12 Häufig wird deshalb als individuelle Zielfunktion die Minimierung der quadratischen Abweichung der Inflationsprognose von der Inflationsrate postuliert. Wie hier dargestellt, steht dahinter freilich ein weit komplexerer Zusammenhang.

13 Sobald externe Effekte auftreten, ist die Existenz eines Gleichgewichts selbst bei Nutzenfunktionen, die den Standardannahmen genügen, nicht automatisch gewährleistet; weil Externalitäten die Konkavitätseigenschaften der Nutzenfunktion verletzen können, ist die Analyse der Bedingungen erster Ordnung im allgemeinen nicht hinreichend zur Bestimmung eines globalen Optimums. Im folgenden wird aber immer unterstellt, daß W so gestaltet ist, daß die Lösung eindeutig durch die Bedingungen erster Ordnung charakterisiert werden kann. Dies gilt etwa immer, wenn W durch eine quadratische Ver-

Die Übertragung der Entscheidungsgewalt an eine Kollektivinstanz macht das Optimierungsproblem zu einem Spiel zwischen den privaten Wirtschaftssubjekten und der Regierung. Die Zielfunktion der Regierung sei *R*. Zunächst gehen wir davon aus, daß die Regierung an der Maximierung der sozialen Wohlfahrt interessiert ist. *R* ist dann identisch mit der Nutzenfunktion eines repräsentativen Individuums:

$$R = W(x, \pi, \varepsilon) \tag{5.46}$$

Die Lösung des Spiels hängt davon ab, über welche Möglichkeiten die Regierung verfügt, sich zu binden (spieltheoretisch formuliert: in welcher Reihenfolge die einzelnen Spielzüge ablaufen). Da die einzelnen Wirtschaftssubjekte keinen fühlbaren Einfluß auf die Gesamtökonomie ausüben, ist ihre optimale Strategie unabhängig von der Reihenfolge der Züge durch die Bedingung $Ex = 0$ charakterisiert. Die entscheidende Frage ist, ob die Regierung die Erwartungen π^e beeinflussen kann.

5.4.2 Commitment-Lösung

Verfügt sie über die Möglichkeit zu einem Commitment, dann verhält sich die Regierung als Stackelbergführer: Sie maximiert *R* unter Berücksichtigung des späteren Verhaltens der Privaten, also unter der Restriktion $Ex = 0$. De facto kann sie demnach mit ihrer Politik sowohl π als auch π^e festlegen. Die Lagrangefunktion

$$\text{Max } \Lambda = EW(x, \pi, \varepsilon) - \lambda\, Ex \tag{5.47}$$

einmal für jedes ε nach π abgeleitet und zum anderen abgeleitet nach π^e, liefert als Bedingungen erster Ordnung: [14]

---

lustfunktion repräsentiert wird - allen betrachteten Beispielen liegt diese Spezifikation zugrunde.

14 Zur Bestimmung der optimalen Politik π muß die Zielfunktion (5.47) nach Kenntnis der Realisation von ε nach π abgeleitet werden:
$\frac{\partial \Lambda}{\partial \pi} = \frac{\partial W}{\partial x}\frac{\partial x}{\partial \pi} + \frac{\partial W}{\partial \pi} - \lambda \frac{\partial x}{\partial \pi} = 0$ Wegen $x = \pi - \pi^e$ gilt $\frac{\partial x}{\partial \pi} = 1$. In Kurzschreibweise ergibt sich damit Gleichung (5.48). Gleichung (5.49) erhält man analog, indem vor Kenntnis von ε die Erwartungen π^e optimal bestimmt werden.

(5.48) $$W_x + W_\pi = \lambda$$

und

(5.49) $$EW_x = \lambda$$

Bedingung (5.48) ist ein Gleichungssystem, das für jedes ε die optimale Inflationsrate $\pi_C(\varepsilon)$ bestimmt. Es besagt, daß für jeden Schock ε im Optimum der Grenzvorteil W_x eines weiteren Anstiegs der Inflationsrate gerade den Grenzkosten $-W_\pi + \lambda$ entsprechen muß. $-W_\pi$ gibt den direkten marginalen Wohlfahrtsverlust einer Inflationspolitik an. Der Lagrangeparameter λ bezeichnet die Grenzkosten, die sich dadurch ergeben, daß die Inflationserwartungen mit steigender (durchschnittlicher) Inflationsrate proportional zunehmen. Offensichtlich wird der Grenzvorteil durch die Anpassung der Inflationserwartungen im Durchschnitt gerade konterkariert. Die Eliminierung von λ liefert als Bedingung[15]:

(5.50) $$W_\pi + W_x - EW_x = 0 .$$

Gleichung (5.50) gibt implizit für jeden Schock ε die optimale Inflationsrate an: $\pi_C(\varepsilon)$. Bei der Commitment-Lösung berücksichtigt die Regierung, daß der positive Effekt steigender Inflation bei rationalen Erwartungen im Durchschnitt durch einen entsprechenden Anstieg der Inflationserwartungen zunichte gemacht wird. Die durchschnittlichen marginalen Wohlfahrtsverluste durch Inflation sind in der Commitment-Lösung minimal: $EW_\pi + E(W_x - EW_x) = EW_\pi = 0$. Die durchschnittliche Inflationsrate entspricht damit dem Zielwert: $\bar{\pi}_C = \pi^* = 0$.

5.4.3 Diskretionäre Lösung

Verfügt die Regierung über keine Möglichkeit zu einem Commitment, dann legt sie die Inflationsrate erst fest, nachdem die privaten Wirtschaftssubjekte ihre Erwartungen π_i^e (und damit π^e) gebildet haben. Solange $W_x > 0$, besteht ein Anreiz, eine stärkere Inflationspolitik durchzuführen als angekündigt. Da aus der Beobachtung von π allein ein solcher Mißbrauch ohne exakte Kenntnis des Schocks ε nicht entdeckt werden kann, ist die Commitment-Lösung nicht er-

15 Weil externe Effekte vorliegen ($W_x > 0$ für $x = 0$), liefert die Gleichung (5.50) nur ein Second-Best Optimum.

reichbar. Die Ableitung von W nach π liefert bei gegebenem π^e für jedes ε die Bedingung:

(5.51) $$W_x + W_\pi = 0$$

(5.51) legt für jedes ε eine bestimmte Politik $\pi_D(\varepsilon)$ fest. Die diskretionäre Lösung π_D läßt die Grenzkosten μ unberücksichtigt, weil die Inflationserwartungen als vorgegeben betrachtet werden. Da eine Überraschungsinflation positive Externalitäten erzeugt ($W_x >$ 0 an der Stelle $x = 0$), übersteigt die diskretionäre Inflationsrate π_D das optimale Niveau π_C. Dies folgt aus dem Vergleich von (5.50*)* mit *(5.51):* Weil $W_x > 0$, folgt aus *(5.51)* $W_{\pi/_D} = -W_x < 0$, während $W_{\pi/_C} = 0$. Aufgrund der Konkavität von W folgt daraus $\pi_D > \pi_C$.

Angesichts rationaler Erwartungen ist der Versuch einer Überraschungsinflation zum Scheitern verurteilt. Die privaten Wirtschaftssubjekte bilden von vorne herein so hohe Inflationserwartungen, daß eine Steigerung der Inflation darüber hinaus unattraktiv wird. Auch im diskretionären Fall gilt also $Ex = 0$. Diese Überlegung zeigt unmittelbar, daß die gesamtwirtschaftliche Wohlfahrt bei der diskretionären Lösung niedriger ist: $W(x = 0, \pi_C(\varepsilon), \varepsilon) > W(x = 0, \pi_D(\varepsilon), \varepsilon)$ für alle ε, weil die Inflationsrate dort das wohlfahrtsmaximale Niveau übersteigt.

Bisher wurde immer unterstellt, die Regierung sei an der Maximierung der sozialen Wohlfahrt interessiert und maximiere dementsprechend die Nutzenfunktion eines repräsentativen Individuums. Abweichungen von der in *Gleichung* (5.50) abgeleiteten optimalen Lösung können sich natürlich auch dadurch ergeben, daß die Regierung auch bestimmte Eigeninteressen $G(x,\pi)$ verfolgt. Ihre Zielfunktion lautet dann:

(5.52) $$R = W(x,\pi) + \alpha\, G(x,\pi)$$

Je stärker das Gewicht α ist, um so mehr überwiegen die Eigeninteressen (bisher war $\alpha = 0$ unterstellt). Die Konsequenzen politökonomischer Verzerrungen lassen sich am deutlichsten zeigen, wenn wir vom Commitment-Problem absehen. Gehen wir deshalb davon aus, daß keine externen Effekte auftreten ($W_x = 0$), so daß diskretionäre Lösung und Commitment-Lösung zusammenfallen. Welche Verzerrungen ergeben sich aus den Eigeninteressen der Regierung? Während das soziale Optimum durch die Bedingungen $W_\pi = 0$ und $Ex = 0$ charakterisiert ist, betreibt die Regierung die Politik:

(5.53) $$W_\pi + \alpha G_\pi = 0$$

Immer dann, wenn es politische Vorteile verschafft, die Inflation über das sozial erwünschte Maß hinaus zu steigern ($G_\pi > 0$ an der Stelle $\pi = \pi^*$), ist die Inflationsrate ineffizient hoch. Eine überzeugende Analyse muß natürlich begründen, warum eine solche Konstellation plausibel sein kann. Dazu ist es notwendig, von der Annahme identischer Individuen abzugehen. Ein Argument könnte darin liegen, daß die Anhänger der Regierungspartei (etwa aus Verteilungsüberlegungen heraus) im Vergleich zum Durchschnittswähler eine Präferenz für inflationäre Politik aufweisen. Politökonomische Aspekte werden ausführlicher in Kapitel 8 betrachtet. Im folgenden Kapitel beschäftigen wir uns aber zunächst mit der Frage, inwieweit unterschiedliche institutionelle Mechanismen geeignet sind, das Problem dynamischer Konsistenz zu lösen.

5.5 Übungsaufgaben:

5.1 (Abschnitt 5.1) Analysieren Sie anhand von Abbildung 5.2 die optimale diskretionäre Politik bei Inflationserwartungen π_H. Erläuteren Sie, warum hier kein Anreiz zur Überraschungsinflation besteht.

5.2 (Abschnitt 5.1) Zeigen Sie graphisch, wie sich eine stärkere Gewichtung b der Outputstabilisierung auf den Verlauf der Indifferenzkurven sowie auf die Reaktionsfunktion auswirkt. Untersuchen Sie ebenfalls graphisch, wie sich eine steilere Phillipskurve sowie ein Rückgang des Gleichgewichtswachstums $\bar{y}$ (und damit eine Anstieg von auswirkt

5.3 (Abschnitt 5.2) Betrachten Sie für das Beispiel von Abschnitt 5.2 folgende mildere Triggerstrategie: Die Vergeltungsperiode dauert nur eine Periode lang an. Zeigen Sie, daß sich Reputation bei einer solchen milderen Strafstrategie nur unter restriktiveren Bedingungen lohnt.

5.4 (Abschnitt 5.1/ 5.2) Leiten Sie für die Verlustfunktion: $L = \frac{1}{2}\pi^2 - b(y - \bar{y} - \Delta)$ und die Phillipskurve $y - \bar{y} = a(\pi - \pi^e)$

a) die diskretionäre Lösung

b) die Commitment-Lösung ab.

c) Vergleichen Sie die Wohlfahrtsverluste in beiden Fällen. Zeichnen Sie Reaktionsfunktion und relevante Lösungen (*D*,*C*,*Ü*) im (π,π^e)- Diagramm und im (π,y)- Diagramm.

d) Zeigen Sie, unter welchen Bedingungen für diese Verlustfunktion Triggerstrategien wie in Abschnitt 5.2 bzw. in Aufgabe 5.2 die Commitment-Lösung als Gleichgewicht verwirklichen können. Zeigen Sie insbesondere, daß sie für einen Diskontfaktor $\delta < 1$ kein Gleichgewicht ist, sofern die Bestrafung nur eine Periode andauert.

5.5 (Abschnitt 5.3) Zeigen Sie für das Modellbeispiel aus Abschnitt 5.3.2, daß die Commitment-Lösung **(5.34)** dynamisch nicht konsistent ist. Leiten Sie die optimale Politik ab für den Fall, daß die Regierung bei Erwartungen $\pi^e = 0$ eine Überraschungsinflation durchführt (Hinweis: verwenden Sie die Reaktionsfunktion aus Gleichung ***(5.38)***). Berechnen Sie für diesen Fall den Wohlfahrtsverlust.

5.6 (Abschnitt 5.3) Bei der Analyse der stochastischen Politik im Modellbeispiel aus Abschnitt 5.3 wurde zur Vereinfachung die Steigung der Phillipskurve auf $a = 1$ normiert. Analysieren Sie diskretionäre und Commitment-Lösung für den allgemeinen Fall $y - \bar{y} = a(\pi - \pi^e) + \varepsilon$. Führen Sie dabei einen Wohlfahrtsvergleich durch. Welche Konsequenz ergibt sich bei einer steileren Phillipskurve (einer Reduktion von a)?

5.7 (Abschnitt 5.4) Berechnen Sie für die beiden Zielfunktionen $W_1 = -\frac{1}{2}E\left\{\pi^2 + b\,(x + \varepsilon - \Delta)^2\right\}$ sowie $W_2 = -\frac{1}{2}E\left\{\pi^2 - b\,(x + \varepsilon)\right\}$ die optimale Politik entsprechend dem allgemeinen Ansatz von Abschnitt 5.4. Interpretieren Sie jeweils die Bedingungen erster Ordnung (insbesondere den Lagrangeparameter λ). Unter welcher Bedingung gilt für W_1 die Bedingung $W_x > 0$? Zeigen Sie, daß bei W_2 Schwankungen der Produktion keine Wohlfahrtsverluste hervorrufen.

6 Flexibilität versus Glaubwürdigkeit

Im letzten Kapitel wurde gezeigt, daß sich aufgrund des Problem dynamischer Konsistenz ein **Trade-Off zwischen Flexibilität und Glaubwürdigkeit** ergibt. Dies wirft die Frage auf, ob dieses Problem nicht durch geeignete Mechanismen gemildert oder gar völlig gelöst werden könnte. So lassen sich viele Ansätze zu geldpolitischen Reformen (etwa der Auftrag, den Wechselkurs, die Geldmenge oder die Inflationsrate in bestimmten Bandbreiten zu halten sowie Bestrebungen zu einer stärkeren Unabhängigkeit der Zentralbank- vgl. auch *Neumann 1991*) als Versuche interpretieren, institutionelle Rahmenbedingungen zu schaffen, um der Zentralbank ein Commitment zu ermöglichen und so den Trade-Off zwischen Flexibilität und Glaubwürdigkeit zu reduzieren.

Das vorliegende Kapitel untersucht mit Hilfe spieltheoretischer Methoden, inwieweit unterschiedliche institutionelle Mechanismen in der Lage sind, eine Annäherung an die optimale Lösung zu erreichen. Dabei wird sich zeigen, daß starke theoretische Argumente dafür sprechen, die Geldpolitik einer unabhängigen Instanz anzuvertrauen.

6.1 Überblick

Ausgangspunkt ist die Überlegung, daß der Sinn vieler Institutionen gerade darin besteht, bestimmten gesellschaftlich erwünschten Regelungen Glaubwürdigkeit bzw. Reputation zu verschaffen. Der Versuch, verläßliche Mechanismen zu konstruieren, ist aber ein heikles Unterfangen. Schließlich zeigt schon ein flüchtiger Blick auf die internationale Wirtschaftsgeschichte, daß in der Vergangenheit eine Vielzahl unterschiedlicher Institutionen mit mehr oder weniger großem Erfolg ausprobiert worden sind. Lange Zeit war die Bindung an einen Goldstandard die gängigste Methode, um Preisstabilität anzustreben. Bei einer hundertprozentigen Golddeckung kann es nur dann zu einer inflationären Entwicklung kommen, wenn neue Goldvorkommen (als Angebotsschocks) die Knappheitsrelationen verändern.

Sehr rasch erkannten die Regierungen, daß eine hundertprozentige Deckung für ein funktionierendes Geldsystem nicht notwendig ist. Damit wurde auch die Glaubwürdigkeit automatisch zum Problem. Die stetige Versuchung, den Metallgehalt der Münzen zu reduzieren, führte zu einer Verdrängung von gutem durch schlechtes Geld (Gresham's Gesetz).

Angesichts internationaler Währungsturbulenzen wird von manchen Kreisen gerade heute wieder die Rückkehr zu einem Goldstandard gefordert. In Staaten mit instabiler Währung erfreuen sich sogenannte Währungsbords (currency board) großer Beliebtheit. Sie begrenzen die Möglichkeit, neues Zentralbankgeld zu schöpfen durch die Verpflichtung einer hundert prozentigen Deckung über Fremdwährungsreserven. Um die Geldschöpfungskapazität der Geschäftsbanken zu begrenzen, wurde die Forderung nach 100 % Mindestreserve erhoben.

Die vielleicht am häufigsten ausprobierte Methode, der Geldpolitik Glaubwürdigkeit zu verschaffen, ist die Anbindung an eine stabile Währung. Im Rahmen des Bretton Woods-Systems wurde ein Regime mit fixen Wechselkursen geschaffen. Es ließ innerhalb gewisser Bandbreiten Schwankungen zu und erlaubte so eine begrenzte Autonomie der Geldpolitik. Falls aber zu große Spannungen zwischen den einzelnen Währungen aufkamen, wurde die Wechselkursfixierung zumindest temporär (durch Ab- bzw. Aufwertung) außer Kraft gesetzt. Weil Wechselkurse relative Preise sind, können bei n Teilnehmerstaaten nur $n-1$ Kurse fixiert werden. Ein Land (das Leitwährungsland) muß seine Geldpolitik nach anderen Kriterien ausrichten. Im Bretton Woods-System betrieben die USA als Leitwährungsland eine Politik des Goldstandards. Nachdem sie aber diese Bindung zumindest implizit aufgaben und zur Finanzierung des Vietnamkriegs eine Inflationspolitik betrieben, kam es schließlich 1973 zum Zusammenbruch des gesamten Systems.

Nach dem Zusammenbruch des Systems fixer Wechselkurse mußten die Staaten zwangsläufig mit anderen Bindungsregeln experimentieren. Gerade in dieser Zeit der Unsicherheit wurde die Empfehlung, die Geldmenge zu kontrollieren, dankbar aufgegriffen. Schließlich postulierte der Monetarismus als damals vorherrschende ökonomische Theorierichtung einen stabilen Zusammenhang zwischen dem Wachstum der Geldmenge und der Inflationsrate. Eine gewisse Zeit lang starrten Kapitalmärkte auf die neuesten Veröffentlichungen der Geldmengenzahlen wie das Kaninchen auf die Schlange. Angesichts zunehmender kurzfristiger Instabilität der Geldnachfrage hat sich aber in vielen Staaten eine bewußte Geldmengenpolitik als nicht praktikabel erwiesen; die Geldmengenzahlen verloren rasch ihre Faszination; allein in Deutschland war ein solcher stabiler Zusammenhang lange Zeit zu beobachten; die Deutsche Bundesbank orientiert sich zumindest in ihren offiziellen Verlautbarungen an dem Geldmengenkonzept.

Viele Staaten hielten weiterhin an stabilen Wechselkursen fest. Die meisten Versuche der Wechselkursanbindung sind aber letztlich (mit wenigen Ausnahmen wie

Österreich und Hongkong) nicht erfolgreich gewesen- dies gilt selbst für das EWS-System, das lange Zeit als ein Musterbeispiel galt. Derzeit sind in zahlreichen Staaten Bestrebungen in Gange, geldpolitische Institutionen neu zu gestalten. Vor- und Nachteile unterschiedlicher institutioneller Mechanismen werden analysiert, neue Instrumente im Zuge von Zentralbankreformen ausprobiert. In der EU wird daran gearbeitet, im Rahmen einer Währungsunion eine europäische Zentralbank zu konzipieren. Eine ganze Reihe von Staaten haben mittlerweile bereits Reformen durchgeführt.

Dabei wurden ganz unterschiedliche Wege eingeschlagen, die sich vereinfacht durch zwei Richtungen charakterisieren lassen: Zum einen als **konstitutioneller Weg** (Bestrebungen, eine größere Unabhängigkeit der Zentralbank in der Verfassung zu verankern); zum anderen als **Weg der Vertragsgestaltung** (die Regierung legt der Zentralbank vertraglich bestimmte Ziele fest, die sie innerhalb eines vorgegebenen Zeitraums realisieren soll).

Neuseeland, Kanada und Großbritannien sind beispielsweise dazu übergegangen, der Zentralbank ein direktes Inflationsziel vorzuschreiben. In Neuseeland wurde gleichzeitig im Zuge einer Neuordnung der Zentralbankverfassung die Durchführung der Geldpolitik der autonomen Entscheidung der Zentralbank überlassen. Auch in vielen anderen Staaten wurden Regelungen getroffen, um die Zentralbank von der Regierung unabhängiger zu machen. Der Ansatz, die Unabhängigkeit der Zentralbank zu stärken, hat sich zumindest bisher als recht erfolgreich erwiesen. In anderen Staaten dagegen - wie etwa in Großbritannien - bestehen wiederum starke Vorbehalte gegenüber dieser Idee. Dort beunruhigt der Mangel an demokratischer Legitimation: Warum sollten geldpolitische Instanzen in geringerem Maß einer parlamentarischer Kontrolle unterworfen werden als andere politische Entscheidungsträger?

In diesem Kapitel werden verschiedene institutionelle Regelungen aus spieltheoretischer Sicht analysiert, die zumindest in gewissem Umfang Glaubwürdigkeit schaffen können: Die **Fixierung der Wechselkurse** (mit Austrittsklausel), Bestrebungen zur **Unabhängigkeit der Zentralbank**, sowie das **Inflation Targeting**. Es soll geprüft werden, inwieweit sie jeweils eine Annäherung an die optimale Lösung ermöglichen.

Die Spieltheorie stellt ein theoretisches Instrumentarium zum Vergleich unterschiedlicher institutioneller Mechanismen bereit. Ein moderner Zweig der Spieltheorie beschäftigt sich explizit mit der Frage, wie optimale Mechanismen beschaffen sein sollten. Bemerkenswerterweise liefert die Spieltheorie eine theoretische Fundierung für Bestrebungen, der Zentralbank größere **Unabhängigkeit** zuzugestehen. Sie zeigt, daß eine Delegierung der Geldpolitik gerade dann (und nur dann) Sinn macht, wenn ein Spielraum für Flexibilität angebracht ist. Das bedeutet freilich auch: In der Regel ist es nicht optimal, nur starr das Ziel der

Preisstabilität zu verfolgen; Geldpolitik sollte vielmehr auch zur Stabilisierung von Produktionsschwankungen beitragen.

Die spieltheoretische Literatur hat zwei unterschiedliche Modelltypen entwickelt, die der Regierung nahelegen, die Geldpolitik an eine andere Instanz zu **delegieren**. Die beiden Ansätze modellieren allerdings ganz verschiedene Formen von **Unabhängigkeit**. Unabhängigkeit kann ja mehrere Bedeutungen haben[1]: So ist zum einen denkbar, daß die Zentralbank ihre Ziele autonom festlegen darf, ohne der Regierung dabei Rechenschaft ablegen zu müssen (**Zielautonomie**). Unabhängigkeit kann sich aber auch auf auf die Wahl der geeigneten Instrumente beziehen: Die Zentralbank bestimmt eigenverantwortlich, mit welchen Instrumenten gewisse von der Regierung vorgegebenen Ziele verwirklicht werden sollten (**Instrumentenautonomie**).

Der erste Modelltyp (das von *Kenneth Rogoff (1985)* formulierte Modell eines **konservativen Zentralbankers**) gibt eine Rechtfertigung für den **konstitutionellen Weg**. Es zeigt, daß sich das Problem dynamischer Konsistenz abmildern läßt, wenn die Geldpolitik einem konservativen Banker übertragen wird, der das Ziel der Preisstabilität stärker als die Regierung gewichtet. Eine solche Delegierung soll ein glaubwürdiges Commitment für eine stabilitätsorientierte Politik ermöglichen. Die Idee enthält Elemente sowohl von Ziel- wie Instrumentenunabhängigkeit. Sie ist vergleichbar der Übertragung der Rechtsprechung an eine unabhängige Justiz: Die Ausführung der vom Gesetzgeber (bzw. der Regierung) formulierten Ziele wird einer anderen Instanz übertragen. Auf die Geldpolitik bezogen: Die Regierung bestimmt, wer zum Zentralbankchef ernannt wird. Diesem wird dann aber die Freiheit eingeräumt, die von ihm gewünschte Politik autonom zu realisieren. In dieser Modellierung ist die Zentralbank nicht explizit einer Rechenschaftspflicht unterworfen - nach seiner Ernennung kann der Zentralbanker gemäß seinem Ermessen frei Entscheidungen treffen.

Der zweite Modellansatz (von *Walsh (1995a)* entwickelt und von *Persson/Tabellini (1993)* verallgemeinert) leitet sich von der **Theorie optimaler Kontrakte** bei **Principal-Agent** Beziehungen ab. Er modelliert Geldpolitik als Vertragsbeziehung: Die Regierung legt in einem expliziten Vertrag fest, welche Aufgaben der Zentralbankrat verfolgen soll - dieser soll dann die zum Erreichen der Ziele am besten geeigneten Instrumente auswählen. Ex post wird er zur Rechenschaft gezogen (beim Verfehlen der Ziele muß er Strafzahlungen leisten oder wird entlassen). In diesem Modellansatz verfügt der Zentralbankrat über Instrumentenunabhängigkeit. Der **optimale Zentralbankkontrakt** hat eine überraschend einfache Gestalt - unter bestimmten Bedingungen entspricht er dem Festlegen eines Inflationsziels. Während die Deutsche Bundesbank als Idealbeispiel für

---

1 Die Unterscheidung zwischen Zielautonomie und Instrumentenautonomie wurde von *Fischer (1995)* eingeführt.

Rogoffs Modell des konservativen Zentralbankers interpretiert werden kann, läßt sich die 1989 in Neuseeland durchgeführte Zentralbankreform am ehesten als ein **Principal Agent Kontrakt** auffassen.

6.2 Eine starre Regel à la Friedman

Das Problem dynamischer Konsistenz wirft die Frage auf, wie sich eine Regierung glaubwürdig dazu verpflichten könnte, den Anreiz zur Überraschungsinflation nicht auszunutzen. Die optimale Politik verlangt eine flexible Reaktion auf Schocks, sie lädt aber gleichzeitig zum Mißbrauch (zur bewußten Täuschung) ein. Eine einfache Alternative zur flexiblen Politik bestünde darin, die geldpolitischen Institutionen darauf zu verpflichten, starren Regeln zu folgen und auf diskretionäre Eingriffe völlig zu verzichten. In der Theorie der Geldpolitik wird dieser Trade-Off zwischen Flexibilität und Glaubwürdigkeit schon seit langem unter dem Schlagwort „**Regelbindung versus diskretionäre Geldpolitik**" diskutiert. Ein in der Verfassung oder auch nur in den Statuten der Zentralbank verankerter Auftrag zur Wahrung von Preisstabilität unter Verzicht auf aktive Stabilisierungspolitik kann relativ einfach als bindende Regel glaubwürdig verankert werden.

Regelbindung muß freilich nicht zwangsläufig so starr ablaufen. Die im vorigen Kapitel in Abschnitt 6.3 abgeleitete optimale Commitment-Lösung könnte ja im Prinzip durchaus als eine flexible Regel verfassungsmäßig verankert werden. Solange exakt nachprüfbar ist, ob die geldpolitischen Institutionen sich an die vorgeschriebenen Regeln halten, könnte durch Androhung entsprechender Sanktionen garantiert werden, daß die Regeln auch tatsächlich eingehalten werden. Im allgemeinen freilich ist die optimale Politik durch komplexe stochastische Beziehungen charakterisiert, deren Einhaltung nur schwer überprüfbar ist. Ein in der Verfassung festgeschriebener optimaler Kontrakt müßte explizit für alle Eventualitäten zustandsabhängige Politikmaßnahmen beschreiben. Selbst wenn solche komplexen Kontrakte formuliert werden könnten, ist ihre Implementierung (Durchsetzbarkeit) kaum möglich. Dies gilt insbesondere, wenn die Information über die exakte Natur der Schocks nur unvollständig ist.

Wenn etwa nicht eindeutig beobachtet werden kann, ob eine hohe Inflationsrate die optimale Antwort auf einen negativen Schock darstellt oder ob sie statt dessen vielmehr Konsequenz bewußter Täuschung der privaten Wirtschaftssubjekte ist, müssen die geldpolitischen Institutionen jeweils in Rechnung stellen, wie ihre Maßnahmen in der Öffentlichkeit interpretiert werden. Die beobachtete Inflationsrate liefert ja ein Signal darüber, welche Geldpolitik sie verfolgen. Wird eine hohe Inflation fälschlicherweise als Versuch der Täuschung interpretiert, würden die geldpolitischen Institutionen ihre Reputation verlieren. Um solche Mißverständnisse auszuschließen, mag es angebracht sein, auf einen drastischen Schock weniger stark zu reagieren als es bei vollständiger Glaubwürdigkeit optimal wäre.

6.2.1 Die Grundidee

Diese Überlegungen zeigen, daß die Commitment-Lösung, die eine flexible Antwort auf Schocks verlangt, nur schwer zu implementieren ist. Die einfachste Alternative besteht darin, völlig auf jegliche aktive Stabilisierungspolitik zu verzichten - dies ist die strengste Form der Regelbindung. *Milton Friedman* (*1959*) hat bereits 1959 vorgeschlagen, die Zentralbank sollte auf eine Politik einer festen Geldmengenregel verpflichtet werden und auf diskretionäre, interventionistische Eingriffe vollständig verzichten.

Friedmans Vorschlag war lange Zeit der Kritik ausgesetzt, daß eine Regelbindung die Handlungsmöglichkeiten der Regierung bzw. Zentralbank drastisch einschränkt und damit zwangsläufig zu schlechteren Ergebnissen führen muß als eine aktive Wirtschaftspolitik: Schließlich kann aktive Stabilisierungspolitik ja im schlimmsten Fall so gestaltet werden, daß keine Eingriffe erfolgen - eine konstante Politik ist ja nur ein Spezialfall diskretionärer Politikmaßnahmen. Die spieltheoretische Analyse des Problems dynamischer Inkonsistenz liefert jedoch eine Erklärung dafür, warum eine solche Regelbindung überlegen sein könnte: Durch die Einschränkung der Handlungsmöglichkeiten (den bewußten Verzicht auf aktive Stabilisierung) wird es möglich, dauerhaft eine niedrigere Inflationsrate glaubwürdig durchzusetzen.

Im folgenden wollen wir untersuchen, unter welchen Bedingungen diese fixe Regel einer diskretionären Politik überlegen sein kann. Es geht dabei im Prinzip um eine einfache Überlegung: Flexible Politik ist mit dem Glaubwürdigkeitsproblem konfrontiert und führt zu einer im Durchschnitt hohen Inflationsrate. Andererseits führt die fixe Regel zu stärkeren Output-Schwankungen. Je nach dem, welcher der beiden Effekte größere Wohlfahrtsverluste mit sich bringt, ist die fixe Regel besser oder schlechter als eine diskretionäre Politik.

Die starre Regel à la Friedman schreibt eine Politik konstanter Geldmengen-Ausweitung vor, wobei die Wachstumsrate nicht auf Schocks reagiert. In dem hier betrachteten Basismodell ohne Wachstum ist eine solche Regel gleichbedeutend mit einer konstanten Inflationspolitik ($\pi = 0$). Die niedrige Inflationsrate muß erkauft werden durch den Verzicht auf jegliche Stabilisierung der Output-Schwankungen.

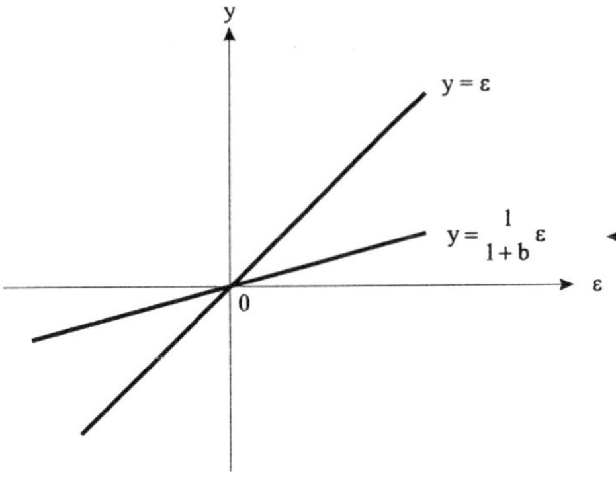

Abb. 6-1a Outputschwankungen

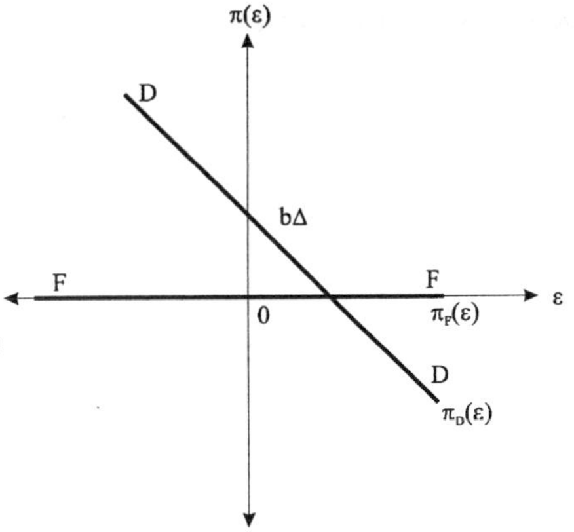

Abb. 6-1b Schwankungen der Inflationsrate

Abb. 6-1: Starre Regel vs. Flexibilität

Abb. 6-1 kann den Unterschied der Friedmanschen Regel zu den im vorigen Kapitel diskutierten Politikregeln verdeutlichen. Bei Reputation wird in Abhängigkeit von der Realisation des Schocks ε eine Geldpolitik mit einer durchschnittlichen Inflationsrate von Null betrieben. Sie ermöglicht eine Output-Stabilisierung entsprechend der Geraden $y - \bar{y} = \frac{1}{1+b}\varepsilon$. Wenn diese Politik aber nicht glaubwürdig ist, ist flexible Politik mit einem inflationärem Bias verbunden (vgl. die DD-Kurve). Einerseits ist im diskretionären Regime die Inflation ineffizient hoch, andererseits ermöglicht die flexible Politik, die Output-Schwankungen zu stabilisieren (im betrachteten Fall wird der Output im gleichen Umfang wie bei der Commitment-Lösung stabilisiert).

Eine starre Regel à la Friedman vermeidet im Gegensatz dazu den inflationären Bias (die Inflationsrate verharrt unabhängig von ε auf dem Niveau $\pi = 0$ - vgl. in Abb. 6-1b die Linie FF). Dieser Erfolg muß aber durch entsprechend starke Output-Schwankungen erkauft werden (weil keinerlei Stabilisierung erfolgt, bleibt der Output in Abb. 6-1a auf dem Niveau $y - \bar{y} = \varepsilon$). Intuitiv ist zu erwarten, daß die fixe Regel gegenüber der diskretionären Lösung immer dann vorzuziehen ist, wenn dem Wohlfahrtsverlust aus dem inflationären Bias besonders starkes Gewicht zugemessen wird. Wenn andererseits der Output besonders starken Schwankungen unterworfen ist, bringt Stabilisierungspolitik Vorteile, selbst wenn sie mit einem inflationären Bias einhergeht. Im folgenden Abschnitt wird die Intuition durch die exakte mathematische Lösung des Beispiels aus Abschnitt 5.3 präzisiert.

6.2.2 Modellbeispiel

Die von Friedman vorgeschlagene fixe Regel führt im Modell aus Abschnitt 5.3.2 zu folgender einfache Beziehung:

$$\pi_F = 0 \ , \ y_F = \bar{y} + \varepsilon. \tag{6.1}$$

Sie bringt den erwarteten Wohlfahrtsverlust:

$$L_F = bE(\varepsilon - \Delta)^2 = b\left[E(\varepsilon)^2 + \Delta^2\right] = b\sigma_\varepsilon^2 + b\Delta^2. \tag{6.2}$$

Die fixe Regel ist einer diskretionären Geldpolitik dann überlegen, wenn $L_D > L_F$. Ein Vergleich der Gleichungen (5.40) und (6.2) zeigt, daß dies genau dann gilt, wenn folgende Bedingung erfüllt ist:

$$\Delta^2(1+b) > \sigma_\varepsilon^2. \tag{6.3}$$

Bedingung (6.3) ist intuitiv einsichtig: Falls das Output-Ziel Δ und/oder die Gewichtung des Output-Verlustes b im Vergleich zur Varianz σ_ε^2 des Output-Schocks hohe Werte annehmen, übersteigen die Wohlfahrtsverluste aufgrund einer überhöhten Inflationsrate den Verlust, der sich durch bewußten Verzicht auf Stabilisierungspolitik ergibt. Je höher nämlich Δ und b sind, um so stärker die Anreize zur Überraschungsinflation. Dementsprechend steigen auch die Inflationserwartungen (vgl. Gleichung 5.40). Falls dagegen starke Produktionsschwankungen eine hohe Varianz von y erzeugen, sollte auf eine aktive Stabilisierungspolitik nicht verzichtet werden, selbst wenn dabei ein Anstieg der Inflationsrate in Kauf genommen werden muß.

6.3 Wechselkursfixierung mit Austrittsklausel

Eine starre Regel à la Friedman nimmt der Geldpolitik jeglichen Handlungsspielraum. Selbst wenn eine derart starre Regel einer diskretionären Politik vorzuziehen wäre, stellt sich die Frage, ob nicht andere institutionelle Mechanismen verfügbar sind, die das Problem dynamischer Konsistenz abmildern und so der starren Regel überlegen sind.

Der wohl am häufigsten unternommene Versuch, Glaubwürdigkeit für eine Stabilitätsorientierung zu gewinnen, besteht in einer Politik der Wechselkursfixierung. Würde eine solche Politik konsequent verfolgt, so bedeutet das faktisch den Verzicht auf eine autonome nationale Geldpolitik. Bei vollständiger Fixierung des Wechselkurses an eine andere Währung wird die Inflationsrate nämlich durch die in dem Ankerland betriebene Geldpolitik bestimmt. Verfügt die Zentralbank der Leitwährung über eine Reputation für stabilitätsorientierte Politik, so kann eine Bindung an diese Leitwährung, sofern sie denn glaubwürdig ist, eine Übertragung der Reputation ermöglichen. Dies ist im Prinzip einer der Grundgedanken des EWS.

Viele Länder binden sich an eine bestimmte Währung (etwa den Dollar oder die D-Mark) oder an einen Währungskorb in dem Versuch, durch eine solche Wechselkursfixierung Glaubwürdigkeit für stabilitätsorientierte Politik zu erlangen. Sehr häufig ist freilich der Versuch, sich auf diese Weise Glaubwürdigkeit zu verschaffen, auch gescheitert. Der Grund liegt darin, daß diese Bindung - ebenso wie die Bindung an einen Goldstandard - natürlich jederzeit aufgehoben werden kann. Solange in einem Wechselkursverband die Paritäten nicht völlig fixiert sind, besteht immer die Möglichkeit, eine Auf- bzw. Abwertung durchzuführen. Änderungen der Wechselkursparitäten sind allerdings mit entsprechenden Kosten (etwa in Form eines Gesichtsverlustes der Regierung) verbunden.

Flood / Isard (1988) zeigen, daß unter bestimmten Bedingungen eine Wechselkursfixierung mit Austrittsklausel sowohl einer diskretionären Politik als auch einer starren Regel überlegen sein kann. Die Idee ist im Grunde einfach: Falls die Schocks zwischen den betrachteten Ländern perfekt korreliert sind und die Zentralbank im Leitwährungsland über Glaubwürdigkeit verfügt, ermöglicht die Anbindung eine problemlose, flexible und gleichzeitig auch glaubwürdige Stabilisierungspolitik. In der Regel freilich sind die Schocks zwischen den einzelnen Ländern nicht vollständig korreliert. Falls nur kleine Abweichungen bestehen, bedeutet die Wechselkursfixierung zwar einen Verlust an nationaler Stabilität; dafür ermöglicht sie aber eine höhere Glaubwürdigkeit, die sich in einer niedrigeren durchschnittlichen Inflationsrate niederschlägt. Wenn die Divergenzen der Schocks zu stark werden, dann lohnt es sich, die Wechselkursbindung aufzugeben, selbst wenn dabei Anpassungskosten in Kauf genommen werden müssen. Sofern nach einer Anpassung der Paritäten eine weitere Bindung zu den neuen Kursen nicht mehr glaubwürdig ist, erfolgt dabei ein Wechsel zum diskretionären Regime.

6.3.1 Das Grundmodell

Die **Wechselkursfixierung** kann somit als eine Mischung zwischen der starren Friedmanschen Regel und der diskretionären Lösung interpretiert werden. Bei kleinen Schocks wird auf eine aktive Stabilisierung verzichtet. Bei großen Schocks (fundamentalen Ungleichgewichten) wird dagegen das Ziel der Wechselkursfixierung aufgegeben, obwohl ein solcher Regimewechsel Kosten K verursacht. Der Austritt aus dem Wechselkursverband erfolgt, sobald die Vorteile aus einem Wechsel zur flexiblen Politik die beim Wechsel anfallenden Kosten K übersteigen.

Betrachten wir dazu ein Beispiel: $\varepsilon \in [\alpha_1, \alpha_2]$ mit $\alpha_1 < 0$ und $\alpha_2 > 0$ sei eine Zufallsvariable mit $E(\varepsilon) = 0$. Wenn ε den Output-Schock des betrachteten Landes relativ zum Output-Schock des Leitwährungslandes bezeichnet, dann reagiert eine Politik der Wechselkursfixierung auf kleine lokale Schocks (ε nahe Null) nicht.[2] Sobald der Schock aber gewisse kritische Werte übersteigt, erfolgt ein Wechsel zu flexiblen Kursen mit aktiver Stabilisierungspolitik. Demnach gibt es drei Regimes (vgl. **Abb. 6-2**): Bei kleinen Schocks ε (im Regime R_3 mit $R_3 = \langle \varepsilon_1 \leq \varepsilon \leq \varepsilon_2 \rangle$) werden die Kurse stabil gehalten. Werden die Schocks aber zu groß, lohnt sich trotz der damit verbundenen Anpassungskosten K ein Wechsel zu diskretionärer Politik. Bei starken negativen Realisationen (im Regime R_1 mit $\alpha_1 < \varepsilon < \varepsilon_1$) kommt es zur Abwertung; umgekehrt erfolgt bei hohen positiven Werten (im Regime R_2 mit $\varepsilon_2 < \varepsilon \leq \alpha_2$) eine Aufwertung.

---

2 Diese Modellierung berücksichtigt nicht, daß auch fixe Wechselkurse in der Regel nicht völlig starr sind, sondern im Rahmen gewisser Bandbreiten durchaus schwanken können. Die Rechtfertigung solcher Bandbreiten liegt gerade darin, der nationalen Geldpolitik eine gewisse Flexibilität auf kurzfristige Schwankungen zu ermöglichen. Zur Rationalität von Bandbreiten vgl. *Svensson (1994)*.

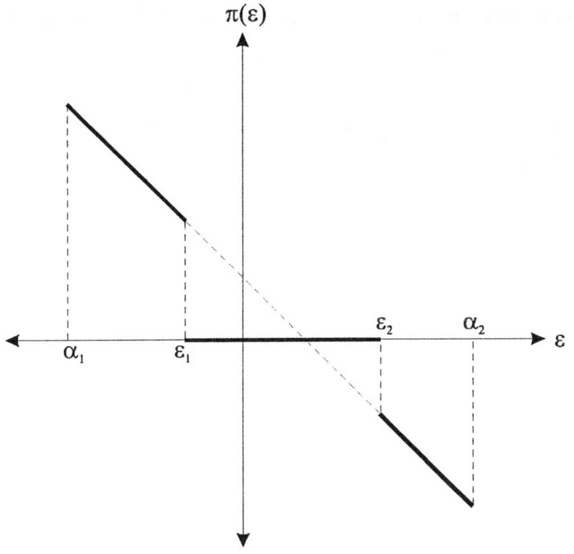

Abb. 6-2: Wechselkursfixierung mit Austrittsklausel

Zur Vereinfachung wird im folgenden unterstellt, daß im Leitwährungsland völlige Stabilität herrscht (die Inflationsrate beträgt dort Null). Die Aufgabe der Zentralbank eines Staates, der fixe Paritäten mit der Leitwährung anstrebt, besteht nicht mehr darin, die nationale Inflationsrate oder die nationale Geldmengenentwicklung zu kontrollieren; ihr Kontrollparameter ist vielmehr der Wechselkurs[3] s bzw. dessen Änderungsrate: $\dot{s} = \frac{ds}{s}$. Zur Vereinfachung wird im folgenden aber entsprechend der relativen Kaufkraftparitätentheorie (vgl. Abschnitt 10.3) unterstellt, daß jede Wechselkursänderung gleichbedeutend mit der Änderung des nationalen Preisniveaus ist. Eine Abwertung entspricht somit einer gleich hohen Inflationsrate; umgekehrt bedeutet Aufwertung Deflation[4]: $\dot{s} = \pi$.

3 Der Wechselkurs s wird entsprechend der Konvention hier als Preis der einheimischen Währung bezogen auf die Leitwährung verstanden. Eine Abwertung bedeutet einen Anstieg des Wechselkurses s.

4 Dies trifft immer zu, wenn die Kaufkraftparitätentheorie gültig ist (ihr zufolge entsprechen Wechselkursänderungen den Unterschieden in den jeweiligen Inflationsraten). Die im folgenden abgeleiteten Ergebnisse gelten aber unabhängig davon, solange π als Wechselkursänderung interpretiert wird.

Weil im **Leitwährungsland** völlige Stabilität herrscht, ermöglicht die Wechselkursfixierung eine Inflationsrate von Null $(\pi_F = 0)$. Die Wirtschaftssubjekte müssen aber damit rechnen, daß die fixen Kurse nicht beibehalten werden: Mit bestimmter Wahrscheinlichkeit q erfolgt ein Wechsel zur diskretionären Politik. Da diskretionäre Politik einen inflationären Bias hat, führt die Abkehr von fixen Kursen im Durchschnitt zu einer positiven Inflationsrate. Aus diesem Grund sind die Inflationserwartungen trotz der Anbindung an den Wechselkursverband positiv. Sie betragen:

(6.4) $$\pi^e = q \cdot E(\pi_D).$$

Die positiven Inflationserwartungen π^e bedeuten eine Art Risikoprämie für Abwertungserwartungen. Sie spiegeln das Risiko wieder, daß die versprochene Bindung aufgehoben wird und statt dessen eine Wechselkursanpassung erfolgt. Je geringer die Wahrscheinlichkeit eines Austritts aus dem Wechselkursverband (je kleiner q), desto niedriger sind diese Inflationserwartungen. Im Regime fixer Kurse beträgt die Inflationsrate zwar Null; als Folge der positiven Inflationserwartungen ist aber das durchschnittliche Produktions- und Beschäftigungswachstum sowohl im Vergleich zu einer starren Anbindung wie zu völliger Flexibilität niedriger. Die Wechselkursfixierung bringt in diesem Regime also Kosten in Form von Produktionseinbußen mit sich. Der ökonomische Grund liegt darin, daß sich die angesichts des Wechselkursänderungsrisikos ex ante vereinbarten Preis- und Lohnabschlüsse ex post als ungerechtfertigt hoch erweisen, falls die Wechselkurse fix bleiben; dies führt zu Wachstumseinbußen unter das Niveau $\bar{y}$.

6.3.2 Modellbeispiel

In unserem Standardbeispiel gilt:

(6.5) $$\pi_{WF} = 0 \ ; \ y_{WF} - \bar{y} = -\pi^e + \varepsilon.$$

Der Verzicht auf Stabilisierungsmaßnahmen bringt Wohlfahrtseinbußen mit sich. Bei verhältnismäßig großen Schocks werden diese Einbußen so hoch, daß es sich nicht mehr lohnt, starre Paritäten beizubehalten, obwohl der Austritt aus dem Wechselkursverband mit Kosten K (etwa in Form eines Gesichtsverlustes) verbunden ist. Nach dem Wechsel zur diskretionären Politik wird eine Stabilisierungspolitik entsprechend der Reaktionsfunktion aus Gleichung 5.38 betrieben:

(6.6) $$\pi_D = \frac{b}{1+b}\left[\pi^e - \varepsilon + \Delta\right].$$

Weil im diskretionären Regime die bedingte durchschnittliche Inflationsrate entsprechend Gleichung (6.4) über den Erwartungen liegt, löst der Wechsel im Durchschnitt einen unerwarteten Wachstumsschub aus. Zudem werden die Output-Schwankungen in diesem Regime bewußt gedämpft (vergleiche Abb. 6-2):

(6.7) $$y_D = \bar{y} + \pi_D - \pi^e + \varepsilon = \bar{y} + \Delta + \frac{1}{1+b}(\varepsilon - \pi^e - \Delta).$$

Für einen gegebenen Schock ε bestimmt sich der Verlust aus der starren Regel entsprechend Gleichung (6.5)

(6.8) $$L_{WF} = b\,(\varepsilon - \pi^e - \Delta)^2.$$

Andererseits beläuft sich der Verlust im diskretionären Regime auf

(6.9) $$L_D = \frac{b}{1+b}(\varepsilon - \pi^e - \Delta)^2.$$

Eine Abkehr von fixen Wechselkursen erfolgt immer dann, wenn der durch diskretionäre Politik ermöglichte Vorteil geringerer Wohlfahrtsverluste so hoch ist, daß er die mit einem Wechsel verbunden Kosten K übersteigt:

(6.10) $$L_{WF} > L_D + K \text{ bzw. } (\varepsilon - \pi^e - \Delta)^2 > z \cdot K.$$

mit $z = \frac{1+b}{b^2}$. Die quadratische Ungleichung ist für die beiden Regimes gültig:

(6.11) $$R_1 = \langle \alpha_1 \le \varepsilon < \varepsilon_1 \rangle \text{ mit } \varepsilon_1 = \pi^e + \Delta - \sqrt{z\,K} \quad \text{und}$$

$$R_2 = \langle \varepsilon_2 < \varepsilon \le \alpha_2 \rangle \text{ mit } \varepsilon_2 = \pi^e + \Delta + \sqrt{z\,K}$$

Die bedingte durchschnittliche Inflationsrate im diskretionären Regime beträgt:

$$(6.12) \qquad E(\pi_D) = \frac{b}{1+b}\left[\pi^e - E\big(\varepsilon \,|\, \varepsilon \notin (\varepsilon_1, \varepsilon_2)\big) + \Delta\right]$$

Unter Benutzung der Definition der erwarteten Inflationsraten (Gleichung (6.4) vereinfacht sich dies zu

$$(6.13) \qquad E(\pi_D) = \frac{b\left[\Delta - E\big(\varepsilon \,|\, \varepsilon \notin (\varepsilon_1, \varepsilon_2)\big)\right]}{1+b(1-q)}.$$

Im Fall negativer Angebotsschocks erfolgt der Wechsel aus dem Regime fixer Kurse mit größerer Wahrscheinlichkeit als im Fall positiver Schocks (vergleiche Abb. 6-2). Hinter diesem Ergebnis steht eine einfache Intuition: Die fixen Kurse werden ja immer dann aufgegeben, wenn der Vorteil aus einem Wechsel zur flexiblen Politik die damit verbundenen Kosten übersteigt. Im Regime fixer Kurse ist das Produktionsniveau aufgrund der positiven Inflationserwartungen ohnehin nach unten verzerrt. Deshalb wird diese „Schmerzgrenze“ bei negativen Schocks schneller erreicht.

Eine Wechselkursfixierung mit Austrittsoption kann mit geringeren erwarteten Wohlfahrtsverlusten verbunden sein als eine völlige Fixierung der Wechselkurse. Sie kann somit die Kosten mangelnder Output-Stabilisierung im Vergleich zu einer starren Regel a la Friedman reduzieren. Dies wird freilich erkauft durch einen Anstieg der Inflationserwartungen, weil die Marktteilnehmer nun antizipieren, daß mit positiver Wahrscheinlichkeit eine Abwertung erfolgt. Die positiven Inflationserwartungen verschärfen im Regime der Wechselkursfixierung das Problem ineffizient niedrigen Wachstums: Im starren Regime liegt die Inflationsrate unter den Erwartungen; dies führt zu einem Wachstumseinbruch. Je höher die Kosten K eines Regimewechsels, desto geringer die Austrittswahrscheinlichkeit q. Um so geringer sind diese Einbußen, desto weniger Flexibilität ist aber andererseits möglich.

6.3.3 Spekulative Abwertungen

Im bisher skizzierten Modell erfolgt die Abkehr von fixen Wechselkursen immer dann, wenn Änderungen der Fundamentaldaten (konkret: starke Angebotsschocks) das Aufrechterhalten starrer Paritäten zu kostspielig werden lassen - sie ist somit das gewünschte Ergebnis einer Politik, die bewußt die Option eines Regimewechsels nutzt. Der Austritt aus einem Wechselkursverbund ist in der Regel aber immer ein spektakuläres Ereignis, dem meist massive Abwertungsspekulationen vorausgehen. Fast immer verweisen die Regierungen betroffener Staaten auf spekulative Kapitalbewegungen: Habgierige Spekulanten erzwängen eine Abkehr von den im Grunde weiterhin erwünschten fixen Paritäten. Eine Abwertung wird in der Öffentlichkeit nicht als optimale Reaktion angesichts veränderter Rahmenbedingungen interpretiert, sondern vielmehr als nationaler Autoritätsverlust.

Der Grund mag darin liegen, daß diese Anpassungsmaßnahmen häufig durch endogene Politikschocks ausgelöst werden (insbesondere einer Fiskalpolitik, die langfristig nicht mit stabilen Kursen vereinbar ist). Der Verweis auf anonyme Spekulanten ist dann für die Politiker ein bequemes Mittel, um die Verantwortung für eigene Fehler elegant abzuwälzen. De facto aber reagieren in solchen Fällen gut funktionierende Finanzmärkte angemessen auf Informationen über fundamentale Ungleichgewichte. Die dadurch induzierten Kapitalbewegungen sind dann nicht das Werk böser Spekulanten; sie wirken vielmehr im Gegenteil als erwünschtes und notwendiges Disziplinierungsinstrument: Durch die Abwertung ensteht erst der Zwang, Politikfehler zu korrigieren.

Die Frage, ob Fundamentaldaten oder Spekulanten einen Regimewechsel erzwungen haben, wird immer kontrovers bleiben, weil die Daten meist unterschiedlich interpretierbar sind. So lassen sich im Fall der Abwertung des mexikanischen Peso Anfang 1995 einerseits gute Gründe dafür angeben, daß die beabsichtigte Stabilisierungspolitik angesichts der Fundamentaldaten der mexikanischen Wirtschaft weiter hätte fortgesetzt werden können. Umgekehrt finden sich Argumente dafür, daß nach dem Regierungswechsel eine Rückkehr zu einer lockeren Geldpolitik zu erwarten war und daß die rasche Reaktion der Kapitalmärkte rechtzeitig die notwendige Disziplinierung eines gravierenden Politikversagens erzwang.

Auch die spekulativen Attacken im Rahmen des EWS im Herbst 1992, die zum Austritt Italiens und Großbritanniens aus dem Wechselkursverbund geführt haben, können ganz unterschiedlich gewertet werden: Zum einen kann man sie als Zeichen dafür sehen, daß die Kapitalmärkte eine notwendige Korrektur von durch staatliche Interventionen verzerrten realen Preise erzwungen haben (Weil etwa die Inflationsrate in Italien trotz der über lange Zeit hin fixen nominalen Wechselkurse weit stärker anstieg als in Deutschland, kam es zu einer realen Aufwertung der Lira. Diese Veränderung der realen Preise führte zu einer Verschlechterung der Wettbewerbsfähigkeit der italienischen Wirtschaft, die nicht auf Dauer bestehen bleiben konnte. Angesichts der späteren Erfolge bei der Inflationsbekämpfung sowohl in Italien wie in Großbritannien kann aber auch von einer fehlerhaften Interpretation der Spekulanten gesprochen werden, die die Entschlossenheit der italienischen bzw. britischen Regierung zur Inflationsbekämpfung unterschätzt haben. Für beide Thesen lassen sich also gleichermaßen gute Argumente finden.

Für die im August 1993 entstandenen Spannungen im EWS, die mit einer Ausdehnung der Bandbreiten von 2,25 auf 15 Prozent beantwortet wurden, kann dies jedoch nicht mehr gelten. Die Kursentwicklung der Währungen von Frankreich, Belgien und Dänemark in den darauf folgenden Jahren sind ein recht eindeutiges Indiz dafür, daß die damaligen Spannungen nicht durch reale Fundamentaldaten, sondern durch spekulative Bewegungen ausgelöst wurden. Seitdem hat sich jedenfalls in den drei Staaten an den Fundamentaldaten kaum etwas verändert; dennoch bewegen sich ihre Kurse auch zwei Jahre nach der massiven spekulativen Attacke immer noch nahe der ursprünglichen unteren Bandbreite - anders formuliert: Der neue Handlungsspielraum durch erweiterte Bandbreiten wurde nicht ausgenutzt. Diese Entwicklung legt die Vermutung nahe, daß die Attacken gerade ausgelöst wurden durch Versuche, relativ risikofreie Gewinne aus Abwertungsspekulationen zu erzielen. Sobald diesem auslösenden Moment durch die erweiterten Bandbreiten die Basis entzogen wurde, waren solche Spekulationen nicht länger attraktiv, man orientierte sich wieder an den ursprünglichen Fundamentaldaten.

1992/93 - Das vermeintliche Ende des EWS

Der Leitkurs der italienischen Lira innerhalb des EWS blieb lange Zeit (seit 1987) unverändert. Am 14. September 92 mußte er aber nach massiven Stützungskäufen um 7 % abgewertet werden. Aufgrund weiter anhaltender Währungsspekulationen mußte die Teilnahme der italienischen Lira und des britischen Pfunds am EWS am 17. September suspendiert werden. Der Kurs der Lira gab darauf stark nach. Im Juli 1993 kam schließlich der französische Franc trotz umfangreicher Stützungskäufe der Französischen Zentralbank stark unter Druck, zusammen mit dem belgischen Franc und der Dänischen Krone. Nach mehreren ergebnislosen Geheimtreffen zwischen Deutschland und Frankreich stand der Währungsausschuß in Brüssel am Sonntag, den 1. August, unter enormem Entscheidungsdruck. Weil in wenigen Stunden die Finanzmärkte in Asien eröffnen würden, mußte irgendeine Einigung erzielt werden. Die Einstellung der Stützungskäufe der Zentralbanken und die vorübergehende Freigabe der Wechselkurse schien schon fast beschlossene Sache zu sein, als sich nach Mitternacht der Vorschlag des französischen Zentralbankchefs Jaques de Larosière durchsetzte, die Bandbreiten des EWS von ± 2,25 auf ± 15 Prozent zu erweitern.

Die Finanzmärkte werteten diese Regelung als faktischen Zusammenbruch des EWS. Man erwartete, daß Frankreich relativ rasch den neugewonnenen Handlungsspielraum ausnutzen werde, um durch eine expansive Geldpolitik (mit entsprechender Abwertung gegenüber der DM) die lahmende Wirtschaft zu stimulieren. Zur Überraschung vieler Experten orientierte sich die Geldpolitik aber unverändert an den Vorgaben der Bundesbank. Nach einer anfänglichen Abwertungsbewegung stabilisierten sich die Kurse im unteren Ende der ursprünglichen Bandbreiten.

Welche Faktoren können die Spannungen im EWS erklären? Wie meist bei ökonomischen Fragestellungen, spielen verschiedene Begründungen gleichzeitig eine Rolle; eine unikausale Erklärung macht wenig Sinn. *Svensson (1994b)* zufolge kommen im wesentlichen vier verschiedene ökonomische Erklärungsansätze in Frage:

1) Die zunehmende Liberalisierung der Kapitalmärkte erleichtert spekulative Attacken auf eine bestimmte Währung und macht so eine Stabilisierung fixer Kurse letztlich unmöglich. Wie *Obstfeld/Rogoff (1995)* argumentieren, wäre es allerdings technisch für eine Zentralbank kein Problem, die Kurse gegen spekulative Attacken zu verteidigen: Weil die kurzfristigen Zinsen durch einen hinreichend starken Rückgang der Geldbasis beliebig stark ansteigen könnten, würden solche Spekulationen unattraktiv. Das Problem liegt darin, daß eine solche Strategie mit enormen realen Anpassungskosten verbunden wäre und deshalb politisch nicht durchsetzbar ist. Aus diesem Grund werden Interventionen am Devisenmarkt meist in sterilisierter Form durchgeführt - in der Absicht, die kontraktive Wirkung des Verkaufs von Währungsreserven auf die einheimische Geldmenge durch gleichzeitigen Ankauf einheimischer Wertpapiere aufzuheben. Solche sterilisierten Operationen sind aber zwangsläufig zum Scheitern verurteilt.

2) Trotz fixer Wechselkurse lagen die Inflationsraten insbesondere in den südeuropäischen Staaten (Italien, Spanien, Portugal) über einen langen Zeitraum hin deutlich über der Rate in Deutschland. Die damit verbundene beträchtliche reale Aufwertung machte gemäß der Kaufkraftparitätentheorie (vgl. Abschnitt 10.3) zwangsläufig eine Korrektur erforderlich. Da weder ein überproportionaler Anstieg der Inflationsrate in Deutschland zu erwarten war, noch ein entsprechender Rückgang der Rate in Italien, blieb als einzige Lösung eine Abwertung der italienischen Lira. Dieses Argument trifft auf Frankreich jedoch keinesfalls zu: Die Inflationsrate war dort Anfang 1993 niedriger als in Deutschland; zeitweise rechnete man sogar damit, daß der Französische Franc die DM als harte Währung ablösen würde.

3) Die Wiedervereinigung in Deutschland wirkte als asymmetrischer realer Schock, der im Leitwährungsland Deutschland eine unterschiedliche Anpassungsreaktion erforderte als in den restlichen Teilnehmerstaaten des EWS. Der starke Anstieg der Nachfrage in Deutschland verteuerte die dort produzierten Güter im Vergleich etwa zu den französischen Produkten. In einem System flexibler Wechselkurse würde die damit notwendige reale Anpassung in Form einer nominalen Aufwertung der DM erfolgen. Eine Veränderung der nominalen Wechselkurse stieß aber im EWS zunächst auf starken Widerstand. Bei fixen Kursen aber kann die erforderliche reale Aufwertung der DM nur durch eine höhere Inflation in Deutschland oder aber durch eine Deflation (eine besonders restriktive Geldpolitik mit weiter steigender Arbeitslosigkeit) in den anderen Teilnehmerstaaten zustande kommen. Die erste Option lag nicht im Interesse des Leitwährungslandes; viele

Marktteilnehmer rechneten nicht damit, daß die zweite Option in den anderen Staaten (etwa Frankreich) angesichts politischer Widerstände durchzuhalten wäre.

4) Durch die Bindung des Wechselkurses an die DM wollten - entsprechend dem oben entwickelten Modell - die Teilnehmer am EWS die Glaubwürdigkeit der Deutschen Bundesbank für eine stabilitätsorientierte Politik auf ihr eigenes Land übertragen (für eine theoretische Analyse vgl. etwa *Giavazzi/Pagano 1988*). Eine Abwertung hätte die Glaubwürdigkeit einer solchen Politik in ihren Fundamenten zerstört; die dafür jahrelang aufgebrachten Anpassungskosten (mit der Absicht, letztlich eine Währungsunion zu bilden) wären umsonst gewesen. Wie das Obstfeld-Modell verdeutlicht, können unter solchen Bedingungen multiple Gleichgewichte auftreten. Sobald spekulativer Druck eine Abwertung erzwingt, wird die Glaubwürdigkeit dieser Anbindung zerstört. Gelingt es dagegen, die Spekulation abzuschrecken, so ist es optimal, trotz der durch asymmetrische Schocks ausgelösten realen Spannungen die Vorteile der mühsam erworbenen Reputation nicht aufs Spiel zu setzen. Wäre es am 1.8.1993 tatsächlich zu einer Freigabe der Wechselkurse gekommen, wäre das Projekt der Europäischen Währungsunion vermutlich gescheitert. Daß statt dessen - eher zufällig - eine Ausweitung der Bandbreiten beschlossen wurde und der dadurch gewonnene Handlungsspielraum von keinem EWS-Mitglied genutzt wurde, deutet darauf hin, daß hier eine Situation multipler Gleichgewichte vorlag.

6.3.4 Modellbeispiel*

Maurice Obstfeld (1995, 1996) hat - aufbauend auf *Calvo (1988)* - nachgewiesen, daß im Rahmen des oben diskutierten Modells multiple Gleichgewichte auftreten können. Er liefert damit eine theoretische Rechtfertigung für das Auftreten spekulativer Attacken: Wenn mehrere Gleichgewichte mit den Fundamentaldaten vereinbar sind, kann es allein als Konsequenz spekulativer Bewegungen (d.h. von Erwartungsänderungen) zu einem Wechsel von einem superioren Gleichgewicht (konkret: Einem Gleichgewicht, in dem die fixen Wechselkurse beibehalten werden) zu einem inferioren Gleichgewicht (mit Abwertung und einem entsprechenden Anstieg der Inflationsrate) kommen. Unter solchen Bedingungen kann höchstens eine Änderung der institutionellen Rahmenbedingungen (wie die Erweiterung der Bandbreiten) ausschließen, daß das unerwünschte Gleichgewicht realisiert wird.

Im oben skizzierten Modell können deshalb multiple Gleichgewichte auftreten, weil die kritischen Grenzen ($\varepsilon_1, \varepsilon_2$), bei denen es zu einer Paritätsänderung kommt, entsprechend Gleichung (6.11) von der erwarteten Inflationsrate abhängen. Diese wird aber wiederum wesentlich bestimmt von den Erwartungen der

Privaten über die Umstände, unter denen es zu einer Wechselkursanpassung kommt. Aufgrund der sich daraus ergebende Zirkularität der Erwartungen sind multiple Gleichgewichte denkbar. Modellexogene Faktoren, die mit den fundamentalen Daten der Ökonomie nicht zusammenhängen, können dann die Erwartungen der privaten Wirtschaftssubjekte beeinflussen und damit bestimmen, welches von mehreren denkbaren Gleichgewichten sich realisiert.

Vertrauen die Wirtschaftssubjekte etwa darauf, daß eine Politik niedriger Inflationsraten betrieben wird, so werden sie damit rechnen, daß es nur in Ausnahmefällen (nur angesichts gravierender Schocks) zu einer Paritätsänderung kommt. Dementsprechend vereinbaren sie niedrige Lohn- und Preisabschlüsse, die wiederum eine stabile Geldpolitik ermöglichen, so daß die Kurse tatsächlich mit großer Wahrscheinlichkeit unverändert bleiben. Kommt es dagegen zu einem Vertrauensverlust, der die Inflationserwartungen hochschraubt, kann dies fatale, sich selbst bestätigende Erwartungsprozesse auslösen. Je höher die Inflationserwartungen, desto kostspieliger wird ja eine Politik, die die fixen Kurse beizuhalten versucht (schließlich werden die Verzerrungen im Regime R_3 mit steigendem π^e immer gravierender, so daß ein Wechsel zu flexiblen Kursen trotz der damit verbundenen Anpassungskosten um so befreiender wirkt). Sind die Inflationserwartungen hoch genug, lohnt es sich überhaupt nicht mehr, an fixen Wechselkursen festzuhalten.

Ein einfaches Beispiel soll dies illustrieren: Der Schock ε sei gleichverteilt zwischen $-a$ und a, so daß die Dichte gleichmäßig $\dfrac{1}{2a}$ beträgt. Die Inflationsrate im Regime R_3 ist Null. Im diskretionären Regime wird eine Politik entsprechend Gleichung (6.6) betrieben. Die Inflationserwartungen berechnen sich demnach:

$$(6.14)\qquad E(\pi) = \int_{-a}^{\varepsilon_1} \pi(\varepsilon)\, f(\varepsilon)\, d\varepsilon + \int_{\varepsilon_2}^{a} \pi(\varepsilon)\, f(\varepsilon)\, d\varepsilon =$$

$$= \int_{-a}^{\varepsilon_1} \frac{b}{1+b}\,(\pi^e + \Delta - \varepsilon)\frac{1}{2a}\, d\varepsilon \;+\; \int_{\varepsilon_2}^{a} \frac{b}{1+b}\,(\pi^e + \Delta - \varepsilon)\,\frac{1}{2a}\, d\varepsilon$$

Die kritischen Grenzen ($\varepsilon_1, \varepsilon_2$) hängen gemäß Gleichung (6.11) von π^e ab. Beide verschieben sich mit steigendem π^e nach rechts - die Wahrscheinlichkeit einer Aufwertung nimmt also ab, die einer Abwertung dagegen zu; damit erhöht sich die erwartete Inflationsrate. Abb. 6-3 zeigt, wie $E(\pi(\pi^e))$ in Abhängigkeit von π^e zunimmt. Im Gleichgewicht mit rationalen Erwartungen muß natürlich gelten $E(\pi) = \pi^e$. Jeder Schnittpunkt der Funktion $E(\pi(\pi^e))$ mit der 45 Grad-Linie ist also ein Gleichgewicht.

Wie Übungsaufgabe 6.2 zeigt, kann die Funktion (6.14) einen Verlauf wie in Abb. 6-3 haben: Zunächst steigt die durchschnittliche Inflationsrate linear mit π^e. Sobald aber die Aufwertungswahrscheinlichkeit gleich Null ist, nimmt $E(\pi(\pi^e))$ quadratisch zu. Wird schließlich in jedem Fall mit einer Aufgabe der fixen Kurse gerechnet, nimmt $E(\pi(\pi^e))$ wieder linear zu.

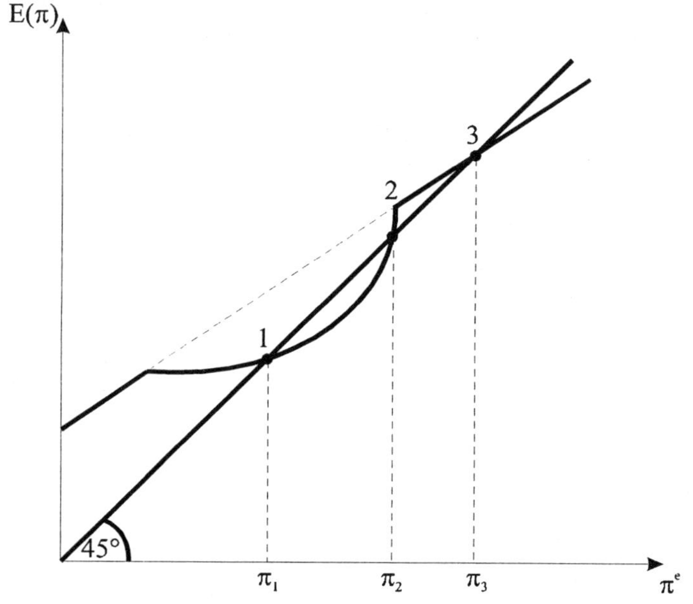

Abb. 6-3 Multiple Gleichgewichte

Gemäß Abb. 6-3 sind multiple Gleichgewichte mit rationalen Erwartungen möglich. Eine notwendige Bedingung dafür ist, daß ein Gleichgewicht (Punkt 3 in Abb. 6-3) existiert, bei dem in jedem Fall mit einer Umkehr zu flexiblen Wechselkursen gerechnet wird. Unter solchen Bedingungen müssen die Erwartungen der bei diskretionärer Politik im Durchschnitt realisierten Inflationsrate $\pi_D^e = b\,\Delta$ (Gleichung 5.40) entsprechen. Abb. 6-3 macht deutlich, daß in diesem Fall auch zwei weitere Gleichgewichte mit niedrigeren Inflationsraten denkbar sind. Das diskretionäre Gleichgewicht 3 existiert immer dann, wenn $\varepsilon_1 \geq a$ bzw. - unter Verwendung von (6.11) sowie von $\pi_d^e = b\,\Delta$:

$$(1+b)\,\Delta - a \geq \sqrt{z\,K} = \sqrt{\tfrac{1+b}{b^2}\,K}$$

Die Bedingung ist um so eher erfüllt, je niedriger die Austrittskosten K, je höher das Gewicht b, das der Stabilisierung von Produktionsschwankungen zugemessen wird und je höher die Verzerrung Δ. Wenn diese „fundamentalen" Parameter sich verändern, verschiebt sich die Kurve in Abb. 6-3. Bei niedrigen Werten von b und Δ gibt es ein eindeutiges Gleichgewicht mit niedrigen Inflationserwartungen (die Kurve verläuft dann so weit unten, daß die Punkte 2 und 3 unterhalb der 45 Grad Linie liegen). Steigen b oder Δ an, sind drei Gleichgewichte denkbar; die Kenntnis der Fundamentaldaten allein ist dann nicht mehr ausreichend, um die Entwicklung der Ökonomie zu prognostizieren. Steigen b bzw. Δ noch weiter an, verschiebt sich die Kurve weiter nach oben, bis schließlich als einziges das diskretionäre Gleichgewicht ohne Wechselkursfixierung übrig bleibt.

Eine interessante Eigenschaft des Modells ist, daß der fundamentale Zustand der Ökonomie durchaus Einfluß darauf hat, ob spekulative Attacken überhaupt möglich sind. Eine Schwäche der Fundamentaldaten (etwa ein Anstieg von Δ, ausgehend vom Gleichgewicht mit fixen Kursen) macht solche Attacken erst möglich. Weil aber in einem mittleren Bereich mehrere Gleichgewichte denkbar sind, müssen solche spekulative Attacken keineswegs zwingende Konsequenz veränderter Rahmenbedingungen sein. Gelänge es, die Inflationserwartungen entsprechend niedrig zu halten, ließe sich das superiore Gleichgewicht mit fixen Wechselkursen aufrechterhalten.

Auf den ersten Blick mag das Modell vielleicht etwas dubios erscheinen: Spekulative Aktivitäten manifestieren sich hier in überhöhten Löhnen und Preisen, die in Antizipation einer erwarteten expansiven Geldpolitik festgelegt werden. Da aber gerade starre Löhne und Preise ein wesentliches Element des gesamten Modells darstellen, erscheint es wenig plausibel, mit Hilfe dieser Variablen schnell ablaufende Spekulationsprozesse abzubilden. Dies ist freilich ein vordergründiges Argument: Nur zur Vereinfachung bildet die Phillipskurven-Relation den Ausgangspunkt der Überlegungen. Genau die gleichen Phänomene ergeben sich in einem Modell, in dem Spekulanten angesichts erwarteter Abwertungen Zinsanpassungen erzwingen - eine ökonomische Variable, die sicher am schnellsten auf Erwartungsänderungen reagiert (vgl. dazu *Obstfeld 1995*).

Die Multiplizität von Gleichgewichten wird häufig als eine Schwäche nicht hinreichend spezifizierter Modelle angesehen. Dieser Vorwurf beruht aber auf einem Mißverständnis: Das Modell verdeutlicht, daß nicht allein fundamentale Rahmenbedingungen darüber bestimmen, ob das Regime fixer Wechselkurse zusammenbricht. Spekulative Aktivitäten können eine Wechselkursanpassung auslösen, selbst wenn eine Fortsetzung der bisherigen Politik möglich wäre. Zwar wird nicht modellendogen begründet, von welchen Faktoren eine spekulative Attacke ausgelöst wird (dazu wäre eine genauere Modellanalyse der spezifischen institutionellen Bedingungen nötig, die die Erwartungen in eine bestimmte Richtung lenken). Multiple Gleichgewichte sind aber eben gerade Voraussetzung für das Auftreten spekulativer Attacken.

6.4 Delegation der Geldpolitik an einen konservativen Zentralbankchef

Spieltheoretische Analysen in der Industrieökonomie zeigen, daß es einem Unternehmen Vorteile bringen kann, bestimmte Aufgaben an einen unabhängigen Agenten (etwa über Outsourcing an ein anderes Unternehmen) zu delegieren, weil auf diese Weise häufig ein strategisches Commitment gegenüber Konkurrenten möglich wird. *Kenneth Rogoff (1985)* hat diese Überlegungen auf die Geldpolitik übertragen. Er weist nach, daß es im Interesse der Regierung liegt, die Geldpolitik an eine unabhängige Instanz zu delegieren, die das Ziel der Preisstabilität im Vergleich zur Gesamtgesellschaft stärker gewichtet. Durch die Übertragung der Geldpolitik an eine solche Instanz (einen konservativen Zentralbanker), die nicht direkt den Weisungen der Regierung unterworfen ist, stellt die Regierung ihr Commitment unter Beweis, das Instrument der Geldpolitik nicht zu mißbrauchen.

6.4.1 Die Grundidee

Ausgangspunkt ist folgende Überlegung: Es ist plausibel, anzunehmen, daß in der Bevölkerung die Präferenzen für Preisstabilität unterschiedlich verteilt sind. Vermögende Gesellschaftsmitglieder beispielsweise sind in der Regel stark um den Wert ihres Nominalvermögens besorgt, während sie vom Problem der Arbeitslosigkeit kaum betroffen sind. Deshalb haben sie - gemessen am Bevölkerungsdurchschnitt - ein vergleichsweise geringes Interesse an einer Stabilisierung von Produktionsschwankungen. Sie verhalten sich konservativer. *Rogoff (1985)* modelliert diese Überlegung folgendermaßen: Unterschiedliche Wirtschaftssubjekte messen dem Inflationsziel im Verhältnis zum Outputziel unterschiedliches Gewicht zu. Angewandt auf das Standardbeispiel quadratischer Verlustfunktionen: Die Heterogenität in der Gesellschaft spiegelt sich in unterschiedlichen Präferenzen wider: [5]

[5] Diese Modellierung ist aber keineswegs zwingend. Ebenso plausibel wäre es, anzunehmen, Konservative hätten ein geringeres Interesse an einer Outputsteigerung (sie wollten die Produktion y also um einen geringeren Faktor Δ_i steigern). Weiterhin wäre denkbar, daß die Zielgröße π^* der Inflationsrate, die bisher immer gleich Null ($\pi^* = 0$) gesetzt

(6.15) $$L_i = \pi^2 + b_i (y - \bar{y} - \Delta)^2$$

Das Gewicht b_i variiert über alle Wirtschaftssubjekte *i* entsprechend einer bestimmten Verteilungsfunktion. Je höher b_i in der Zielfunktion, desto weniger konservativ verhält sich ein Wirtschaftssubjekt, und um so stärker wäre der inflationäre Bias, wenn es die geldpolitischen Entscheidungen treffen würde. Wird umgekehrt ein Konservativer mit niedrigem Gewicht b_i zum Zentralbankchef ernannt, wird dieser sich in stärkerem Maß um Preisstabilität bemühen. Die Delegierung der Geldpolitik an einen konservativen Zentralbankchef ermöglicht es damit offenkundig, die Inflationserwartungen glaubwürdig zu reduzieren. Dies muß freilich damit erkauft werden, daß Outputschwankungen in geringerem Maße stabilisiert werden.

Die Zielfunktion der Regierung läßt sich durch die Präferenzen eines repräsentativen Wirtschaftssubjektes $b = b_m$ beschreiben. b_m kann aus einer sozialen Wohlfahrtsfunktion (interpretiert als gewichtete Summe der individuellen Nutzenfunktionen) abgeleitet sein; es kann aber auch die Präferenzen des Medianwählers repräsentieren (bei Abstimmungen über die optimale Geldpolitik in einem demokratischen Zwei-Parteien-System gewinnt der Medianwähler - vgl. Kapitel 8). Das Bemerkenswerte an Rogoffs Arbeit ist der Nachweis, daß die Regierung angesichts des Problems dynamischer Konsistenz die Geldpolitik immer an einen Konservativen delegieren wird, der sich stärker um Preisstabilität sorgt als das repräsentative Wirtschaftssubjekt: $b_k < b_m$. Allerdings sollte andererseits ein stahlharter Konservativer (der das Ziel der Beschäftigungsstabilisierung mit $b_i=0$ gewichtet - ein „*inflation nutter*") nicht zum Zentralbankchef ernannt werden. Auch im Vergleich zur starren Regel à la Friedman ermöglicht somit die Delegierung an einen (in Maßen) konservativen Banker eine bessere Lösung. Friedmans Regel würde ja gerade der Politik entsprechen, die ein Banker mit Präferenzen $b_i = 0$ verfolgen würde.

Rogoff interpretiert seinen Vorschlag, die Geldpolitik an einen konservativen Banker zu delegieren, als *Unabhängigkeit der Zentralbank*. Dahinter verbirgt sich die Überlegung, daß eine Delegierung nur dann Sinn macht, falls der ernannte Banker ex post nicht von seinem Posten entfernt werden kann, selbst wenn seine

---

wurde, aus individueller Sicht unterschiedlich hoch ist. Generell kann sich Heterogenität der Präferenzen auf die drei indizierten Parameter der Zielfunktion beziehen: $L_i = (\pi - \pi_i *)^2 + b_i(y - \bar{y} - \Delta_i)^2$. Je nachdem, welcher Parameter betrachtet wird, ergeben sich ganz unterschiedliche Konsequenzen: Falls etwa Heterogenität bezüglich Δ_i besteht, würde die Wahl eines Bankers mit $\Delta_i = 0$ das ganze Problem lösen. Die Festlegung einer optimalen Zielgröße $\pi *$ kann dann als Inflation Targeting interpretiert werden.

Politik dann den Regierungsinteressen zuwiderläuft. Denn sobald einmal die Inflationserwartungen bestimmt sind, besteht für die Regierung ja wieder die Versuchung, selbst eine zeitinkonsistente Geldpolitik zu betreiben. Nur falls die Zentralbank ihre Ziele unabhängig verfolgen kann, ist die Delegierung glaubwürdig. Das Modell von *Rogoff* verordnet der Zentralbank eine Mischung aus Ziel- und Instrumentenunabhängigkeit. Die Regierung bestimmt zwar, wer zum Zentralbankchef ernannt wird und legt damit zunächst einmal die Zielfunktion fest. In *Rogoffs* Ansatz hat die Zentralbank dann aber völlige Freiheit - sie ist der Regierung keine Rechenschaft mehr schuldig.

6.4.2 Modellbeispiel

Rogoffs Ansatz geht davon aus, die Gesellschaft (bzw. der Medianwähler) könne jeden beliebigen Typen mit einer bestimmten Präferenz zum Zentralbankchef ernennen. Sie wird dann den Typen $b_k < b_m$ als Banker auswählen, der aus Sicht der Gesellschaft die optimale diskretionäre Politik betreibt. Ein Banker mit b_k verfolgt die Geldpolitik:

$$(6.16) \qquad \pi_k = b_k \Delta - \frac{b_k}{1+b_k}\varepsilon \ ; \ y_k = \bar{y} + \frac{1}{1+b_k}\varepsilon.$$

mit $E(\pi_k) = b_k \Delta$. Je niedriger b_k, desto niedriger die Durchschnittsinflation, desto schwächer aber auch die Reaktion auf Schocks. Der gesamtwirtschaftliche Wohlfahrtsverlust (gewichtet mit den Präferenzen der Gesellschaft bzw. des Medianwählers b_m) hängt offensichtlich von der Politik des Bankers b_k ab. Der erwartete Wohlfahrtsverlust als Funktion von b_k beträgt:

$$(6.17) \qquad L(b_k) = E\left(b_k \Delta - \frac{b_k}{1+b_k}\varepsilon\right)^2 + b_m \cdot E\left(\frac{1}{1+b_k}\varepsilon - \Delta\right)^2.$$

Wegen $E(\varepsilon) = 0$ und $E(\varepsilon)^2 = \sigma_\varepsilon^2$ vereinfacht sich die Gleichung durch Ausmultiplizieren zu:

$$(6.18) \qquad L(b_k) = b_k^2\, \Delta^2 + \left(\frac{b_k}{1+b_k}\right)^2 \sigma_\varepsilon^2 + \frac{b_m}{(1+b_k)^2}\sigma_\varepsilon^2 + b_m\, \Delta^2$$

Ein Medianwähler mit den Präferenzen b_m wählt den Typen b_k zum Zentralbanker, der diesen Verlust minimiert. Die Bedingung erster Ordnung dieses Optimierungsproblems lautet:

$$F(b_k) = 2\, b_k\, \Delta^2 + 2\, \frac{b_k - b_m}{(1+b_k)^3}\, \sigma_\varepsilon^2 = 0 \tag{6.19}$$

Der Ausdruck $F(b_k)$ ist positiv, falls als Zentralbanker der Medianwähler gewählt wird ($b_k = b_m$). Andererseits ist er negativ, falls der Banker das Stabilisierungsziel überhaupt nicht gewichtet ($b_b = 0$). Weil also einerseits $F(b_k = b_m) > 0$, andererseits aber $F(b_k = 0) < 0$ und die Funktion stetig ist, gilt für den optimalen Wert: $0 < b_k < b_m$. Der Wunschkandidat, den man durch Gleichsetzen von $F(b_k) = 0$ ermittelt, sollte zwar konservativ sein, er darf aber andererseits nicht zu konservativ sein.

Da also ein inneres Maximum vorliegt, läßt sich die Bedingung erster Ordnung umformulieren zu der Beziehung:

$$\frac{b_m - b_k}{b_k(1+b_k)^3} = \frac{\Delta^2}{\sigma_\varepsilon^2} > 0. \tag{6.20}$$

Gleichung (6.20) liefert eine implizite Funktion zur Bestimmung des optimalen Zentralbankers b_k für gegebene Werte von b_m, Δ und σ_ε^2. Weil der Ausdruck positiv ist, erkennt man unmittelbar, daß $b_k < b_m$. b_k weicht um so stärker von b_m ab, je kleiner die Varianz σ_ε^2 der Output-Schocks und je größer die angestrebte Output-Steigerung Δ ist. Je geringer die Schwankungen σ_ε^2, um so weniger fällt die mangelnde Flexibilität des konservativen Bankers ins Gewicht. Weil mit steigendem Δ der inflationäre Bias zunimt, steigt der Vorteil aus höherer Glaubwürdigkeit. Da ein konservativer Banker den Verlust aus Output- bzw. Beschäftigungsschwankungen geringer gewichtet als der Durchschnitt der Gesellschaft, dämpft die Zentralbank diese Schwankungen im Vergleich zur diskretionären Lösung in geringerem Umfang - er reagiert auf Schocks ε weniger flexibel. Dieser Mangel an Flexbilität ist aber gerade Voraussetzung dafür, daß im Durchschnitt eine niedrigere Inflationsrate möglich wird (vgl. **Abb. 6-4**).

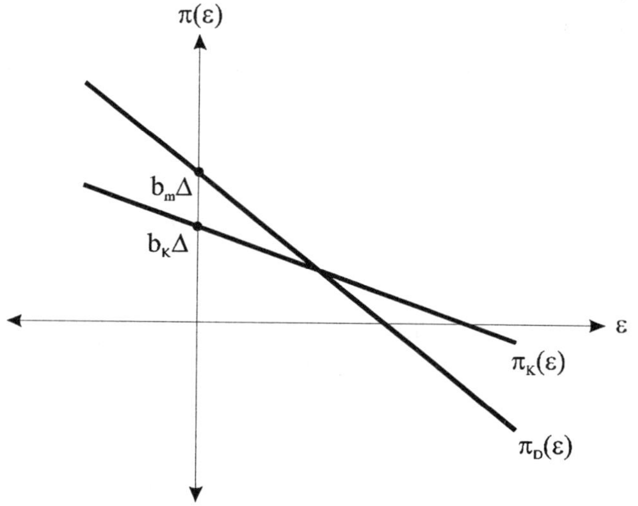

Abb. 6-4: Geldpolitik eines konservativen Zentralbankers

Das Modell macht demnach eine eindeutige, empirisch überprüfbare Prognose: Staaten, deren Zentralbanken relativ unabhängig sind, weisen stärkere Output- und Beschäftigungsschwankungen (und dafür geringere Preisschwankungen) auf als Staaten mit einer von der Regierung abhängigen Zentralbank. Diese Implikation ist eine Konsequenz des abgeleiteten Trade-Offs zwischen Glaubwürdigkeit und Flexibilität. Empirische Analysen für die OECD-Staaten (etwa *von Alesina/Summers (1993)* und *Grilli/Masciandaro/Tabellini (1991)*) zeigen aber, daß ein solcher Zusammenhang nicht nachweisbar ist - ihren Ergebnissen zufolge bringt Unabhängigkeit der Zentralbanken niedrige Inflationsraten, ohne daß dies mit realen Kosten in Form höherer Beschäftigungsvariabilität verbunden wäre.

Dieses Ergebnis kann auf ganz unterschiedliche Weise erklärt werden: Zum einen ist denkbar, daß abhängige Zentralbanken politische Konjunkturzyklen erzeugen: Um die Wiederwahl der Regierung zu sichern, könnte die Zentralbank vor den Wahlen eine expansivere Politik als erwartet betreiben, während es danach zu Rezessionen kommt (vgl. Kapitel 8). Ist die Notenbank unabhängig, so kommt es erst gar nicht zu solch endogenen (politikinduzierten) Schwankungen. Auf diese Weise könnte Unabhängigkeit zu einer Verstetigung des realen Wachstums beitragen, selbst wenn die Zentralbank auf die Stabilisierung exogener stochastischer Schocks ganz verzichten würde. Diese gegenläufigen Effekte können erklären, warum keine Korrelation zwischen Unabhängigkeit und Outputvariabilität beobachtbar ist (vgl. *Alesina/Gatti 1995*). Eine andere Erklärung liefert die Theorie optimaler anreizkompatibler Kontrakte, die in Abschnitt 6.6 behandelt wird. Sie zeigt, daß unter bestimmten Bedingungen der Trade-Off zwischen Preisstabilität und Flexibilität durch geeignete institutionelle Mechanismen ganz aufgehoben werden kann. Damit aber wäre die hier abgeleitete Korrelation gar nicht relevant.

6.5 Kombination von konservativem Zentralbanker und Austrittsklausel

Sowohl die Ernennung eines konservativen Zentralbankers als auch eine starre Regel mit der Option, davon abzuweichen, können einerseits der diskretionären Lösung, andererseits aber auch einer völlig inflexiblen starren Regel überlegen sein. Es liegt nahe, zu fragen, ob eine Kombination beider institutioneller Mechanismen eine noch stärkere Annäherung an die optimale Reputationslösung ermöglichen kann. *Lohmann (1992)* hat nachgewiesen, daß dies in der Tat der Fall ist. Sie geht davon aus, daß die Geldpolitik an einen konservativen Zentralbanker delegiert wird; im Fall starker Schocks aber wird die Regierung sich über die Entscheidungen des Zentralbankers hinwegsetzen. Ist dies der Fall, so entstehen der Regierung Kosten (etwa durch die Entlassung des Zentralbankchefs). Die Höhe dieser Kosten kann von der Regierung selbst (durch die Gestaltung der ursprünglichen Kontrakte) beeinflußt werden. Je länger etwa die Amtsdauer bei der Ernennung eines Zentralbankchefs, desto teurer würde (aufgrund der dann fälligen Abfindungen) seine Entlassung kommen.

Lohmann geht nun davon aus, daß die Regierung zwei Parameter festlegen kann: Sie kann zum einen wählen, welchen Typ b sie zum Zentralbankchef ernennt, zum anderen legt sie die Höhe der Kosten K fest, die bei einer Abweichung von Zentralbankentscheidungen anfallen. Nach Realisation des Output-Schocks entscheidet dann zunächst der Zentralbanker über die Höhe der Inflationsrate. Falls die Regierung diese Entscheidung nicht billigt, wird sie aber unter Inkaufnahme der Kosten K davon abweichen. Je höher K gewählt wird, desto größer ist der Grad der Autonomie der Zentralbankentscheidungen.

Wie im Regime mit Wechselkursfixierung gibt es nun drei unterschiedliche Regimes. In der mittleren Region (für kleine Schocks) (von Lohmann Region der Unabhängigkeit genannt) wählt die Zentralbank die entsprechend ihren konservativen Präferenzen optimale diskretionäre Politik. Weil die Zentralbank sich konservativ verhält, wird in dieser Region die Produktion nur in geringen Umfang stabilisiert. Fallen die Schocks dagegen entsprechend hoch aus, so würde es sich aus Sicht der Regierung lohnen, die Kosten einer Entlassung des Zentralbankchefs in Kauf zu nehmen, um dafür eine stärkere Stabilisierung zu gewährleisten. Der Zentralbanker antizipiert diese Gefahr. Weil ihm sein Job Prestige verschafft, wird er eine Entlassung zu vermeiden versuchen. Das bedeutet: Angesichts hoher

Schocks verfolgt er aus eigenem Interesse eine akkommodierende Geldpolitik. Im Gleichgewicht kommt es demnach zu keiner Entlassung. Allein die Drohung damit reicht aus, die gewünschte Politik zu realisieren. Abb. 6-5 kennzeichnet die in den verschiedenen Regimen betriebene Geldpolitik.

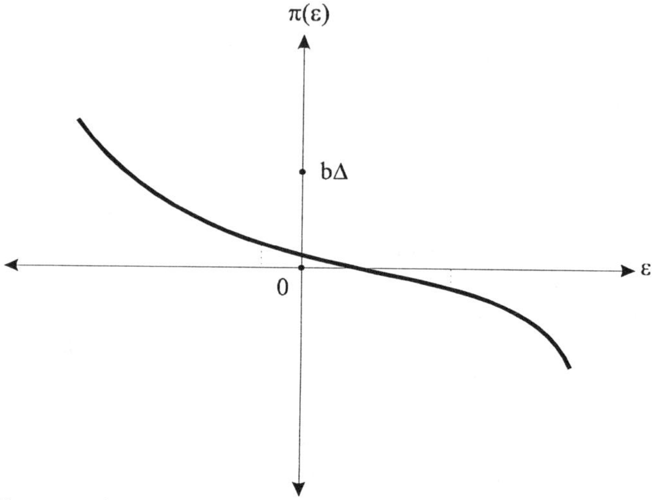

Abb. 6-5: Konservativer Zentralbanker mit Austrittsklausel

6.6 Der optimale Zentralbankkontrakt

In den vorangehenden Abschnitten wurden verschiedene Mechanismen diskutiert, die den Trade-Off zwischen Glaubwürdigkeit und Stabilisierungspolitik abmildern. Die Mechanismen beschreiben ganz unterschiedliche Maßnahmen zur Bekämpfung des Konsistenzproblems. Eine wesentliche Erkenntnis lag in dem Vorteil, den die Delegierung der Geldpolitik an eine unabhängige Instanz bietet. Angesichts der zahlreichen Mechanismen, die in verschiedenen Staaten ausprobiert wurden, stellt sich freilich die Frage, ob es nicht einen Mechanismus gibt, der den zugrundeliegenden Trade -Off am besten löst - der also der optimalen Lösung am nächsten kommt. In der Terminologie der Spieltheorie geht es um die Frage des optimalen Mechanismusdesigns. Gerade für geldpolitische Institutionen wird ja derzeit in vielen Ländern stark diskutiert, wie die institutionellen Rahmenbedingungen (quasi die Spielregeln) adäquat gestaltet werden können.

In diesem Abschnitt soll untersucht werden, wie sich ein optimaler Mechanismus bestimmen läßt. Zu diesem Zweck erweist es sich als hilfreich, die ganze Fragestellung als ein mehrstufiges **Principal Agent Problem** aufzufassen: Die Gesellschaft (als Prinzipal) überträgt die Geldpolitik an die Regierung (als ihrem Agenten). Zunächst gehen wir (wie bisher fast durchwegs) davon aus, daß zwischen Gesellschaft und Regierung kein Interessenkonflikt besteht: Die Zielfunktion der Regierung sei völlig identisch mit der Zielfunktion der Gesellschaft (der sozialen Wohlfahrtsfunktion). Die Regierung aber delegiert die Geldpolitik wiederum an die Zentralbank. Wie sollten die Spielregeln gestaltet sein, um ihr Anreize zu setzen, die optimale Politik auszuführen?

Die **Principal Agent Literatur** beschäftigt sich ausführlich mit der Frage, welche Mechanismen angesichts von Anreizproblemen eine optimale Lösung bieten.[6] Sie untersucht, wie der Prinzipal den Vertrag gestalten sollte, um dem Agenten monetäre Anreize zu setzen, die gewünschten Ziele zu realisieren. Die **Principal Agent Theorie** untersucht also mit Vertragsbeziehungen, wenn die Interessen von Prinzipal und Agent auseinanderfallen. Grundbedingung einer solchen Analyse ist, daß abgeschlossene Verträge einklagbar und durchsetzbar sind. Wären Verträge möglich, die für alle Eventualitäten das jeweils gewünschte Ergebnis vollständig spezifizieren und würden beide Vertragspartner über die gleiche Information verfügen, könnte der Prinzipal jedes Ergebnis durch geeignete Verträge durchsetzen.

Auf das Commitment Problem angewandt bedeutet dies: Falls komplexe kontingente Verträge möglich sind, kann die Zentralbank vertraglich auf die optimale Commitment Politik verpflichtet werden: Im Vertrag muß nur für jeden Schock ε die gewünschte Politik $\pi_C = -\frac{b}{l+b}\varepsilon$ bindend festgelegt werden. Es genügt, daß bei Abweichungen hinreichend drastische Strafen angedroht werden. Ein solcher Vertrag ist aber nicht durchsetzbar, falls unabhängige Gerichte nicht nachprüfen können, welche konkrete Realisation des Zufallsparameters ε eingetreten ist. Die Zentralbank kann aus einer Reihe von Gründen über ε besser informiert sein[7] als andere Wirtschaftssubjekte. Eine Motivation der Überlegenheit von Geldpolitik angesichts inflexibler privater Kontrakte besteht ja gerade darin, daß die privaten Wirtschaftssubjekte ε nicht so gut beobachten können wie die Zentralbank. So verwendet die Zentralbank zur Beobachtung makroökonomischer Variablen weit mehr Ressourcen, als dies für einzelne private Wirtschaftssubjekte rentabel wäre (Informationen über makroökonomische Variablen sind - so gesehen - öffentliche Güter).

---

6 *Laffont/Tirole (1993)* bieten eine Einführung in die moderne Principal Agent Literatur.

7 Im folgenden wird immer davon ausgegangen, daß die Zentralbank ε exakt beobachten kann, während alle anderen den Wert ε nicht kennen. Realistischer wäre es, anzunehmen, die Zentralbank verfüge über stochastische, ex post nicht verifizierbare Signale über ε. Dies würde die Analyse aber nur komplizieren, ohne an den Ergebnissen etwas zu ändern (vgl. Übungsaufgabe 6.5).

Falls aber ε private Information der Zentralbank ist, dann besteht ein starker Anreiz, die Öffentlichkeit über den wahren Wert von ε zu täuschen. Entspricht die Zielfunktion der Zentralbank der des repräsentativen Individuums, so unterliegt sie ex post wieder der Versuchung, eine Überraschungsinflation durchzuführen.

Wenn die Öffentlichkeit den Schock nicht beobachten kann, den Mitteilungen der Zentralbank aber Vertrauen entgegenbringt im Glauben, die Reputationslösung werde verwirklicht, dann würde die Behauptung genügen, der Schock ε sei niedriger ausgefallen als es der Wahrheit entspricht, um eine stärker expansive Politik zu rechtfertigen: Glaubt die Öffentlichkeit, daß bei einem mitgeteilten Schock $\tilde{\varepsilon}$ die Commitment Politik $\pi_C = -\frac{b}{l+b}\,\tilde{\varepsilon}$ betrieben wird, muß die Zentralbank nur angeben, ein Schock $\tilde{\varepsilon} = \varepsilon - (1+b)\,\Delta$ sei eingetreten, um die diskretionäre Politik $\pi_D = b\,\Delta - \frac{b}{l+b}\,\varepsilon$ durchführen zu können.

Natürlich würde dieser Anreiz zur Täuschung von der Öffentlichkeit antizipiert. So erscheint angesichts der Informationsasymmetrie auf den ersten Blick allein die diskretionäre Politik vertraglich durchsetzbar. Die theoretische Analyse zeigt aber, daß trotz der geschilderten Informationsasymmetrien unter bestimmten Bedingungen die Commitment-Lösung implementiert werden kann. Welche Handlungsanreize sollten der Zentralbank gegeben werden? Die beste Regelung besteht darin, die Zentralbank erfolgsabhängig zu entlohnen. Der optimale Kontrakt hat sogar eine verblüffend einfache Struktur: Je höher die tatsächlich realisierte Inflationsrate, desto niedriger sollte das Gehalt der Zentralbanker ausfallen. Präziser formuliert: Der optimale Kontrakt legt Transferzahlungen zwischen Regierung und Zentralbank fest, die linear mit steigender Inflationsrate abnehmen. Auf diese Weise wird die Entlohnung der Zentralbanker (negativ) an die Inflationsrate gekoppelt.

Es wäre allerdings ein Mißverständnis, das Ziel solcher Zahlungen ausschließlich darin zu sehen, die Inflationsrate auf ein niedriges Niveau zu fixieren, wie dies manche Vorschläge nahelegen, die Gehälter und Budget der Zentralbank für einen langen Zeitraum in nominalen Größen festlegen wollen, um so monetäre Anreize für eine niedrige Inflation zu setzen. Der Vorteil eines linearen inflationsabhängigen Kontrakts besteht vielmehr gerade darin, daß er auch optimale Anreize zur Outputstabilisierung setzt. Bemerkenswerterweise sind diese einfachen monetären Anreize allen bisher skizzierten institutionellen Mechanismen überlegen: Sie können das Glaubwürdigkeitsproblem unter gewissen Bedingungen sogar vollständig lösen. Der bisher so ausführlich betonte Trade-Off zwischen aktiver Stabilisierungspolitik und niedriger Inflationsrate besteht dann gar nicht mehr.

6.6.1 Modellanalyse

Aus kontrakttheoretischer Sicht lassen sich geldpolitische Regelungen als Verträge interpretieren, die den Handlungsspielraum und die zulässigen Instrumente der Zentralbank in bestimmter Weise festlegen. Durch geeignete Gestaltung der Kontrakte soll eine möglichst große Übereinstimmung der tatsächlichen Geldpolitik mit der als optimal abgeleiteten Commitment-Lösung erreicht werden. Erst in jüngster Zeit wurden Ansätze der Principal Agent Theorie, die in der Industrieökonomie entwickelt wurden (ausführlich dargestellt in *Laffont/Tirole 1993*), auf das Konsistenzproblem übertragen. *Walsh (1995a)* hat in einer viel zitierten Arbeit als erster die Theorie der Regulierung öffentlicher Unternehmen auf die Frage angewendet, wie geldpolitische Institutionen in optimaler Weise reguliert werden sollten. *Persson/Tabellini (1993)* verallgemeinerten dann den Ansatz von Walsh.

Die Grundüberlegung läßt sich am besten anhand der allgemeinen Formulierung der sozialen Wohlfahrtsfunktion $W(\pi,x,\varepsilon)$ aus Abschnitt 5.4 illustrieren. Bei Risikoneutralität ist die optimale Politik durch die Maximierung des Erwartungswertes charakterisiert. Die Commitment-Lösung bestimmt sich durch folgendes Maximierungsproblem:

(6.21) $$\text{Max}\; E\,W(\pi,x,\varepsilon)+\lambda\; Ex$$

Die Ableitung nach π und π^e liefert als Bedingung erster Ordnung (zur Herleitung vgl. Abschnitt 5.4):

(6.22) $$W_\pi + W_x = \lambda \quad \text{mit} \quad \lambda = E\,W_x$$

Dagegen ist die diskretionäre Lösung (als unbeschränktes Optimierungsproblem) bestimmt durch die Bedingung:

(6.23) $$W_\pi + W_x = 0$$

Die Regierung beauftragt die Zentralbank mit der Ausführung der Geldpolitik. Die optimale Politik (6.22) hängt von der Realisation ε ab, die nur von der Zentralbank beobachtet wird. Gehen wir davon aus, die Bank habe die gleichen Präferenzen (die gleiche Zielfunktion) wie die Regierung.[8] Darüber hinaus aber werden

---

8 In dieser Interpretation wird Geldpolitik - wie bei Rogoff - an einen Agenten mit bestimmten Präferenzen delegiert. Im Gegensatz zu Rogoffs Idee eines konservativen Zentralbankers sollten die Präferenzen des Agenten jedoch keineswegs konservativer als die des Prinzipals, vielmehr mit ihnen identisch sein. Zur Lösung des Anreizproblems erhält

vertraglich bestimmte (positive oder negative) Transferzahlungen $T(\pi, \varepsilon)$ vereinbart, die zusätzlich an den Banker ausgezahlt werden, je nachdem welche Politik er durchgeführt hat. Verhält sich auch der Zentralbanker risikoneutral, dann lassen sich die Transferzahlungen linear zur Zielfunktion addieren. Damit wird seine erwartete Auszahlung durch folgende Gleichung beschrieben:

$$EW(\pi, x, \varepsilon) + ET(\pi, \varepsilon) \tag{6.24}$$

Die Transferzahlungen an die Zentralbank müssen durch Besteuerung der anderen Wirtschaftssubjekte finanziert werden. Zur Vereinfachung sei im folgenden unterstellt, daß diese Transfers im Vergleich zur Gesamtwohlfahrt so gering ausfallen, daß damit keine gesamtwirtschaftlichen Wohlfahrtsverluste verbunden sind (anders formuliert: Die Besteuerung verursacht keinen Excess Burden; zudem führen selbst relativ hohe Zahlungen an die Zentralbanker zu keinen Neidgefühlen beim Rest der Bevölkerung).

Die Transferzahlungen $T(\pi, \varepsilon)$ könnten grundsätzlich sowohl von der Inflationsrate π wie von der Realisation der Zufallsvariablen ε abhängen. Es stellt sich aber heraus, daß beim optimalen Kontrakt die Zahlungen ausschließlich erfolgsabhängig sind. Sie sind also allein eine Funktion der tatsächlich betriebenen Geldpolitik π: Je höher π, desto weniger Geld erhält der Zentralbanker.[9]

Dies macht folgende formale Überlegung klar: Die Commitment-Lösung in Gleichung (6.22) unterscheidet sich von der diskretionären Politik (Gleichung (6.23)) nur durch die Berücksichtigung des Lagrange-Multiplikators, der die Beschrän-

---

der Agent dann je nach den von ihm erbrachten Leistungen noch zusätzliche monetäre Transfers.

Die Wahl eines Zentralbankers mit bestimmter Zielfunktion läßt sich quasi als eine vertragliche Festlegung interpretieren. Eine alternative Sicht besteht darin, daß Agenten nur an monetären Auszahlungen interessiert sind. Durch entsprechende monetäre Anreize können aber auch in diesem Fall die Interessen des Agenten mit denen des Prinzipals in Einklang gebracht werden: Der Agent handelt genau dann optimal, wenn er Zahlungen erhält, die sich - abgesehen von einem (evtl. negativen) Fixbetrag - aus der Summe aus sozialer Wohlfahrtsfunktion und den zusätzlichen Transfers zusammensetzen. Ansonsten bleibt die Analyse unverändert.

In einer dritten Interpretation wiederum sind die Zahlungen nicht wörtlich zu nehmen: Der Zentralbanker internalisiert die Zielfunktion der Regierung vielmehr dadurch, daß sein Prestige (etwa seine späteren Jobchancen oder sein Ansehen nach der Pensionierung) davon abhängen, inwieweit er die von der Gesellschaft angestrebten Ziele verwirklicht.

9 Weil π wiederum auf ε reagiert, besteht natürlich indirekt auch ein Zusammenhang mit ε. Zur Implementierung des Kontrakts ist es aber keineswegs notwendig, daß der Prinzipal den Störterm ε direkt beobachten kann; er kann vielmehr indirekt aus der Beobachtung von π und seinem Wissen um das Verhalten des Zentralbankers auf ε rückschließen.

kung aufgrund rationaler Erwartungen widerspiegelt. Wird die Geldpolitik einem Zentralbanker übertragen, der bei seinen Entscheidungen zusätzlich zur Wohlfahrt auch die Transferzahlungen $T(\pi, \varepsilon) = c - K\,\pi$ berücksichtigt, besteht sein Kalkül ex ante nun gerade in der Maximierung der Funktion:

$$EW(\pi, x, \varepsilon) + c - K\,E\pi \tag{6.25}$$

Seine diskretionäre Politik entspricht demnach genau dann der Commitment-Lösung, wenn die Transfers so gestaltet sind, daß $K = \lambda$. Weil die Konstante c bei diesen Überlegungen keine Rolle spielt, kann sie als Freiheitsgrad so gewählt werden, daß die durchschnittlichen erwarteten Transfers an den Zentralbanker gerade Null betragen (also $c=0$). Das bedeutet, daß als „Belohnung" bei unterdurchschnittlichen Inflationsraten ($\pi < \pi^* = 0$) Zahlungen geleistet werden, im umgekehrten Fall ($\pi > \pi^* = 0$) dafür aber „Strafzahlungen" erfolgen müssen. Der optimale Kontrakt bürdet dem Banker allerdings ein entsprechend hohes Verlustrisiko auf. Nur bei Risikoneutralität ist der Banker diesem Risiko gegenüber indifferent. Eine wesentliche Voraussetzung für das Zustandekommen einer First-Best Lösung ist also, daß die Zentralbanker sich nicht risikoavers verhalten.[10]

Die negativen Transfers im Fall einer hohen Inflationsrate wirken auf den ersten Blick wie Strafzahlungen für eine ungebührend lockere Geldpolitik. Dies ist aber eine Fehlinterpretation. Um den Charakter des optimalen Kontrakts zu verstehen, muß man sich klar machen, daß die hohe Inflationsrate ja gerade die erwünschte, optimale Stabilisierungsreaktion auf einen starken negativen Angebotsschocks darstellt. Der Kontrakt wird nämlich so konstruiert, daß der Banker im Gleichgewicht keinerlei Anreiz hat, von den ursprünglichen Vereinbarungen abzuweichen. Die Zahlungen $T(\pi, \varepsilon) = -K\,\pi$ stellen also ex post keineswegs eine Strafe für fehlerhaftes Verhalten dar; sie müssen nur deshalb erhoben werden, damit ex ante die richtigen Anreize gesetzt werden. Ihr Sinn besteht darin, von vorne herein die Kosten höherer erwarteter Inflation zu internalisieren: K muß dem Schattenpreis λ (den Grenzkosten einer höheren durchschnittlichen Inflation) entsprechen.

Der optimale Kontrakt hat eine extrem einfache und robuste Form, ganz unabhängig von der konkreten Gestalt der Wohlfahrtsfunktion: Die Transferzahlungen sind linear in der Inflationsrate. Hinter diesem Ergebnis steht folgende Intuition: Weil die Zentralbank π^e als gegeben annimmt, berücksichtigt sie bei der diskre-

---

10 Bei Risikoaversion ist der optimale Kontrakt wesentlich komplexer; die Commitment-Lösung ist dann nicht mehr durchsetzbar. Gleiches gilt, wenn die Bankrottbeschränkung bindend würde bzw. wenn zur Vermeidung dieser Beschränkung so hohe Pauschalzahlungen (im Extremfall $t \to \infty$) erforderlich werden, daß die Annahme der „Neidfreiheit" nicht mehr gewährleistet ist. An den Grundaussagen des Principal Agent Modells ändert sich aber nichts Wesentliches.

tionären Lösung nicht, wie ihre Geldpolitik sich auf die erwartete Inflation auswirkt. Die erwartete Inflation ist aber bei rationalen Erwartungen gerade eine lineare Funktion der tatsächlichen Inflationsrate. Die Grenzkosten der Inflation müssen demnach entsprechend dem Schattenpreis λ (den sozialen Kosten des inflationären Bias) erhöht werden - und zwar in allen denkbaren Zuständen. Genau deshalb kann ein linearer Kontrakt die Auswirkung auf die erwartete Inflationsrate in die Entscheidung der Zentralbanker einbeziehen.

Die verblüffend simple Gestalt des optimalen Kontrakts legt die Frage nahe, ob solche Regelungen in der Realität angewendet werden. Falls nicht, kann der Grund darin liegen, daß bisher bei der Gestaltung monetärer Institutionen einfache Wahrheiten übersehen wurden oder aber daß die modelltheoretische Analyse komplexe Aspekte der Realität unzulässig vereinfacht.

So überzeugend einfach der optimale Kontrakt auch erscheint, so ist seine Durchsetzung doch mit erheblichen Schwierigkeiten verbunden: Effektiv soll durch ihn ja die optimale flexible Politik gewährleistet werden. Eine hohe Inflationsrate ist dann nicht Ausdruck eines Versagens der Zentralbank, sondern gerade erwünschte Konsequenz optimalen Verhaltens. Um aber optimale Anreize zu setzen, muß der Prinzipal ex post die Zentralbank durch Kürzungen der Transferleistungen bestrafen, wohl wissend, daß sie die ex ante optimale Politik ausgeführt hat.

Ex post freilich hat gerade der Prinzipal (die Regierung) ein Interesse daran, eine dynamisch inkonsistente Politik zu betreiben. Deshalb ist keineswegs sicher, daß die ursprünglich angekündigte Bestrafungsaktion auch durchgeführt wird. Würde die Zentralbank nun aber antizipieren, daß die ankündigten Transferzahlungen nicht geleistet werden, dann würde sie sich von vornherein so verhalten wie in der diskretionären Lösung. Spieltheoretisch formuliert: Der Kontrakt ist nicht *neuverhandlungsstabil* (renegotiation proof) - sobald der Agent abweichend von den Vereinbarungen eine lockerere Geldpolitik betrieben hat, besteht für beide Seiten ein Anreiz, die ursprünglich vereinbarten Strafen nicht zu vollziehen.

Der optimale Kontrakt substituiert quasi ein fehlendes Commitment zum Handeln durch ein Commitment zum Einhalten von Verträgen. Er kann nur dann implementiert werden, wenn die Regierung sich verpflichten kann, Verträge nicht zu brechen, obwohl sie sich im Gegensatz dazu nicht bindend auf die Ausführung einer bestimmten Politik festlegen kann. Das Konsistenzproblem wird damit von der Ebene der Einhaltung angekündigter Politikmaßnahmen verlagert auf die Ebene der Einhaltung abgeschlossener Verträge (vgl. dazu auch die Kritik von *McCallum 1995*). Dies ist nur dann von Vorteil, wenn Dritte (etwa Gerichte oder die Öffentlichkeit) die Erfüllung von Verträgen leichter überprüfen können als die Ausführung konkreter Politikmaßnahmen. Je komplexer die Verträge gestaltet sind, desto unwahrscheinlicher wird dies allerdings.

Im skizzierten Grundmodell hat der Vertrag tatsächlich eine verhältnismäßig einfache Gestalt. Bei realistischerer Modellierung wird der Vertrag aber schnell erheblich komplexer. Ein Beispiel: Die Inflationsrate hängt in der Regel auch von stochastischen Faktoren θ ab, die die privaten Wirtschaftssubjekten zum Teil schon zum Zeitpunkt der Festlegung ihrer Kontrakte kennen. Sobald solche Schocks beobachtet werden, müßte der Zentralbankkontrakt modifiziert werden oder - dazu äquivalent - es werden von vorne herein kontingente Zahlungen vereinbart, d.h. die Zahlungen variieren je nach der Höhe beobachtbarer Angebotsschocks θ. Solch komplexe, zustandsabhängige Kontrakte sind kaum praktikabel und durchsetzbar. Die Implikationen unvollständiger Kontrakte werden in Abschnitt 6.6.4 diskutiert. Zunächst soll aber untersucht werden, inwieweit die Formulierung eines direkten Inflationsziels (Inflation Targeting) bzw. eines Geldmengenziels als Methode zur Implementierung eines optimalen Kontrakts interpretiert werden kann.

6.6.2 Inflation Targeting und optimaler Zentralbankkontrakt

Die größte Ähnlichkeit mit dem abgeleiteten optimalen Inflationskontrakt weisen Ansätze auf, die der Zentralbank ein Inflationsziel vorgeben (inflation targeting). Streng interpretiert, würde ein Inflationsziel der Zentralbank freilich ein festes Niveau $\pi = \pi^*$ vorschreiben und dabei der Outputstabilisierung keinerlei Gewicht (*b=0*) zumessen. Ein solch starrer Auftrag (wie in Abschnitt 6.2) stünde offensichtlich im Widerspruch zu der Idee des optimalen Kontrakts. Schließlich bestand ja gerade ein wesentliches Ergebnis des letzten Kapitels darin, daß Geldpolitik in einer stochastischen Ökonomie nicht auf ein einziges Ziel verpflichtet werden sollte: Der Kontrakt wird mit einem Banker abgeschlossen, der sich in gleicher Weise wie die Gesellschaft auch um das Ziel der Outputstabilisierung bemüht. Insofern würde ein Auftrag, das nominale Sozialprodukt zu stabilisieren (nominal GDP Targeting), eher einem solchen Kontrakt entsprechen.

Die meisten Regelungen eines expliziten Inflationsziels sind allerdings flexibel formuliert: Die zulässige Inflationsrate bewegt sich immer in gewissen Bandbreiten, Schwankungen der Inflationsrate werden also durchaus toleriert. Zudem dürfte sich eine Zentralbank, die der Regierung oder dem Parlament Rechenschaft ablegen muß, zumindest implizit auch am Ziel der Output-Stabilisierung orientieren. Nach *Svensson (1995)* läßt sich eine Politik des Inflation Targeting daher sinnvoller so interpretieren: Sie formuliert explizit zwar nur ein Inflationsziel $\hat{\pi}_i$; legt dabei aber gleichzeitig implizit auch ein Outputziel Δ_i sowie eine Gewichtung b_i beider Ziele fest. Svensson zeigt, daß ein solche Politik bei quadratischer Verlustfunktion die optimale Lösung verwirklichen kann.

Svensson versteht unter Inflation Targeting eine Form der Delegierung von Geldpolitik im Sinn von Rogoff. Während Rogoff davon ausgeht, daß die Präferenzen des Zentralbankers sich nur bezüglich der Gewichtung b_i von Output- und Inflationsziels von denen der Regierung unterscheiden können, argumentiert Svensson, ebenso sei denkbar, daß Banker sich bezüglich des Inflationsziels $\hat{\pi}_i$ unterscheiden. Wird ein Banker beauftragt, der das nachfolgend abgeleitete optimale Inflationsziel $\hat{\pi}_i$ anstrebt, kann die optimale Lösung erreicht werden. Im Gegensatz zum Rogoff-Modell sollte dabei aber die Gewichtung zwischen Output- und Inflationsziel identisch mit derjenigen der Gesellschaft sein: $b_i = b_m$. Ein Banker optimiert dann folgende Zielfunktion:[11]

(6.26) $$L = (\pi - \hat{\pi}_i)^2 + b_m\,(y - \bar{y} - \Delta)^2$$

Seine Politik ist bestimmt durch die Bedingung:

(6.27) $$\pi = \hat{\pi}_i + b_m\,\Delta - \frac{b}{1+b}\,\varepsilon$$

Strebt die Gesellschaft eine Zielgröße π^* an, muß Inflation Targeting einen Banker mit Präferenzen $\hat{\pi}_i = \pi^* - b_m\,\Delta$ bestimmen, um die optimale Politik durchzusetzen (für $\pi^*=0$ gilt insbesondere $\hat{\pi}_i = -b_m\,\Delta$). Die kaum zu erfüllende Voraussetzung für solch ein Vorgehen ist freilich, daß die genauen Präferenzen des Bankers allgemein bekannt sind. Bei der Analyse des neuseeländischen Modells in *Walsh (1995b)* wird deutlich, wie schwierig es ist, zu bestimmen, ob das Modell dem optimalen Zentralbankkontrakt entspricht, weil die Gestalt des optimalen

---

11 Generell sind natürlich beliebige Präferenzen denkbar von der Gestalt:

(6.2) $$L = (\pi - \pi_i)^2 + b_i\,(y - \bar{y} - \Delta_i)^2$$

Bereits *Persson/Tabellini (1990)* wiesen darauf hin, daß sich das ganze Konsistenzproblem einfach lösen ließe, wenn ein Banker beauftragt werden könnte, dessen Outputziel mit dem Vollbeschäftigungsniveau übereinstimmt (bei einem Wert $\Delta_i=0$ entfällt ja der Anreiz zur Überraschungsinflation ganz). Wenn dies nicht möglich ist, muß Inflation Targeting einen Banker auswählen mit $\hat{\pi}_i = \pi^* - b_i\Delta_i$. Grundsätzlich muß natürlich aus Sicht des optimalen anreizverträglichen Kontrakts die Zielfunktion U_i des Agenten durch einen linearen Inflationsterm von der des Prinzipals abweichen: $U_i = W - K\,\pi$. Bei quadratischer Verlustfunktion gibt es mehrere Wege, um dies zu erreichen.

Kontrakts von den Präferenzen des Zentralbankchefs selbst abhängt. Stimmen sie mit denen der gesellschaftlichen Zielfunktion überein, wird er auch das Ziel des Outputwachstums im gewünschten Maß berücksichtigen. Verhält er sich aber konservativer, so müßte dies durch zusätzliche monetäre Anreize sicher gestellt werden.

6.6.3 Geldmengen- vs Inflationsziel

Zumindest bei großzügiger Auslegung kann Inflation Targeting als eine Annäherung an den optimalen Kontrakt interpretiert werden. Wenn der zentrale Auftrag an die Zentralbank darin besteht, für Preisstabilität zu sorgen, erscheint es nur logisch, diesen Auftrag durch die explizite Formulierung eines Preis- bzw. Inflationsziels zu dokumentieren. Angesichts dieser Argumente verwundert es zunächst, daß in fast allen Staaten Geldpolitik nach ganz anderen Kriterien betrieben wird. Erst in jüngster Zeit sind einige Staaten zum Inflation Targeting übergegangen. Die meisten Zentralbanken orientieren sich aber statt dessen an sogenannten „Zwischenzielen", wie etwa der Stabilisierung des Wechselkurses oder der Geldmenge (bzw. deren Wachstums). Begründet wird dies häufig mit dem Argument, zwar gebe es auf lange Sicht einen verhältnismäßig stabilen Zusammenhang zwischen dem geldpolitischen Zwischenziel und der eigentlichen Zielgröße Preisstabilität, dieser Zusammenhang sei aber kurzfristig starken Schwankungen unterworfen. Eine direkte Kontrolle des Endziels sei der Zentralbank deshalb nicht möglich. Wie robust ist der optimale Zentralbankkontrakt angesichts solcher Kontrollprobleme?

Eine realitätsnähere Betrachtung muß berücksichtigen, daß die geldpolitischen Instanzen die Inflationsrate nicht direkt festlegen können, sondern nur indirekt über eine Instrumentvariable Z beeinflussen (Z kann etwa der kurzfristige Geldmarktzins oder die Geldbasis sein, je nachdem, welche dieser Variablen die Zentralbank als Kontrollgröße verwendet). Zwischen π und Z besteht nur ein stochastischer Zusammenhang, weil π auch von exogenen Zufallsvariablen v abhängt: $\pi = \pi(Z, v)$. Aufgrund von Lags ist π zudem häufig nur mit starken Verzögerungen beobachtbar. Aus diesem Grund richten viele Zentralbanken ihre Politik nicht unmittelbar an π aus, sondern an dem Wachstum der Geldmenge μ als Zwischenziel. Weil μ nicht direkt kontrolliert werden kann, besteht auch hier nur eine stochastische Beziehung: $\mu = \mu(Z, \eta)$ mit η als Zufallsvariable (die Beziehung $\mu = \mu(Z)$ kann insbesondere durch Schocks bezüglich der Umlaufgeschwindigkeit der Geldnachfrage gestört werden).

Die Zentralbank legt nach Kenntnis des Schocks ε ihr Instrument Z fest, während sie die Zufallsvariablen v und η nicht beobachten kann. Weil sich die Inflationsrate angesichts der stochastischen Störungen nur unvollkommen kontrollieren läßt, muß sich die optimale Politik an Erwartungswerten orientieren. Nach Kenntnis von ε ist dabei die bedingte Wahrscheinlichkeitsverteilung $\nu|\varepsilon$ bzw. $\eta|\varepsilon$ ausschlaggebend. Die Optimalbedingung für die Commitment-Lösung lautet daher:

$$(6.28) \qquad E_{\nu|\varepsilon}\left\{ (W_\pi + W_x)\pi_Z \right\} = E_{\nu|\varepsilon} W_x \; E_{\nu|\varepsilon} \pi_Z$$

Wird die Zentralbank danach entlohnt, wie erfolgreich sie letztlich bei der Inflationsbekämpfung ist, so erhält sie Transfers $T = c - K^\pi \pi$, wobei K^π die Steigung der Transfers bei einem Inflationskontrakt bezeichnet (entsprechend K^μ die des Geldmengenkontrakts). Ihre diskretionäre Politik ist - analog zur Gleichung (6.28) - durch die Bedingung charakterisiert:

$$(6.29) \qquad E_{\nu|\varepsilon}\left\{ (W_\pi + W_x)\pi_Z \right\} = K^\pi \; E_{\nu|\varepsilon} \pi_Z$$

Trotz der komplexen Stochastik kann ein solcher Kontrakt die optimale Lösung implementieren, falls K^π entsprechend der Bedingung gewählt wird:

$$(6.30) \qquad K^\pi = E_{\nu|\varepsilon} W_x$$

Wird dagegen die Zentralbank danach bewertet, in welchem Ausmaß sie das Zwischenziel μ erreicht, so gilt:

$$(6.31) \qquad T(\mu, \varepsilon) = c - K^\mu(\varepsilon) \; \mu$$

Die optimale Instrumentenwahl z der Zentralbank angesichts eines solchen Kontrakts ist:

$$(6.32) \qquad E_{\nu|\varepsilon}\left\{ (W_\pi + W_x)\pi_Z \right\} = K^\mu(\varepsilon) \; E_{\eta|\varepsilon} \mu_Z$$

Ein Zwischenzielkontrakt kann die optimale Lösung nur dann implementieren, falls

$$K^{\mu}(\varepsilon) = \frac{E_{\nu|\varepsilon}\, \pi_Z \; E_{\eta|\varepsilon}\, W_x}{E_{\eta|\varepsilon}\, \mu_Z} \tag{6.33}$$

Die Proportionalitätskonstante K müßte also im allgemeinen in der durch Gleichung (6.33) beschriebenen Form mit ε variieren. Die Realisierung eines solchen Kontrakts stellt demnach erheblich stärkere Anforderungen an die Informationen, über die der Prinzipal verfügen muß (Sollte die Zentralbank auch den Geldnachfrageschock η genauer beobachten können als die Öffentlichkeit, muß der Kontrakt zudem auch von dieser Information abhängen). Ein Zwischenzielkontrakt ist somit weit schwieriger zu implementieren. Ein direkter Inflationskontrakt hat wesentlich geringere Informationsanforderungen: Weil die Transferzahlungen selbst bei unvollständiger Kontrolle ausschließlich vom allgemein beobachtbaren Ergebnis - nämlich der tatsächlich realisierten Inflationsrate π abhängen, müssen weder der Schock ε noch die Schocks η und ν beobachtbar sein.

Dahinter verbirgt sich folgende Intuition: Der Kern des gesamten Problems besteht darin, das Ziel niedriger Inflation zu verwirklichen. Das Anreizproblem der Überraschungsinflation wird am besten dadurch gelöst, daß die Anreize genau an diesem Kern ansetzen. Wie die Zentralbank das Ziel am besten verwirklicht, bleibt ihr dann ganz selbst überlassen. Für die Ausführung der Politik mag es sinnvoll sein, bestimmte Zwischenziele und Indikatoren zu verwenden. Dies ist aber keine Frage, die mit Hilfe des Anreizmechanismus geregelt werden sollte. Der Auftrag sollte eindeutig sein, unabhängig von Problemen der Realisierbarkeit.

So ist etwa die Frage, ob Preisstabilität am besten durch Kontrolle bestimmter Geldmengenaggregate, der Zinsen, des Wechselkurses, von Mindestreserven oder anderer Instrumente erreicht werden kann, für den Anreizkontrakt irrelevant; der ergebnisorientierte Kontrakt gesteht der Zentralbank gerade Instrumentenunabhängigkeit zu. In diesem Sinn läßt sich mit guter Berechtigung argumentieren, daß sich auch die Deutsche Bundesbank letztlich an einem Inflationsziel orientiert (so argumentiert etwa *von Hagen (1995):* Ihr Erfolg wird in der Öffentlichkeit nicht daran gemessen, in welchem Umfang sie die von ihr selbst verkündeten Geldmengenziele erreicht bzw. wie häufig sie den angestrebten Korridor verfehlt; ihre Reputation basiert letztlich vielmehr auf einer erfolgreichen Inflationsbekämpfung.

6.6.4 Unvollständige Kontrakte

Die bisherigen Überlegungen zeigen bemerkenswerterweise, daß der optimale Zentralbankkontrakt das Problem dynamischer Konsistenz vollständig lösen kann. Würde ein solcher Kontrakt vereinbart, dann bestünde zwischen Glaubwürdigkeit und Flexibilität überhaupt kein Trade-Off mehr. Damit ließe sich die in Kapitel 5 beschriebene Commitment-Lösung verwirklichen, ohne daß ein Kompromiß zwischen den beiden Zielen Preisstabilität und Stabilisierung des realen Sektors notwendig wäre. Der bisher so stark betonte Konflikt, der etwa im Mittelpunkt von Rogoffs Modell des konservativen Zentralbankers steht, würde sich als Scheinproblem erweisen.

Bei näherer Überlegung erscheint es freilich zweifelhaft, ob ein solcher optimaler Zentralbankkontrakt tatsächlich verwirklicht werden kann. Das Hauptproblem liegt darin, daß der Kontrakt bei realistischerer Betrachtung sehr schnell extrem komplex werden kann. Zwar hatte der optimale Kontrakt im bisher betrachteten Grundmodell eine verhältnismäßig simple Struktur, weil es bewußt einfach gehalten wurde, um die Modellaussagen möglichst klar herausarbeiten zu können. Eine realitätsnähere Modellierung müßte aber berücksichtigen, daß im Zeitablauf ständig neue, allgemein beobachtbare Informationen über bestimmte Schocks θ verfügbar werden, die eine Anpassung des Vertrags erforderlich machen. Es macht etwa wenig Sinn, die Zentralbank für einen Anstieg des Preisniveaus verantwortlich zu machen, der auf eine Erhöhung der indirekten Steuern zurückzuführen ist. Das bedeutet: Sobald solche Schocks beobachtet werden, müßte der Zentralbankkontrakt modifiziert werden oder - dazu äquivalent - es werden von vorne herein bedingte (kontingente) Zahlungen vereinbart, d.h. die Zahlungen variieren je nach der Höhe von θ.

Zudem müßten Risikoaversion und private Information der Zentralbank einbezogen werden. Angesichts der zahlreichen stochastischen Einflüsse bei der Inflationskontrolle führt ein direkter Inflationskontrakt dazu, daß die Auszahlungen des Zentralbankers einer hohen Varianz unterliegen - trotz optimaler Politik kann die Inflationsrate ja aus ganz anderen, von ihm nicht beeinflussbaren Gründen stark ansteigen; per Konstruktion werden dann aber entsprechend hohe Strafzahlungen fällig. Verhält sich der Zentralbanker nicht risikoneutral, so ist er nicht bereit, ein so hohes Risiko ohne entsprechende Kompensation zu übernehmen. Damit ergibt sich ein Trade-Off zwischen Anreiz- und Risikoeffekten.

Wie die moderne Kontrakttheorie zeigt, nimmt die Komplexität optimaler Verträge erheblich zu, sobald Risikoaversion[12] und private Information der Zentralbank als

---

12 In der Principal-Agent-Literatur ist es ein bekanntes, aber verständlicherweise recht uninteressantes Ergebnis, daß Anreizprobleme sehr einfach lösbar sind, wenn der Agent, der über private Information verfügt, sich risikoneutral verhält. Die asymmetrisch verteilte Information erzeugt ja deshalb Interessenkonflikte zwischen Prinzipal und Agent, weil ein Teil der Vorteile aus den Aktivitäten des Agenten dem Prinzipal zufällt. Werden aber dem Agenten (gegen Zahlung einer Pauschalsumme T) alle Rechte übertragen, so löst sich dieser Interessenkonflikt auf: Der Agent hat dann ein natürliches Eigeninteresse daran, sich gewinnmaximierend zu verhalten. Im vorliegenden Fall muß dieses Standardresultat nur insofern modifiziert werden, als die Zahlungen T wegen des Konsistenzproblems von π

wichtige Faktoren erfaßt werden. Die Zentralbank weiß ja in der Regel besser über ihre eigenen Präferenzen bzw. ihre Kompetenz Bescheid als Außenstehende. Zwar hat die Kontrakttheorie komplexe Mechanismen entwickelt, die Anreize geben, solche Informationen wahrheitsgemäß zu enthüllen (vgl. dazu *Laffont/Tirole 1993*). Die Implementierbarkeit solcher Mechanismen ist jedoch mehr als zweifelhaft. Der optimale Zentralbankkontrakt ist nur dann realisierbar, wenn die Regierung ohne Transaktionskosten Kontrakte von beliebiger Komplexität mit der Zentralbank abschließen kann und wenn solche Kontrakte dann auch tatsächlich perfekt durchsetzbar sind. In der Realität abgeschlossene Kontrakte haben aber im Gegensatz zu den in theoretischen Modellen abgeleiteten meist eine recht einfache, zwar unvollständige, dafür aber robuste Gestalt.

Wir wollen im folgenden untersuchen, welche Konsequenzen sich aus der **Unvollständigkeit der Kontrakte** ergeben. Die Darstellung orientiert sich stark an *Persson/Tabellini (1993)*. Ihnen folgend, gehen wir - als einfachstes Beispiel - davon aus, daß keine zustandsabhängigen Verträge formuliert werden können, die von vorne herein für alle Eventualitäten jeweils genau Zahlungen an die Zentralbank festlegen würden. Wenn sich solche kontingenten Verträge nicht vereinbaren lassen, sind im Prinzip zwei Vorgehensweisen denkbar:

Zum einen der **konstitutionelle Weg**: Die Gesellschaft kann bereits von Anfang an - quasi hinter dem Schleier der Unwissenheit, zum Zeitpunkt der Formulierung der Verfassung - bestimmte Regeln festlegen. Solche Regeln müssen notwendigerweise jedoch recht allgemein formuliert sein und auf Flexibilität verzichten; eine Anpassung an veränderte Bedingungen ist damit nur schwer möglich. Gemäß diesem Ansatz überläßt der Gesetzgeber die Ausführung der Politik dann der Zentralbank und gesteht ihr dabei weitgehenden Entscheidungsspielraum (Autonomie) zu.

Die Alternative besteht in der expliziten **Vorgabe von Zielen durch die Regierung**. Die Regierung legt dabei einen Vertrag mit der Zentralbank fest, aber jeweils erst nach Kenntnis spezifischer Informationen. Weil eine allgemeine Regel entsprechend dem ersten Ansatz zwangsläufig inflexibel ist und damit bei der Ausführung Ineffizienzen unvermeidbar werden, scheint die zweite Alternative auf den ersten Blick eindeutig überlegen: Angesichts unvollständiger Kontrakte ermöglicht sie erst die notwendige Flexibilität. Wie *Persson/Tabellini (1993)* zeigen, kann aber der konstitutionelle Weg einer autonomen Zentralbank dem Weg der Zielvorgabe durch Vertragsgestaltung durchaus überlegen sein - nämlich immer dann, wenn sich die Regierung (bzw. die Parlamentsmehrheit) bei der Vertragsgestaltung im Tagesgeschäft jeweils von Eigeninteressen leiten läßt. Entspricht der im Vertrag formulierte Auftrag aus politökonomischen Gründen nicht

abhängen: $T=t(\pi)$. Sobald aber Risikoaversion berücksichtigt wird, hat der Kontrakt eine erheblich komplexere Gestalt.

den Zielen der Gesellschaft, so ist auch der Weg der Vertragsgestaltung mit Verzerrungen verbunden; sie können durchaus höher sein als beim konstitutionellen Weg.

Wir wollen die Implikationen der unterschiedlichen institutionellen Regeln durch eine einfache Erweiterung des bisherigen Modellansatzes illustrieren. Zunächst charakterisieren wir den optimalen kontingenten Zentralbankkontrakt und untersuchen dann die Konsequenzen unvollständiger Verträge.

6.6.4.1 Der zustandsabhängige Zentralbankkontrakt

Im Lauf der Zeit werden permanent neue Informationen verfügbar. Schließt die Regierung mit der Zentralbank bereits zum Anfangszeitpunkt einen Kontrakt ab, so müßte sie deshalb für alle Eventualitäten (alle denkbaren Informationsmengen) exakt festlegen, wie diese sich verhalten sollte. Wir wollen dies - entsprechend dem Modell von *Persson/Tabellini (1993)* - wieder für den einfachst denkbaren Fall illustrieren. Zum Zeitpunkt t=0 wird der Zentralbankkontrakt vereinbart. Erst danach werden bestimmte Informationen über einen Angebotsschock θ verfügbar. Die privaten Wirtschaftssubjekte können beim Abschluß ihrer Verträge (zum Zeitpunkt t=1) diese Informationen in ihren Kontrakten berücksichtigen. Zum Zeitpunkt t=2 schließlich, nachdem auch die Lohnverträge etc. festgelegt sind, beobachtet die Zentralbank Informationen über den Schock ε und legt dann ihre Politik fest.

θ kann beispielsweise ein Angebotsschock sein, der das Niveau der natürlichen Arbeitslosenrate und damit die Abweichung Δ von der Zielgröße y^* verändert (vgl. Übungsaufgabe 6.4). Die Zentralbank wird auf den Schock θ reagieren, sofern die optimale Inflationsrate bzw. die Anreize zur Überraschungsinflation dadurch beeinflußt werden (also sofern $W_{x\theta} > 0$). Je nach Realisation von θ verändert sich deshalb die Politik $\pi(\varepsilon)$. Das bedeutet aber, daß der ursprünglich vereinbarte Kontrakt zwischen Regierung und Zentralbank je nach Realisation von θ variiert werden sollte oder - und das läuft auf das gleiche hinaus - daß bereits ex ante (zum Zeitpunkt t=0) ein kontingenter Vertrag vereinbart werden muß.

Dies erschwert die Implementierung der optimalen Politik: Nun hängt nämlich die Sensitivität der linearen Transferzahlungen auf Inflationsänderungen von θ ab: $T = c - K(\theta)\,\pi$. Der optimale kontingente Kontrakt angesichts von Schocks θ und ε läßt sich folgendermaßen bestimmen: Sei $E_{\theta,\varepsilon} W = E_{\theta,\varepsilon} W(\pi, x, \theta, \varepsilon)$ die erwartete Wohlfahrt (mit $W_{x\theta} > 0$) *vor* Kenntnis der Schocks θ und ε. Die Commitment-Lösung ergibt sich aus der Maximierung folgender Zielfunktion:

(6.34) $$\text{Max } E_{\theta,\varepsilon}\left\{W(\pi,x,\theta,\varepsilon)+\lambda(\theta)\, Ex\right\}$$

Sobald zum Zeitpunkt t=1 der Schock θ beobachtet wird, verändert sich in der Regel die Wahrscheinlichkeitseinschätzung bezüglich ε. Nunmehr ist die bedingte Wahrscheinlichkeit $\varepsilon|\theta$ relevant. Weil die Information θ bereits vor Abschluß der privaten Kontrakte über Preise bzw. Löhne bekannt wird, werden die Inflationserwartungen π^e (und damit λ) von der Information θ beeinflußt. Die bedingte erwartete Wohlfahrt nach Kenntnis von θ bezeichnen wir mit $E_{\varepsilon|\theta} W = E_{\varepsilon|\theta} W(\pi,x,\varepsilon)$. Die von der Zentralbank dann zum Zeitpunkt t=2 (nach Kenntnis von ε) bestimmte Inflationsrate π hängt offensichtlich sowohl von θ wie von ε ab. Die Optimalbedingungen liefern implizite Funktionen $\pi=\pi(\theta,\varepsilon)$ und $\pi^e=\pi^e(\theta)$:

(6.35) $$W_\pi + W_x = \lambda(\theta) \quad \text{mit} \quad \lambda(\theta) = E_{\varepsilon|\theta} W_x$$

Wieder könnte ein linearer Inflationskontrakt, bereits vor Kenntnis von θ und ε vereinbart, die Commitment-Lösung implementieren. Dies gelingt aber nur, wenn die Intensität K des Kontrakts, mit der die Auszahlungen auf Änderungen der Inflationsrate π reagieren, vom Schock θ abhängig gemacht wird: $K(\theta)=\lambda(\theta)$. Die marginale Strafzahlung muß um so höher ausfallen, je höher die Grenzkosten der erwarteten Inflation sind. Nur dadurch werden die richtigen Anreize gesetzt, um den inflationären Bias zu korrigieren.

Bei realistischerer Modellierung ergeben sich als optimale Lösung nahezu unvermeidlich solch zustandsabhängige Zahlungen. Ein ähnliches Resultat folgt beispielsweise, falls die auftretenden Schocks persistent sind - falls ihre Wirkung also nicht nur jeweils für eine Periode andauert (vgl. etwa *Svensson (1995*) oder *Goodhardt/Huang (1995*)). Die exakte Spezifikation aller vorhersehbaren Eventualitäten würde aber einen extrem umfangreichen, komplexen Kontrakt erfordern. Es ist kaum zu erwarten, daß solche Kontrakte abgeschlossen werden können; noch weniger ist denkbar, daß sie durchsetzbar wären. Kontrakte sind in der Realität nur unvollständig. Die folgenden Abschnitte untersuchen, wie es verschiedenen institutionellen Regelungen gelingt, mit dieser Unvollständigkeit zurecht zu kommen.

6.6.4.2 Der konstitutionelle Weg

Eine Antwort auf die Komplexität optimaler Verträge kann darin bestehen, sich auf recht allgemein formulierte Kontrakte zu beschränken und die konkrete Ausführung dann der Zentralbank selbst zu überlassen. Die Vorstellung etwa, in der Verfassung relativ inflexible Regelungen zu verankern, entspricht im Prinzip gerade diesem Vorgehen. Im betrachteten Modell erfassen wir dies durch die Überlegung, daß es nicht möglich ist, einen kontingenten Zentralbankkontrakt in Abhängigkeit von beobachtbaren Angebotsschocks θ zu vereinbaren. Ex ante können vielmehr nur lineare, zustandsunabhängige Zahlungen vertraglich festgelegt werden: $T = c - K\,\pi$ mit einem konstanten Faktor K. Weil K vor Kenntnis von θ bestimmt wird, muß sicher gestellt sein, daß die Anreize im Durchschnitt korrekt sind. Es muß also der Erwartungswert über alle denkbaren Realisationen θ und die dabei jeweils induzierten Verteilungen $\varepsilon|\theta$ gebildet werden. Weil die Zentralbank letztlich nach Beobachtung von θ und ε die Politik

(6.36) $$W_\pi + W_x = K$$

betreibt, sollte K ex ante durch die Bedingung bestimmt werden:

(6.37) $$K = E_{\theta,\varepsilon|\theta}\, W_x$$

Eine solch inflexible Regel hat unvermeidlich zur Konsequenz, daß die tatsächliche Politik vom optimalen kontingenten Kontrakt abweicht, weil sie auf neue Informationen θ nicht in angemessener Weise reagiert. Ein Vergleich der optimalen Commitment-Lösung (6.35) mit der konstitutionellen Regel (6.36) und (6.37) ergibt folgende Abweichung:

(6.38) $$W_\pi + W_x - E_{\varepsilon|\theta}\, W_x = E_{\theta,\varepsilon|\theta}\, W_x - E_{\varepsilon|\theta}\, W_x$$

$E_{\theta,\varepsilon|\theta}\, W_x - E_{\varepsilon|\theta}\, W_x$ ist ein Maß für die Ineffizienz, die sich aus der mangelnden Inflexibilität ergibt. Zwar wird im Durchschnitt die optimale Inflationsrate verwirklicht, so daß kein inflationärer Bias entsteht. Weil aber die Regel (und damit die Bestrafung) nicht an θ-Schocks angepaßt wird, sind Abweichungen von der optimalen Politik unvermeidlich. Je stärker die Varianz von θ und je größer der Anreiz der Zentralbank, auf Änderungen von θ zu reagieren (je größer $W_{x\theta}$), desto gravierender wirken sich diese Abweichungen aus.

6.6.4.3 Vertragsgestaltung durch eine am Eigeninteresse orientierte Regierung

Die Alternative zum konstitutionellen Weg besteht darin, jeweils kurzfristig Verträge zwischen Regierung und Zentralbank abzuschließen. Im betrachteten Beispiel würde ein solches Vorgehen (bei Risikoneutralität) die optimale Commitment-Lösung (6.35) verwirklichen, sofern die Regierung daran interessiert ist, die gesellschaftliche Wohlfahrt zu maximieren. Schließlich ist es gleichgültig, ob der Vertrag (6.35) erst nach Kenntnis von θ vereinbart wird (das war ja genau der Fall, der in Abschnitt 6.6.1 betrachtet wurde) oder ob bereits vorher für alle möglichen Realisationen θ potentielle Kontrakte konzipiert werden. Bei solch kurzfristigen Interventionen in die Geldpolitik (wenn etwa im Parlament über eine Vertragsmodifikation als Folge bestimmter Angebotsschocks θ abgestimmt werden sollte) ist aber - im Vergleich zum konstitutionellen Weg - die Gefahr wesentlich höher, daß kurzfristige Interessen der Regierung (bzw. der Regierungspartei) die Gestalt des Vertrags mitbestimmen. Entsprechend Abschnitt 5.4 berücksichtigen wir die Eigeninteressen der Regierung durch den Term $G\ (x,\pi,\theta,\varepsilon)$, der mit dem Gewicht α in ihre Zielfunktion eingeht:

$$R = E_{\theta,\varepsilon}\left\{W\ (x,\pi,\theta,\varepsilon) + \alpha\ G\ (x,\pi,\theta,\varepsilon)\right\} \tag{6.39}$$

Nach Kenntnis von θ bestimmt die Regierung den Kontrakt dann so, daß sie ihre Ziele unter Berücksichtigung des durch (6.36) und (6.37) beschriebenen Verhaltens der Zentralbank möglichst optimal erreichen kann. Zu diesem Zweck legt sie die Transferzahlungen entsprechend der Bedingung fest:

$$K(\theta) = E_{\varepsilon|\theta}\ W_x + \alpha\ E_{\varepsilon|\theta}\ G_x \tag{6.40}$$

Beim Vergleich mit der optimalen Regel (6.35) ergibt sich als Ineffizienz:

$$W_\pi + W_x - E_{\varepsilon|\theta}\ W_x = \alpha\ E_{\varepsilon|\theta}\ G_x \tag{6.41}$$

Je stärker die Eigeninteressen der Regierung von denen der Gesellschaft abweichen, desto gravierender die dabei auftretenden Ineffizienzen. Ein Vergleich von (6.41) mit (6.38) verdeutlicht die Vor- und Nachteile der unterschiedlichen institutionellen Mechanismen (eine ausführlichere Analyse dieses Trade-Offs findet sich in *Persson/Tabellini 1993*): Der konstitutionelle Weg muß erkauft werden mit einem Verzicht auf die Möglichkeit, angemessen auf neue relevante Informationen zu reagieren. Ein solcher Verzicht mag aber angemessen sein, sofern die bei einer diskretionären Vertragsgestaltung ausschlaggebenden Interessen zu stark von denen der Gesellschaft abweichen.

Diese Überlegungen legen eine gewisse Skepsis gegenüber dem Ansatz des optimalen Zentralbankkontrakts nahe. Er wendet die Prinzipal-Agenten-Theorie auf das Verhältnis zwischen Regierung und Zentralbank an. Dabei wird unterstellt, die Regierung als Prinzipal vertrete die Interessen der Gesellschaft, während die Zentralbank als Bösewicht diszipliniert werden muß. Der Ansatz kommt zu dem Ergebnis, das Anreizproblem sei ganz einfach zu lösen, indem die Regierung die Zentralbank vertraglich auf eine stabilitätsorientierte Politik verpflichtet. Damit werden freilich die tatsächlichen Verhältnisse geradezu auf den Kopf gestellt: In der Regel versuchen Zentralbanker eine stabile Politik durchzusetzen und stoßen dabei auf den Widerstand der Politik. Auch Politiker handeln ja als Agenten der Gesellschaft bzw. ihrer jeweiligen Wähler. Eine vernünftige Analyse der Institutionen macht es daher erforderlich, zwischen den Interessen der Gesellschaft (als Prinzipal) und denen der Politiker zu unterscheiden. Kapitel 8 analysiert, welche politökonomischen Faktoren dafür verantwortlich sein können, daß die Ziele der Politiker von der Wohlfahrtsmaximierung abweichen. In Kapitel 7 untersuchen wir zunächst, welche Probleme sich ergeben, wenn die Ziele der Zentralbank nicht allgemein bekannt sind.

6.7 Endogener Verlauf der kurzfristigen Angebotskurve

Beim Vergleich unterschiedlicher institutioneller Regelungen wurde bisher unterstellt, die Steigung a der kurzfristigen Angebotskurve sei konstant (zur Vereinfachung wurde sie in diesem Kapitel durchwegs auf $a=1$ normiert) - ganz unabhängig davon, welche Geldpolitik die Zentralbank betreibt. Die Annahme, daß der Verlauf der kurzfristigen Angebotskurve und damit der Phillipskurven-Trade-Off von einer Änderung der institutionellen Rahmenbedingungen nicht tangiert wird, erscheint im Lichte der Lucas-Kritik aber kaum haltbar. Die kurzfristige Angebotskurve basiert ja auf einem bestimmten Verhalten der Wirtschaftssubjekte. Es ist unvermeidlich, daß dieses Verhalten auch von der jeweils betriebenen Wirtschaftspolitik geprägt wird.

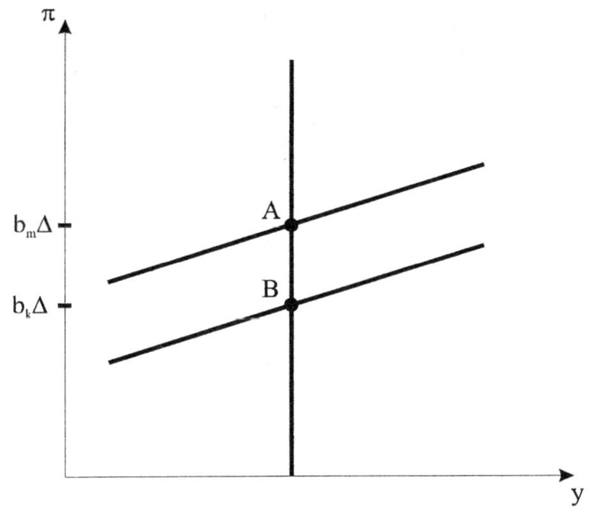

Abb. 6-6: Verschiebung der Angebotskurve

Die bisherige Analyse berücksichtigt zwar die Endogenität der Inflationserwartungen - also die Tatsache, daß sich die kurzfristige Angebotskurve bei einer weniger inflationären Politik nach unten verschiebt. Betrachten wir als Beispiel etwa das Modell des konservativen Zentralbankers von *Rogoff (1985)* (Abschnitt 6.4). Sinkt in Abb. 6-6 die durchschnittliche Inflationsrate von $\bar{\pi}_D = b_m \Delta$ auf $\bar{\pi}_k = b_k \Delta$, so verläuft die Kurve nunmehr durch den Punkt B. Die Frage aber, wie sich die Kurve mit veränderter Politik verschiebt, ist damit noch nicht hinreichend beantwortet. Schließlich muß keineswegs zwingend eine Parallelverschiebung (wie in Abb. 6-6 gezeichnet) erfolgen; die Kurve kann vielmehr flacher oder steiler werden. Nicht nur das Niveau, sondern auch die Steigung der Kurve kann von den Inflationserwartungen und zudem von der Varianz der Outputschwankungen abhängen. Solange der Verlauf der Angebotskurve selbst nicht aus dem mikroökonomischen Optimierungskalkül der Wirtschaftssubjekte abgeleitet wird, ist die Analyse nicht immun gegenüber der Lucas-Kritik.

Es gibt also gute Gründe für die Vermutung, daß ein Regimewechsel der Geldpolitik Rückwirkungen auf die Steigung der kurzfristigen Angebotskurve hat. Es ist aber keineswegs eindeutig, in welcher Weise sie sich auswirkt. Zwei konträre Positionen sind gleichermaßen plausibel:

Beruhen die Rigiditäten, die für den kurzfristigen Trade-Off verantwortlich sind, auf Preisanpassungskosten, dann hängt die Häufigkeit der Preisanpassungen von der Preisänderungsrate ab. *Ball/Mankiw/Romer (1988)* untersuchen dies anhand eines Modells der Neuen Keynesianischen Makroökonomie. Je höher die Inflation, desto schneller kommt der Zeitpunkt, zu dem es sich lohnt, die Fixkosten einer

Preisanpassung vorzunehmen. Das bedeutet umgekehrt: Ermöglicht ein Regimewechsel in der Geldpolitik größere Preisstabilität, dann entfällt der Zwang, die Preise häufig anzupassen. Je seltener aber die Preise verändert werden, um so gravierender die nominalen Rigiditäten. Die Angebotskurve verläuft somit um so flacher, je niedriger die Inflationserwartungen.

Dieser Argumentation zufolge würde eine Politik, die im Durchschnitt für stabilere Preise sorgt, gleichzeitig Verhaltensänderungen auslösen, die die zugrundeliegenden Rigiditäten verstärken. So werden dadurch unter Umständen heftigere Outputschwankungen hervorgerufen. Die Argumentation stimmt mit der Erfahrung überein, daß Wirtschaftssubjekte in Ländern mit hoher Inflationsraten sich sehr flexibel anpassen und so die Verzerrungen minimieren. *Walsh (1995c)* leitet aus diesem Argument umgekehrt die These ab, daß Versuche, die Inflation zu reduzieren, um so kostspieliger werden, je niedriger die durchschnittliche Inflationsrate bereits ist.

Andererseits ist aber ein Argument, das genau in die umgekehrte Richtung deutet, gleichermaßen plausibel: Wenn ein Regimewechsel hin zu mehr Preisstabilität mit geringerer aktiver Stabilisierungspolitik verbunden ist, so zwingt dies die Tarifpartner zu größerer Flexibilität; die Rigiditäten werden reduziert. Angenommen, institutionelle Änderungen der Zentralbank (wie die Ernennung eines konservativen Zentralbankers oder die Anbindung an ein starres Wechselkursregime) sorgen für einen Regimewechsel zu einer weniger flexiblen Politik. Dann können die Tarifvertragsparteien nicht mehr damit rechnen, daß Output- und Beschäftigungsschwankungen im bisherigen Umfang stabilisiert werden. Weil Preisrigiditäten nun mit höheren Kosten verbunden sind, besteht ein stärkerer Anreiz, sich durch flexiblere Kontrakte selbst gegen reale Schocks abzusichern. Der Regimewechsel reduziert somit die Rigiditäten auf dem Arbeitsmarkt; die kurzfristige Angebotskurve wird entsprechend steiler, je höher die Varianz der Outputschwankungen.

Aus dieser Sicht sind nicht reale Anpassungskosten für nominale Rigiditäten verantwortlich; sie werden vielmehr durch eine Art Moral-Hazard-Verhalten ausgelöst: Je stärker die Wirtschaftspolitik stabilisierend eingreift, desto geringer die eigenen Anreize, Maßnahmen zur Absicherung gegen Schwankungen durchzuführen. Ohne eingehendere Analyse der Ursachen der nominalen Rigiditäten läßt sich nicht bestimmen, welches der beiden Argumente überwiegt.

6.8 Übungsaufgaben:

6.1 (Abschnitt 6.2) Im betrachteten Modell ist eine starre Geldmengenregel äquivalent zu einer Regel, die die Inflationsrate perfekt stabilisieren soll. Zeigen Sie, auf welche spezifischen Annahmen diese Äquivalenz basiert und untersuchen Sie, welche Unterschiede sich unter allgemeineren Bedingungen ergeben.

6.2 (Abschnitt 6.3.4) Zeigen Sie, daß **die Funktion** $E(\pi(\pi^e))$ wie in Abb. 6.3 verlaufen kann.

6.3 (Abschnitt 6.3.4) Geben Sie Bedingungen an, unter denen im Modell der Gleichung **(6.14)** die fixen Kurse immer (für alle Realisationen von ε) beibehalten werden. Zeigen Sie, daß für bestimmte Parameterwerte neben diesem Gleichgewichte auch ein zweites existieren kann, in dem in jedem Fall (für alle Realisationen von ε) eine Abwertung erfolgt.

6.4 (Abschnitt 6.6) Charakterisieren Sie den optimalen zustandsabhängigen Zentralbankkontrakt für die quadratische Verlustfunktion $W = -\frac{1}{2} E\left\{\pi^2 + b\,(\pi - \pi^e + \varepsilon - \theta)^2\right\}$. Dabei sei θ ein zum Zeitpunkt t=1 allgemein beobachtbarer Schock, der die Abweichung des Gleichgewichtswachstums von der Zielgröße beeinflußt ($\theta = y^* - \bar{y}$ mit $E(\theta) = \Delta$). ε ist ein Angebotsschock, auf den nur die Zentralbank (zum Zeitpunkt t=2) reagieren kann. Zeigen Sie, daß $K(\theta) = b\,\theta$.

6.5 (Abschnitt 6.6): Die Verlustfunktion sei $L = E\left\{\beta\,\pi^2 + (y - \bar{y} - \Delta)^2\right\}$; die kurzfristige Angebotsfunktion laute $y - \bar{y} = \alpha\,(\pi - \pi^e) + \varepsilon$. Analysieren Sie den optimalen Zentralbankkontrakt für den Fall, daß die Zentralbank zum Zeitpunkt, zu dem sie ihre Politik festlegt, private Information über den Schock ε besitzt. Sie sei aber nur unvollständig über den Schock informiert. Wie in Abschnitt 4.2.1 erhalte sie nur ein verzerrtes Informationssignal ϑ mit $\vartheta = \phi + \varepsilon$. ϕ und ϑ seien unabhängig normalverteilte Zufallsvariablen mit $\phi \sim N\,(0, \sigma_\phi^2)$. Charakterisieren Sie den optimalen Zentralbankkontrakt. Hinweis: Benutzen Sie dabei die Ergebnisse aus 4.2.1 über die bedingte Erwartung von ε, gegeben das Signal ϑ.

7 Geldpolitik als Signal bei asymmetrischer Information

7.1 Einführung

Wahlen versetzen die Kapitalmärkte regelmäßig in Aufregung und Spannung. Schon lange vor den Wahlen werden aufmerksam Meinungsumfragen verfolgt; es wird darüber spekuliert, mit welcher Wahrscheinlichlichkeit ein Regierungswechsel stattfinden könnte. Wer bei seinen Prognosen aufs falsche Pferd gesetzt hat und entsprechend verkehrt disponiert hat, muß damit rechnen, nach dem Wahltag riesige Verluste zu verbuchen.

Warum hat die Frage, welche Parteien die Politik bestimmen, einen so großen Einfluß auf die Börse? Ein Grund liegt darin, daß politische Parteien wirtschaftspolitische Ziele unterschiedlich stark gewichten. Die von der jeweiligen Regierung verfolgte konkrete Politik hat starke Auswirkungen auf die Wirtschaftsaktivität. Der Sieg einer konservativen Partei wird in der Regel als Zeichen für einen stabilitätsorientierten Konsolidierungskurs angesehen, während ein Sieg der Linken eher mit expansiverer Politik assoziiert wird. Ein anderer Grund ist, daß den Parteien in unterschiedlichem Maße Kompetenz bei der Lösung wirtschaftspolitischer Probleme zugemessen wird. Die Erwartungen, inwieweit die neue Regierung die wirtschaftspolitischen Herausforderungen meistern kann, sind für Entscheidungen der Kapitalanlager von großer Brisanz; die Einschätzung der Marktteilnehmer über das Vertrauen in die Glaubwürdigkeit der Wirtschaftspolitik spiegelt sich nicht zuletzt in Schwankungen des Wechselkurses wider.

Ein Wechsel in der Politik hat zwangsläufig immer auch Einfluß darauf, welche Geldpolitik betrieben wird. Das ist unmittelbar evident in den Ländern, in denen die Zentralbank der direkten Kontrolle der jeweiligen Regierung unterworfen ist. Aber auch in den Staaten, in denen sie formal unabhängig ist, wird in der Regel zumindest indirekt versucht, Einfluß auf die geldpolitischen Entscheidungen zu nehmen. Dies kann erfolgen durch Äußerungen, die einen Handlungsdruck in der Öffentlichkeit erzeugen, aber auch direkter bei der Ernennung von neuen Mitgliedern des Zentralbankrates[1]

In der Regel herrscht Unklarheit darüber, ob und in welchem Umfang die Zentralbank solchem Druck widerstehen wird. Diese Unsicherheit ist immer dann besonders hoch, wenn ein neuer Zentralbankchef ernannt wird. In den USA etwa wurde nach dem Regierungswechsel von Bush zu Clinton zwei Ökonomen in die FED berufen, die als keynesianisch orientiert (und damit soft on inflation) gelten (Alan Blinder als Vizepräsident; Yanet Yellen als Member der FED). Dies wurde so interpretiert, daß die demokratische Regierung Bill Clinton´s mit einer Lockerung der Geldpolitik liebäugelt; bei den ersten FED-Sitzungen mit den neuen Mitgliedern herrschte gespannte Aufmerksamkeit, ob sich an den getroffenen Entscheidungen ein Dissens zwischen ihnen und dem von den Konservativen übernommenen Chef Alan Greenspan ablesen läßt. Andererseits wurde Greenspan´s Kontrakt nach Ablauf seiner Amtsperiode 1995 verlängert, wohl nicht zuletzt in der Absicht, unerwünschte Unruhen an den Kapital- und Devisenmärkten, die mit Unsicherheit über einen neuen Kurs verbunden wären, zu vermeiden.

Auch ein Wechsel an der Spitze der Bundesbank führt regelmäßig dazu, daß Äußerungen und Handlungen der neuen Führung besonders kritisch analysiert werden. Die Unsicherheit darüber, ob die bisher betriebene Geldpolitik fortgesetzt wird, läßt sich folgendermaßen erklären: Die Öffentlichkeit ist nur unvollständig darüber informiert, welche Geldpolitik die Zentralbank tatsächlich verfolgen wird. Modelltechnisch formuliert heißt das: Ihre wahre Zielfunktion ist den Marktteilnehmern nicht genau bekannt. Dies läßt sich am einfachsten dadurch abbilden, daß ihnen nicht klar ist, welches Gewicht die Zentralbanker dem Ziel der Outputstabilisierung relativ zum Ziel der Preisniveaustabilität zumessen. Während die Banker (so ist zumindest zu hoffen) selbst wissen, welche Ziele sie mit ihrer Politik verfolgen, müssen die Marktteilnehmer indirekt aus Ankündigungen und den getroffenen geldpolitischen Maßnahmen Rückschlüsse ziehen. Es liegt eine Situation mit *asymmetrischer Information* vor. Sie kann dazu führen, daß sich die Entscheidungen der privaten Wirtschaftssubjekte im nachhinein als falsch erweisen.

Natürlich ließe sich das vermeiden, wenn die Zentralbank der Öffentlichkeit ihre wahre Zielfunktion übermitteln würde. Nun gilt aber: Ganz unabhängig von den konkreten geldpolitischen Zielen können diese in jedem Fall um so leichter realisiert werden, je niedriger die Inflationserwartungen ausfallen. Das freilich bedeutet: es besteht für die Zentralbank ein starker strategischer Anreiz, ihre wahre Zielfunktion zu verschleiern. So ist es nur natürlich, daß rein verbalen Aussagen, solange sie mit keinen realen Konsequenzen verbunden sind, wenig Glaubwür-

---

1 Andererseits ist denkbar, daß der Druck auf die Zentralbank nur als Vorwand dient, um der Öffentlichkeit einen Sündenbock für unpopuläre, aber von der Regierung insgeheim gebilligte Maßnahmen präsentieren zu können.

digkeit zugemessen werden. Auch wenn die Zentralbank ein starkes Interesse an einer Outputstimulierung hat, wäre es für sie vorteilhaft, sich als konservativ (quasi als Wolf im Schafspelz) zu tarnen, um dann später um so wirkungsvoller expansive Stabilisierungsmaßnahmen durchsetzen zu können.

Sind dagegen geldpolitische Maßnahmen mit realen Konsequenzen verbunden (wie bei einer Lockerung oder Verschärfung restriktiver Geldpolitik), dann können diese Maßnahmen in glaubwürdiger Weise Signale übermitteln. Das aktuelle Verhalten kann dann Aufschluß über die konkreten Ziele und damit über die in der Zukunft verfolgte Politik geben. Auch hier spielen freilich - wie immer, wenn asymmetrische Information vorliegt - strategische Erwägungen eine große Rolle. Selbst wenn die neue Leitung "soft on inflation" ist, mag sie zunächst eine recht restriktive Politik verfolgen, um sich als Hardliner zu tarnen, um so die Erwartungen der Marktteilnehmer in die gewünschte Richtung zu lenken. Andererseits mag ein knallharter Konservativer, der sich eine Reputation für Stabilität aufbauen will, am Anfang seiner Amtszeit besonders restriktive Maßnahmen mit schmerzhaften Konsequenzen ergreifen (so könnte er etwa eine ernsthafte Rezession bewußt in Kauf nehmen), um sich auf diese Weise gerade gegenüber Vertretern einer lockeren Geldpolitik glaubwürdig abzusetzen. Dies würde ihm später, sobald es ihm gelungen ist, die Marktteilnehmer von seinen Präferenzen zu überzeugen, die Durchführung der optimalen Politik erleichtern.

Die beschriebenen Effekte und ihre ökonomischen Implikationen wollen wir im folgenden genauer analysieren. So realistisch das Szenario strategischer Informationsübermittlung auch ist, so komplex ist freilich eine exakte modelltheoretische Analyse. Um die wesentlichen Aussagen in prägnanter Form abzuleiten, wird ein stark vereinfachtes Modell betrachtet. Fassen wir zunächst aber die Intuition zusammen: Ist die Öffentlichkeit unvollständig über die genauen Ziele der Zentralbank informiert, dann liefert das heute beobachtete Verhalten Aufschluß darüber, welche Geldpolitik die Zentralbank in Zukunft verfolgen wird. Die privaten Wirtschaftssubjekte lernen aus der Beobachtung der momentan verfolgten Geldpolitik; sie revidieren ihre Einschätzung über die Zentralbank anhand des tatsächlich beobachteten Verhaltens. Wie dieser Lernprozeß abläuft, hängt zum einen stark davon ab, mit welchem Verhalten die Öffentlichkeit ursprünglich gerechnet hat (der a priori Reputation der Zentralbank), zum anderen davon, wie bestimmte Signale (das tatsächliche Verhalten) von der Öffentlichkeit interpretiert werden.

Es ist plausibel, daß die Reputation für stabilitätsorientiertes Verhalten steigt, wenn die Zentralbank eine restriktive Geldpolitik verfolgt. Das bedeutet, daß niedrige Inflationsraten heute mit niedrigen Inflationserwartungen in der Zukunft "belohnt" werden. Dagegen würde eine expansive Geldpolitik dazu führen, daß in Zukunft mit einer höheren Inflationsrate gerechnet wird. Diese Anpassung der Inflationserwartungen ist - im Gegensatz zum Reputationsmodell in Kapitel 3 - nicht als kollektive Bestrafung bzw. Belohnung der Zentralbank zu verstehen. Sie ist vielmehr Konsequenz eines individuellen Lernprozesses, der versucht, das Verhalten der Zentralbank möglichst exakt zu prognostizieren.

Sobald Unsicherheit über die konkrete Zielfunktion der Zentralbank herrscht, haben geldpolitische Maßnahmen also immer zwei Effekte: Einmal wirken sie sich unmittelbar in der betrachteten Periode auf die Wirtschaftsaktivität aus (das ist der kurzfristige Effekt, der bisher immer untersucht wurde). Zum anderen aber können sich langfristige Reputationswirkungen ergeben. In dem Ausmaß, in dem das aktuelle Verhalten auch Aufschlüsse über die dahinter stehenden Ziele liefert, beeinflußt es nämlich indirekt die Erwartungen der Marktteilnehmer über zukünftige Maßnahmen. Das beobachtete Verhalten sendet Signale über die in Zukunft beabsichtigte Politik.

Bei unvollständiger Information kann somit eine restriktive Politik Reputation für stabilitätsorientiertes Verhalten aufbauen. Ist die Öffentlichkeit sich nicht darüber klar, wie stabilitätsbewußt die Zentralbank ist, mag es auch für eine schwache Notenbank attraktiv sein, eine restriktive Politik zu betreiben, um sich durch die Imitation einer harten Politik einen entsprechenden Ruf aufzubauen. Unter solchen Bedingungen kann das in den vorhergehenden Kapiteln ausführlich geschilderte Glaubwürdigkeitsproblem abgemildert, ja sogar zumindest für eine gewissen Zeitraum völlig behoben werden: Der Anreiz, durch Imitation Reputation aufzubauen, wirkt dann als Disziplinierungsinstrument, das die Versuchung zur Inflationierung in Schach hält.

Umgekehrt besteht andererseits natürlich gerade für einen konservativen Zentralbankchef die Versuchung, durch übertriebene Härte zu Beginn der Amtszeit jeglichen Zweifel am eigenen Verhalten zu zerstreuen. Eine starke Überreaktion, die bewußt eine Rezession in Kauf nimmt, könnte die eigene Entschlossenheit im Vergleich zu schwachen Zentralbankern demonstrieren. Im folgenden soll untersucht werden, welche strategischen Aspekte bei der Informationsübermittlung dominieren.

7.2 Grundmodell

Als Beispiel betrachten wir folgendes Modell: Die Wirtschaftssubjekte haben keine exakte Information darüber, wie stark die Zentralbank das Outputziel im Vergleich zum Inflationsziel gewichtet. Zur Vereinfachung gehen wir im folgenden davon aus, daß das Outputziel linear in die Verlustfunktion der Zentralbank eingeht. Ihre Zielfunktion lautet:

$$(7.1) \qquad L_i = \frac{\pi^2}{2} - b_i\left(\pi - \pi^e\right)$$

Der Parameter b_i (das Gewicht des Outputziels) ist private Information der Zentralbank. Im einfachsten Fall sind zwei verschiedene Typen von Zentralbankern denkbar: ein harter Banker mit niedriger Präferenz b_H, der das Ziel der Preisstabilität relativ stark gewichtet, zum anderen ein Vertreter einer laxen (lockeren) Geldpolitik $b_L > b_H$. Weil die Zielfunktion linear bezüglich des Outputziels ist, hat die Zentralbank bei einer Einperiodenbetrachtung eine dominante Strategie: Unabhängig von den Inflationserwartungen ist die optimale Politik bestimmt durch

$$(7.2) \qquad \pi_i = b_i$$

Die Zentralbank verfügt über keinen Mechanismus, sich bindend auf eine niedrigere Inflationsrate festzulegen. Bei einem einmaligen Spiel würde sie somit immer diese diskretionäre Politik verfolgen. Wenn aber die privaten Wirtschaftssubjekte die Präferenzen der Zentralbank nicht kennen, können sie freilich nicht wissen, ob die Inflationsrate b_L oder b_H betragen wird. Anders formuliert: Sie wissen nicht, ob sie gegen eine harte oder eine laxe Zentralbank spielen. Lange Zeit verfügte die Spieltheorie über kein Instrumentarium, um eine solche Situation asymmetrischer Information zu analysieren. Weil die privaten Akteure unsicher sind, gegen welchen Spieler sie spielen, können sie das Verhalten der Zentralbank nicht antizipieren.

Erst *John Harsanyi (1967/68)* fand einen genial einfachen Trick, um dieses Problem zu lösen: Das Spiel wird einfach transformiert in ein Spiel mit verschiedenen möglichen Typen von Zentralbankern. Die Natur (als weiterer Spieler) wählt zu Beginn des Spiels in einem Zufallsmechanismus einen konkreten Typen davon aus. Nur der Zentralbanker selbst ist über diese Auswahl informiert (nur er selbst kennt seinen eigenen Typen). Die privaten Akteure dagegen kennen nur die Wahrscheinlichkeit, mit der die verschiedenen Typen ausgewählt werden. Sie entspricht der a-priori Einschätzung für diese Typen.

Ursprünglich rechnet die Öffentlichkeit damit, daß der Banker mit Wahrscheinlichkeit q_0 hart ist (q_0 ist also die a-priori Einschätzung für einen harten Typen). Die Öffentlichkeit sieht sich nun mit einem Spiel mit zwei potentiellen Gegenspielern konfrontiert. Tatsächlich kann die Zentralbank natürlich entweder nur hart oder aber lax sein. Auf den ersten Blick mag es absurd erscheinen, zu fordern, daß beispielsweise eine laxe Zentralbank prüft, wie sie sich verhalten würde, wenn sie hart wäre.

Bei genauerer Überlegung zeigt sich aber, daß diese Modellierung von *Harsanyi (1967/68)* kein Kunstgriff ist; sie spiegelt vielmehr tatsächliches strategisches

Verhalten bei asymmetrischer Information wider: auch eine laxe Zentralbank muß sich zunächst gedanklich in die Lage einer harten hineinversetzen, um zu prüfen, ob es für sie attraktiv ist, sich als harte Zentralbank zu tarnen. Die Gegenspieler (die Öffentlichkeit), die ja den konkreten Typen ohnehin nicht kennen, müssen sich zwangsläufig Gedanken über das Verhalten beider Typen machen. Im folgenden werden wir dementsprechend immer die Strategien beider Typen von Zentralbanken analysieren, auch wenn letztlich nur einer davon handelt.

7.2.1 Das Peso-Problem

Wäre das Spiel nach einer Periode (t=1) beendet, wäre das strategische Problem extrem simpel: Jeder Zentralbanktyp würde dann die für ihn entsprechend Gleichung (7.2) kurzfristig optimale Strategie $\pi_i = b_i$ verfolgen. Die Öffentlichkeit rechnet mit Wahrscheinlichkeit q_0 mit einer harten Zentralbank und einer entsprechend stabilitätsorientierten Politik. Andererseits berücksichtigt sie, daß die Zentralbank mit der Gegenwahrscheinlichkeit 1 - q_0 sich stärker am Outputziel orientiert. Es gilt also:

$$\pi_{i1} = \begin{cases} b_H & \text{mit Wahrscheinlichkeit } q_0 \\ b_L > b_H & \text{mit Wahrscheinlichkeit } 1 - q_0 \end{cases} \tag{7.3}$$

Ohne Kenntnis der genauen Ziele muß die Öffentlichkeit Inflationserwartungen bilden, die nur im Durchschnitt korrekt sein können:

$$\pi_1^e = q_0 b_H + (1 - q_0) b_L \tag{7.4}$$

Je höher q_0, desto niedriger a-priori die Inflationserwartungen. Ist die Zentralbank stark (vom Typ b_H), so liegt die von ihr betriebene Politik unter den Erwartungen; es wird dann eine Rezession ausgelöst. Umgekehrt (bei einer schwachen Zentralbank mit b_L) fällt die Politik expansiver aus als erwartet; dann erfolgt eine Outputstimulierung. Ex post weicht also in jedem Fall die tatsächliche Inflationsrate von der erwarteten ab. Ein unbeteiligter Beobachter, der mit der Problematik nicht vertraut ist, würde bei einem Vergleich der ex post-Inflationsrate mit den Erwartungen zu dem (falschen) Schluß kommen, daß die Wirtschaftssubjekte keine rationalen Erwartungen hatten. Dies ist deshalb falsch, weil sich die Erwartungen angesichts unvollständiger Information ja nur auf die im Durchschnitt betriebene Politik beziehen können.

Man spricht hier vom sog. *Peso-Problem.* Der Ausdruck bezieht sich auf die Erfahrung des mexikanischen Pesos 1974. Die mexikanische Regierung kündigte damals eine Politik der Stabilisierung des Peso gegenüber dem Dollar an. Die Wirtschaftssubjekte rechneten aber damit, daß mit bestimmter Wahrscheinlichkeit ein Wechsel in der Geldpolitik eintreten wird. Sie hatten deshalb positive Abwertungserwartungen für den mexikanischen Peso. Tatsächlich wurde jedoch der Peso lange Zeit gegenüber dem Dollar stabil gehalten. Wenn man die Wahrscheinlichkeit eines Regimewechsels nicht berücksichtigt, mußte die Abwertungsprämie unbeteiligten Beobachtern als irrational erscheinen.

Bei asymmetrischer Information ist dieses Problem unvermeidlich: Solange die privaten Wirtschaftssubjekte nicht mit Sicherheit wissen, wie sich die Zentralbank verhalten wird, müssen ihre Erwartungen auf ein durchschnittliches Niveau ausgerichtet sein. Dies erschwert natürlich die Politik einer harten Zentralbank, weil ihre restriktive Geldpolitik dann zwangsläufig zu Outputverlusten führt. Erstreckt sich das Spiel über einen längeren Zeitraum, so hat sie deshalb ein besonders starkes Interesse daran, der Öffentlichkeit ihre Präferenzen für stabilitätsorientierte Politik klar zu machen. Sie wird versuchen, in der Anfangsphase durch rechtzeitiges Gegensteuern die Erwartungen von vornherein niedrig zu halten. Andererseits profitiert auch eine weniger konservative Bank von niedrigen Inflationserwartungen. Sie hat deshalb einen Anreiz, am Anfang auch die restriktive Politik zu imitieren, die Öffentlichkeit wiederum wird diese Anreize durchschauen und versuchen, sich nicht täuschen zu lassen.

7.2.2 Reputation und Wahrscheinlichkeitseinschätzungen

Wir wollen die Kernelemente dieses komplexen Wechselspiels im folgenden analysieren, indem wir das Spiel über einen längeren Zeitraum betrachten. Nun muß die Zentralbank abwägen zwischen dem, was aus kurzfristiger Sicht optimal erscheint, und den langfristigen Effekten auf ihre Reputation. In dem Bemühen, die Inflationserwartungen in der Zukunft niedrig zu halten, kann es nun lohnend sein, den Eindruck zu erwecken, daß sie das Inflationsziel relativ stark gewichtet, selbst wenn dies gar nicht zutrifft. Reputationserwägungen geben dann einen Anreiz, die Inflationsrate unter das Niveau zu senken, das aus diskretionärer Sicht optimal wäre. Der Versuch, Reputation aufzubauen, wirkt so als wirksamer Mechanismus zur Beschränkung des inflationären Bias.

Um diesen Mechanismus zu durchschauen, genügt es, das Spiel auf zwei Perioden zu erweitern. In der Endperiode entspricht das Spiel dem Einperiodenspiel; beide Typen von Zentralbanken werden sich deshalb in der Endperiode immer entsprechend Gleichung (7.2) verhalten - gleichgültig, was sich in der Vergangenheit abgespielt hat.[2] In der Anfangsperiode kann es sich nun aber sehr wohl lohnen, von der kurzfristig optimalen Strategie abzuweichen, um sich auf diese Weise eine Reputation für Stabilitätspolitik zu verschaffen. Weil die Öffentlichkeit in der Anfangsperiode noch keine Erfahrungen verfügt, entspricht die Einschätzung q_1 für eine harte Zentralbank der a-priori Wahrscheinlichkeit: $q_1 = q_0$. Je nach der gewählten Politik verändert sich die Einschätzung dann auf q_2.

Unterstellen wir zur Vereinfachung wieder, daß die Zentralbank die Inflationsrate direkt kontrollieren kann. Eine niedrige Inflationsrate verursacht zwar kurzfristig Kosten (in Form negativer Konsequenzen für die Beschäftigung). Andererseits liefert sie aber den Marktteilnehmern ein Signal über ihre Präferenzen. Diese revidieren anhand der bisher beobachteten Politik ihre Einschätzung darüber, daß die Zentralbank hart ist, von q_1 auf q_2. Je höher q_2, desto niedriger die Inflationserwartungen und um so geringer die Kosten in Form eines Outputverlusts in der Zukunft. Die Reputation kann direkt durch die Wahrscheinlichkeitseinschätzung q_2 erfaßt werden.

Die Berechnung dieser Wahrscheinlichkeitseinschätzung erfolgt entsprechend der Bayesschen Regel. Wird eine bestimmte Inflationsrate π_1 beobachtet, so lautet die Regel von Bayes allgemein: Die Wahrscheinlichkeit dafür, daß die Zentralbank hart ist, entspricht der bedingten Wahrscheinlichkeit dafür, daß eine harte Zentralbank diese Politik π_1 betreibt. Falls $\rho(\pi_1|b_H)$ die Wahrscheinlichkeit ist, daß eine harte Zentralbank b_H die Politik π_1 wählt (analog für b_L), so lautet die Formel:

$$q_2 = \frac{q_1\,\rho(\pi_1|b_H)}{q_1\,\rho(\pi_1|b_H) + (1-q_1)\,\rho(\pi_1|b_L)} \tag{7.5}$$

Die Formel läßt sich durch folgende Überlegung vereinfachen: Für eine stabilitätsorientierte, harte Zentralbank besteht kein Anreiz, eine Politik hoher Inflation zu betreiben. Ist π_1 niedrig, so gilt also immer: $\rho(\pi_1|b_H) = 1$. Andererseits sei $\rho_1 = \rho(\pi_1|b_L)$ die Wahrscheinlichkeit, daß b_L diese Politik imitiert. Für Vertreter einer lockeren Politik mag es nämlich durchaus attraktiv sein, sich zunächst als Hardli-

2 Dies ist eine wichtige Erkenntnis mit weitreichenden Implikationen: Bei rationalem Verhalten handeln alle zukunftsorientiert. In der Endperiode ist demnach nur mehr die Auszahlung eben dieser Periode relevant, egal was bisher passierte. Mathematisch formuliert: die Lösung muß von der Endperiode aus (mittel backward induction) rückwärtsgehend berechnet werden. Dies widerspricht in gewisser Weise der Intuition - schließlich geht es beim Aufbau von Reputation ja gerade darum, daß das Verhalten in der Vergangenheit entscheidenden Einfluß auf die Zukunft hat. Es wird sich zeigen, daß der Einfluß der Vergangenheit sich auf die Wahrscheinlichkeitseinschätzungen auswirkt. Formal: im Zeitablauf verändert sich die Zustandsvariable „Reputation".

ner zu tarnen. Wird in der ersten Periode eine niedrige Inflationsrate π_1 beobachtet und verfolgt auch eine laxe Zentralbank diese Politik mit Wahrscheinlichkeit ρ_1, dann revidieren die privaten Wirtschaftssubjekte ihre Wahrscheinlichkeitseinschätzung entsprechend der Bayesschen Formel auf:

(7.6)
$$q_2 = \frac{q_1}{q_1 + (1 - q_1)\rho_1}$$

Steigt die posteriori Wahrscheinlichkeit q_2 als Folge einer bestimmten Politik π_1, so hat sich die Einschätzung dafür, daß die Zentralbank hart ist, erhöht. Generell kann die Wahrscheinlichkeitseinschätzung q_2 somit als direktes Maß für die Glaubwürdigkeit (Reputation für eine harte Zentralbank) interpretiert werden.

Wie sich die Reputation mit einer Reduktion der Inflationsrate verändert, hängt freilich stark davon ab, wie diese Politik von der Öffentlichkeit interpretiert wird. Welche Schlüsse die privaten Wirtschaftssubjekte aus der Beobachtung einer bestimmten Inflationsrate π ziehen, wirkt sich entscheidend auf die Reputation aus. In Abhängigkeit von π bilden sie bestimmte Wahrscheinlichkeitseinschätzungen $\mu(\pi)$ darüber, ob die Zentralbank hart oder lax ist. Dies läßt sich durch eine Lernkurve $\mu(\pi) = q_2(\pi)$ darstellen. $\mu(\pi)$ gibt die Wahrscheinlichkeitseinschätzung dafür an, daß die Zentralbank hart ist, wenn in der Anfangsperiode die Politik π betrieben wurde.

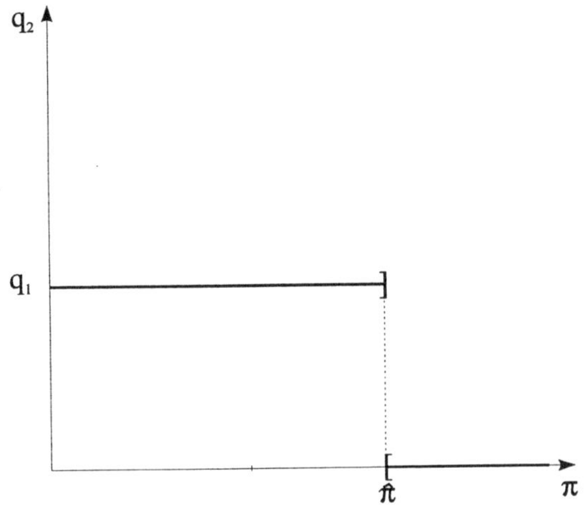

Abb. 7.1. Lernkurve: Unveränderte Wahrscheinlichkeitseinschätzung für $\pi \leq \overline{\pi}$

Abb. 7.1 zeigt eine mögliche Lernkurve. Sie geht davon aus, daß eine Politik $\pi \leq \bar{\pi}$ keine Rückschlüsse auf die wahren Präferenzen erlaubt. Dies gilt immer dann, wenn man damit rechnet, daß beide Typen die gleiche Politik verfolgen, d.h. wenn gilt $\rho_1 = 1$. Weil die privaten Wirtschaftssubjekte dann aus der Beobachtung von π_1 keine zusätzlichen Informationen über das Verhalten in der nächsten Periode erhalten, bleibt ihre Wahrscheinlichkeitseinschätzung unverändert. Entsprechend der Bayesschen Formel (Gleichung (7.6)) gilt folglich: $q_2 = q_1$. Erst ein Signal $\pi > \bar{\pi}$ gilt als untrügliches Zeichen für eine laxe Zentralbank.

$$\mu(\pi) = q_1 \quad \text{für} \quad \pi \leq \bar{\pi}$$
$$\mu(\pi) = 0 \quad \text{für} \quad \pi > \bar{\pi}$$

Eine ganz andere Lernkurve ergibt sich in Abb.7.2. Hier gehen die privaten Wirtschaftssubjekte davon aus, daß die einzelnen Zentralbanktypen jeweils eine unterschiedliche Politik verfolgen. Sie rechnen damit, daß eine laxe Zentralbank niemals eine Politik $\pi \leq \pi_H$ betreibt. Eine restriktive Politik wird also als untrügliches Indiz dafür gesehen, daß die Zentralbank stabilitätsorientiert ist. Entsprechend rechnen alle bei einer Politik $\pi \leq \pi_H$ mit $\rho_1 = 0$, so daß bei niedriger Inflation die Reputation q_2 von q_1 auf $q_2 = 1$ steigt (vgl. (7.6)). Übersteigt dagegen die Inflationsrate π_H, so wird dies als eindeutiges Zeichen dafür interpretiert, daß die Zentralbank lax ist. Es gilt also:

$$\mu(\pi) = 1 \quad \text{für} \quad \pi \leq \pi_H$$
$$\mu(\pi) = 0 \quad \text{für} \quad \pi > \pi_H$$

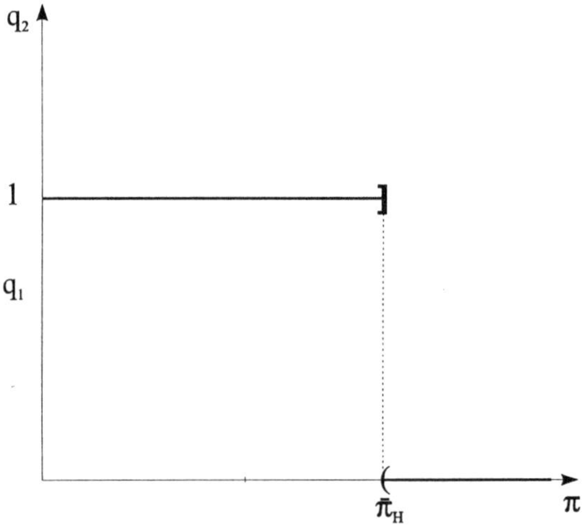

Abb. 7.2. Lernkurve: Restriktive Politik $\pi \leq \pi_H$ als eindeutiges Signal für $\mathbf{b_H}$

Die Beobachtung von π führt hier immer zu einer Revision der anfänglichen Wahrscheinlichkeitseinschätzung q_1. Die beobachtete Politik wird als eindeutiges Zeichen für die Identität (die Präferenzen) der Zentralbank gesehen.

7.2.3 Indifferenzkurven der Zentralbanken

Es macht freilich wenig Sinn, völlig arbiträres Lernverhalten zu unterstellen. Je nach der unterstellten Lernkurve kann ja ganz unterschiedliches Verhalten für die einzelnen Zentralbanken optimal sein. Es liegt daher nahe, gewisse Konsistenzforderungen an die Lernkurve zu stellen: Das dabei implizit unterstellte Verhalten der einzelnen Zentralbanktypen sollte vereinbar sein mit dem Verhalten, das für sie - gegeben die Wahrscheinlichkeitseinschätzungen - auch tatsächlich optimal ist. Die unterstellte Lernkurve muß sich also quasi selbst bestätigen (zumindest bei den Werten, die tatsächlich gewählt werden).

Dies ist immer dann der Fall, wenn die betrachtete Konstellation ein Nash-Gleichgewicht darstellt. In einem Nash-Gleichgewicht sind die betrachteten Strategien für alle Spieler optimal, gegeben die Gleichgewichtsstrategien der restlichen Spieler. Damit ist die Konsistenzbedingung erfüllt, daß sich die Erwartungen aller Spieler über das Verhalten der Gegenspieler als korrekt erweisen.

Welche Politik wird die Zentralbank betreiben? Dies hängt sicher einmal davon ab, wie eine spezifische Politik in der Öffentlichkeit interpretiert wird; zum andern hängt es aber natürlich auch von ihren Präferenzen ab, die Kosten und Erträge in den beiden Perioden bestimmen. Die Politik einer niedrigen Inflationsrate in der Anfangsperiode ist immer dann mit Kosten verbunden, wenn sie von der in (7.2) abgeleiteten kurzfristig optimalen Rate abweicht. Der potentielle Ertrag einer solchen Politik ergibt sich durch den Anstieg der Reputation q_2. Der Trade-Off zwischen Kosten und Ertrag läßt sich anhand der Zweiperioden-Verlustfunktion untersuchen. Sie lautet:

$$(7.7) \qquad L_i = \frac{\pi_{i1}^2}{2} - b_i(\pi_{i1} - \pi_1^e) + \delta\left[\frac{\pi_{i2}^2}{2} - b_i(\pi_{i2} - \pi_2^e)\right]$$

Weil in der Endperiode entsprechend Gleichung *(7.2)* immer die dominante Strategie $\pi_{i2} = b_i$ gespielt wird und sich die Inflationserwartungen demnach ergeben aus $\pi_2^e = q_2 b_H + (1 - q_2) b_L$, vereinfacht sich dies zu:[3]

(7.8) $$L_i = \frac{\pi_i^2}{2} - b_i\, \pi_i + b_i\, \pi_1^e - \delta\, b_i\, q_2(b_L - b_H) + \delta\, b_i\, b_L - \frac{1}{2}\delta\, b_i^2$$

Die Gleichung gibt den Trade Off zwischen kurzfristigen Nachteilen und langfristigen Vorteilen einer stabileren Politik wider. Eine Politik $\pi_i < b_i$ ist kurzfristig suboptimal; sie kann aber lohnend sein, wenn auf diese Weise die Reputation q_2 steigt und so die Inflationserwartungen in der nächsten Periode reduziert werden. Es geht hier also um einen Trade Off zwischen π und den Inflationserwartungen π_2^e für die nächste Periode: mit steigendem q_2 sinkt π_2^e; eine restriktivere Politik ist somit mit geringeren Kosten verbunden.[4] Der Vorteil höherer Reputation in der Zukunft muß abgewogen werden gegen den kurzfristigen Nachteil eines Abweichens von der optimalen Rate b_i.

Aus der Verlustfunktion lassen sich Indifferenzkurven konstruieren, die angeben, wie stark q_2 steigen muß, damit die kurzfristigen Kosten einer restriktiven Politik durch langfristige Vorteile kompensiert werden. Kombinationen zwischen Reputation q_2 und Inflationsrate π, die den gleichen Verlust mit sich bringen, liegen auf einer Indifferenzkurve mit der Steigung:

(7.9) $$\left.\frac{\partial\ q_2}{\partial\ \pi}\right|_{b_i} = \frac{\pi_i - b_i}{\delta\, b_i\, (b_L - b_H)}$$

Aus der Verlustfunktion $L(\pi, q_2, b_i)$ lassen sich alle Kombinationen zwischen π und $q_2(\pi)$ ermitteln, zwischen denen Typ b_i indifferent ist. Bei gegebenem π_1^e verlaufen sie wie in Abb. 7.3 gezeichnet. Weil $\pi_i = b_i$ die kurzfristig dominante Strategie ist, haben die Indifferenzkurven jeweils in b_i ein Minimum: Jede Abweichung vom kurzfristig optimalen Wert b_i muß durch einen entsprechenden

---

3 Im folgenden ist ohnehin nur die Inflationsrate π_1 in der ersten Periode von Interesse; deshalb wird auf den Zeitindex verzichtet.

4 Die Inflationserwartungen in der Anfangsperiode π_1^e werden bei der folgenden Analyse als gegeben angesehen. Im Gleichgewicht müssen sie natürlich auch dem erwarteten Verhalten entsprechen. Ein Antsieg von π_1^e verschiebt die Indifferenzkurven aber nur parallel nach unten.

Anstieg der Reputation q_2 kompensiert werden. Bei gegebener Inflationsrate ermöglicht höhere Reputation (steigendes q_2) steigende Wohlfahrt: Für eine harte Zentralbank b_H etwa bringt die Indifferenzkurve L_3^H eine höhere Auszahlung als L_2^H und L_1^H.

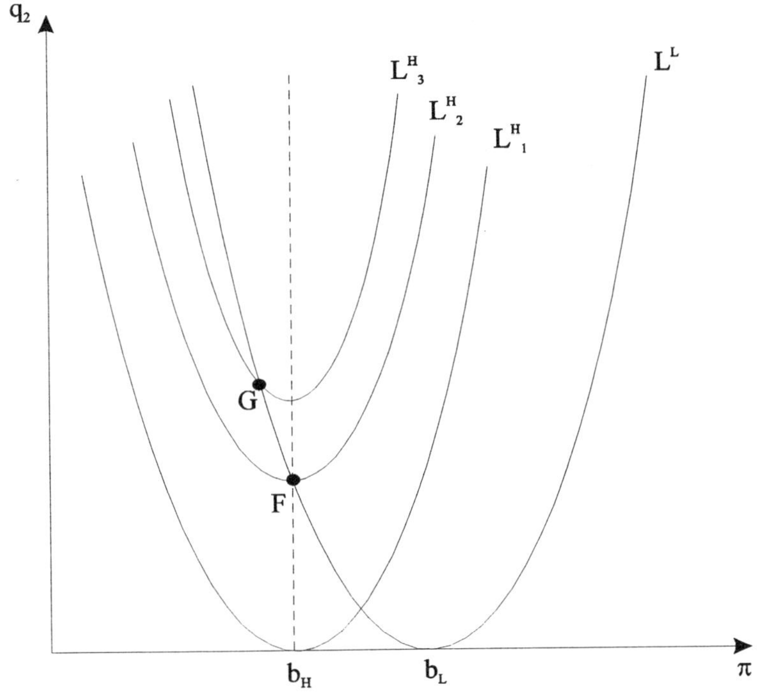

Abb. 7.3. Indifferenzkurven bei Reputation

Bei niedrigen Inflationsraten (im Bereich $\pi < b_H$) verlaufen entsprechend *Gleichung* (7.9) die Indifferenzkurven der laxen Zentralbank steiler als die der harten (in den Punkten F und G etwa ist die Steigung der Indifferenzkurve L^L steiler). Das bedeutet: Um bereit zu sein, einen gleich starken Rückgang der Inflationsrate in Kauf zu nehmen, müßte ein laxer Zentralbanker mit einem stärkeren Anstieg der Reputation kompensiert werden als ein harter Banker. Daraus folgt umgekehrt: Die Grenzkosten einer restriktiveren Politik sind für den harten Banker niedriger als für den laxen. Dahinter verbirgt sich eine einfache Intuition: Weil die Grenzkosten eines weiteren Rückgangs der Inflationsrate um so höher sind, je größer die Differenz zur kurzfristig optimalen Rate b_i ist (sie wachsen linear mit zunehmender Differenz), ist eine harte Zentralbank eher bereit, eine solche restriktive Politik durchzuführen. Dies ist eine Grundvoraussetzung dafür, daß eine restriktive Politik als wirksames Signal verwendet werden kann, um sich von der laxen Zentralbank glaubwürdig abzuheben.[5]

7.2.4 Die Anreizverträglichkeitsbedingung

Durch welche Eigenschaften ist ein (Nash-)Gleichgewicht charakterisiert? Die unterstellten Verhaltensweisen für jeden einzelnen Spieler müssen optimal sein, gegeben das Gleichgewichtsverhalten der anderen Spieler. Die privaten Wirtschaftssubjekte sind daran interessiert, die Inflationsrate der Folgeperiode möglichst exakt zu prognostizieren; sie revidieren ihre Inflationserwartungen entsprechend dem jeweils beobachteten Signal; optimales Verhalten ihrerseits bezieht sich auf die korrekte Interpretation der Signale. Die Schlüsse, die sie gemäß ihrer Lernkurve ziehen, müssen mit dem tatsächlichen Verhalten der Zentralbanken vereinbar sein.

Bezüglich des Verhaltens der Zentralbank muß dabei umgekehrt gelten: Gegeben die Lernkurve, darf es für keinen Typen einen Anreiz geben, vom unterstellen Verhalten abzuweichen. Kein Typ darf sich also durch abweichendes Verhalten besser stellen. Insbesondere darf es für keinen Typen attraktiv sein, die Politik des anderen Typen zu imitieren. Diese Forderung definiert sogenannte Anreizverträglichkeitsbedingungen (incentive compatibility constraints oder auch self-selection bzw. truth-telling constraints):

(7.10) a) $L(\pi_L, q_2(\pi_L), b_L) \leq L(\pi_H, q_2(\pi_H), b_L)$ für Typ b_L

b) $L(\pi_H, q_2(\pi_H), b_H) \leq L(\pi_L, q_2(\pi_L), b_H)$ für Typ b_H

Die Anreizverträglichkeitsbedingungen sollen sicher stellen, daß im Gleichgewicht eine Täuschung nicht gelingen kann. Ihre Bedeutung wird klar, wenn wir untersuchen, ob eine Kombination, bei der beide Zentralbanktypen jeweils ihre kurzfristig optimale Politik verfolgen, ein Gleichgewicht darstellt. Diese Situation ist in Abb. 7.4 durch das Paar A, B mit $(\pi_H = b_H,\ \mu(b_H) = 1)$, $(\pi_L = b_L,\ \mu(b_L) = 0)$ gekennzeichnet.

---

[5] In der Informationsökonomie spielt diese Bedingung eine entscheidende Rolle. Häufig wird sie als „Single Crossing-" oder „Spence/Mirrlees Bedingung" bezeichnet: Indifferenzkurven unterschiedlicher Typen dürfen sich nur einmal schneiden. Diese Bedingung ist im relevanten Bereich (für alle $\pi < b_H$) erfüllt, selbst wenn sich die Indifferenzkurven im Bereich $\pi > b_H$ nochmals schneiden.

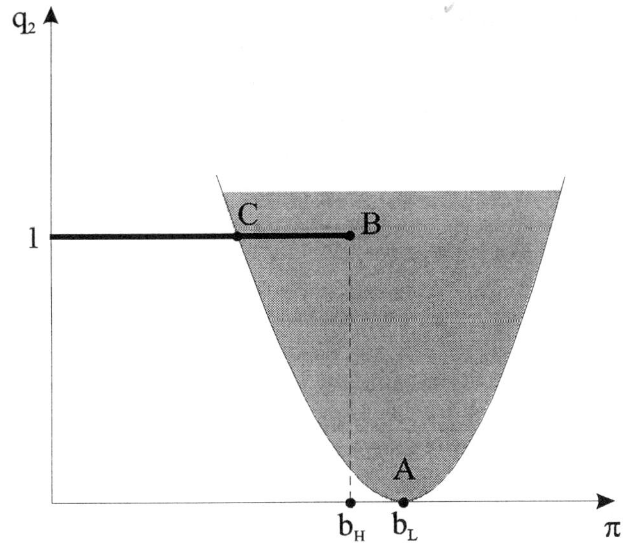

Abb. 7.4. Verletzung der Anreizverträglichkeitsbedingung

Verfolgt die laxe Zentralbank ihre kurzfristig optimale Politik $\pi_L = b_L$ und enthüllt sie damit ihre wahre Identität, so verliert sie unmittelbar jede Reputation; q_2 sinkt auf $q_2 = 0$ (Punkt A). Für die harte Zentralbank besteht sicher kein Anreiz, eine laxe Geldpolitik zu betreiben - sie könnte sich gegenüber B nur verschlechtern (die Anreizverträglichkeitsbedingung (7.10b) ist für sie also nicht bindend). Betrachten wir aber die Anreize der laxen Zentralbank. Alle Kombinationen, die für sie gleich gut sind wie Punkt A liegen auf der Indifferenzkurve AC. Bei dem in Abb. 7.4 gezeichneten Verlauf wäre es für sie somit eindeutig von Vorteil, die Politik π_H=b_H der harten Zentralbank zu kopieren, wenn sie sich auf diese Weise die Reputation $\mu(\pi_H)$=$q_2 = 1$ verschaffen kann: Durch den Wechsel von A nach B würde sie ein höheres Wohlfahrtsniveau erreichen, weil der Vorteil aus höherer Reputation den kurzfristigen Nachteil überkompensiert.

Offensichtlich kann demnach das in B unterstellte Verhalten kein Gleichgewicht sein. Würde die harte Zentralbank die Politik b_H verfolgen, würde sie immer von der laxen Zentralbank kopiert; dies antizipierend, würden aber die privaten Wirtschaftssubjekte ihre Wahrscheinlichkeitseinschätzungen revidieren. Die Anreizverträglichkeitsbedingung schließt eine solche Situation aus: Entsprechend der Bedingung (7.10a) sind alle Kombinationen in der schraffierten Fläche (insbesondere also auch der Punkt B) unzulässig, sofern die verschiedenen Zentralbanktypen jeweils eine unterschiedliche Politik verfolgen.

Im folgenden wollen wir überlegen, welche Lösungen (Nash-Gleichgewichte) des Spiels möglich sind. Dabei ist wichtig, sich klar zu machen, daß im Nash-Gleichgewicht die Konsistenzforderung nur für die betrachteten Gleichgewichtsstrategien selbst erfüllt sein muß. Im Gleichgewicht wählen die beiden Zentralbanktypen ja bestimmte Inflationsraten π_H^*, π_L^* (sie können auch identisch sein). Nur für diese Gleichgewichtswerte $\Pi^* = (\pi_H^*, \pi_L^*)$ müssen die Einschätzungen konsistent sein. Der Verlauf der Lernkurve für alle anderen Werte außerhalb des betrachteten Gleichgewichts ist folglich weitgehend indeterminiert. Anders formuliert: es gibt einen relativ großen Spielraum dafür, wie sich abweichendes Verhalten (Spielzüge außerhalb des betrachteten Gleichgewichts) interpretiert läßt.[6]

Hier liegt der Grund dafür, daß es im Fall asymmetrisch verteilter Information in der Regel eine sehr große Zahl von Nash-Gleichgewichten gibt. Je nach den außerhalb des Gleichgewichts unterstellten Einschätzungen können ganz unterschiedliche Verhaltensweisen optimal sein. Diese Multiplizität der Gleichgewichte ist ein gravierendes Problem des Nash-Gleichgewichtskonzepts und stellt für Spieltheoretiker eine große Herausforderung dar; viele theoretische Arbeiten haben schärfere Konzepte (Verfeinerungen des Nash-Gleichgewichts) entwickelt, um unplausibles Verhalten auszuschließen und so präzisere Aussagen ableiten zu können. Die Diskussion solcher Methoden der Verfeinerung nimmt häufig einen breiten Raum bei der Darstellung spieltheoretischer Konzepte ein. Wir werden im folgenden sehen, daß es durch Verfeinerungen gelingt, als Lösung letztlich ein Gleichgewicht mit plausiblen Eigenschaften auszuwählen.

Grundsätzlich kommen zwei Lösungen in Frage:

(1) Wenn die laxe Zentralbank die harte Politik b_H imitiert, kann das Signal b_H keine Rückschlüsse auf den wahren Charakter liefern. Weil dann beide Zentralbank-Typen die gleiche Politik betreiben (also die gleiche Inflationsrate π wählen), spricht man daher von einem **Poolinggleichgewicht**. Unter diesen Bedingungen liefert die Aktion der Zentralbank keine verwertbaren Signale. Da die privaten Akteure keine neue Information erhalten, behalten sie ihre ursprüngliche Einschätzung unverändert bei. Ihre a-posteriori Wahrscheinlichkeitseinschätzung $\mu(\pi) = q_2$ muß also bei rationalen Erwartungen der a-priori Einschätzung q_1 entsprechen. Da beide Typen die gleiche Politik verfolgen, ist die Anreizverträglichkeitsbedingung automatisch erfüllt.

---

6 Formal gilt: ein Spielzug außerhalb des betrachteten Gleichgewichts (eine Politik $\pi \notin \Pi^* = \{ \pi_H^*, \pi_L^* \}$ hat eine a-priori Wahrscheinlichkeit von Null. Folglich ist die Bayessche Regel nicht mehr anwendbar (eine Division durch Null ist nicht definiert); die a-posteriori Wahrscheinlichkeit kann also relativ beliebig gewählt werden - abgesehen da-

(2) Die harte Zentralbank kann versuchen, sich durch eine entsprechend scharfe Politik von der laxen wirksam abzusetzen. Ihre Politik muß dann so restriktiv sein, daß sich für eine laxe Zentralbank die Imitation angesichts der damit verbundenen hohen kurzfristigen Kosten nicht lohnen würde. Anders formuliert: es muß die Bedingung (7.10a) greifen. In diesem Fall betreiben die Zentralbanktypen jeweils eine unterschiedliche Politik π_H bzw. π_L . Dann läßt sich anhand der Inflationsrate als untrügliches Signal auf den wahren Charakter der Zentralbank zurückschließen. Eine solche Lösung ist also immer durch ein Paar $(\pi_H, \mu(\pi_H))$ und $(\pi_L, \mu(\pi_L))$ charakterisiert. Interpretieren die Wirtschaftssubjekte die Signale korrekt, so werden sie immer dann mit einer harten Zentralbank rechnen, wenn sie π_H beobachten. Ihre Wahrscheinlichkeitseinschätzung beträgt demnach $\mu(\pi_H) = 1$. Umgekehrt schließen sie aus π_L auf eine laxe Zentralbank: $\mu(\pi_L) = 0$. Man spricht hier von einem **Trenngleichgewicht**.[7]

7.2.5 Das Poolinggleichgewicht

Im Poolinggleichgewicht verfolgen beide Typen die gleiche Politik. Für die harte Zentralbank stellt $\pi_H = b_H$ die beste Lösung dar. Imitiert die laxe Zentralbank diese Politik und verändern die privaten Akteure demnach ihre ursprüngliche Wahrscheinlichkeitseinschätzung nicht, so stellt der Punkt P mit $\pi_H = \pi_L = b_H$ und $q_2 (b_H) = q_1$ ein Nash-Gleichgewicht dar.

Im Vergleich zur Lösung bei vollständiger Information erzeugt die ungleiche Information im Pooling-Gleichgewicht einen anti-inflationären Bias für die laxe Zentralbank: Um ihren Ruf nicht zu verlieren, betreibt sie in der Anfangsperiode eine strengere Geldpolitik als aus ihrer Sicht optimal wäre. Erst am Ende (in der letzten Periode) offenbart sie sich als lax. Die privaten Akteure, das Verhalten antizipierend, hegen für die Anfangsperiode niedrige Inflationserwartungen $\pi_1^e = b_H$; in der Endperiode rechnen sie dann mit einer durchschnittlichen Inflation $\pi_2^e = q_1 b_H + (1 - q_1) b_L$.

Für die harte Zentralbank ist die asymmetrische Information mit Wohlfahrtsverlusten verbunden. Die Möglichkeit, daß die Zentralbank sich lax verhält, übt auf b_H

von, daß die unterstellte Lernkurve keinen Anreiz geben darf, von den Gleichgewichtsstrategien abzuweichen.

7 Als dritte Möglichkeit ist schließlich eine Semi-Pooling Lösung denkbar. Hier randomisiert die laxe Zentralbank: Mit einer bestimmten Wahrscheinlichkeit ρ_1 imitiert sie die Politik der harten Zentralbank; mit der Gegenwahrscheinlichkeit $1-\rho_1$ wählt sie eine Politik π_L, die sie als lax enttarnt.

eine negative Externalität aus. Weil $\pi_2^e > b_H$, löst ihre Politik b_H in der Endperiode eine Rezession aus. b_L dagegen profitiert von der unvollkommenen Information: Weil $\pi_2^e < b_L$, wird in der Endperiode der gewünschte Boom erzeugt. Eine Wertung aus gesamtwirtschaftlicher Sicht hängt davon ab, wie b_S in der sozialen Wohlfahrtsfunktion gewichtet wird. Falls $b_S = b_L$, ermöglicht asymmetrische Information eine Wohlfahrtssteigerung. Die Unsicherheit darüber, ob die Zentralbank sich vielleicht härter (konservativer) verhält, mildert das Problem dynamischer Konsistenz. Durch die anfängliche Imitation wird eine stabilere Politik (eine Annäherung an die Commitment-Lösung) möglich.

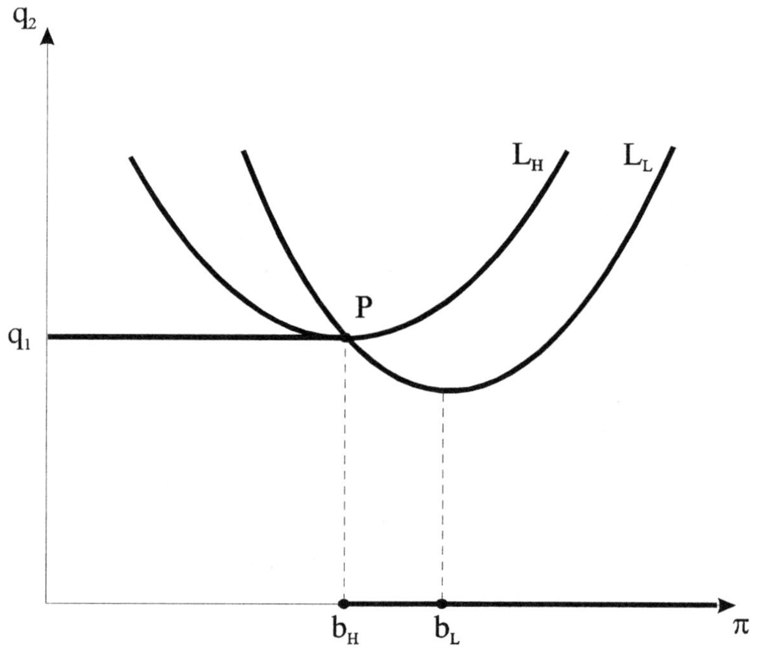

Abb. 7.5. Das Poolinggleichgewicht

Die entscheidende Frage ist, wie plausibel (wie robust) das Poolinggleichgewicht ist. Offensichtlich besteht für die harte Zentralbank, ausgehend von einer Poolingsituation P, ein starker Anreiz, von vorneherein eine restriktivere Politik zu betreiben, um sich so als hart zu erkennen zu geben und von der laxen Zentralbank zu differenzieren. Abb. 7.5 unterstellt, daß die privaten Akteure immer damit rechnen, daß die laxe Zentralbank die harte imitiert, selbst wenn sie eine Politik π beobachten, die weit restriktiver ist als b_H (die Lernkurve verläuft wie in Abb. 7.1).

Eine solche Einstellung ist aber keineswegs plausibel: Schließlich verlaufen die Indifferenzkurven der harten Zentralbank im Bereich $\pi < b_H$ flacher als die der laxen. Untersuchen wir anhand von Abb. 7.6, welche Konsequenzen sich daraus ergeben. Alle Punkte im (durch P,Q,R begrenzten) schraffierten Bereich S bringen allein für die harte Zentralbank im Vergleich zu P eine Verbesserung, die laxe Zentralbank würde sich dagegen schlechter stellen.

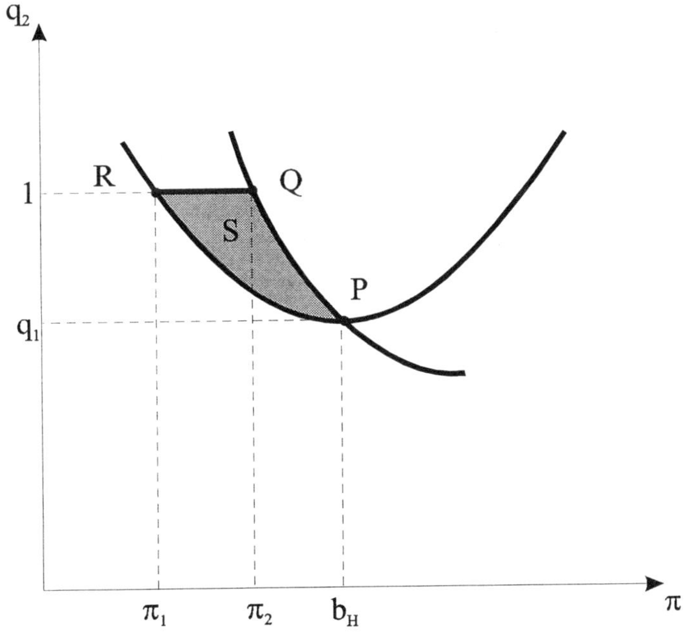

Abb. 7.6. Anreize für Signale der harten Zentralbank

Sobald die privaten Akteure eine Inflationsrate $\tilde{\pi}$ im Bereich $\pi_1 < \tilde{\pi} < \pi_2$ beobachten, müssen sie sich fragen, ob diese Politik (ein unerwarteter Zug außerhalb des ursprünglich betrachteten Gleichgewichtes P) auf einem zufälligen Fehler beruht oder ob damit ein bewußtes Signal beabsichtigt war. Das von *Cho/Kreps (1987)* entwickelte **intuitive Kriterium** argumentiert, daß eine solche abweichende Politik als bewußtes Signal interpretiert werden sollte. Es basiert auf folgender intuitiver Überlegung: Eine laxe Zentralbank könnte bei diesem Zug gegenüber P nur verlieren: selbst im für sie günstigsten Fall (also selbst wenn die laxe Zentralbank durch die Imitation eines solchen Zuges ebenfalls den Ruf eines Hardliners erwerben könnte) wäre sie im Vergleich zu P schlechter gestellt. Dagegen würde sich die harte Zentralbank unter solchen Bedingungen eindeutig besser stellen. Weil es somit gute Gründe für die Vermutung gibt, die Politik $\tilde{\pi}$ könne nur von der harten Zentralbank initiiert sein, liegt es nahe, die Wahrscheinlichkeitseinschätzungen auf $q_2 = 1$ zu revidieren. [8]

Das aber bedeutet: Durch eine hinreichend restriktive Politik $\tilde{\pi}$ gelingt es der harten Zentralbank, sich glaubwürdig von der laxen abzusetzen. Generell gilt bei Anwendung des intuitiven Kriteriums: ausgehend von einem Poolinggleichgewicht besteht für bestimmte Typen (solche besserer Qualität) immer ein starker Anreiz, sich durch eindeutige Signale von einer solchen Gleichbehandlung abzusetzen. Solange die Indifferenzkurven der einzelnen Typen unterschiedliche Steigung aufweisen, finden sich immer Signale, die nur für diese Typen attraktiv sind.

Bei der Argumentation wurde implizit unterstellt, daß das ursprünglich betrachtete Poolinggleichgewicht P für die schlechteren Typen weiterhin erreichbar bleibt.[9] Die Konsequenz dieser Überlegung ist aber freilich, daß die Poolinglösung P selbst kein robustes Gleichgewicht darstellen kann. Weil es immer bestimmte Typen gibt, die einen starken Eigenanreiz haben, ihre wahre Identität der nicht informierten Seite zu signalisieren, wird die Poolinglösung durch solche Signale zerstört. [10] Im folgenden sollen die Eigenschaften des Trenngleichgewichts untersucht werden.

---

8 Das Kriterium von *Cho/Kreps (1987)* basiert auf der Eliminierung von im Gleichgewicht dominierten Strategien. Ausgehend von P, wird die Politik $\tilde{\pi}$ für die laxe Zentralbank von der Gleichgewichtsstrategie $\pi = b_H$ dominiert, selbst bei der für sie günstigsten Antwort $q_2=1$. Wenn wir ausschließen, daß Spieler dominierte Strategien spielen, bleibt als einzig korrekte Interpretation, daß die Politik $\tilde{\pi}$ ein bewußtes Signal der harten Zentralbank darstellt: Für sie wird $\tilde{\pi}$ ja gerade nicht dominiert, sondern bringt im Gegenteil eine Verbesserung gegenüber P - zumindest wenn die Öffentlichkeit diesen Zug entsprechend interpretiert.

9 Daraus erklärt sich die Formulierung „Eliminierung von *im Gleichgewicht* dominierten Strategien". Die Politik $\tilde{\pi}$ wird ja für die laxe Zentralbank nicht generell dominiert, sondern nur im Vergleich zur Lösung P.

10 Diese Tatsache macht die Anwendung des intuitiven Kriteriums freilich etwas fragwürdig: Zwar setzt es zwingend die Gültigkeit des betrachteten Gleichgewichts P voraus; es wird aber dann gerade dazu benutzt, dieses Gleichgewicht zu diskreditieren. Antizipiert die laxe Zentralbank jedoch, daß P gar keine verfügbare Option mehr ist, wird sie wiederum ebenfalls die von b_H initiierte abweichende Politik imitieren. Auch diese Argumentation macht freilich wiederum deutlich, daß eine Poolinglösung nicht stabil sein kann.

7.2.6 Das Trenngleichgewicht

Ein Trenngleichgewicht ist ein Paar $(\pi_H, \ \mu(\pi_H))$ und $(\pi_L, \ \mu(\pi_L))$, bei dem es sich für keinen Spieler lohnt, von seiner Gleichgewichtsstrategie abzuweichen. Wie oben gezeigt, stellt die Lösung (A, B) bei vollständiger Information in Abb. 7.4 kein Gleichgewicht dar. Aufgrund der Anreizverträglichkeitsbedingung kann sich eine harte Zentralbank nur dann glaubhaft von einer laxen absetzen, wenn sie eine besonders restriktive Politik verfolgt: Ihre Inflationsrate darf höchstens $\pi_H \leq \tilde{\pi}_H$ betragen; sie muß also noch restriktiver sein als die Politik b_H, die aus ihrer Sicht kurzfristig optimal wäre.

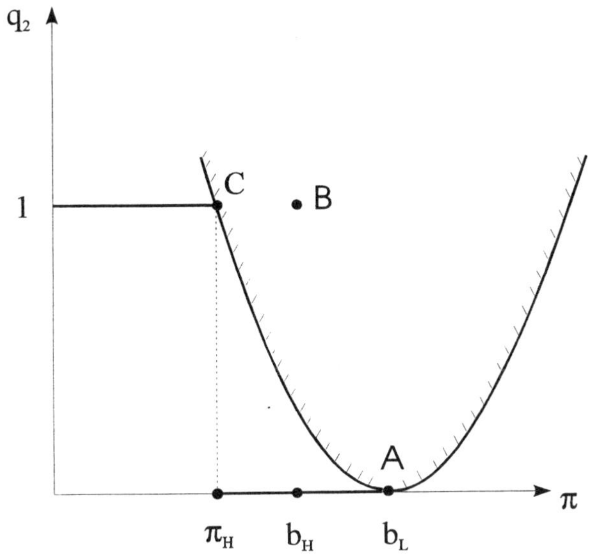

Abb. 7.7. Das Trenngleichgewicht

Bei der Politik $\tilde{\pi}_H$ ist die laxe Zentralbank gerade indifferent zwischen den Alternativen, sich durch die Wahl ihrer kurzfristig optimalen Politik b_L zu offenbaren (mit der Konsequenz $q_2 = 0$) oder aber die restriktive Geldpolitik $\tilde{\pi}_H$ zu imitieren, um sich so den Ruf eines harten Zentralbankers ($q_2 = 1$) zu erschleichen. Geht man davon aus, daß sie sich bei Indifferenz für die ihrem Typ entsprechende Politik entscheidet[11], dann stellt die Kombination A, C (also das Paar$(\pi_H, \ \mu(\pi_H) = 1)$;

---

[11] Diese Annahme mag auf den ersten Blick nicht zwingend erscheinen; sie dient aber nur dazu, technische Komplikationen zu vermeiden: Für eine harte Zentralbank würde es genü-

($\pi_L = b_L,\ \mu(\pi_L) = 0$) in Abb. 7.7) ein Nash-Gleichgewicht dar. Die Anwendung des intuitiven Kriterium von Cho/Kreps zeigt, daß dieses Gleichgewicht robust ist.

Da die Zentralbanktypen in diesem **Trenngleichgewicht** schon in der ersten Periode eine unterschiedliche Geldpolitik betreiben, werden ihre Präferenzen eindeutig enthüllt. Die harte Zentralbank wird freilich dazu gezwungen, eine restriktivere Geldpolitik zu verfolgen als aus ihrer Sicht eigentlich optimal wäre. Dies geschieht einzig zu dem Zweck, sich durch ein glaubwürdiges Signal von der laxen Zentralbank abzuheben. Die asymmetrische Verteilung der Information liefert somit eine interessante Begründung dafür, warum in bestimmten Situationen Überreaktionen für Zentralbanken rational sein können: Angesichts der Unsicherheit der privaten Wirtschaftssubjekte über ihre wahren Intentionen kann eine solch scharfe Reaktion als nützliches Signal dienen.

Ein exakter Wohlfahrtsvergleich mit der Poolinglösung wird dadurch erschwert, daß die Inflationserwartungen je nach Gleichgewichtskonzept bereits in der Anfangsperiode unterschiedlich hoch ausfallen. In der Poolinglösung gilt $\pi_{1P}^e = b_H$, während im Trenngleichgewicht $\pi_{1T}^e = \pi_H\, q_1 + b_L\, (1 - q_{t+1})$. Die Anfangserwartungen π_1^e bestimmen das Niveau der Indifferenzkurven: mit steigendem π_1^e verschieben sie sich parallel nach unten (vgl. Gleichung (7.8). Wie *Vickers (1986)* zeigt, ist im Trenngleichgewicht für beide Typen die erwartete Wohlfahrt höher als in einer Situation bei vollständiger Information, sofern die A-Priori Wahrscheinlichkeit für einen harten Zentralbanker hinreichend hoch ist. Dies liegt daran, daß die Wirtschaftssubjekte aufgrund der unvollständigen Information niedrigere Inflationserwartungen hegen. Weil die diskretionäre Lösung ineffizient ist (wir befinden uns in einer Second-Best-Situation), profitieren alle von den niedrigeren Erwartungen: Sie ermöglichen der harten Zentralbank in der Anfangsperiode eine Annäherung an die Commitment-Lösung $\pi = 0$, während die laxe davon profitiert, daß die Erwartungen zunächst unter ihrer Politik b_L liegen.

7.2.7 Robustheit des Informationsproblems: Korrelierte Präferenzschocks

Wie gezeigt, besteht immer ein starker Anreiz, Informationen zu signalisieren. Wenn aber das Trenngleichgewicht im Vergleich zur Poolinglösung robust ist, so wirft dies die Frage auf, wie relevant überhaupt die Informationsprobleme der Geldpolitik sind. Schließlich kommt ja die Analyse zu dem Schluß, daß die In-

---

gen, eine Politik $\pi = \pi_H - \varepsilon$ zu betreiben, um sich eindeutig von der laxen Zentralbank abzusetzen. Dann würde L sich nämlich in jedem Fall durch eine Imitation von H verschlechtern. Dies gilt für beliebige Werte von $\varepsilon > 0$. Zur Vereinfachung gehen wir im folgenden davon aus, daß es auch für $\varepsilon = 0$ zutrifft.

formationsasymmetrien dank eindeutiger Signale relativ rasch behoben werden. Sobald einmal die Signale Aufschluß über den zugrundeliegenden Typen vermittelt haben, ist es in allen Folgeperioden möglich, die Lösung bei vollständiger Information zu realisieren. Die komplexe Analyse des Einflusses asymmetrischer Information auf die Geldpolitik wäre dann allenfalls in der Anfangsphase (etwa nach einem Regimewechsel) von Bedeutung.

Dies wäre aber nur dann zutreffend, wenn die Präferenzen der Zentralbanker im Zeitablauf konstant blieben. Realistischer ist es jedoch, davon auszugehen, daß die Bewertung wirtschaftspolitischer Ziele durch die Zentralbank im Zeitablauf Veränderungen unterliegt, und daß die Öffentlichkeit über solche Änderungen nur unvollkommen informiert ist. Dies mag daran liegen, daß unklar ist, in welchem Maß politische Pressionen bei den Entscheidungen eine Rolle spielen; Unsicherheit kann ebensogut auf Veränderungen der Zusammensetzung des Zentralbankgremiums beruhen oder aber ganz einfach darauf, daß die Zentralbanker im Zeitablauf einen Lernprozeß durchmachen, der ihre Bewertung verändert.

Es ist deshalb realistischer, von stochastischen Schwankungen der Bewertung im Zeitablauf auszugehen. Am sinnvollsten ist es, dabei einen autokorrelierten Prozeß zu unterstellen: Die Bewertungen im Zeitablauf sind zwar positiv, aber nicht perfekt miteinander korreliert. Der einfachste autokorrelierte Prozeß läßt sich beschreiben durch: $b_t = \beta_{t-1} + \beta_t$. Die Parameter β_t (mit $E(\beta_t) = 0$) stellen jeweils Zufallsvariablen dar, die einen Präferenzschock auslösen. Selbst wenn durch die in der Vergangenheit betriebene Politik im Trenngleichgewicht perfekten Aufschluß über alle vergangenen Schocks β_{t-i} liefert, stellt sich jedes Jahr aufs neue das Signalproblem.

7.3 Modellvariationen

7.3.1 Ein Semi-Pooling Gleichgewicht mit interessanten Eigenschaften (Barro)

Was passiert, wenn die harte Zentralbank am Ziel der Outputstabilisierung gar nicht interessiert ist, wenn also $b_H=0$? Dieser Spezialfall hat in der Spieltheorie große Aufmerksamkeit gefunden, weil er zu einem eindeutigen Gleichgewicht mit interessanten Eigenschaften führt. Weil nun die harte Zentralbank gegenüber Outputverlusten indifferent ist und damit auf eine Politik $\pi=0$ fixiert ist, wird sie sich niemals durch eine Überreaktion von der laxen Zentralbank distanzieren - damit kann das Poolinggleichgewicht nicht zerstört werden. In der Tat zeigt sich, daß die laxe Zentralbank nun einen starken Anreiz hat, sich als hart zu tarnen. Dauert das Spiel hinreichend lange, wird während der (beliebig langen) Anfangsphase auch die laxe Zentralbank immer die Inflationsrate Null wählen. Bereits eine geringe Wahrscheinlichkeit dafür, daß die Zentralbank hart ist, reicht dann aus, um die Reputationslösung als Gleichgewicht zu erreichen. Erst in einer relativ späten Phase wird b_L zwischen $\pi=0$ und ihrer eigentlich präferierten Politik $\pi_L = b_L$ randomisieren (diese Phase ist durch ein Semi-Pooling Gleichgewicht charakterisiert, in der b_L sich entsprechend einem Zufallsprozeß mit Wahrscheinlichkeit ρ_t für eine harte Politik entscheidet). Sobald sie ihren wahren Charakter einmal enthüllt hat, behält sie dann $\pi_L = b_L$ bis zum Endpunkt bei.

Nun sei q_t die Anfangswahrscheinlichkeit für eine harte Zentralbank zum Zeitpunkt t. Von t ab dauert das Spiel T Perioden.

Da b_H auf $\pi=0$ fixiert ist, ist im folgenden nur die Politik der laxen Zentralbank von Interesse, die wir von nun an ohne Indexierung mit π_t bezeichnen. Ihr Ziel besteht darin, die über den gesamten Zeitraum T entstehenden, mit dem Faktor abdiskontierten Wohlfahrtsverluste

$$V = \sum_{t=0}^{T-1} \delta^t \; L(\pi_t)$$

zu minimieren. Der Perioden-Verlust beläuft sich auf:

(7.11) $$L(\pi_t) = \tfrac{1}{2}\pi_t^2 - b_L(\pi_t - \pi_t^e)$$

Sie muß jeweils abwägen, ob es sich lohnt, kurzfristige Nachteile einer harten Politik in Kauf zu nehmen, um dafür einen langfristigen Vorteil (im Sinne einer gestiegenen Reputation q_{t+1}) zu erwerben. Sobald sie einmal $\pi_t = b_L$ spielt, sinkt ihre Reputation auf Null ($q_{t+1} = 0$). Der Lernprozeß ist charakterisiert durch:

(7.12) $$q_{t+1} = \begin{cases} \dfrac{q_t}{q_t + (1-q_t)\rho_t} & \text{falls } \pi_t = \pi_{t-1} = \ldots = \pi_0 = 0 \\ 0 & \text{andernfalls} \end{cases}$$

Wie groß sind die Anreize, die harte Zentralbank zu imitieren? Überlegen wir uns, unter welchen Bedingungen es sich lohnen könnte, mit der kurzfristig optimalen

Politik b_L bis zur nächsten Periode t+1 zu warten. Der Verzicht darauf, schon heute $\pi_t = b_L$ zu betreiben, verursacht kurzfristige Kosten in Höhe von

$$L(\pi_t = 0) - L(\pi_t = b_L) = \tfrac{1}{2} b_L^2 .$$

Andererseits gelingt es dadurch, die Inflationserwartungen π_{t+1}^e zu dämpfen. b_L wird in t+1 immer die Politik $\pi_{t+1} = b_L$ betreiben mit der Perioden-Auszahlung $L(\pi_{t+1} = b_L; \pi_{t+1}^e) = -\frac{1}{2} b_L^2 + b_L \, \pi_{t+1}^e$. Weil eine Politik $\pi_t = b_L$ den sofortigen Verlust an Reputation zur Folge hätte (so daß $\pi_{t+1}^e = b_L$), beläuft sich der abdiskontierte Vorteil niedriger Inflationserwartungen $\tilde{\pi}_{t+1}^e$ damit auf:

$$\delta[L(\pi_{t+1}^e = b_L) - L(\pi_{t+1}^e = \tilde{\pi}_{t+1}^e)] = \delta[b_L^2 - b_L \, \tilde{\pi}_{t+1}^e] . \tag{7.13}$$

Die Tarnung als harte Zentralbank lohnt sich demnach, falls der Vorteil die Kosten übersteigt, falls also

$$\delta[b_L^2 - b_L \, \tilde{\pi}_{t+1}^e] \geq \tfrac{1}{2} b_L^2 \text{ bzw. } \tilde{\pi}_{t+1}^e \leq b_L \left(1 - \frac{1}{2\delta}\right) \tag{7.14}$$

Die Inflationserwartungen bestimmen sich bei einer Reputation q_{t+1} (mit ρ_{t+1} als Wahrscheinlichkeit, daß die laxe Zentralbank die harte Politik kopiert) entsprechend:

$$\pi_{t+1}^e = b_L (1 - q_{t+1})(1 - \rho_{t+1}) \tag{7.15}$$

Dadurch vereinfacht sich die Bedingung (7.14) zu:

$$(1 - q_{t+1})(1 - \rho_{t+1}) \leq \left(1 - \frac{1}{2\delta}\right) \tag{7.16}$$

Diese Bedingung liefert zusammen mit dem Bayesschen Regel (7.12) eine Differenzengleichung, die durch die Endbedingung determiniert ist. Wie üblich, muß das Spiel durch Backward Induktion von der Endperiode T rückwärts gehend gelöst werden. Zum Endzeitpunkt T wird sich die laxe Zentralbank auf jeden Fall für $\pi_T = b_L$ entscheiden ($\rho_T = 0$). Damit vereinfacht sich Gleichung (7.16) zu der Bedingung:

$$\delta \, q_T \geq \tfrac{1}{2} \text{ bzw. } q_T \geq \tfrac{1}{2\delta} \tag{7.17}$$

Weil $0 \leq q_T \leq 1$, kann die Ungleichung für $\delta < \frac{1}{2}$ nie erfüllt sein. In diesem Fall existiert nur ein Trenngleichgewicht. Die laxe Bank verfolgt dann immer ihre kurzfristig optimale Politik. Die Intuition ist einfach: Bei einer zu niedrigen Gewichtung zukünftiger Vorteile (also bei $\delta < \frac{1}{2}$) ist es nie rentabel, die kurzfristigen Nachteile in Kauf zu nehmen.

Anders dagegen für $\delta > \frac{1}{2}$. Nun hängt die optimale Strategie von der anfänglichen Reputation q_{T-1} ab. Falls $q_{T-1} > \hat{q}_{T-1} = \frac{1}{2\delta}$, tarnt sich die laxe Bank immer als hart. Ihre Reputation in T bleibt dann entsprechend dem Lernprozeß unverändert: $q_T = q_{T-1}$. Falls aber $q_{T-1} < \frac{1}{2\delta}$, kann eine solche Strategie kein Gleichgewicht darstellen: Die privaten Akteure formen ihre Erwartungen entsprechend der Bayesschen Regel (7.12). Je niedriger ρ_{T-1}, desto höher die Reputation (vgl. Abb. 7.8). Mit sinkendem ρ_{T-1} steigt ja die a-posteriori Wahrscheinlichkeit, daß hinter der Politik π=0 tatsächlich die harte Zentralbank steht. Bei ρ_{T-1}=0 würde sie etwa auf $q_T = 1$ steigen. Unter solchen Umständen aber wäre es besonders lohnend, sich als harte Zentralbank zu tarnen. Umgekehrt würde sich eine Tarnung bei ρ_{T-1}=1 nie lohnen. Es gibt einen kritischen Wert

$\hat{\rho}_{T-1} = \dfrac{(2\delta - 1)\, q_{T-1}}{1 - q_{T-1}}$, bei dem b_L gerade indifferent ist. Im Nash-Gleichgewicht muß sie genau entsprechend dieser Wahrscheinlichkeit $\hat{\rho}_{T-1}$ zwischen beiden Strategien randomisieren.[12]

12 In der Spieltheorie finden sich häufig Gleichgewichte mit randomisierten Strategien. Viele, die mit solchen Konzepten nicht vertraut sind, halten die Vorstellung, daß rationale Wirtschaftssubjekte (etwa gar eine Zentralbank) ihr Verhalten von einem Zufallsmechanismus abhängig machen, für nachgerade zu absurd. Dies gilt in besonderem Maße für das betrachtete Gleichgewicht: Die privaten Akteure können ja nicht beobachten, ob sich die laxe Zentralbank tatsächlich entrsprechend einem Zufallsprozeß $\hat{\rho}_{T-1}$ verhält (andernfalls könnten sie ja mühelos die Identität der Zentralbank feststellen). Wieso aber sollte b_L dann ausgerechnet den kritischen Wert zugrundelegen? Jeder andere Wert ρ_{T-1} freilich könnte kein Gleichgewicht ergeben.
Wie Harsanyi zeigt, kann Randomisierung jedoch im allgemeinen sinnvoll als (geringe) Unsicherheit der Gegenspieler über das Verhalten (die Zielfunktion) des jeweiligen Spielers interpretiert werden (vgl. etwa *Holler/Illing (1996)*).

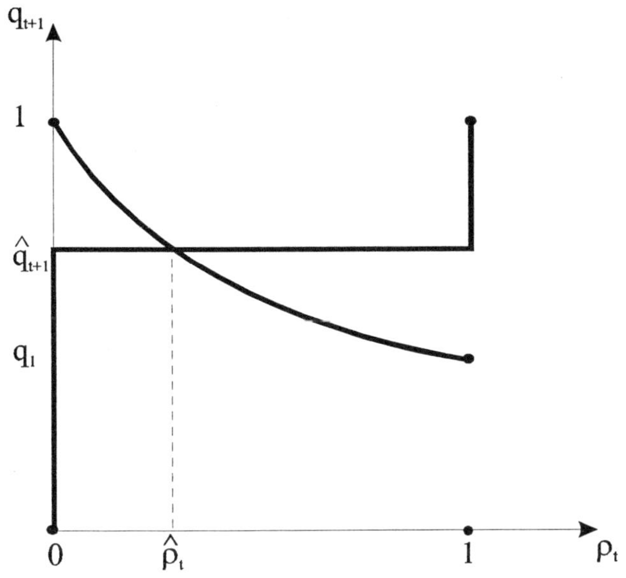

Abb. 7.8 Gleichgewicht in randomisierten Strategie

Verläuft das Spiel über einen längeren Zeitraum, ist das Spiel für $\delta > \frac{1}{2}$ durch drei verschiedene Phasen charakterisiert. In der Endphase *C* spielt die laxe Bank immer b_L, sobald der Zufallsmechanismus dies einmal bestimmt hat. Zuvor - in der Randomisierungsphase B - muß die laxe Zentralbank gerade indifferent zwischen beiden Politiken sein. Bedingung (7.16) muß während dieser Phase in jeder Periode als Gleichung erfüllt sein. Anders: Die Inflationserwartungen bleiben in Phase B konstant.

(7.18) $$\pi_{t+1}^{e} = b_L\,(1 - q_{t+1})(1 - \rho_{t+1}) = b_L\left(1 - \frac{1}{2\delta}\right) = \text{konstant}$$

Zusammen mit $q_T = \frac{1}{2\delta}$ ist damit der Reputationspfad determiniert:

$$q_t = \left(\tfrac{1}{2\delta}\right)^{T+1-t}$$

Je länger die harte Politik betrieben wird, desto stärker steigt die Reputation. Die Randomisierungswahrscheinlichkeit ρ_t nimmt dagegen im Zeitablauf ab. Es wird immer wahrscheinlicher, daß die laxe Zentralbank ihren wahren Charakter enthüllt und damit in Phase C wechselt. ρ_t bestimmt sich genau so, daß die Inflationserwartungen konstant bleiben:

$$\rho_t = \frac{\frac{1}{2\delta} - q_t}{1 - q_t}$$

Bei hinreichend großem Zeitraum T wird die Anfangswahrscheinlichkeit q_0 für eine harte Zentralbank so hoch sein, daß

$$q_0 > \left(\frac{1}{2\delta}\right)^T$$

Das bedeutet aber: Die laxe Zentralbank kopiert in der Anfangsphase A immer (mit Wahrscheinlichkeit $\rho_t = 1$) die harte Politik $\pi = 0$. In dieser Phase betragen die Inflationserwartungen folglich $\pi_t^e = 0$. In Phase A diszipliniert der Anreiz zur Imitation die laxe Zentralbank so stark, daß sie die Commitment-Lösung verwirklicht.

7.3.2 Unvollständige Information über die Commitment-Fähigkeit (Cukierman)

Ein wesentliches Ergebnis der bisherigen Analyse bestand darin, daß angesichts asymmetrischer Information für bestimmte Typen jeweils die Tendenz besteht, eine im Vergleich zur diskretionären Lösung härtere Geldpolitik zu betreiben: In der Pooling-Lösung imitiert die schwache Zentralbank die Stabilitätspolitik der harten; im Trenngleichgewicht setzt sich die harte Zentralbank durch eine besonders restriktive Politik von der schwachen ab. In den betrachteten Beispielen erzeugt asymmetrische Information also einen antinflationären Bias und wirkt demnach dem inflationären Bias entgegen, der aufgrund des Glaubwürdigkeitsproblems besteht. Weil Glaubwürdigkeit für stabilitätsbewußtes Handeln offensichtlich mit einer niedrigen Inflationsrate verbunden ist, erscheint dieses Resultat recht plausibel. Die spieltheoretische Analyse geht somit konform mit der Intuition.

Wie bei vielen Resultaten in der Informationsökonomie gilt freilich auch hier, daß die Ergebnisse bei näherer Betrachtung keineswegs so eindeutig sind: Unter bestimmten Bedingungen trifft genau die entgegengesetzte Schlußfolgerung zu. Eine wesentliche Erkenntnis der Spieltheorie besteht gerade darin, daß das Spielergebnis sehr stark von der spezifischen Spielform (der jeweils vorliegenden konkreten Situation) abhängt.[13] Dies soll im folgenden Beispiel illustriert werden.

---

13 Ein bekanntes Theorem der Spieltheorie (in der Tradition der sogenannten Folk-Theoreme) besagt sogar, daß durch geeignete Modellierung der Informationsstruktur (der Spielform) nahezu jedes beliebige Resultat als Lösung eines Spiels gerechtfertigt werden kann (vgl. Fudenberg/Maskin, 1986; zur Einführung Holler/Illing 1996). Der daraus viel-

Bisher gingen wir immer davon aus, daß die Zentralbank über keine Möglichkeit eines bindenden Commitments verfügt und somit bei vollständiger Information immer die diskretionäre Politik b_i verfolgt. Unsicherheit bestand über den Parameter b_i. Im folgenden betrachten wir genau den umgekehrten Fall: Sofern die Zentralbank verläßlich ist, kann sie nun ein Commitment (eine Selbstbindung) eingehen, die von ihr angekündigte Politik $\tilde{\pi}$ auch tatsächlich einzuhalten. Die privaten Akteure sind sich aber nicht sicher, ob die Zentralbank tatsächlich verläßlich ist. Dagegen sei die Präferenz (die Gewichtung b) im folgenden allgemein bekannt. Die Verlustfunktion beträgt also:

(7.19) $$L = \frac{\pi^2}{2} - b\left(\pi - \pi^e\right)$$

Wieder gibt es zwei mögliche Typen: Zum einen mag die Zentralbank verläßlich sein und sich immer an ihre Ankündigungen halten; zum anderen besteht aber auch die Gefahr, daß sie sich ex post nicht mehr an die ursprünglichen Ankündigungen hält und statt dessen die diskretionäre Politik b verfolgt. q_i sei die Wahrscheinlichkeit für eine verläßliche Zentralbank. Zumindest bei Politikern ist die Gegenwahrscheinlichkeit recht hoch (ein berühmtes Beispiel ist ein US-amerikanischer Präsident, der vor den Wahlen auf allen Veranstaltungen eindrucksvoll den berühmten Spruch wiederholte: read my lips - no taxes, danach aber Steuererhöhungen durchsetzte).

Inwiefern ändern sich durch diese Modifikation die in Abschnitt 7.3.1 abgeleiteten Ergebnisse? Bei vollständiger Information würde die verläßliche Zentralbank die Politik $\tilde{\pi}=0$ ankündigen und durchführen. Weil auch die unverläßliche Zentralbank diese Politik imitiert, müssen die privaten Akteure nun damit rechnen, daß mit der Wahrscheinlichkeit q_1 das Commitment nicht eingehalten wird. Ihre Inflationserwartungen übersteigen die angekündigte Rate $\pi^e > \tilde{\pi}$:

(7.20) $$\pi^e = q_1\, \tilde{\pi} + (1 - q_1)\, b$$

Sofern als einziges Commitment die Verpflichtung auf eine Politik $\tilde{\pi}=0$ möglich ist, entspricht das Modell dem im Abschnitt 7.3.1 analysierten Fall; in einer Mehr-Perioden-Analyse bleiben die dort abgeleiteten Ergebnisse unverändert. Es scheint aber wenig sinnvoll, anzunehmen, die Zentralbank könne sich nur auf $\tilde{\pi}=0$ ver-

---

leicht entstehende Eindruck, die Spieltheorie könne alles - und damit nichts erklären, ist aber verfehlt. Vielmehr läßt sich daraus eine wichtige, für alle Entscheidungen hoch relevante Botschaft ableiten: Die Spieltheorie macht deutlich, daß starke Skepsis gegenüber pauschalierenden Aussagen angebracht ist. Statt dessen sollten jeweils genau die konkreten Bedingungen geprüft werden.

pflichten. Die hohen Inflationserwartungen induzieren ja eine Rezession mit entsprechenden Wohlfahrtsverlusten (auch die verläßliche Zentralbank hat schließlich die gleichen Präferenzen (7.1)). Weil die Rezession um so heftiger ausfällt, je stärker die angekündigte Rate $\tilde{\pi}$ von b abweicht, ist es für die verläßliche Zentralbank vorteilhaft, einen Kompromiß einzugehen und ihr Verhalten teilweise an das der unglaubwürdigen Zentralbank anpassen. Die Informationsasymmetrie zwingt sie dazu, die Inflationserwartungen teilweise zu akkommodieren, um eine allzu heftige Rezession zu vermeiden.

Die optimale Politik besteht darin, die Inflationsrate $\tilde{\pi}$ anzukündigen, die die Wohlfahrtsverluste (7.1) unter den Nebenbedingungen (7.20) und $\pi = \tilde{\pi}$ minimiert. Einsetzen der Restriktionen liefert:

(7.21) $$L = \frac{\tilde{\pi}^2}{2} - b\left(\tilde{\pi} - q_1\,\tilde{\pi} - (1-q_1)b\right)$$

Als Lösung ergibt sich:

(7.22) $$\tilde{\pi} = \pi = (1-q_1)\,b$$

Die Inflationserwartungen betragen somit $\pi^e = q_1\,\tilde{\pi} + (1-q_1)\,b = (1-q_1^2)\,b < b$; der Verlust beläuft sich auf: $L = (1-q_1^2)\,\frac{b^2}{2}$.

8 Geldpolitik aus politökonomischer Perspektive

8.1 Einführung

In den vorhergehenden Kapiteln wurde gezeigt, daß strategische Interaktionen selbst dann zu einer ineffizient hohen Inflationsrate führen können, wenn die geldpolitischen Institutionen versuchen, die Zielfunktion eines repräsentativen Wirtschaftssubjektes zu maximieren. Wer aber ernsthaft der Überzeugung ist, tatsächliche wirtschaftspolitische Entscheidungsprozesse würden sich an der Maximierung der gesamtwirtschaftlichen Wohlfahrt orientieren, der hat wenig Ahnung vom tatsächlichen Ablauf politischer Prozesse.

In der Realität gibt es keinen wohlwollenden sozialen Planer; die politischen Akteure verfolgen vielmehr jeweils ihre Eigeninteressen. Zudem existiert auch kein repräsentatives Wirtschaftssubjekt; die Wähler haben statt dessen sehr heterogene Präferenzen; Interessenkonflikte sind unvermeidlich. Aus diesen Gründen ist zu erwarten, daß politische Entscheidungen gravierende Verzerrungen hervorrufen. Der Versuch politischer Parteien, den Trade-Off zwischen Arbeitslosigkeit und Inflation auszunutzen, kann zu Instabilität der Wirtschaftsaktivität (zu endogenen, politisch verursachten Konjunkturzyklen) führen. Die Frage, unter welchen Bedingungen dies der Fall ist, wird von der ökonomischen Theorie der Politik untersucht. Sie befaßt sich schon seit langem auch mit geldpolitischen Entscheidungsprozessen. Einen guten Überblick über die theoretischen Ansätze liefert *Alesina/Rosenthal (1995)*.

Die politökonomische Analyse unterstellt in der Regel, daß die Zentralbank unmittelbar dem politischen Einfluß der jeweiligen Regierung unterliegt; sie hat - quasi als Unterabteilung - den Auftrag, die Regierungspolitik zu implementieren. Diese Hypothese ist zweifellos für all die Staaten sinnvoll, in denen die Zentralbank nur als ausführendes Organ der Regierung fungiert. Dies gilt auch dann, wenn die Zentralbank autonom darüber entscheiden kann, auf welche Weise sie die ihr vorgegebenen Ziele implementiert (Instrumentenunabhängigkeit). Verfügt die Zentralbank dagegen über institutionelle Unabhängigkeit, wird sie gegenüber politischen Pressionen immuner; selbst dann aber kann sie sich in der Regel politischem Druck nicht vollständig entziehen, wenn sie andernfalls eine Entmündigung durch die Regierung zu befürchten hat. Wir werden deshalb zunächst ebenfalls wieder davon ausgehen, daß die Geldpolitik direkt von der Regierung festgelegt wird. *Cukierman* (1992) *Schaling (1995*) und *Eijffinger/De Haan (1996*) zeigen anhand empirischer Untersuchungen, daß in OECD-Ländern mit unabhängiger Zentralbank größere Preisstabilität herrscht.

Die Ansätze der neuen politischen Ökonomie lassen sich in zwei verschiedene Richtungen einteilen. Sie unterscheiden sich in der Frage, welche Ziele die Parteien bzw. Regierungen verfolgen. Die *opportunistische Schule* geht davon aus, daß das Ziel der politischen Akteure allein darin besteht, gewählt zu werden. Jede Partei konzipiert ihr Wahlprogramm deshalb ausschließlich unter dem Gesichtspunkt der Maximierung der Wählerstimmen. Nach erfolgreicher Wahl führt sie diese Politik dann auch aus - unabhängig davon, ob die jeweiligen Akteure nicht vielleicht ganz andere Präferenzen hätten. Die *ideologische Schule* argumentiert dagegen, daß die einzelnen Parteien unterschiedliche Interessengruppen repräsentieren. Die Regierungspartei wird deshalb die Politik durchsetzen, die aus Sicht der sie unterstützenden Interessengruppe optimal ist, selbst wenn im Wahlprogramm eine andere Politik formuliert wäre. Rationale Wähler antizipieren dies und wählen deshalb die Partei, deren Ideologie ihren Präferenzen am ehesten entspricht.

Die Verlustfunktion der Wirtschaftssubjekte sei wie in Kapitel 7:

(8.1) $$L_i = \pi^2 - b_i\, y$$

Die Heterogenität der Interessen modellieren wir folgendermaßen: Die einzelnen Wirtschaftssubjekte gewichten die beiden Ziele Preis- und Outputstabilität in unterschiedlichem Maß. Die Präferenzen unterscheiden sich durch das Gewicht b_i. Die Verteilung von b_i über alle Wirtschaftssubjekte ist durch eine Verteilungsfunktion $F(b_i)$ gegeben. Um die Analyse zu vereinfachen, verwenden wir eine Verlustfunktion, in die die Wachstumsrate der Wirtschaft linear eingeht.

Im politischen Prozeß geht es um die Frage, welches Gewicht die Regierung dem Outputziel zumessen soll. Weil das Entscheidungsproblem eindimensional ist, kann das Wahlprogramm einer Partei einfach durch den Wert b_P charakterisiert werden. Jeder Wähler hat eindeutige Präferenzen (sie sind eingipflig), er wird sich immer für die Partei entscheiden, deren Programm b_P seinen eigenen Vorstellungen am nächsten kommt.

8.2 Die opportunistische Schule

Bereits *Hotelling (1931)* hat gezeigt, daß in einem Zwei-Parteiensystem beide Parteien ihre Ziele am **Medianwähler** ausrichten, wenn sie sich opportunistisch verhalten.[1] Der Wettbewerb um Wähler führt zu einer Angleichung des Wahlprogramms; die Politik der Parteien wird nahezu austauschbar. Das bedeutet, daß bei opportunistischem Verhalten der politische Prozeß unter bestimmten Bedingungen die aus gesamtwirtschaftlicher Sicht optimale Politik verwirklicht.

Bei heterogenen Präferenzen muß eine soziale Wohlfahrtsfunktion die unterschiedlichen Interessen ja in bestimmter Weise gewichten. Es liegt nahe, von einer utilitaristischen Wohlfahrtsfunktion auszugehen, also alle Individuen gleich zu gewichten. Die soziale Gewichtung bestimmt sich dann als Aggregation der individuellen Präferenzen einfach durch den Mittelwert der Verteilung. Bei symmetrischer Verteilung der Präferenzen entspricht nun der Mittelwert genau dem Median. Orientiert sich die Regierung an den Interessen des **Medianwählers**, so verwirklicht sie demnach gerade die sozial optimale Lösung. Bei schiefer Verteilung kommt es dagegen immer zu Verzerrungen. Allerdings läßt sich keine systematische Aussage darüber treffen, in welche Richtung diese Verzerrung geht. Je nach Verlauf der Verteilungsfunktion ist die politische Gewichtung der Preisstabilität im Vergleich zur sozialen zu hoch oder zu niedrig.

8.2.1 Der politische Konjunkturzyklus von Nordhaus

Die Erfahrungen aus dem politischen Alltag in vielen Ländern lassen allerdings starke Zweifel daran aufkommen, daß die tatsächlich betriebene Wirtschaftspolitik einer sozial optimalen Lösung entspricht. Häufig entsteht der Eindruck, daß die Regierung besonders dann, wenn Wahlen bevorstehen, mehr oder weniger subtil Einfluß auf die Notenbank ausübt, um sie zu einer expansiveren Geldpolitik zu verleiten, zumindest aber kontraktive Maßnahmen zu unterlassen. *William Nordhaus (1975, 1989)* hat als erster eine theoretische Begründung für dieses Phänomen zu liefern versucht.

---

[1] Der Beweis ist einfach: Ein Wähler ist dann Medianwähler mit den Präferenzen b_m, wenn genau 50% der Wähler das Outputziel geringer gewichten, während die anderen 50% das Outputziel mindestens so stark gewichten: $F(b_i \leq b_m)=0{,}5$ und $F(b_i \geq b_m)=0{,}5$. Für keine Partei ist es rational, eine andere Position als die des Medianwählers einzunehmen: Vertritt Partei A eine andere Position $b_A \neq b_m$, könnte Partei B immer die Stimmenmehrheit gewinnen, wenn sie ihre Position zwischen b_A und b_m ausrichtet. Dabei würde sie um so mehr Stimmen gewinnen, je näher sie an b_A rückt. Das einzige Gleichgewicht besteht darin, daß beide Parteien b_m wählen: $b_A = b_B = b_m$.

Nordhaus geht vom **Phillipskurven-Trade-Off** aus. In der Tradition von *Friedman* und *Phelps* unterstellt er, daß die Wirtschaftssubjekte ihre Inflationserwartungen adaptiv an der in der Vergangenenheit beobachteten Rate ausrichten, dabei aber nur über ein entsprechend kurzes Gedächtnis verfügen. Bei ihrer Stimmabgabe orientieren sich die Wähler an der aktuellen Wirtschaftsentwicklung: Hohes Wachstum, niedrige Arbeitslosigkeit und geringe Inflationsrate haben einen signifikanten Einfluß auf die Wiederwahlchancen und können daher zu einer populistischen Politik verleiten, die zwar kurzfristig die Wahlchancen erhöht, langfristig jedoch schädliche Auswirkungen hat.

Gelingt es der Regierung vor dem Wahltermin, durch expansive Geldpolitik Beschäftigung und Wachstum zu stimulieren, so kann sie ihre Popularität steigern. Die Inflationserwartungen passen sich dann erst langsam (nach den erfolgreich gewonnenen Wahlen) an das höhere Niveau an. Damit diese Inflationserwartungen sich nicht permanent nach oben anpassen, muß die Regierung unmittelbar nach den Wahlen eine kontraktive Politik durchführen und dabei den damit verbundenen Beschäftigungsrückgang in Kauf nehmen. Auf diese Weise gelingt es ihr, die Inflationserwartungen bis zum nächsten Wahltermin wieder auf ein niedriges Niveau zu lenken. So erhält sie genügend Spielraum, um die Wähler nun wieder aufs neue mit einer expansiven Politik zu überraschen.

Das **Nordhaus-Modell** liefert eindeutige, empirisch überprüfbare Prognosen: Der politische Prozeß verursacht bewußt endogene Schwankungen der Wirtschaftsaktivität. Vor Wahlen ist jeweils ein Boom zu beobachten, der mit einem Rückgang der Arbeitslosigkeit und gleichzeitig steigender Inflationsrate einhergeht. Unmittelbar nach den Wahlen wird dann die Inflation durch eine Rezession mit entsprechender Arbeitslosigkeit gedämpft. Ein solches zyklisches Verhalten ist empirisch jedoch nicht nachweisbar. Schwankungen der realen Wirtschaftsaktivität sind mit Wahlterminen nicht signifikant korreliert.

Abgesehen von der *mangelnden empirischen Evidenz* leidet das **Nordhaus-Modell** an einer *theoretischen Schwäche*: Es unterstellt den Wählern im Grunde *irrationales Verhalten*. Sobald sie das Verhalten der Regierung durchschauen, besteht für die Wähler kein Grund mehr, ihre Wahlentscheidung von der aktuellen wirtschaftlichen Lage abhängig zu machen. Schließlich würden sie damit ja eine Regierung belohnen, die sie arglistig zu täuschen versucht. Wird das Verhalten antizipiert, so werden die Inflationserwartungen vor den Wahlen so weit nach oben geschraubt, daß sich eine Überraschungsinflation nicht mehr lohnen würde. Angesichts der theoretischen Revolution, die in der Makroökonomie durch das Konzept rationaler Erwartungen ausgelöst wurde, ließ bei Ökonomen das Interesse an der Theorie des politischen Konjunkturzyklus drastisch nach.

Es wäre jedoch verfehlt, daraus den Schluß zu ziehen, der politische Prozeß könne bei opportunistischem Verhalten der Parteien keine Instabilität hervorrufen. Eine neue Generation politökonomischer Modelle zeigt vielmehr, daß politische Konjunkturzyklen auch angesichts rationaler Erwartungen durchaus möglich sind. Ein überzeugendes Modell muß dabei begründen können, warum es rational sein kann, das Wahlverhalten von der aktuellen Wirtschaftslage abhängig zu machen. Rationale Wahlentscheidungen sind ja zukunftsorientiert; sie richten sich danach, welche Politik in der nächsten Wahlperiode zu erwarten ist. Nur dann, wenn die aktuelle Wirtschaftssituation Hinweise darauf geben kann, ist ein solches Verhalten gerechtfertigt.

8.2.2 Wahlen als Kompetenztest: Das Rogoff/Sibert-Modell

Rogoff/Sibert (1988) entwickeln ein Modell, in dem die aktuelle Wirtschaftslage den Wählern Rückschlüsse auf die Kompetenz der Regierung erlaubt. Die Wähler sind nur unvollkommen über die wirtschaftliche Kompetenz ihrer Regierung informiert; sie können aber aus der Konjunktursituation vor der Wahl Rückschlüsse auf deren Kompetenz ziehen. Deshalb ist es für die Wähler rational, die Wahlentscheidung vom Konjunkturverlauf abhängig zu machen. Für die Regierung wiederum besteht damit ein Anreiz, durch bewußte Stimulierungsmaßnahmen Kompetenz zu signalisieren.

Im Ansatz von *Rogoff/Sibert (1988)* spiegelt sich Kompetenz in der Effizienz bei der Bereitstellung öffentlicher Güter wider: Eine kompetentere Regierung kann das gleiche Niveau an öffentlichen Gütern zu geringeren Kosten bereitstellen als eine weniger kompetente Regierung. Weil sie deshalb mit weniger Steuereinnahmen auskommt, kann sie den Wählern ihre Kompetenz signalisieren, indem sie vor den Wahlen Geschenke in Form von Steuersenkungen oder vermehrten Transferzahlungen verteilt. Um sich glaubhaft von einer weniger kompetenten Regierung abzusetzen, muß sie allerdings in das Signal „Steuersenkung" überinvestieren - sie senkt die Steuern in stärkerem Umfang als dies bei vollständiger Information angebracht wäre. Zu diesem Zweck zwingt sie die Notenbank zu übermäßiger Seignioragefinanzierung, die aber zunächst nicht beobachtbar ist, weil sie sich erst verzögert (nach den Wahlen) in hoher Inflation niederschlägt.

Der Ansatz von *Rogoff/Sibert* ist eine direkte Anwendung der Signalling-Modelle bei unvollständiger Information aus Kapitel 7. Auch für eine weniger kompetente Regierung besteht im Prinzip ein Anreiz, durch starke Geldschöpfung Kompetenz vorzutäuschen. Wenn unterschiedlich kompetente Typen von Regierungen das gleiche Signal senden, kommt es zu einem Pooling-Gleichgewicht. Bei Anwendung des intuitiven Kriteriums aber ist nur das Trenngleichgewicht robust, bei dem die am wenigsten kompetente Regierung kein Signal gibt (die Steuern nicht senkt).

Der Ansatz von *Rogoff/Sibert* bezieht sich auf das Geldschöpfungsmotiv zur Finanzierung von Staatsausgaben als Anlaß für eine Überraschungsinflation (vgl. Kapitel 9). Die Idee läßt sich aber direkt auf das Phillipskurven-Modell übertragen. *Persson/Tabellini (1990)* entwickelten als erste ein entsprechendes Modell. Sie betrachten eine Zwei-Perioden-Version des Standardmodells. Zur Vereinfachung nehmen sie an, daß in jeder Periode alle Parteien und alle privaten Wirtschaftssubjekte die gleiche Verlustfunktion haben.

(8.2) $$L_t = \pi_t^2 - b\, y_t$$

Die Regierungspartei R zieht aber noch zusätzlich einen Vorteil K aus der Tatsache, daß sie an der Macht ist. Die Kompetenz der Regierung bezieht sich auf die Fähigkeit, das Wirtschaftswachstum ohne Zuflucht zu Überraschungsinflation zu stimulieren. Der Output wächst entsprechend der Gleichung:

(8.3) $$y_t = \pi_t - \pi_t^e + \varepsilon_t^P$$

ε_t^P ist ein Maß für die Kompetenz der Regierung. Sie unterliegt im Zeitverlauf stochastischen Schwankungen (eine Regierung kann je nach den spezifischen Herausforderungen der aktuellen Situation unterschiedlich kompetent sein); die Fähigkeiten sind aber über die Zeit hin korreliert. Die Korrelation folge einem Moving Average Prozeß: $\varepsilon_t^P = \mu_t^P + \mu_{t-1}^P$. Die Kompetenz μ_t^P kann für jeden Kandidaten zwei Werte annehmen:

(8.4) $$\mu_t^P = \begin{cases} \mu_g > 0 \text{ mit Wahrscheinlichkeit } q \\ \mu_b < 0 \text{ mit Wahrscheinlichkeit 1-}q \end{cases}$$

mit $E(\mu_t^P) = 0$ und $\mu_0^P = 0$. Am Ende der ersten Periode findet die Wahl statt. Weil die Wähler das Verhalten des Herausforderers nicht beobachten können, schätzen sie dessen Kompetenz immer als durchschnittlich ein: $E(\mu_t^P) = 0$. Dagegen kann die Regierung R durch geeignete Politik vor der Wahl ihre Kompetenz signalisieren. Am Anfang der ersten Periode kennt sie ihre eigene Kompetenz μ_1^R, die aber von den Wählern nicht beobachtet werden kann. Nachdem sich die Inflationserwartungen π_1^e gebildet haben, bestimmt die Regierung dann die Geldpolitik π_1 und damit das Wachstum y_1. Vor der Wahl können die Wähler zwar y_1 beobachten, nicht aber π_1. Der Output reagiert unmittelbar auf eine expansive Geldpolitik der Regierung, während die Preise erst nach einer Zeitverzögerung beeinflußt werden. Die Wirkung auf π_1 kann deshalb erst nach den Wahlen beobachtet werden, so daß vor den Wahlen nicht direkt auf die Kompetenz der Regierung μ_1^R geschlossen werden kann. Die Wähler können jedoch indirekt (aus der Beobachtung der Wachstumsrate im Wahljahr) Rückschlüsse auf die Kompetenz ziehen. Weil alle Wähler homogen sind, entscheiden sie sich immer für die Partei, die sie für die kompetenteste halten.

Im vorliegenden Modell stellt die Wachstumsrate y das Signal dar. Eine inkompetente Regierung R_i (mit $\mu_1^{R_i} = \mu_b < 0$) hat den Anreiz, durch starke expansive Politik das Wachstum zu stimulieren und damit Kompetenz vorzutäuschen. Auf diese Weise könnte sie sich weiter die Vorteile K sichern, die ihr aus der Regierungsmacht zufließen. Die Stimulierung über das kurzfristig optimale Niveau hinaus verursacht aber Kosten. Für eine kompetente Regierung R_k ist es dagegen weniger kostspielig, die Wachstumsrate zu steigern (technisch ist damit die Single-Crossing-Bedingung als Voraussetzung für ein wirksames Signal erfüllt). In einem Trenngleichgewicht wird sie deshalb ihrerseits das Wachstum so stark stimulieren, daß sich eine Imitation für die inkompetente Regierung R_i nicht mehr lohnt. Dies ist genau dann der Fall, wenn die mit der unerwünschten Inflation verbundenen hohen Kosten den Vorteil *K* überwiegen.

Im Trenngleichgewicht können die Wähler aus der Beobachtung der Wachstumsrate y korrekt auf die Kompetenz schließen. Falls y hoch ist, wird die Regierung wiedergewählt; im anderen Fall kommt der Gegenkandidat zum Zug. Ist der Vorteil K aus der Regierungsmacht hinreichend groß, muß die kompetente Regierung R_k eine überaus expansive Geldpolitik $\pi_1^{R_k} > b$ betreiben, um ihre Fähigkeiten glaubhaft unter Beweis zu stellen. Die inkompetente Regierung R_i investiert dagegen nicht zusätzlich in das Signal; sie wählt vielmehr die kurzfristig optimale Rate $\pi_1^{R_i} = b$. Oberflächlich betrachtet machen die Wähler ihre Wahlentscheidung scheinbar naiv von der aktuellen Konjunkturlage abhängig; tatsächlich aber verhalten sie sich zukunftsorientiert.

Aus diesen Überlegungen leiten sich folgende Vorhersagen ab: Regierungen werden dann wiedergewählt, wenn die wirtschaftliche Lage im Wahljahr günstig ist. Weil die Wirtschaftssubjekte bei der Festlegung der Inflationserwartungen die Kompetenz ihrer Regierung nicht kennen, müssen sie ihre Erwartungen aus dem Durchschnitt der Inflationsraten bilden, die jeweils bei kompetenter bzw. inkompetenter Regierung realisiert werden. Erweist sich die Regierung als kompetent, so kommt es deshalb vor den Wahlen zu einem kurzfristigen Boom, der nach den Wahlen einen Anstieg der Inflationsrate auslöst. Im Fall einer inkompetenten Regierung stellt sich dagegen vor den Wahlen eine Rezession ein mit entsprechendem Anstieg der Arbeitslosigkeit. Die durch den Wahltermin hervorgerufenen Schwankungen sind nur sehr kurzfristiger Natur: In der Periode zwischen den Wahlen verursacht der politische Prozeß keine Verzerrungen.

Ähnlich wie im Nordhaus-Modell erzeugt der politische Prozeß im Ansatz von *Rogoff/Sibert* endogene Konjunkturzyklen. Diese Zyklen sind nun aber nicht mehr ausschließlich negativ zu beurteilen. Zwar kommt es durch die endogenen Schwankungen einerseits zu Wohlfahrtverlusten. Andererseits aber sind Wahlen ein Instrument, um inkompetente Regierungen abzulösen. Der dadurch erst mögliche Wechsel zu einer kompetenteren Regierung bringt Wohlfahrtsgewinne (höhere Wachstumsraten), die gegenüber den Verlusten abgewogen werden müssen. Zur Verdeutlichung ein Extremfall: Eine diktatorische Regierung wird zwar keine Zyklen erzeugen; sie kann aber auch nicht wegen Inkompetenz abgelöst werden. Dies deutet auf einen interessanten Trade-Off: Je häufiger Wahlen stattfinden, desto stärkere Schwankungen werden erzeugt; um so schneller aber lassen sich auch Fehler korrigieren.

Die Aussagen des *Rogoff/Sibert*-Ansatzes sind mit empirischen Beobachtungen eher vereinbar als die des Nordhaus-Modells. In Übereinstimmung mit dem Modell gibt es keine Anzeichen dafür, daß es in Wahljahren systematisch zu Konjunkturstimulierung kommt; dagegen steigt die Inflationsrate nach Wahlen häufig an. In empirischen Analysen der Konjunkturverläufe in verschiedenen OECD-Ländern sehen *Alesina/Roubini (1990)* eine Bestätigung des Modells; die Evidenz ist allerdings nicht unumstritten. Bemerkenswerterweise kommen verschiedene Studien zu dem Schluß, daß vor allem in Deutschland ein solcher politökonomischer Zusammenhang erkennbar sei. *Berger/Woitek (1996*) zeigen aber, daß bei sorgfältiger ökonometrischer Analyse in Deutschland allenfalls ein stärkeres Geldmengenwachstum vor Wahlen nachweisbar ist. Dies muß aber keineswegs als Indiz für politischen Druck der Regierung auf die Notenbank gewertet werden. Mit dem Signalling-Ansatz wäre es nur dann vereinbar, wenn diese Geldmengenexpansion für die Öffentlichkeit erst nach den Wahlen beobachtbar wäre. Die Analyse setzt ja voraus, daß vor den Wahlen nur die Konjunkturlage beobachtbar ist, während die tatsächliche Geldpolitik dagegen erst nach den Wahlen bekannt wird.

8.3 Die ideologische Schule: Politik als Interessenvertretung

Die opportunistische Schule sieht Politiker als eine Art Unternehmer, die allein an Machtausübung interessiert sind. Sie passen ihr Produkt (die Politik) deshalb so weit wie möglich den Kundenwünschen an, um ihre Einnahmen (die Stimmenzahl) zu maximieren. Dieses Verhalten bewirkt in einem Zwei-Parteien-System eine Angleichung der Programme an die Präferenzen des Medianwählers.

Vertreter der ideologischen Schule sehen dagegen in Politikern reine Interessenvertreter, die die Ziele ihrer spezifischen Wählerschicht (oder allgemeiner: der Gruppen, die sie ideologisch und finanziell unterstützen) durchsetzen wollen. Sie streben vor allem deshalb an die Macht, um die Politik durchzusetzen, die ihren ideologischen Überzeugungen entspricht. Selbst wenn sie vor den Wahlen etwas anderes ankündigen, werden sie später doch die Positionen vertreten, denen sie ideologisch verbunden sind.

8.3.1 Die Partisantheorie von Hibbs

Aufbauend auf diesem Argument hat *Douglas Hibbs (1977)* mit seiner Partisantheorie einen Alternativansatz zum Nordhaus-Modell entwickelt. Weil konservative Wähler eher von den negativen Auswirkungen der Preissteigerungen (etwa der Entwertung von Nominalvermögen und dem Anstieg des marginalen Steuersatzes bei schleichender Progression) betroffen sind als vom Risiko eines Arbeitsplatzverlustes, gewichten sie das Ziel der Preisstabilität stärker. Konservative Parteien, die ihre Interessen vertreten, bevorzugen deshalb eine weniger expansive Politik. Bei den Wählerschichten linker Parteien haben dagegen Arbeitslosigkeit und Umverteilung eine stärkere Gewichtung. Linke Parteien sind deshalb eher bereit, eine expansive Politik zur Stimulierung der Wirtschaft durchzusetzen.

Aus diesen Überlegungen entwickelt *Hibbs* ein einfaches Argument zur Erklärung politischer Konjunkturzyklen. Wegen der unterschiedlichen Gewichtung bevorzugen die einzelnen Parteien jeweils einen anderen Punkt auf einer gegebenen Phillipskurve: Eine linke Regierung nimmt mehr Inflation in Kauf, um die Arbeitslosigkeit abzubauen; umgekehrt wird eine rechte Regierung eine niedrigere Inflation mit entsprechend höherer Arbeitslosigkeit durchsetzen. Jeder Regierungswechsel führt so zu einem Wechsel der Politik und erzeugt damit einen politischen Konjunkturzyklus. Ähnlich wie beim Ansatz von Nordhaus können die Aussagen des Partisanmodells von *Hibbs* durch empirische Analysen jedoch nicht bestätigt werden. Eine Erklärung könnte darin liegen, daß *Hibbs* (ebenso wie Nordhaus) nicht berücksichtigt, daß eine dauerhafte, systematische Ausnutzung des Phillipskurven-Trade-Offs bei rationalen Erwartungen nicht möglich ist.

8.3.2 Zyklen bei rationalen Erwartungen: Das Alesina Modell

Alberto Alesina (1987) entwickelte ein Modell der ideologischen Schule, das dieser Kritik Rechnung trägt. Die Idee ist recht einfach: Betrachten wir wieder die Wahl zwischen zwei Parteien. Die linke Partei mißt der Wachstumskomponente in der Verlustfunktion (8.1) ein stärkeres Gewicht zu; sie wird deshalb eine Politik höherer Inflation betreiben:

$$\pi_L = b_L; \quad \pi_R = b_R \quad \text{mit } b_L > b_R$$

Der marginale Wähler, der zwischen den beiden Parteien gerade indifferent ist, hat die Präferenzen $\bar{b} = \frac{b_L - b_R}{2}$. Die Wahl wird von der Partei gewonnen, deren Gewichtung den Präferenzen des Medianwählers am nächsten kommt. Weil in der Regel unklar ist, wer der Medianwähler ist (die Präferenzen unterliegen stochastischen Schwankungen), läßt sich der Wahlausgang nicht mit Sicherheit vorhersagen. Weil damit das Wahlergebnis wie ein unerwarteter Schock wirkt, ergeben sich nach den Wahlen reale Effekte der Politik. Die Wahrscheinlichkeit, daß die linke Partei an die Macht kommt, betrage p_L=Prob $\{b_m > \bar{b}\}$ = Prob$\left\{b_m > \frac{b_L - b_R}{2}\right\}$ (und damit $p_R = 1 - p_L$). Die vor den Wahlen prognostizierte Inflation entspricht dem Mittelwert der von beiden Parteien präferierten Politik:

$$\pi^e = E(\pi) = p_R\ \pi_R + p_D\ \pi_D$$

Solange Unsicherheit über den Wahlausgang herrscht, wird nach den Wahlen die tatsächliche Politik immer vom Erwartungswert abweichen. Gewinnt die konservative Partei, kommt es zu einer unerwartet kontraktiven Politik, die in eine Rezession mündet. Umgekehrt wird die linke Partei im Fall ihres Wahlsiegs eine expansivere Politik betreiben und damit kurzfristig die Wirtschaftsaktivität stimulieren. Die realen Effekte sind allerdings jeweils nur von kurzer Dauer. Sobald die Tarifverträge, die auf den unsicheren Erwartungen basieren, an die neue Situation angepaßt werden, hat die unterschiedliche Geldpolitik keine realen Auswirkungen mehr.

Diese Erkenntnis deutet allerdings auf eine theoretische Schwäche des Ansatzes: Die realen Effekte ergeben sich in dem Modell deshalb, weil die Wirtschaftssubjekte vor den Wahlen langfristige nominale Kontrakte abschließen, die sie danach an veränderte Bedingungen erst verspätet anpassen können. Wenn nun aber politisch induzierte Effekte eine große Bedeutung hätten, bestünde ein starker Anreiz, solche Kontrakte jeweils erst nach den Wahlen (nachdem sich der Schleier der Unwissenheit gelüftet hat) abzuschließen. Würden etwa die Tarifparteien immer erst im Anschluß an die Wahlentscheidung über die Löhne verhandeln, ließe sich das Problem unvollkommener Prognosen über die Geldpolitik einfach vermeiden. Die Tatsache, daß sich Neuverhandlungen nicht auf Nachwahlperioden konzentrieren, sondern eher gleichmäßig über die Zeit hin verteilt sind, ist ein Indiz dafür, daß entweder die realen Kosten der politischen Zyklen nicht allzu gravierend sein können oder aber daß solche Zyklen erst gar nicht auftreten.

Das Modell von Alesina, das die Aussagen der ideologischen Schule mit der Theorie rationaler Erwartungen kombiniert, hat folgende empirische Implikationen: Im Gegensatz zum Modell von Nordhaus stellt sich der konjunkturelle Effekt erst nach den Wahlen ein. Jeder Regierungswechsel resultiert in einer dauerhaften Änderung der Inflationsrate. Die realen Effekte sind dagegen rein temporärer Natur: Ein Sieg der linken Partei ruft jeweils einen kurzfristigen Boom hervor, während ein Sieg der rechten Partei mit einer kurzfristigen Rezession einhergeht. Wieder finden empirische Analysen eine gewisse Evidenz für diese Phänomene; allerdings sind die Ergebnisse meist nicht besonders aufschlußreich. So fällt es schwer, exogene Faktoren von wirtschaftspolitisch bedingten zu trennen. Zudem ist meist die Zahl der Regierungswechsel zu gering, um verläßliche Ergebnisse zu erhalten. Schließlich müßte eine überzeugende Studie eine Vielzahl institutioneller Detaills berücksichtigen, die dafür sorgen, daß der politische Einfluß der Regierung auf die Notenbank in den einzelnen Staaten ganz unterschiedlich stark ausgeprägt ist. Die Frage, ob es einen politischen Konjunkturzyklus gibt, läßt sich bisher keineswegs eindeutig beantworten.

8.4 Übungsaufgaben:

1. Die Verlustfunktion (8.1) impliziert, daß jede Partei eine im Zeitablauf konstante Geldpolitik verfolgt. Zeigen Sie anhand eines Zwei-Perioden-Modells, daß bei der Verlustfunktion $L_i = \pi^2 - b_i\,(y-\Delta)^2$ beim Sieg einer rechten Regierung die Inflationsrate im Zeitablauf steigt, während der Output in der ersten Periode fällt und umgekehrt im Fall des Wahlsiegs einer linken Regierung. Zeigen Sie dabei, wie sich Unsicherheit über den Wahlausgang und Heterogenität der Parteien auswirkt. Welche Implikation hat das Modell für den Fall, daß die Regierung nicht abgewählt wird?

2. Zur Vereinfachung unterschieden sich die Parteien entsprechend Gleichung (8.1) nur durch die Gewichtung des Outputziels $b_L > b_R$. Zeigen Sie anhand der Verlustfunktion $L_i = (\pi - \pi_i{}^*)^2 - b_i\,(y - \Delta_i)^2$, daß sich die gleichen Aus-

sagen ableiten lassen, wenn auch Unterschiede $\Delta_L > \Delta_R$ und $\pi_L^* > \pi_R^*$ berücksichtigt werden.

3. Charakterisieren Sie für das Rogoff/Sibert Modell (Abschnitt 8.2.2) das Trenngleichgewicht mit minimalen Signalkosten und analysieren Sie Bedingungen, unter denen es zu einer Überinvestition in das Signal kommt. Welche Rolle spielen dabei die Kosten K? Weisen Sie nach, daß Pooling-Gleichgewichte bei Anwendung des intuitiven Kriteriums nicht robust sind.

9 Staatsverschuldung und Geldpolitik

Vor allem seit dem Vertrag von Maastricht ist der Zusammenhang zwischen Staatsverschuldung bzw. Staatsdefizit und Geldpolitik ins Zentrum des öffentlichen Interesses gerückt. Als unabdingbare Voraussetzung für die Teilnahme an der europäischen Währungsunion werden drastische Konsolidierungsmaßnahmen gefordert. Dahinter steht die Überlegung, daß von einer exzessiven Staatsverschuldung Anreize zu einer inflationären Politik ausgehen.

Wie bereits in Kapitel 2 angesprochen, ist der Zusammenhang zwischen Staatsschuld und Inflation jedoch sehr subtil. Solange die Staatsschulden nicht von der Zentralbank (durch den Aufkauf staatlicher Schuldscheine gegen die Schaffung von Zentralbankgeld) finanziert werden, ergeben sich keine unmittelbaren Auswirkungen auf den monetären Sektor. Würde die Möglichkeit einer monetären Alimentierung von Staatsausgaben durch entsprechende institutionelle Regelungen glaubwürdig ausgeschlossen, dann könnten die Interdependenzen zwischen Geld- und Fiskalpolitik ausgeschaltet werden. Die Höhe der Staatsverschuldung wäre dann für die Geldpolitik irrelevant.

Um die Bedeutung der Staatsverschuldung besser verstehen zu können, soll sie in diesem Kapitel detailliert aus Sicht der ökonomischen Theorie analysiert werden. Ausgangspunkt der Betrachtung ist die intertemporale Budgetrestriktion des Staates. Wie in Abschnitt 2.3 abgeleitet wurde, ist sie durch die Veränderung der Schuldenquote charakterisiert:

$$\dot{b}(t) = g(t) - \tau(t) + (r + \pi^e - \pi - y)\, b(t) - \mu\, k \tag{9.1}$$

Die Entwicklung der Schuldenquote hängt von drei Faktoren ab: (1) Dem Primärdefizit $d(t) = g(t) - \tau(t)$ - der Differenz zwischen Ausgaben- und Steuerquote (zu den Ausgaben zählen auch alle staatlichen Transfers), (2) der Geldschöpfung $\mu\, k$ sowie (3) der realen Schuldenlast $(r + \pi^e - \pi - y)\, b(t)$ - der Zinsbelastung durch die in der Vergangenheit akkumulierte Verschuldung $b(t)$. Ausschlaggebend für die Zinsbelastung ist nicht der Nominalzins $i = r + \pi^e$, sondern vielmehr die Differenz zwischen effektivem Realzins und der Wachstumsrate der Gesamtwirtschaft. Die ökonomische Begründung für diese Korrektur wird unmittelbar daraus ersichtlich, wie sich Gleichung (9.1) aus der staatlichen Budgetbeschränkung ableitet (vgl. Abschnitt 2.3): Weil die Gläubiger durch Inflation einen Wertverlust erleiden, reduziert sich die reale Belastung des Staatshaushalts mit steigender Inflationsrate. Sofern die Anleger die Inflation korrekt antizipierten ($\pi^e = \pi$), werden sie durch den höheren Nominalzins für diese Wertverluste gerade kompensiert. In dem Umfang, in dem das reale Produktionsniveau wächst, kann auch die Verschuldung ansteigen, ohne die Schuldenquote zu erhöhen.

Die staatliche Budgetrestriktion verdeutlicht unmittelbar, über welche Mechanismen eine lockere Budgetpolitik Druck auf die Geldpolitik ausüben kann. Weil mit steigendem Anteil des Schuldendienstes am öffentlichen Haushalt der Handlungsspielraum der Regierung immer stärker eingeschränkt wird, steigt die Versuchung, sich dieser Belastung durch eine inflationäre Politik zu entziehen.

Zwei Finanzierungsmotive spielen dabei eine Rolle: Einmal reduziert eine überraschende Inflation ($\pi > \pi^e$) den Realwert der Nominalverschuldung. Sie entspricht einer partiellen Einstellung der Kreditverpflichtungen und bedeutet damit eine Umverteilung zugunsten der Steuerzahler auf Kosten der Kreditgeber des Staates. Aus Furcht vor einer solchen Umverteilung fordern die Gläubiger als Risikoprämie eine höhere Verzinsung auf Staatsanleihen (vgl. dazu ausführlicher Abschnitt 9.2). Zum anderen ermöglicht vermehrte Geldschöpfung (ein Anstieg von μ) zusätzliche Einnnahmen, sofern die Steuerbasis (die Geldnachfrage k) mit steigender Inflationsrate nicht überproportional zurückgeht. Je höher die Schuldenlast, desto stärker der Anreiz, zu dieser Finanzierungsquelle Zuflucht zu nehmen. Dies gilt insbesondere, wenn die Verschuldung so hoch ist, daß die Kreditfähigkeit des Staates in Zweifel gezogen wird.

Um den Zusammenhang zwischen Verschuldung und Geldpolitik besser verstehen zu können, soll zunächst geklärt werden, aus welchen Gründen Staatsverschuldung überhaupt zum Problem werden kann. Deshalb werden wir anhand der staatlichen Budgetrestriktion untersuchen, unter welchen Bedingungen ein Verschuldungsniveau als nicht tragfähig anzusehen ist. Danach werden die Anreize für eine Überraschungsinflation im Zusammenhang mit der Staatsverschuldung untersucht. Anschließend diskutieren wir die normative Frage, wie ein sozialer Planer die optimale Verschuldungspolitik gestalten würde. Dabei geht es um die ökonomischen Funktionen der Staatsverschuldung. Zuletzt soll (als positive Frage) untersucht werden, aus welchen politökonomischen Gründen das tatsächliche Verschuldungsniveau das optimale übersteigen könnte.

Zunächst (in Abschnitt 9.1) gehen wir davon aus, daß geeignete institutionelle Rahmenbedingungen eine autonome Geldpolitik gewährleisten. Wir unterstellen, daß unabhängig von der Schuldensituation dauerhaft eine Geldpolitik μk betrieben wird. Spieltheoretisch formuliert: Die Geldbehörde ist gegenüber der Fiskalpolitik der dominante Spieler. Rationale Erwartungen sorgen zudem für eine korrekte Antizipation der aus dieser Politik resultierenden Inflationsrate ($\pi^e = \pi = \mu - y$).

9.1 Die Tragfähigkeit der Staatsverschuldung

Weil der Staat - wie jeder private Haushalt - einer intertemporalen Budgetbeschränkung unterliegt, vermindert Kreditfinanzierung zwar die aktuelle Steuerlast; sie verschiebt sie letztlich aber nur in die Zukunft.[1] Auf diese Weise wird allenfalls eine Umverteilung der Finanzierungslasten erreicht; es ändert jedoch nichts an der Tatsache, daß diese Finanzierungslasten irgendwann einmal (abgesehen von der Möglichkeit eines Staatsbankrotts) getragen werden müssen.

9.1.1 Die Entwicklung der Schuldenquote

Die Entwicklung der Schuldenquote im Zeitablauf läßt sich durch Integration der staatlichen Budgetrestriktion über die Zeit berechnen. Wenn wir einen konstanten

---

1 Diese Aussage ist nicht zutreffend, wenn der Effektivzinssatz (die Differenz zwischen Realzins und Wachstumsrate) negativ ist ($r - y < 0$). Dann befindet sich die Ökonomie in einem ineffizienten Zustand der Überkapitalisierung. Unter solchen Bedingungen wäre Staatsverschuldung quasi kostenlos möglich und hätte eindeutig wohlfahrtssteigernde Wirkung: Bei einem langfristig negativen Effektivzins wäre es optimal, sich unbegrenzt zu verschulden. In theoretischen Modellen mit überlappenden Generationen läßt sich nicht ausschließen, daß die Wachstumsrate den Realzins übersteigt (vgl. etwa *Blanchard/Fischer 1989*). Empirisch schwankt der Zinssatz im Zeitablauf stark; in den 70er Jahren war der Realzins für einen gewissen Zeitraum sogar negativ (der starke Anstieg der Verschuldung vieler Staaten in den 70er Jahren mag damit zusammenhängen, daß nicht mit einer Umkehrung dieses Trends gerechnet wurde). Diese Tatsache ist aber wohl in den hohen Inflationsraten während dieser Zeit begründet, die vom Kapitalmarkt nicht antizipiert wurden. Viele Argumente sprechen dafür, daß der langfristige Realzins die Wachstumsrate übersteigt. Plausible Schätzungen für den Effektivzins $r - y$ ergeben einen Wert von ca. 2 %.

Realzins r und eine konstante Wachstumsrate y des realen Sozialprodukts unterstellen, so gilt:[2]

(9.2) $$b_T = b_0\, e^{(r-y)T} + \int_0^T [g(t) - \tau(t) - \mu\, k]\, e^{(r-y)(T-t)} dt$$

oder (durch Abdiskontierung auf den Anfangszeitpunkt):

(9.3) $$b_0 + \int_0^T [g(t) - \tau(t) - \mu\, k]\, e^{-(r-y)t} dt = b_T\, e^{-(r-y)T}$$

Unter welchen Bedingungen ist die Fiskalpolitik eines Staates (die geplante Kombination von Einnahmen und Ausgaben $\tau(t)$; $g(t)$) dauerhaft tragfähig? Die Einschätzung der Solvenz ist ein zukunftsbezogenes Konzept, das Prognosen über Einnahmen- und Ausgabenentwicklung des Staates sowie über den Wachstumspfad der Wirtschaft erfordert. Die Forderung nach Solvenz bedeutet, daß die Schuldenquote nicht zu hoch sein darf. Eine notwendige Bedingung ist, daß der Gegenwartswert der Verschuldung für $T \to \infty$ nicht positiv sein darf. Es muß die Transversalitätsbedingung gelten (sie wird auch als **No-Ponzi-Bedingung**[3] bezeichnet):

(9.4) $$\lim_{T\to\infty} b_T\, e^{-(r-y)T} = 0$$

Aus (9.3) und (9.4) folgt demnach als staatliche Vermögensrestriktion für $T \to \infty$:

(9.5) $$b_0 = \int_0^\infty [\tau(t) - g(t) + \mu(t)\, k]\, e^{-(r-y)t} dt = \frac{\tau - g + \mu\, k}{r - y}$$

---

2 Variationen von r und y würden die Notation erheblich komplizieren und damit das Verständnis der Grundzusammenhänge erschweren, ohne die Kernaussagen der folgenden Überlegungen zu beeinflussen.

3 Charles **Ponzi** kam in den 20er Jahren in Boston durch folgende Strategie zu Reichtum: Mit dem Versprechen, hohe Zinsen zu zahlen, akkumulierte er ein riesiges Vermögen. Die Zinsen finanzierte er - gemäß der Methode der Kettenbriefe - aus den Einlagen neuer Kunden. Ein solches Schneeball-System kann unter Umständen für eine gewisse Zeit sehr erfolgreich sein. So lange die attraktiven Konditionen immer neue Kunden anlocken, kommt es zu keinem Zusammenbruch. Ponzi allerdings wurde ins Gefängnis gesteckt; er mußte in Armut sterben. Ponzi hat zahlreiche Nachfolger (und wohl auch Vorgänger) gefunden.

Der Gegenwartswert aller zukünftigen Einnahmen (aus Steuern und Geldschöpfung) muß den Gegenwartswert der zukünftigen Ausgaben um so viel übersteigen, daß die Überschüsse die laufende Verschuldung b_0 decken. Anders formuliert: Unter normalen Bedingungen (d.h. abgesehen von temporären Schwankungen) müssen die effektiven Zinsverpflichtungen durch einen Primärüberschuß finanziert werden - das reale Budgetdefizit muß im Durchschnitt gerade Null sein:

$$(r - y)\, b_0 + g - \tau - \mu\, k = 0 \tag{9.6}$$

τ bzw. g geben dabei (in Analogie zur Friedmanschen permanenten Einkommenshypothese) die permanente (normale) Steuer- bzw. Ausgabenquote an, die den gleichen Gegenwartswert hat wie der tatsächlich erwartete Einnahmen- bzw. Ausgabenstrom. Sie sind definiert als:

$$\int_0^\infty \tau(t)\, e^{-(r-y)t} dt = \int_0^\infty \tau\, e^{-(r-y)t} dt = \frac{\tau}{r-y} \quad \text{und} \tag{9.7}$$

$$\int_0^\infty g(t)\, e^{-(r-y)t} dt = \int_0^\infty g\, e^{-(r-y)t} dt = \frac{g}{r-y} \tag{9.7a}$$

Die Gleichungen zeigen deutlich, daß zwischen temporärer und struktureller Verschuldung unterschieden werden muß. Temporäre Verschuldung dient zum Ausgleich konjunktureller Schwankungen, d.h. von kurzfristigen Defiziten, die sich aufgrund von Schwankungen $\tau(t)$ bzw. $g(t)$ um die Normalwerte τ und g ergeben. Kreditfinanzierung ermöglicht eine gleichmäßigere intertemporale Verteilung der Lasten, die sich aus solchen temporären Schwankungen ergeben. So ist es in der Regel sinnvoll, unerwartete temporäre Ausgabenschocks nicht durch eine sofortige Erhöhung der Steuern abzufangen, sondern die Last, die mit der höheren Steuer verbunden ist, über einen längeren Zeitraum zu verteilen.

Die Beurteilung der Tragfähigkeit von Staatsdefiziten ist dagegen ein strukturelles Problem. Sie betrifft - unabhängig von solch kurzfristigen "Liquiditätsproblemen" - die Entwicklung der langfristigen Schuldenquote. Die Solvenzbedingung verlangt, daß die strukturelle Schuldenquote konstant bleibt. Das erfordert, daß die effektive reale Zinsbelastung durch einen Primärüberschuß sowie die Seigniorageeinnahmen abgedeckt werden muß.

9.1.2 Solvenz bei begrenztem Zeithorizont

Bei praktischen Fragestellungen wird mit einem begrenzten Zeithorizont (meist einem Zeitraum zwischen 5 bis 10 Jahren) kalkuliert. Um das Konzept der Tragfähigkeit operationalisierbar zu machen, müssen dann bestimmte Kriterien über die zulässige Schuldenquote zum Endzeitpunkt formuliert werden. Ein naheliegender Test besteht darin, zu fragen, ob die gegenwärtige Politik zu einem Anstieg der Schuldenquote führen würde (vgl. *Blanchard/Chouraqui /Hagemann /Sartor 1990)*. Sofern $b_T \leq b_0$, ist die Politik tragfähig. Steigt die Schuldenquote bei Fortsetzung der bisherigen Politik dagegen an ($b_T > b_0$), müssen Anpassungsmaßnahmen (etwa in Form einer Konsolidierung der Ausgaben oder in Form steigender Steuern) durchgeführt werden.

Dahinter steht folgende Überlegung: Mit steigender Schuldenquote wächst ja die zukünftige reale Schuldenlast. Dadurch wird der in der Zukunft verfügbare finanzielle Spielraum immer mehr eingeengt. Irgendwann einmal werden dann Maximalgrenzen für die Schuldenquote b überschritten, die einen Staatsbankrott unvermeidlich machen. Eine natürliche Grenze ist spätestens dann erreicht, wenn das gesamte Sozialprodukt für Zinszahlungen aufgewendet werden müßte: $(r-y)\, b_T \leq 1$.

Tatsächlich wäre der Staat aber schon lange vor Erreichen dieser Grenze bankrott, weil die Steuerquote wegen negativer Anreizeffekte nicht gleich Eins sein kann. Die Beurteilung der Tragfähigkeit der Staatsverschuldung bezieht sich letzten Endes auf die Frage, ob die in Zukunft maximal tolerierbare Steuerlastquote ausreicht, um neben den als erforderlich angesehen Staatsausgaben auch die zukünftige Schuldenbelastung zu tragen. Solvenz erfordert, daß die Schuldenquote einen kritischen Wert nicht überschreiten darf. Sei τ^* die auf Dauer als maximal tragbar angesehene Steuerquote und g^* die langfristig für mindestens erforderlich gehaltene Staatsausgabenquote (entsprechend ließe sich μ^* als die für maximal tolerierbar gehaltene Geldmengenexpansion interpretieren). Ein Staat ist nur dann solvent, wenn die Schuldenquote b die als langfristig tragbar angesehene Quote b^* nicht übersteigt:

(9.8)
$$b^* = \frac{\tau^* - g^* + \mu^* k}{r - y}$$

Fiskalpolitik ist dann nicht tragfähig, wenn die Schuldenquote diesen kritischen Wert übersteigt. Impliziert die Fiskalpolitik eines Staates eine im Zeitablauf steigende Schuldenquote, so ist eine solche Entwicklung - unabhängig von der konkreten Höhe b^* - irgendwann einmal unvermeidlich. Angesichts der Schwierigkeiten, die mit der korrekten Berechnung von b^* verbunden sind, ist der oben definierte Test, ob die geplante Politik innerhalb des betrachteten Zeitraums einen Anstieg der Schuldenquote impliziert, informativer und zudem wesentlich einfacher anzuwenden (Bei hinreichend langem Zeithorizont sind beide Kriterien äquivalent, weil für endliche Werte jeweils gilt: $\lim_{T\to\infty} b_T\, e^{-(r-y)T} = \lim_{T\to\infty} b^*\, e^{-(r-y)T}$).

Die bisherigen Betrachtungen liefern eine theoretische Grundlage für die Beurteilung von Verschuldungsgrenzen. Bei der praktischen Umsetzung sind folgende Aspekte zu berücksichtigen:[4]

1) Solvenz erfordert ein ausgeglichenes reales Budget. Die reale Zinsbelastung soll im Durchschnitt durch einen Primärüberschuß abgedeckt sein: $(r-y)b + g - \tau - \mu\, k = 0$. Entscheidend ist dabei die reale, nicht die nominale Zinsbelastung. Die Verschuldungskriterien von Maastricht beziehen sich auf das nominale Defizit - es darf 3% nicht übersteigen: $d = i\; b + g - \tau < 3\%$. Weil $i = r + \pi$, übersteigt das nominale Defizit das reale um den Betrag $(\pi + y)b$. Das nominale Defizit kann auch bei ausgeglichenem realen Budget positiv sein, weil ein Teil der Zinszahlungen $\pi^e\; b$ den Kapitalanlegern nur als Inflationsausgleich gezahlt werden und die absolute Verschuldung entsprechend der Wachstumsrate steigen kann. Das Maastricht Kriterium (ein nominales Defizit von 3%) entspricht einem ausgeglichenen realen Budget, falls $(\pi + y)b = 3\%$. Zum Zeitpunkt des Vertragsabschlusses betrug die durchschnittliche Schuldenquote b=60%; man rechnete mit einem Wachstum von $y = 3\%$ und einer Inflationsrate $\pi = 2\%$. Bei diesen Werten wäre die Bedingung gerade erfüllt.

2) Weil Schulden leichter zurückgezahlt werden können, je schneller die Wirtschaft wächst, weisen Staaten mit stärkerem Wachstum ceteris paribus ein höheres Verschuldungspotential auf. Außerhalb des Steady States haben Staaten mit einem niedrigen Kapitalstock (wie etwa Spanien und Portugal im Vergleich zu Deutschland und Frankreich) unter neoklassischen Bedingungen eine höhere Grenzproduktivität des Kapitals; sie könnten sich entsprechend stärker verschulden.

3) Sofern staatliche Investitionsprojekte Zukunftserträge abwerfen, deren abdiskontierter Gegenwartswert den Investitionsausgaben entsprechen, wirken sich diese Ausgaben nicht auf die Solvenz aus, obwohl sie die laufende Schulden-

4 Eine detaillierte Analyse der Maastricht-Kriterien findet sich in *Buiter/Corsetti/Roubini (1993)*. Vgl. auch *Eichengreen (1996)* und *Eichengreen/von Hagen (1996)*.

quote erhöhen.[5] Dies gilt um so mehr, wenn solche Investitionen (etwa in die öffentliche Infrastruktur) einen positiven Effekt auf die Wachstumsrate der Wirtschaft ausüben.

4) Die Tragfähigkeit von Defiziten sollte anhand von Größen beurteilt werden, die um zyklische Schwankungen bereinigt sind. In der Finanzwissenschaft wurden eine Vielzahl von Konzepten (etwa der konjunkturneutrale Haushalt) entwickelt, um eine solche Bereinigung vorzunehmen. Je nach Vorgehensweise und verwendeten Annahmen gelangt man allerdings zu ganz unterschiedlichen Aussagen. Jede Bereinigungsmethode läßt unvermeidlich einen Bewertungs- und damit Manipulationsspielraum.

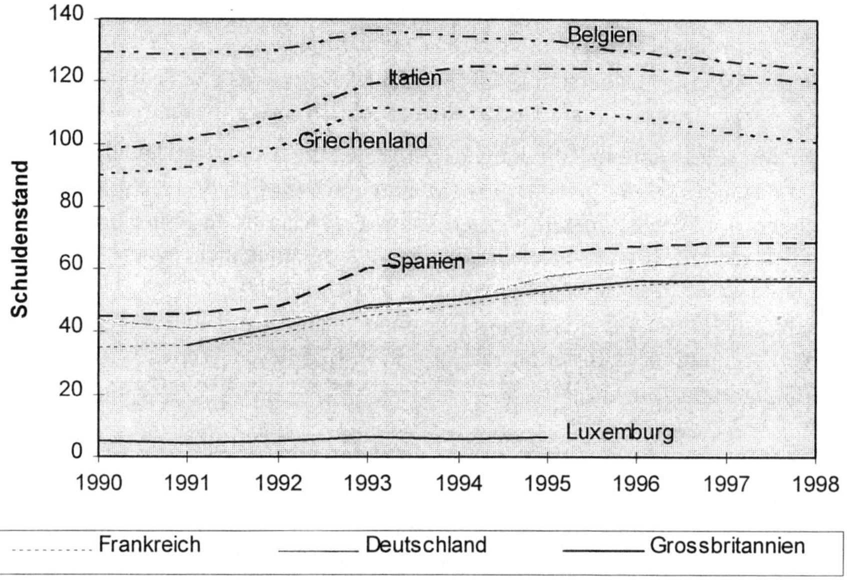

Abb. 9.1. Entwicklung der Schuldenquoten gemäß den Maastricht-Kriterien

Das Meßproblem stellt sich in noch viel schärferem Maß bei der korrekten Messung der Schuldenquote b. Die ökonomisch relevante Größe ist die reale Verschuldung des Staates bei privaten Gläubigern (im In- und Ausland). Die reale Nettoverschuldung b unterscheidet sich in einer ganzen Reihe von Punkten von der in offiziellen Statistiken ausgewiesenen Bruttoverschuldung (vgl. Kasten); viele Staaten dürften sogar ein positives Realvermögen aufweisen. Wird die

5 Diese Überlegung ist der theoretische Hintergrund der sogenannten „Goldenen Investitionsregel." Sie besagt, daß sich der Staat nur in Höhe der investiven Ausgaben verschulden sollte.

Bruttoverschuldung als Indikator der Solvenz herangezogen, basiert die Beurteilung zwangsläufig auf verzerrten Informationen. Auch die Berechnung der Bruttoverschuldung variiert. Die Berechnung entsprechend den Maastricht-Kriterien (Abb. 9.1) unterscheidet sich von der Berechnung der OECD (vgl. Abb. 9.4) etwa dadurch, daß Verpflichtungen gegenüber internationalen Organisationen nicht einbezogen werden.

Andererseits ergibt sich bei der Korrektur zum ökonomisch relevanten Maß eine solche Fülle von Bewertungsspielräumen, daß dabei scheinbare oder tatsächliche Manipulationen nahezu unvermeidlich sind. Die Quintessenz dieser Überlegungen besteht darin, Solvenzkriterien nur mit gewisser Skepsis zu begegnen. Die Forderung nach strikter Einhaltung ökonomisch fragwürdiger Kriterien erscheint dubios, zumal sie geradezu zu kreativer Buchführung herausfordern.

Von der Brutto- zur Nettoverschuldung

Das Schuldenstands-Kriterium von Maastricht bezieht sich auf die Bruttoverschuldung; ökonomisch relevant ist aber die Nettoverschuldung eines Staates. Zur Berechnung des korrekten Maßes sind eine Reihe von Korrekturen notwendig:

Vom Bruttoschuldenstand muß das gesamte staatliche Finanzvermögen sowie der Wert der Staatsunternehmen abgezogen werden. Zudem muß bei einer korrekten Berechnung die Vermögensbilanz des Staates und der Zentralbank saldiert werden. Eventuelle staatliche Verpflichtungen, die nicht bilanziert sind, müssen dagegen bei der Ermittlung der Realverschuldung addiert werden (dazu zählen etwa durch Umlageverfahren finanzierte Rentenverpflichtungen in einer Wirtschaft mit negativem Bevölkerungswachstum - Berechnungen der OECD (1996) zufolge (vgl. Tabelle 9.1) werden die Nettoschuldenquoten bis zum Jahr 2030 aufgrund des Bevölkerungsrückgangs in Deutschland und Frankreich gravierend ansteigen). All diese Korrekturen lassen einen erheblichen Manipulationsspielraum zu:[6] Die Privatisierung von Staatsunternehmen etwa ändert an der Realverschuldung des Staates überhaupt nichts (bzw. nur dann, wenn die Privatisierungserlöse den abdiskontierten Ertragswert des Staatsunternehmens übersteigen). Die Berücksichtigung solcher Privatisierungserlöse war z.B. in Großbritannien ausschlaggebend für den in der offiziellen Statistik ausgewiesenen Rückgang der Staatsverschuldung.

6 Ein ähnliches, wenn auch weniger gravierendes Problem stellt sich bei der korrekten Bewertung des Nenners der Quoten, des BIP. Es sollte die tatsächliche Wirtschaftsaktivtität eines Landes erfassen. In manchen Staaten findet ein Großteil der Aktivität aber in der Schattenwirtschaft statt. Würde man Korrekturen zulassen, ergibt sich wieder ein Manipulationsspielraum - die Schuldenquote könnte durch Korrekturen des BIP nach oben beliebig gesenkt werden.

	1995	2000	2015	2030
Deutschland	46	44	49	93
Frankreich	36	41	37	88
Großbritannien	47	40	14	–9
Italien	121	107	80	126
Japan	13	24	99	289
USA	38	39	45	94

Quelle: OECD Economic Outlook, Juni 1995, Nr.57

Tabelle 9.1. Geschätzte Entwicklung der Nettoverschuldung in % des BIP unter Berücksichtigung der durch rückläufige Bevölkerungsentwicklung anfallenden Rentenverpflichtungen

Das Bewertungsproblem ist letztlich eine Konsequenz der Tatsache, daß der Marktwert des Unternehmens Staat nicht am Kapitalmarkt gehandelt wird. Während zukunftsorientierte Anleger den Ertragswert von Aktienunternehmen möglichst exakt zu prognostizieren suchen und zumindest unter Bedingungen eines effizienten Kapitalmarkts auch korrekt einschätzen, sind die in der Statistik ausgewiesenen Schuldenquoten vergangenheitsbezogene Maße. Einer marktmäßigen Einschätzung der Solvenz am nächsten kommen die Zinssätze, zu denen Kapitalanleger bereit sind, dem Staat Kredit zu gewähren. Werden Staaten als weniger kreditwürdig eingestuft, können sie sich nur zu einem höheren Zins (der eine entsprechende Risikoprämie enthält) verschulden. Aus einem Vergleich unterschiedlicher Zinsen allein läßt sich die Risikoprämie allerdings nicht ermitteln. Solche Unterschiede können auch auf unterschiedlichen Inflationserwartungen beruhen; zudem kann mangelnde Transparenz zu einer Fehlbewertung der Länderrisiken führen.

Bei privaten Unternehmen ist die Risikoprämie eine Funktion der Bankrottwahrscheinlichkeit, also der Wahrscheinlichkeit, daß das Unternehmen aufgrund negativer Schocks zahlungsunfähig wird. Solange sie in der Lage sind, ihren Zinsverpflichtungen nachzukommen, werden sie auch erfüllt - weil bei Vertragsbruch durch staatliche Sanktionen entsprechend hohe Strafen drohen. Im Fall souveräner Staaten ist die Sache komplizierter: Weil ein Staat seine Gesetze selbst konzipiert, kann er ja nicht durch die Androhung staatlicher Sanktionen zu bestimmten Verhaltensweisen gezwungen werden. Auch bei der Schuldenrückzahlung ergibt sich somit das Problem dynamischer Konsistenz: Es besteht ein strategischer Anreiz, die Zahlungsverpflichtungen nicht einzuhalten, um so eine Umverteilung der Lasten von den Steuerzahlern zu den Gläubigern herbeizuführen.

Ein Eigeninteresse zur Honorierung von Gläubigeransprüchen besteht nur dann, wenn andernfalls der zukünftige Zugang zum Kapitalmarkt erschwert wäre. Eine ganze Forschungsrichtung beschäftigt sich mit diesen strategischen Anreizen im

Zusammenhang mit internationaler Verschuldung souveräner Staaten (vgl. etwa *Bulow/Rogoff 1989*). Obwohl es auf den ersten Blick gleichgültig erscheint, auf welche Weise Gläubigeransprüche entwertet werden, sind explizite Zahlungseinstellungen im Lauf der Geschichte nur relativ selten zu beobachten; die Entwertung erfolgte meist indirekt über eine stärkere Inflationierung. Die Anreize zu einer übermäßigen Entschuldung durch Inflation sollen im nächsten Abschnitt untersucht werden.

9.2 Entschuldung durch Inflation?

Im folgenden wird ein stark vereinfachtes Modell entwickelt, das die Anreize zu inflationärer Politik im Zusammenhang mit der Staatsschuld illustrieren soll. Dabei zeigt sich, daß sich die in Kapitel 5 für das Phillipskurven-Modell abgeleiteten Erkenntnisse ganz analog auf diese Fragestellung übertragen lassen.

Ist die Staatsschuld in einheimischer Währung (also in nominalen Größen) festgelegt, dann ergibt sich folgendes Glaubwürdigkeitsproblem: Sobald der Nominalzins (der entscheidend durch die Inflationserwartungen mitbestimmt wird) für die Staatspapiere festgelegt ist, wird der Realwert der Verschuldung um so geringer, je höher die Inflationsrate ist. Das bedeutet: Der Staat, der ja die Inflationsrate selbst festlegen kann, ist der Versuchung ausgesetzt, durch eine unerwartet expansive Geldpolitik den Realzins zu senken und sich auf diese Weise mehr oder weniger elegant eines Teils der realen Schuldenlast zu entledigen. Während private Schuldner sich allein über einen Konkurs ihren Zahlungsverpflichtungen entziehen können, verfügt der Staat somit über einen indirekten, weit subtileren Mechanismus.

Mit steigender Staatsverschuldung nimmt die Schuldenlast zu. Dementsprechend steigt auch die Versuchung, den Realzins, der bei der Bedienung der Staatsschuld zu zahlen ist, durch eine Politik unerwarteter Inflationierung zu senken. Die Marktteilnehmer werden diesen Anreiz jedoch antizipieren. Sobald sie mit der Gefahr rechnen müssen, daß eine überraschende Inflationspolitik durchgeführt wird, schrauben sie ihre Inflationserwartungen hoch und fordern einen höheren Nominalzins. Im Gleichgewicht mit rationalen Erwartungen entspricht die erwartete Inflationsrate dann der tatsächlich realisierten. Ganz analog wie im Fall der Phillipskurve wählen die Wirtschaftssubjekte so hohe Inflationserwartungen, daß es sich angesichts der damit verbundenen Wohlfahrtsverluste nicht mehr lohnt, die Inflation noch höher zu schrauben. Die Grenzkosten einer weiteren Steigerung der Inflation (die zusätzlichen Wohlfahrtsverluste) müssen im Gleichgewicht mit rationalen Erwartungen gerade dem Grenzvorteil einer Überraschungsinflation entsprechen.

Weil es im Gleichgewicht nicht gelingen kann, den Realzins durch Täuschung zu senken, besteht der einzige Effekt wieder darin, daß die verschuldeten Staaten mit einer ineffizient hohen Inflationsrate kämpfen müssen. Sie würden demnach durch einen Wechsel zu einem Regime mit glaubwürdiger Antiinflationspolitik besonders profitieren. Bei fehlendem Commitment aber würde der Versuch, eine niedrigere Inflationsrate durchzusetzen, den Realzins ansteigen lassen und damit eine kostspielige Anpassungsphase erforderlich machen. Diese wäre erst dann beendet, wenn durch eine hinreichend lange Phase restriktiver Geldpolitik eine entsprechende Reputation geschaffen worden ist und es damit gelungen ist, die Inflationserwartungen zu senken.

9.2.1 Das Grundmodell

Dieser Zusammenhang soll im folgenden genauer untersucht werden. Wie in Abschnitt 3.1 wird das Problem auf folgendes dreistufiges Spiel reduziert:

(1) Die Regierung kündigt eine bestimmte Geldpolitik (und damit eine bestimmte Kombination von Geld- und Steuerfinanzierung) an.

(2) Die Kapitalanleger bilden Inflationserwartungen π^e; als Käufer von Staatspapieren verlangen sie den Nominalzins $i = r + \pi^e$.

(3) Die Regierung führt eine bestimmte Geldpolitik durch.

Ausgangspunkt ist die staatliche Budgetrestriktion (9.1). Zur Vereinfachung betrachten wir im folgenden eine Wirtschaft ohne Wachstum ($y=0$). Weil wir an strukturellen Problemen interessiert sind, gehen wir davon aus, daß die Schuldenquote b_0 konstant gehalten werden soll (es gelte: $b_{t+1} = b_t = b_0$). Die intertemporale Budgetrestriktion *(9.1)* vereinfacht sich damit zu:

$$(9.9) \qquad \tau = g + (r + \pi^e - \pi)\, b_0 - \pi k$$

Bei gegebenen Ausgaben für öffentliche Güter g und gegebenem Schuldenstand b_0 besteht das Ziel der Wirtschaftspolitik darin, durch die optimale Mischung aus

Steuern und Geldschöpfung die mit beiden Finanzierungsarten verbundenen Wohlfahrtsverluste zu minimieren:

(9.10) $$L(\tau, \pi)$$

Die Wohlfahrtsverluste *(9.10)* lassen sich in Abb. 9.2 durch (konkave) Indifferenzkurven darstellen. Dabei gilt: je niedriger τ bzw. π, desto höher ist die Wohlfahrt. Verfügt die Regierung über Glaubwürdigkeit, so entspricht die tatsächliche Inflation immer der erwarteten Rate. Für $\pi^e = \pi$ lassen sich alle Kombinationen zwischen Steuersatz und Geldschöpfung, die die laufenden Ausgaben finanzieren können, durch folgende Gleichung beschreiben:

(9.11) $$\tau + k\pi = g + rb_0$$

Alle Kombinationen von Steuerquote τ und Inflationsrate π, die die realen Gesamtausgaben entsprechend Gleichung *(9.11)* finanzieren können, liegen in Abb. 9.2 auf der Geraden WD (mit der Steigung $\frac{d\tau}{d\pi} = -k$). Unter allen erreichbaren Finanzierungskombinationen werden die Verluste in Punkt *C* minimiert. *C* kommt als Commitment-Lösung nur dann zustande, wenn die Regierung nie der Versuchung nachgeben würde, sich ex post über eine höhere Inflationsrate eines Teils der Schuldenlast zu entledigen.

Genau hier liegt aber das Problem der dynamischen Konsistenz begründet: Eine unerwartete Inflationspolitik könnte ex post die reale Ausgabenbelastung reduzieren. Der ex post realisierte Realzins $\hat{r}$ weicht dann von dem ex ante erwarteten ab. Es gilt ja: $\hat{r} = r + \pi^e - \pi$

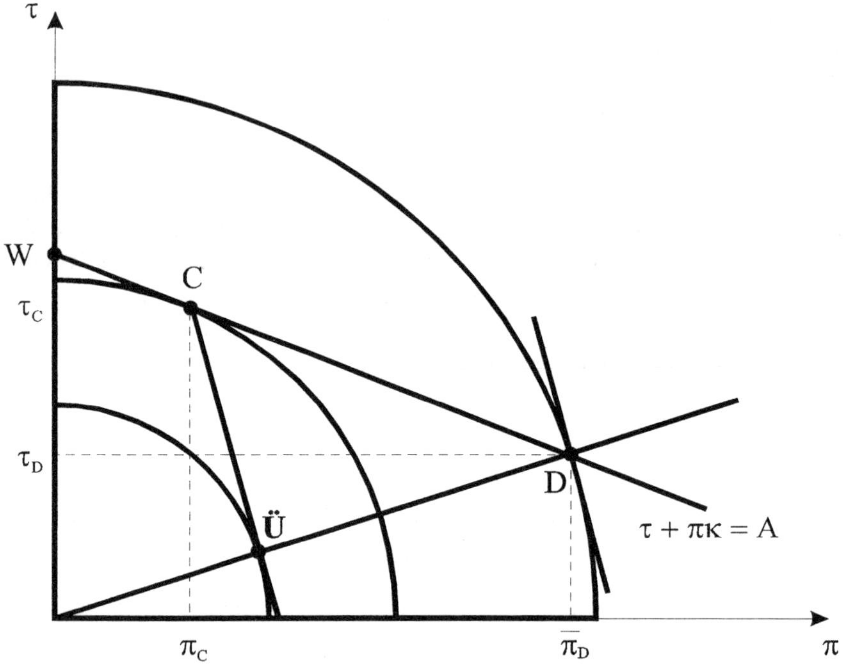

Abb. 9.2. Überraschungsinflation bei Nominalverschuldung

Bei gegebenen Erwartungen π^e beträgt ex post (nachdem die Nominalzinsen festgelegt sind) die Steigung der effektiven Budgetbeschränkung $\frac{d\tau}{d\pi} = -k - b_t$.
Falls $\pi > \pi^e$, kann ein Teil der Finanzierungslast auf die Kapitalanleger abgewälzt werden. Sowohl Steuersatz wie Geldschöpfung können deshalb bei Finanzierung der gleichen Gesamtausgaben niedriger ausfallen. Je höher die Schuldenquote, um so größer der Anteil, der von den Kapitalanlegern getragen wird - um so steiler demnach die Gerade. Falls dagegen umgekehrt $\pi < \pi^e$, fallen den Käufern von Staatspapieren Kapitalgewinne zu, die noch zusätzlich finanziert werden müssen.

Der konkrete Verlauf der ex-post Budgetgeraden hängt natürlich von π^e ab. Würden die Marktteilnehmer etwa Inflationserwartungen entsprechend der Commitment-Lösung C in Höhe von π_C bilden, ist sie durch die Gerade CÜ charakterisiert. Durch eine Überraschungsinflation ließe sich dann die Finanzierungslast so reduzieren, daß letztlich der Punkt Ü mit geringeren gesamtwirtschaftlichen Wohlfahrtsverlusten als in C erreicht werden könnte.

Wenn die Marktteilnehmer diesen Anreiz antizipieren, werden sie aber von vorne herein mit einer hohen Inflation rechnen. Sie sind somit nur dann bereit, Staatspapiere zu kaufen, wenn die Nominalverzinsung entsprechend hoch ausfällt. Im Gleichgewicht mit rationalen Erwartungen muß wieder gelten $\pi^e = \pi$ und damit $\hat{r} = r$. Die zu finanzierenden Ausgaben müssen letztlich also wieder auf der Geraden WD liegen. Punkt *D* gibt die diskretionäre Lösung bei fehlendem Commitment (mit höheren Wohlfahrtsverlusten als in *C*) an.

Je höher die Ausgangsverschuldung b_0, desto steiler die Gerade WD. Bei homothetischen Verlustfunktionen weicht die diskretionäre Lösung D dann um so stärker von der Commitment-Lösung C ab. Stark verschuldete Staaten würden also in besonderem Maß davon profitieren, ein Commitment einzugehen. Sie wären selbst dann besser gestellt, wenn Glaubwürdigkeit nur durch den Verzicht auf jegliche Geldschöpfungsfinanzierung erkauft werden muß (dann würde sich der Punkt W ergeben, der gegenüber D Wohlfahrtsgewinne mit sich bringt).

9.2.2 Beispiel

Als konkretes Beispiel betrachten wir wieder eine quadratische Verlustfunktion. Die Wohlfahrtsverluste werden sowohl vom Steuersatz τ als auch von der tatsächlichen Inflationsrate π verursacht (wobei a die Gewichtung der Verluste aus Inflation angibt - vgl. Abschnitt 2.3):

(9.12) $$L = \tau^2 + a\,\pi^2$$

(9.12) wird minimiert unter der Nebenbedingung:

(9.13) $$\tau = g + (r + \pi^e - \pi)\, b_0 - \pi k$$

Verfügt die Regierung über Glaubwürdigkeit, so ist der Realzins von vorne herein auf r fixiert. Die Nebenbedingung vereinfacht sich dann zu:

(9.14) $$\tau = g + r\, b_0 - \pi k$$

mit der Lösung:

(9.15) $$\pi_c = \frac{k}{a}\,\tau_c$$

Gleichung (9.15) gibt die optimale Mischung aus Inflationsrate und Steuersatz an, die gewählt würde, wenn kein Problem der Glaubwürdigkeit bestünde (Vgl. Abschnitt 2.3). Wenn die dauerhaft zu finanzierenden Ausgaben $A = g + r\,b_0$ betragen, berechnen sich die optimale Inflationsrate und Steuerquote sowie der Wohlfahrtsverlust als:

(9.16) $$\pi_C = \frac{\frac{k}{a}}{1+\frac{k^2}{a}}\,A; \quad \tau_C = \frac{1}{1+\frac{k^2}{a}}\,A; \quad L_C = A^2\,\frac{1}{1+\frac{k^2}{a}}$$

Falls die Regierung jedoch keine Möglichkeit zu einem Commitment besitzt, bilden zunächst die Kapitalanleger Inflationserwartungen; die Regierung nimmt bei ihrer Politik π^e als gegeben an. Aus den Bedingungen erster Ordnung ergibt sich nun als optimale Kombination von Steuerquote und Inflationsrate:

(9.17) $$\pi_D = \frac{(b_0 + k)}{a}\,\tau_D$$

Die Inflationsrate ist im Vergleich zur Steuerquote um so höher, je niedriger die Inflationsaversion a und je höher der Kassenhaltungskoeffizient k (die Bemessungsgrundlage für die Inflationssteuer), aber auch je höher die Ausgangsverschuldung b_0. Letzterer Effekt ist auf mangelnde Glaubwürdigkeit zurückzuführen: Weil die Regierung sich nicht bindend auf eine Inflationsrate festlegen kann, bilden die privaten Anleger ihre Inflationserwartungen π^e so, daß es sich für die Staatsbehörden nicht mehr lohnt, überraschend eine noch höhere Inflationsrate zu realisieren.

Im Gleichgewicht mit rationalen Erwartungen müssen die Erwartungen π^e dem optimalen Wert entsprechen. Bei gegebenen Gesamtausgaben $A = g + r\,b_0$ berechnen sich Inflationsrate und Steuerquote sowie der Wohlfahrtsverlust als:

(9.18)

$$\pi_D = \frac{\frac{k+b_0}{a}}{1+\frac{(k+b_0)\,k}{a}} A; \qquad \tau_D = \frac{1}{1+\frac{(k+b_0)\,k}{a}} A;$$

$$L_D = A^2 \frac{1+\frac{(k+b_0)^2}{a^2}}{\left[1+\frac{(k+b_0)\,k}{a}\right]^2}$$

Mit steigender Schuldenquote b_0 nimmt bei gleicher Inflationsaversion a die Inflationsrate immer zu (sowohl aus *Gleichung (9.16)* wie *(9.18)* folgt $\partial \pi / \partial b_0 > 0$) - schon allein, weil die insgesamt zu finanzierenden Ausgaben g + $r\ b_0$ mit steigender Verschuldung zunehmen. Ein Vergleich der Lösungen zeigt, daß die Wohlfahrtsverluste L_D im Vergleich zur Commitment-Lösung höher sind:

(9.19)
$$L_D - L_C^* = A^2\ b_0^2 \left[1+\frac{(k+b_0)k}{a}\right]^{-2} \left(1 + \frac{k^2}{a}\right)^{-1}$$

Durch eine Indexierung der Staatsverschuldung (die Anbindung der Nominalverzinsung an die Inflationsrate) ließen sich die hier diskutierten Anreize zur Überraschungsinflation einfach eliminieren (vgl. Kasten unten), weil dann ein Anstieg der Inflationsrate die Schuldenlast nicht mehr reduzieren kann. Die Analyse optimaler Verschuldung in einer stochastischen Ökonomie zeigt aber, daß die vollständige Indexierung bei Unsicherheit keineswegs optimal wäre. Der Grund liegt darin, daß mit Hilfe von Nominalverschuldung ein Teil des Risikos von Ausgabenschocks vom Kapitalmarkt getragen werden kann. *Henning Bohn (1988)* hat gezeigt, daß bei Unsicherheit die diskretionäre Lösung mit einem gewissen Umfang an Nominalverschuldung der vollständigen Indexierung überlegen ist. Dahinter steht letztlich die Überlegung, daß eine starre Regel angesichts von Schocks inferior ist (vgl. dazu auch *Calvo/Guidotti 1992* und *1993* sowie *Illing 1996*).

Indexierte Anleihen als Inflationsschutz

Seit der Währungsreform 1948 unterliegen Indexierungsklauseln in Deutschland einem strengen Genehmigungsvorbehalt der Bundesbank; sie sind grundsätzlich verboten (mit nur wenigen Ausnahmen wie etwa im Fall von Erbpachtverträgen). Grundlage des Verbots ist angesichts der Erfahrungen in der Weimarer Republik

1922/23 die Befürchtung, daß eine Indexierung die Widerstände gegen eine inflationäre Politik reduzieren würde und damit gerade inflationstreibend wirkt. In den meisten anderen Staaten dagegen sind verschiedene Formen der Indexierung üblich. Die Zinszahlungen und Tilgung von Staatsanleihen werden jedoch fast durchwegs in nationalen Geldeinheiten festgesetzt; der reale Ertrag dieser Papiere hängt folglich von der Inflationsrate ab.

Mittlerweile gehen jedoch immer mehr Staaten dazu über, einen Teil ihrer Anleihen an einen Preisindex zu koppeln. Ursprünglich machten davon vor allem solche Staaten Gebrauch, die mit einer hohen Inflationsrate zu kämpfen hatten. Für den Wertverlust durch Inflation verlangen Kapitalanleger ja entsprechend der Fischerschen Zinsgleichung einen Ausgleich in Höhe der erwarteten Inflationsrate. Darüber hinaus verlangen sie noch eine Risikoprämie zum Ausgleich der Volatilität. Da diese Schwankungen der Inflationsrate in vielen Ländern einem ähnlichen Muster folgen, stellt das Inflationsrisiko ein systemisches Risiko dar und kann durch internationale Streuung des Portfolios kaum diversifiziert werden. Die Risikoprämie wird etwa in Großbritannien auf ca 0,5% geschätzt.

Weil sich Inflationserwartungen nur verzögert anpassen, sind die Finanzierungskosten nominaler Verschuldung gerade für solche Staaten besonders hoch, die - ausgehend von einem hohen Inflationsniveau - zu einer stabileren Politik wechseln wollen: Solange sich die Inflationserwartungen nicht an das niedrigere Niveau angepaßt haben, müssen sie sich zu einem überhöhten effektiven Realzins finanzieren. Deshalb wählten etwa Israel und Großbritannien die Indexierung der Staatsanleihen als Ausweg, um hohe Inflationsprämien zu vermeiden (Eine Alternative dazu bietet die Verkürzung der Laufzeiten (in Italien etwa ist die Staatsschuld mit extrem kurzfristigen Laufzeiten finanziert) oder die Ausgabe von Fremdwährungsanleihen. Weil diese Instrumente aber eine ganz andere Risikostruktur aufweisen, sind sie mit indexierten Anlagen nicht vergleichbar).

In den letzten fünf Jahren gingen jedoch auch immer mehr Staaten mit niedriger Inflationsrate (Kanada, Neuseeland, Schweden) dazu über, indexierte Anleihen zu emittieren. Auch in den USA plädierten viele Ökonomen schon seit längerem für dieses Finanzierungsinstrument. Zunächst regte sich dagegen großer Widerstand - es wurde befürchtet, daß der Markt für solche Anleihen recht eng sei, weil sich außer Ökonomen niemand dafür interessiere (scherzhaft wurde vorgeschlagen, zur Kostenersparnis die Werbung für solche Papiere auf Mitglieder der American Economic Association zu beschränken). Nach langen Diskussionen werden seit 1997 solche Anleihen auch in den USA begeben.

Für die Ausgabe indexierter Anleihen sprechen vor allem drei Argumente (eine detaillierte Studie der Hintergründe findet sich in *Campell/Shiller 1996*):

Indexierte Anleihen reduzieren den Anreiz des Staates, sich durch eine überraschende Inflationierung eines Teils seiner Schuldenlast zu entledigen. Das Problem dynamischer Konsistenz wird damit entschärft.

Weil die neuen Anleihen eine andere Risikostruktur aufweisen, ergeben sich durch die Schaffung neuer Märkte Wohlfahrtsgewinne: Die Indexierung von Anleihen ermöglicht es den Anlegern, sich gegen das Inflationsrisiko abzusichern. Da der Staat deshalb auf indexierte Anleihen keine Risikoprämie für das Inflationsrisiko zahlen muß, kann er sich zudem günstiger finanzieren.

Aus dem Vergleich der Renditen nominaler Anleihen mit indexierten Anleihen gleicher Laufzeit lassen sich laufend Rückschlüsse auf die Inflationserwartungen der Marktteilnehmer ziehen. Da den prinzipiell unbeobachtbaren Erwartungen in der ökonomischen Theorie eine fundamentale Bedeutung zukommt, verwundert es nicht, daß Ökonomen vor allem an diesem Aspekt Interesse zeigen. Aber auch für die Geldpolitik kann ein ständig am Markt ermitteltes Maß der Inflationserwartungen wertvolle Zusatzinformationen zu ökonometrischen Analysen liefern.

Weil sich die Renditedifferenz zwischen nominalen und indexierten Anleihen aus der Summe von Inflationserwartungen und der Prämie für Inflationsrisiken (Punkt b) zusammensetzt, lassen sich die Erwartungen nicht unmittelbar aus dem direkten Vergleich ablesen. Sofern aber die Risikoprämie im Zeitablauf konstant bleibt, kann die Änderung der Renditedifferenz Aufschluß über veränderte Inflationserwartungen geben. Die Inflationserwartungen lassen sich nur dann zuverlässig ermitteln, wenn sowohl für indexierte wie für traditionelle Anleihen mit ansonsten identischen Eigenschaften ein hinreichend liquider Markt existiert. Wenn dabei Anleihen mit unterschiedlichen Laufzeiten begeben würden, ließe sich präzise abschätzen, wie sich die Erwartungen über einen längeren Zeitraum verändern.

9.3 Optimale Verschuldungspolitik

Referenzpunkt der Analyse optimaler Verschuldung ist das sogenannte Ricardo-Äquivalenz-Theorem. Gemäß diesem Theorem ist das Ausmaß der Staatsverschuldung unter bestimmten Bedingungen völlig irrelevant. Das Argument ist verblüffend simpel: Betrachten wir ein repräsentatives Wirtschaftssubjekt mit einem unendlichen Planungshorizont. Weil Staatsverschuldung letztlich nur die intertemporale Verschiebung von Finanzierungslasten bedeutet, ist das Nettovermögen dieses repräsentativen Individuums gleich hoch, egal zu welchem Zeitpunkt die Steuern an den Staat abgeführt werden müssen. Werden laufende

Staatsausgaben nicht durch Steuern, sondern über Kredit finanziert, wird ein vorausschauender Haushalt entsprechende Rücklagen (Ersparnis) bilden, um die zukünftigen Steuerverpflichtungen erfüllen zu können. Bei einem einheitlichen Zinssatz ist der abdiskontierte Gegenwartswert der Steuerzahlungen gleich hoch, ganz egal wann sie konkret anfallen.

Das Äquivalenztheorem von Ricardo könnte man als eines der ersten Irrelevanztheoreme der Finanzierungstheorie bezeichnen (im Bereich der Unternehmensfinanzierung findet es im Modigliani-Miller-Theorem ein Pendant). Es ist nicht etwa deshalb von Interesse, weil es unmittelbar praktische Relevanz hätte; seine Bedeutung liegt vielmehr darin, daß es dazu zwingt, genau darüber nachzudenken, aus welchen Gründen Staatsverschuldung überhaupt reale Effekte haben kann. Dies trifft immer dann zu, wenn die impliziten Annahmen des Theorems verletzt sind. Wenn wir etwa von der Fiktion eines repräsentativen Wirtschaftssubjekts abgehen und Heterogenität der Individuen berücksichtigen, gilt das Äquivalenztheorem nicht mehr, sobald die Verschuldung zu einer Umverteilung der Steuerbelastung zwischen verschiedenen Gruppen in der Bevölkerung führt. Bewirkt sie etwa eine Lastverschiebung auf zukünftige Generationen, dann stimuliert die geringere Steuerbelastung der aktuellen Generation den Konsum. Der damit einhergehende Rückgang der Ersparnis verursacht ein Crowding Out von Privatinvestitionen am Kapitalmarkt. Kreditaufnahme kann auch zur intragenerationellen Umverteilung der Lasten zwischen unterschiedlichen sozialen Schichten führen.

Das Äquivalenztheorem gilt auch nicht mehr, wenn wir die negativen Anreizeffekte berücksichtigen, die von der Steuerbelastung ausgehen. Gemäß der modernen Optimalsteuertheorie in der Tradition von Ramsey sollten Steuersätze so gewählt werden, daß die Gesamtverzerrungen minimiert werden. Weil die Wohlfahrtsverluste aus Besteuerung mit steigendem Steuersatz überproportional zunehmen, ist intertemporal eine möglichst gleichmäßige Verteilung (Glättung) der Steuerlasten angebracht. Bei konvexen Präferenzen ist die Grenzbelastung nur dann intertemporal ausgeglichen, wenn die Steuersätze - unabhängig von Ausgabeschwankungen - im Zeitablauf konstant bleiben

Dieses einfache Prinzip hat weitreichende Implikationen: Sind die laufenden Staatsausgaben im Vergleich zu den Ausgaben in Folgeperioden hoch, so wäre es falsch, sie über einen ausgeglichenen Haushalt (und damit eine hohe aktuelle Steuerlast) zu finanzieren. Damit die marginalen Steuerverzerrungen über die Zeit gleich hoch bleiben (und so die Gesamtbelastung minimiert wird), ist vielmehr eine Defizitfinanzierung angebracht, die durch Überschüsse in der Zukunft kompensiert wird. Zur Illustration betrachten wir das Beispiel in Abb. 9.3. Ausgangspunkt ist ein Zustand ohne Verschuldung mit ausgeglichenem Budget ($g_0 = \tau_0$). Zum Zeitpunkt t_1 tritt ein unerwarteter temporärer Ausgabenschock g_1 auf, der bis t_2 anhält. Die optimale „Glättungs"-Politik besteht darin, die Steuerbelastung zur Finanzierung der Ausgabenschocks durch eine Anhebung des permanenten

Steuersatzes gleichmäßig zu verteilen. Auf diese Weise muß der laufende Steuersatz nur in weit geringerem Umfang angehoben werden. Die Ausgaben werden also zunächst größtenteils kreditfinanziert (die Verschuldung entspricht der Fläche *A*); ab t_2 deckt der laufende Budgetüberschuß gerade die Zinsverpflichtungen ab (Fläche *B*). Ganz anders dagegen die optimale Reaktion angesichts eines permanenten Ausgabenschocks: Bei einer permanenten Steigerung der Ausgabenquote auf g_1 müßten die Steuersätze im Gleichschritt angepaßt werden.

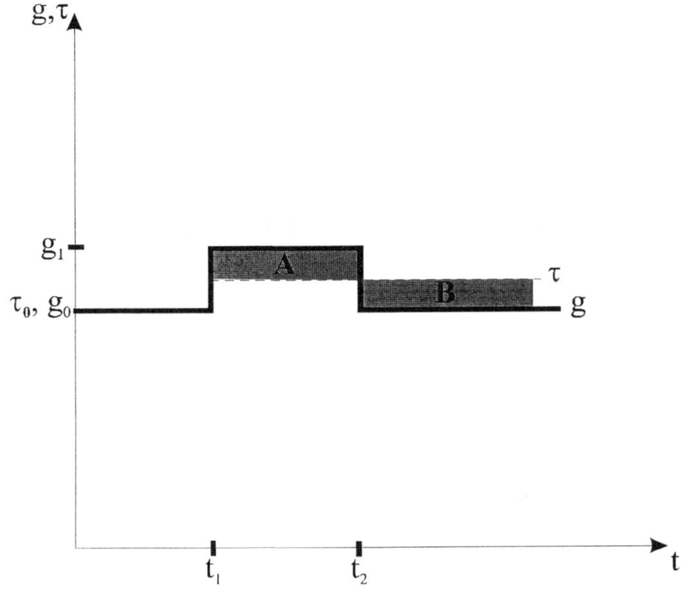

Abb. 9.3. Glättung von Ausgabenschocks durch Verschuldung

Die Aussagen der Optimalsteuertheorie tragen zur Erklärung der Schuldenentwicklung in vielen Staaten bei: Der stärkste Anstieg der Verschuldung ist meist in Kriegszeiten (temporären Ausgabenschocks) zu beobachten. Dagegen sind Änderungen der Ausgabenstruktur in Friedenszeiten in der Regel permanent und gehen so mit einer entsprechenden Anpassung der Steuersätze einher. Konjunkturelle Schwankungen ließen zumindest bis in die 70er Jahre die strukturelle Verschuldung unverändert.

Die Entwicklung der Schuldenquoten seit Mitte der 70er Jahre ist aber mit den Aussagen der Opimalsteuertheorie nur schwer vereinbar: Eine Reihe von OECD-Staaten weisen seit dieser Zeit große, anhaltende Budgetdefizite auf, die zu einem drastischen Anstieg der Schuldenquote führen. Die Verschuldungssituation dieser Staaten ist gemäß den in Abschnitt 9.1 dargestellten Kriterien auf Dauer nicht tragfähig; sie macht gravierende Anpassungsmaßnahmen erforderlich. Dagegen ist in anderen Staaten die Schuldenquote zumindest bis Ende der 80er Jahre konstant geblieben oder nur geringfügig gestiegen (vgl. Abb. 9.4).

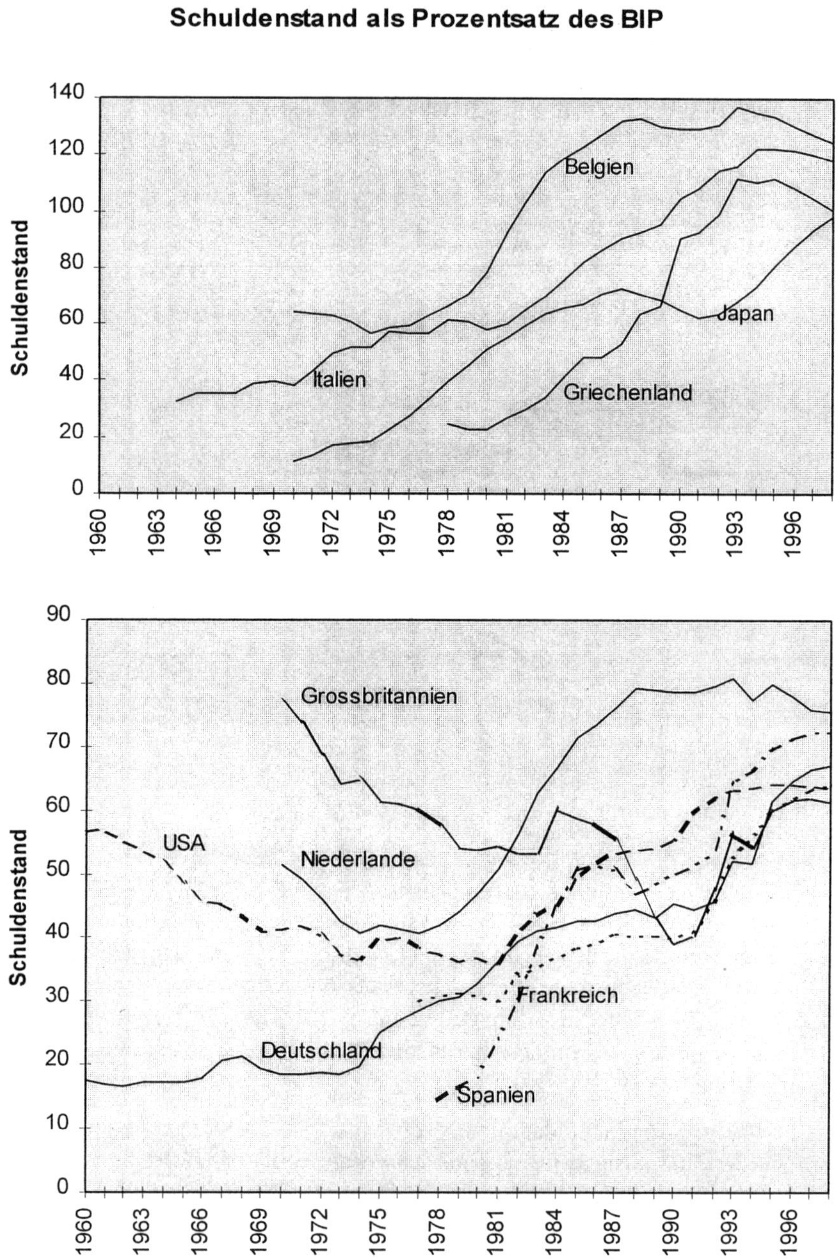

Abb. 9.4. Entwicklung des Schuldenstands (Quelle: OECD 1996)

Ein Versuch, solch unterschiedliche Entwicklungen als optimale Reaktion der Fiskalpolitik auf spezifische nationale Schocks zu interpretieren, erscheint mehr als fragwürdig. Im folgenden soll deshalb die Fiktion eines wohlfahrtsmaximierenden nationalen Planers aufgegeben werden. Statt dessen untersuchen wir, welche Anreize zur Verschuldung im politischen Prozeß bestehen. Ähnlich wie in der Theorie des politischen Konjunkturzyklus sind verschiedene politökonomische Ansätze entwickelt worden, die unterschiedliche Entwicklungen auf spezifische politische Rahmenbedingungen (institutionelle Regelungen) zurückführen. Sie werden im folgenden Abschnitt kurz dargestellt. Dabei ist insbesondere die Frage von Interesse, welche politökonomischen Anreize für eine Fiskalpolitik bestehen könnten, die als langfristig nicht tragbar beurteilt werden muß.

9.4 Politökonomische Analyse von Verschuldungsstrategien

9.4.1 Fiskalillusion

Bereits *Buchanan /Wagner (1977)* argumentierten in ihrem Public-Choice Ansatz, daß moderne Demokratien eine inhärente Tendenz zu exzessiven Defiziten aufweisen. Sie gingen davon aus, daß die Wähler einer Fiskal-Illusion unterliegen: Sie sind nicht in der Lage, die intertemporale Budgetrestriktion des Staates korrekt zu verstehen. Weil sie die Steuerbelastung unterschätzen, die damit in der Zukunft verbunden ist, besteht eine Präferenz für Kreditfinanzierung von Staatsausgaben. Die Politiker nutzen diese Fiskalillusion aus, indem sie durch exzessive Ausgabenpolitik ihre Wiederwahlchancen zu maximieren suchen. Fiskalillusion begründet auch eine Asymmetrie der Stabilisierungspolitik: Während es in Rezessionen populär ist, die Wirtschaftsaktivität durch kreditfinanzierte Ausgaben zu stimulieren, bestehen in Boomzeiten keine Anreize, die Dämpfung der Ausgaben durchzusetzen, die zum Ausgleich über den gesamten Konjunkturzyklus hin erforderlich wäre.

Der Ansatz von *Buchanan /Wagner (1977)* vermag nicht zu erklären, weshalb die Schuldenquoten in bestimmten Ländern gerade seit Mitte der 70er Jahre angestiegen sind (keynesianische Stabilisierungspolitik war schließlich besonders in den 50er und 60er Jahren populär). Ein viel grundsätzlicherer Einwand besteht darin, daß Fiskalillusion systematisch irrationales Verhalten der Wähler voraussetzt. Eine solche Hypothese kann keine überzeugende Begründung für exzessive Staatsausgaben liefern. Es scheint wenig plausibel, daß Wähler dauerhaft systematischen Fehleinschätzungen unterliegen. Zudem bietet sie eine äußerst fragwürdige Basis für wirtschaftspolitische Empfehlungen. Wer den Vorschlag, exzessive Verschuldung zu verbieten, mit Fiskalillusion begründet, vertritt implizit die paternalistische Einstellung, daß er besser als der Wähler weiß, was für diesen gut ist.

Viel erfolgversprechender ist es, zu fragen, ob Verschuldung sich nicht als das Ergebnis bestimmter Anreize verstehen läßt, die auf spezifischen institutionellen Regelungen basieren. Erst die Analyse solcher Bedingungen liefert eine Grundlage zur Beurteilung von Reformvorschlägen. Genauso wie im Bereich der politökonomischen Erklärung von Konjunkturzyklen mittlerweile Modelle rationalen Wählerverhaltens die erste Generation naiven Verhaltens abgelöst hat, wurden mehrere Modelle entwickelt, die rationale Erklärungen für das Phänomen der Verschuldung liefern. Ausgangspunkt aller Ansätze ist die Überlegung, daß Verschuldung als Umverteilungsinstrument zwischen verschiedenen Gesellschaftsgruppen dient. Verteilungsfragen sind um so virulenter, je heterogener (konfliktreicher) die Gesellschaftsstruktur ist. Die Mehrzahl der Ansätze kommt folglich auch zu dem Schluß, daß die Anreize zur Verschuldung mit der Heterogenität einer Gesellschaft zunehmen. Ein guter Überblick findet sich in *Alesina/Perotti (1995)*.

9.4.2 Verschuldung als strategisches Instrument

Je höher die Schuldenquote, desto stärker wird der zukünftige fiskalpolitische Handlungsspielraum eingeschränkt: Die intertemporale Budgetrestriktion des Staates verdeutlicht, daß mit steigendem b die Zinsverpflichtungen einen immer größeren Anteil des Gesamtbudgets einnehmen. Das bedeutet: Durch eine Politik hoher Verschuldung kann eine Regierung bewußt den Handlungsspielraum zukünftiger Regierungen einschränken. Diese Überlegung ist Ausgangspunkt eines Modells von *Alesina/Tabellini (1990*). Sie analysieren in einem Zwei-Parteien-System das strategische Verhalten einer Regierung, die damit rechnen muß, daß sie bei den nächsten Wahlen von der Gegenpartei abgelöst wird. Gemäß der ideologischen Schule verfolgen die Parteien eine Politik, die den Präferenzen ihrer Wählergruppe entspricht. Die Präferenzen unterscheiden sich darin, welches öffentliche Gut bereitgestellt werden soll. Gruppe A bevorzugt hohe Sozialausgaben, während Gruppe B statt dessen Ausgaben für Recht und Sicherheit präferiert.

Nehmen wir an, zunächst sei Partei B an der Regierung und verfolge die Interessen der Gruppe B. Es sei aber unsicher, wie sich bei den nächsten Wahlen die Wählerstimmen auf beide Gruppen verteilen. Aus Sicht der Partei B ist es optimal, in der laufenden Legislaturperiode möglichst hohe Ausgaben für Recht und Sicherheit zu tätigen, die zum großen Teil über Kredite finanziert werden. Weil mit Hilfe einer solchen Politik ein Großteil zukünftiger Steuereinnahmen bereits zur

Tilgung der hohen Kredite gebunden wird, ist der Handlungsspielraum der zukünftigen Regierung stark eingeschränkt. Sollte Partei A an die Macht kommen, dann verfügt sie nur über geringe Mittel, um die von ihren Wählern gewünschten Sozialausgaben zu finanzieren.

Wäre umgekehrt zunächst Partei A an der Macht, hätte sie den gleichen strategischen Anreiz, kreditfinanzierte Sozialausgaben zu tätigen. Weil Verschuldung als strategisches Instrument eingesetzt wird, ist die Politik im Vergleich zu einer wohlfahrtsmaximierenden Politik der Glättung von Ausgaben und Einnahmen verzerrt. Die Verzerrung (repräsentiert durch die Schuldenquote) ist um so größer, je stärker die Präferenzen der Wählergruppen polarisiert sind und je unsicherer die Wiederwahlchancen der aktuellen Regierung sind. Staaten mit starker Polarisierung und häufigen Regierungswechsel müßten diesem Modell zufolge eine höhere Verschuldung aufweisen. Aus Sicht dieses Modellansatzes läßt sich die Entwicklung seit den 70er Jahren folgendermaßen interpretieren: Die zunehmende ökonomische Instabilität als Folge der Ölpreisschocks hat auch zu verstärkter politischer Instabilität geführt. Staaten mit einem Wahlsystem, bei dem diese Heterogenität sich in Instabilität der Regierung niederschlägt, weisen eine ansteigende Schuldenquote auf.

Untersuchungen von *Grilli/Masciandaro/Tabellini (1991)* und *Alesina/Cohen/Roubini (1992)* zufolge stimmen die empirischen Fakten mit den Aussagen dieses Modells überein.

9.4.3 Verteilungskonflikte als Abnutzungskrieg (War of Attrition)

Im Ansatz von *Alesina/Tabellini (1990)* manifestiert sich politische Polarisierung in häufigen Regierungswechseln. Zu jedem Zeitpunkt gibt es eine homogene Entscheidungsinstanz, die aber mit hoher Wahrscheinlichkeit damit rechnen muß, daß sie von der Gegenseite abgelöst wird. Polarisierung kann sich aber auch in anderer Weise im politischen Prozeß niederschlagen: Wenn mehrere Gruppen (etwa innerhalb einer Koalition oder durch Mitwirkungsrechte auf verschiedenen föderalen Stufen) am Entscheidungsprozeß beteiligt sind, können heterogene Interessen Konflikte auslösen, die einen Aufschub notwendiger Anpassungsmaßnahmen zur Folge haben.

Einer der ersten Ansätze, der eine solche Polarisierung untersucht, ist das Modell von *Sargent/Wallace (1981)*. Sie beschreiben anhand eines Chicken Games einen Konflikt zwischen Geld- und Fiskalbehörde. Die konträren Zielfunktionen der Behörden lassen sich als die Ziele von Interessengruppen interpretieren, die von den einzelnen Behörden vertreten werden. Wenn unsicher ist, wer als erster nachgibt, kann dieser Konflikt zu einer für alle Gruppen nachteiligen Lösung führen

(Abschnitt 10.3 behandelt diese Frage ausführlich). *Sargent/Wallace (1981)* unterstellen in ihrem Ansatz, daß der Konflikt zu einem bestimmten (exogen vorgegebenen) Zeitpunkt entschieden wird. Damit bleibt die entscheidende Frage offen, unter welchen Bedingungen eine Gruppe zu Konzessionen bereit ist. Sie muß in einer dynamischen Version des Chicken Games (einem sogenannten War of Attrition Spiel) behandelt werden.

Alesina/Drazen (1991) untersuchen in einem solchen dynamischen Ansatz, warum Stabilisierungsmaßnahmen häufig erst mit starker Verzögerung durchgeführt werden, selbst wenn die Notwendigkeit solcher Maßnahmen für alle Betroffenen auf der Hand liegt. Ihr Modell ist von der Erfahrung in vielen Entwicklungsländern motiviert, daß eine Haushaltssanierung oft lange Zeit aufgeschoben wird und statt dessen lange Zuflucht zu Verschuldung und hyperinflationären Entwicklungen genommen wird, die für alle Beteiligten extrem kostspielig sind. Sie erklären dies damit, daß es erst nach langer Verzögerung zu einer Einigung darüber kommt, wie die Anpassungslasten zwischen verschiedenen Gruppen verteilt werden sollen. Ihr Ansatz liefert Einsichten in Faktoren, die für die Verzögerung von Sanierungsmaßnahmen verantwortlich sein können.

Als Ausgangspunkt betrachten wir eine Situation mit ausgeglichenem Budget, die durch einen permanenten Ausgabenschock gestört wird. Die optimale Reaktion auf den permanenten Schock bestünde in der sofortigen Anpassung der Steuersätze in gleicher Höhe. Die Steuersätze können aber in unterschiedlicher Weise angepaßt werden, die verschiedene Gesellschaftsgruppen jeweils in unterschiedlichem Maß treffen. Das Modell geht davon aus, daß die Last auf zwei Gruppen asymmetrisch aufgeteilt werden muß: Entweder muß Gruppe A einen höheren Anteil an der Gesamtlast übernehmen oder aber die Gruppe B.

Solange keine Einigung darüber zustande kommt, wie die Lasten zwischen den beiden Gruppen verteilt werden, werden die nötigen Stabilisierungsmaßnahmen hinausgeschoben. In der Zwischenzeit müssen die Ausgaben durch andere, für alle Gruppen wesentlich kostspieligere Methoden finanziert werden. *Alesina/Drazen (1991)* nehmen an, daß die Ausgaben während des Streits über die Aufteilung zum Teil durch externe Verschuldung, zum anderen Teil durch inflationäre Geldschöpfung gedeckt werden. Seignioragefinanzierung verursacht hohe Kosten; die beiden Gruppen sind davon aber in unterschiedlichem Maß betroffen.

Weil eine Verzögerung um so kostspieliger wird, je länger die Einigung auf sich warten läßt, hätten beide Gruppen im Prinzip ein Interesse daran, den Konflikt möglichst rasch beizulegen. Spieltheoretische Verhandlungsmodelle zeigen, daß bei vollständiger Information in der Tat eine sofortige Einigung zustande kommen würde. Weil die Partei mit den höheren Verzögerungskosten im Verhandlungsprozeß die schwächere Position hat, muß sie den größeren Anteil an der Finanzierungslast übernehmen.

Realistischer ist es jedoch, davon auszugehen, daß die einzelnen Gruppen nicht genau wissen, wie hoch die Kosten tatsächlich sind, die bei der Gegenseite durch die Verzögerung der Stabilisierungsmaßnahmen anfallen. Unter Bedingungen asymmetrischer Information ergeben sich nun strategische Verzögerungen im Verhandlungsprozeß: Weil nun keine Gruppe weiß, wer die schwächere Partei (mit den höheren Kosten) ist, hoffen beide darauf, daß die andere als erste nachgibt. Es kommt zu einem War of attrition.

Die optimale Verhandlungsstrategie legt in Abhängigkeit von den eigenen Kosten einen kritischen Zeitpunkt fest, zu dem sie bereit ist, als erste nachzugeben. Je niedriger die eigenen Kosten, desto länger wird dieser Zeitpunkt hinausgeschoben. Der optimale Zeitpunkt bestimmt sich durch die Bedingung, daß die Grenzkosten des Wartens (die mit einem weiteren Aufschub der Stabilisierung verbundenen Lasten) dem Grenzvorteil entsprechen (der bedingten Wahrscheinlichkeit, daß die Gegenseite zuvor einlenkt, multipliziert mit dem Vorteil daraus, daß diese den größeren Anteil der Steuerlasten übernimmt).

Die durchschnittliche Zeitdauer, bis Stabilisierungsmaßnahmen eingeleitet werden, liegt um so später, je ungleichmäßiger die Steuerbelastung zwischen beiden Gruppen nach der Stabilisierung verteilt ist (desto höher ist schließlich der Grenzvorteil des Wartens). Die Stabilisierungsmaßnahmen erfolgen zudem um so später, je niedriger die Kosten des Wartens sind. Das bedeutet: Alle Maßnahmen, die die Kosten makroökonomischer Instabilität zu reduzieren versuchen (wie etwa die Indexierung in einer hyperinflationären Umwelt), verzögern nur den notwendigen Anpassungsprozeß.

Die Modellergebnisse sind unmittelbar auf analoge Fragestellungen (seien es Konflikte innerhalb von Koalitionsregierungen oder Konflikte zwischen verschiedenen föderalen Ebenen) übertragbar. Sie leisten einen intuitiv überzeugenden Beitrag zum Verständnis dafür, warum Versuche zur Stabilisierung zunächst lange Zeit scheitern, bis sich dann schließlich doch Erfolg einstellt. Eine wichtige Erkenntnis liegt darin, daß der Koordinationsbedarf zwischen verschiedenen Entscheidungsträgern (der Zwang zu einer Einigung zwischen heterogenen Interessen) Anlaß zu gravierenden Verzögerungen sein kann, die mit drastischen Ineffizienzen verbunden sind. Solche Abstimmungs- und Verteilungsprobleme sind um so eher zu erwarten, je heterogener ein Staat (bzw. eine föderative Union) zusammengesetzt ist.

Die beschriebenen Konfliktpotentiale treten insbesondere in Koalitionsregierungen auf. Weil Wahlsysteme mit proportionalem Wahlrecht den Zwang zu einer Koalitionsbildung fördern, scheinen sie für solche Probleme besonders anfällig. Andererseits zeigen Die Ergebnisse des vorhergehenden Abschnitts haben aber gezeigt, daß auch politische Systeme mit homogener Entscheidungsinstanz gleichfalls zu ineffizient hoher Verschuldung führen können. Das Mehrheitswahlrecht favorisiert zwar eine Ein-Parteien-Regierung; es erleichtert dieser Regierung aber, ihre eigenen Gruppeninteressen zu verfolgen. In einer heterogenen Gesellschaft sind deshalb häufige Regierungswechsel zu erwarten.

Die Frage, auf welche Weise Konflikte am besten gelöst werden sollten, bleibt in dem Modell jedoch unbeantwortet. Es läßt offen, warum letztlich eine asymmetrische Verteilung der Steuerbelastung erfolgen muß (die ungleiche Belastung nach erfolgten Stabilisierungsmaßnahmen ist wesentlich für das Auftreten der Verzögerungen; sie wird im Modell einfach als exogen unterstellt). Das Modell zeigt, daß der entscheidende Ansatzpunkt für Reformen in geeigneten Mechanismen zur Konfliktlösung zu suchen ist. Zum besseren Verständnis solcher Mechanismen sind jedoch noch weitere detaillierte Analyse erforderlich (vgl. etwa *von Hagen/Süppel 1994*)).

9.5 Übungsaufgabe

(Abschnitt 9.2) Vergleichen Sie die diskretionäre Lösung mit der Commitment-Lösung für den Fall einer mit der Rate y wachsenden Wirtschaft, wenn die Schuldenquote auf dem Ausgangswert b_0 stabilisiert werden soll. Gehen Sie dabei zudem davon aus, daß die Staatsausgabenquote g in folgender Weise endogen bestimmt wird: Jede Abweichung von der Zielgröße g^* führt ebenfalls zu quadratischen Verlusten. Die Verlustfunktion laute somit: $L = \tau^2 + a\,\pi^2 + b\,(g - g^*)^2$. Als Nebenbedingung muß beachtet werden: $\tau + \mu k = g + (r + \pi^e - \pi - y)\, b_0$.

10 Einführung in spieltheoretische Konzepte

Das Kapitel bietet eine Kurzeinführung in spieltheoretische Konzepte, die im vorliegenden Buch verwendet werden. Sie ist gedacht als Schnellkurs für diejenigen, die mit Spieltheorie nicht allzu vertraut sind.[1] Die Konzepte werden dabei anhand von Beispielen aus dem Bereich geldpolitischer Fragestellungen spielerisch erarbeitet. Auch für Studenten, die bereits Vorkenntnisse in Spieltheorie besitzen, dürften die in diesem Kapitel verwendeten Beispiele von Interesse sein.

Die Spieltheorie analysiert strategische Entscheidungssituationen, in denen Interessenskonflikte und Koordinationsprobleme auftreten. Dabei sind im wesentlichen zwei Fragestellungen zu klären

1. *Wie läßt sich ein konkretes Problem adäquat als Spielsituation beschreiben?*
2. *Welche Lösung ist für das betrachtete Spiel zu erwarten?*

Reale Entscheidungssituationen sind häufig extrem komplex; sie richtig zu modellieren, ist eine schwere Aufgabe. Die Kunst eines guten spieltheoretischen Modells besteht darin, den Kern der Spielsituation in möglichst einfacher Weise zu erfassen. Die korrekte Beschreibung der Spielsituation ist allein natürlich nicht ausreichend. Es geht zudem darum, eine Lösung des Spiels anzugeben. Die Spieltheorie untersucht zu diesem Zweck, wie rationale Spieler sich in strategischen Entscheidungssituationen verhalten und entwickelt daraus Lösungskonzepte. Das am häufigsten verwendete Lösungskonzept, das Nash-Gleichgewicht, fordert, daß jeder Spieler die für ihn optimale Strategie wählt, gegeben das Verhalten der Mitspieler.

1 Eine wesentlich ausführlichere Einführung findet sich in *Holler/Illing (1996).*

In den folgenden Abschnitten untersuchen wir verschiedene ökonomische Fragestellungen. Wir zeigen zunächst jeweils, wie sie sich als Spielsituation modellieren lassen und suchen dann nach geeigneten Lösungskonzepten.

10.1 Ein Beispiel: Spekulative Attacken auf fixe Wechselkurse

Unter welchen Bedingungen läßt sich eine Politik der Fixierung des Wechselkurses gegenüber einer anderen Währung durchhalten? Wenn Kapitalanleger am Devisenmarkt auf die Abwertung einer schwachen Währung spekulieren, muß die einheimische Zentralbank heftig mit Stützungskäufen intervenieren: Sie muß das Überangebot an einheimischer Währung aufkaufen, indem sie einen Teil ihrer internationalen Währungsreserven abgibt.

Wir beobachten häufig, daß fixe Kurse auch angesichts spekulativer Attacken für eine gewisse Zeit durch Interventionen stabil gehalten werden, daß aber dieser Versuch in vielen Fällen letztlich (etwa mangels hinreichender Währungsreserven) aufgegeben wird. Oft ist dann umstritten, ob für den Zusammenbruch der fixen Kurse schwache makroökonomische Fundamentaldaten oder aber habgierige Spekulanten verantwortlich sind.

10.1.1 Die Spielmatrix als Beschreibung der Spielsituation

Wie soll das Problem modelliert werden? Dem ungeübten Leser erscheinen die verwendeten Modelle häufig als zu stark vereinfacht, weil sie von vielen scheinbar wichtigen Faktoren abstrahieren. Ein gutes Modell zeichnet sich aber gerade dadurch aus, daß es wesentliche Einsichten in möglichst einfacher, prägnanter Form vermittelt. Die dabei gewonnenen Grunderkenntnisse sollten aber auch auf viel komplexere Situationen zutreffen, also robust sein.

Um zu illustrieren, wie sich ein ökonomisches Problem als Spielsituation beschreiben läßt, betrachten wir die Frage des Einflusses von Spekulation bei fixen Wechselkursen nun anhand eines simplen Modells, das *Maurice Obstfeld (1996)* in Anlehnung an *Paul Krugman (1979)* entwickelte. Obstfeld weist am Beispiel dieses Modells[2] nach, daß Spekulation einen Prozeß sich selbst erfüllender Erwartungen auslösen kann. Bei der Frage, ob spekulative Attacken erfolgreich sind,

---

[2] In Abschnitt 6.3 wird gezeigt, daß die Ergebnisse des hier präsentierten Spiels in einem viel allgemeineren Rahmen gültig sind.

spielen sowohl die Fundamentaldaten wie auch die Erwartungen der Spekulanten eine Rolle.

Wir beschränken uns auf das Verhalten von drei Spielern: Zwei Spekulanten und die Regierung, die zur Verteidigung des Kurses über internationale Währungsreserven R verfügt. Weil wir primär am Verhalten der Arbitrageure interessiert sind, gehen wir davon aus, daß die Regierung sich passiv verhält: Sie interveniert, solange die Reserven nicht aufgezehrt sind. Reichen die Reserven aber nicht, wird eine Abwertung der einheimischen Währung um 50% unvermeidlich. Die verfügbaren Reserven sind in der Regel natürlich nicht exogen gegeben; sie hängen von der Kreditwürdigkeit ab. Bei unbegrenzter Kreditwürdigkeit könnte der Staat sich bei anderen Staaten problemlos weitere Reserven borgen und damit jede spekulative Attacke zurückschlagen. Es gibt aber gewöhnlich gewisse Kreditobergrenzen, und R sei das Maximum der einsetzbaren Mittel. Je geringer R, desto prekärer die Lage des Staates. Die Höhe der Reserven R ist also ein Indikator für die makroökonomischen Fundamentaldaten.

Die beiden Spekulanten verfügen jeweils über einen Bestand in Höhe von 6 (Millionen) Einheiten des einheimischen Geldes. Sie können dieses Geld entweder in ihrem Portfolio behalten oder gegen fremde Währung verkaufen. Ihnen stehen also zwei Strategien zur Verfügung: *Halten* oder *Verkaufen*. Um das Spiel korrekt zu beschreiben, müssen wir für jede denkbare Strategiekombination spezifizieren, wieviel die einzelnen Spieler dabei verdienen (welche Auszahlung sie bekommen). Wir erfassen dies anhand einer Spielmatrix wie in Abb. 10.1 In den Reihen werden die Strategie des ersten Spielers abgetragen, in den Spalten die des zweiten Spielers. Jedes Kästchen kennzeichnet dann das Ergebnis einer bestimmten Strategiekombination. Die erste Zahl in einem Kästchen gibt jeweils die Auszahlung von Spieler 1 an, die zweite die von Spieler 2. Die konkreten Auszahlungen x_i in den einzelnen Kästchen hängen von der jeweiligen Spielsituation ab. Im folgenden werden wir die bisher noch nicht spezifizierten Auszahlungswerte x_i für unterschiedliche Situationen berechnen.

		Spieler 2	
		Halten	**Verkaufen**
Spieler 1	**Halten**	**(0,0)**	**(0,x)**
	Verkaufen	**(x,0)**	**(x,x)**

Abb. 10.1. Spielmatrix

Die Spielsituation der Spekulation in einem Festkurssystem läßt sich durch folgende Auszahlungen charakterisieren: Wer die erste Strategie („*Halten*") verfolgt, kann weder gewinnen noch verlieren (er bekommt deshalb immer die Auszahlung 0). Entscheiden sich beispielsweise beide Spieler für die Strategie *Halten,* so beträgt die Auszahlung für beide jeweils 0. Ein Verkauf verursacht jeweils Transaktionskosten in Höhe von 1. Bleibt der Kurs unverändert, zahlt sich die Spekulation nicht aus; es entsteht ein Verlust in Höhe der Transaktionskosten. Kommt es dagegen zu der erhofften Abwertung, entsteht ein spekulativer Wertzuwachs von 50 % (freilich abzüglich der Kosten von 1) - allerdings nur in dem Umfang, in dem die Regierung das spekulative Geld bei Interventionen zum alten Kurs aufgekauft und dabei in wertvolle internationale Währung umgetauscht hat. Ob eine Abwertung notwendig wird, hängt sowohl von der Höhe der Reserven wie vom erwarteten Verhalten des anderen Spekulanten ab. Das bedeutet aber, daß diese Faktoren auch Einfluß auf die optimalen Strategien und damit die Lösung des Spiels haben.

Beide Spieler entscheiden unabhängig voneinander (ohne die Strategie des Gegenspielers beobachten zu können) über ihre eigene Strategie. Sie kennen allerdings die Spielstruktur (also auch die Handlungsmöglichkeiten und Bewertungen des Gegenspielers). Ausgehend von diesem Wissen, versuchen sie, Prognosen über dessen Verhalten zu machen. Ein Gleichgewicht des Spiels liegt dann vor, wenn die angestellten Prognosen mit dem Verhalten übereinstimmen, das tatsächlich für die Gegenspieler jeweils optimal ist.

10.1.2 Lösungskonzept „Gleichgewicht in dominanten Strategien"

Gehen wir zunächst davon aus, daß die die Fundamentaldaten stabil, die Reserven also hoch sind (etwa $R = 20$). Selbst wenn beide auf eine Abwertung spekulieren und ihren Bestand an einheimischer Währung verkaufen, würde die Regierung immer noch über genügend Reserven verfügen, um den Kurs stabil zu halten(nämlich 20-2•6=8). Die Auszahlungsmatrix dieses Spiels mit hohen Reserven sieht folgendermaßen aus:

	Halten	**Verkaufen**
Halten	**(0,0)**	**(0,-1)**
Verkaufen	**(-1,0)**	**(-1,-1)**

Abb. 10.2. Das Spiel mit hohen Reserven: R=20

Gleichgültig was der Gegenspieler macht, im vorliegenden Fall ist es immer besser, selbst nicht zu spekulieren, weil dabei nur Verluste in Höhe der Transaktionskosten entstehen. Die Strategie *„Verkauf"* wird von *„Halten"* strikt dominiert. Als einzige Lösung (als einziges Gleichgewicht) dieses Spiels kommt somit nur die Strategiekombination (*„Halten"*, *„Halten"*) in Frage.

Im umgekehrten Fall sind die Fundamentaldaten so schlecht, daß die Reserven bereits dann erschöpft sind, wenn nur ein einzelner Spekulant verkaufen würde. Sei nun also R=5. Wegen der symmetrischen Struktur nehmen wir an, daß jeder Spieler im Zuge der Intervention jeweils die Hälfte der verfügbaren Reserven erhält, sofern beide spekulieren. Sie erzielen demnach eine Wertsteigerung von $0{,}5 \cdot 2{,}5 = 1{,}25$. Die Nettoauszahlungen sind in Abb. 10.3 angegeben. Nun ist *„Verkauf"* die dominante Strategie; im Gleichgewicht werden beide so viel einheimische Währung wie möglich auf den Markt werfen.

	Halten	**Verkaufen**
Halten	**(0,0)**	**(0,3/2)**
Verkaufen	**(3/2,0)**	**(1/4,1/4)**

Abb. 10.3. Das Spiel mit niedrigen Reserven: R=5

Bis jetzt scheinen die Ergebnisse recht trivial zu sein - auch der gesunde Menschenverstand hätte ausgereicht, um die jeweilige Lösung anzugeben. Die Einführung des ganzen formalen Apparates ist dazu sicher nicht notwendig. Das liegt daran, daß die Spieler in den betrachteten Fällen immer über sogenannte dominante Strategien verfügen. Es ist evident, daß sie diese auch immer benutzen werden. In einer solchen Situation liegt eigentlich gar kein strategisches Problem vor. Die Empfehlung der Spieltheorie lautet demnach einfach: „Spiele die dominante Strategie." Bei den meisten Spielen hilft dieses Lösungskonzept aber nicht weiter, weil es meist keine solchen dominanten Strategien gibt. Dann wird die Lösung viel schwieriger, aber auch wesentlich interessanter. Das wird am nächsten Beispiel deutlich, wenn die Reserven R=10 betragen.

10.1.3 Lösungskonzept „Nash-Gleichgewicht"

Bei Reserven von R=10 lautet die Auszahlungsmatrix:

	Halten	**Verkaufen**
Halten	**(0,0)**	**(0,-1)**
Verkaufen	**(-1,0)**	**(3/2,3/2)**

Abb.10.4. Der interessante Fall: R=10

Die Attacke eines einzelnen Händlers würde nun ins Leere laufen; eine koordinierte Attacke wäre dagegen erfolgreich. Die individuell optimale Strategie hängt nun davon ab, welche Erwartungen jeder über das Verhalten des Gegenspielers hegt. Weil es keine dominanten Strategien gibt, ist zur Lösung des Spiels ein allgemeinerer Ansatz notwendig - das sogenannte **Nash-Gleichgewicht.**[3]

Das Nash-Gleichgewicht

Der Spieltheoretiker John Nash entwickelte 1950 ein allgemeines Lösungskonzept, das heute durchgängig in der Wirtschaftstheorie verwendet wird: Das nach ihm benannte **Nash-Gleichgewicht.** Die Idee von Nash ist einfach: Rationale Spieler, die keine verbindlichen Absprachen eingehen können, werden eine Strategiekombination wählen, die im folgenden Sinne stabil ist: Kein Spieler darf einen Anreiz haben, von seiner eigenen Strategie abzuweichen, sofern sich der Gegenspieler an die betrachtete Strategiekombination hält. Die Strategien der einzelnen Spieler müssen demnach wechselseitig beste Antworten darstellen. Häufig läßt sich die beste Antwort eines Spielers auf beliebige Strategien des Mitspielers durch eine Reaktionsfunktion (vgl. Abb. 10.9) darstellen. Ein Nash-Gleichgewicht ist ein Schnittpunkt der Reaktionsfunktionen der beiden Spieler.

[3] Das Gleichgewicht in dominanten Strategien ist ein Spezialfall des Nash-Gleichgewichts.

Im konkreten Beispiel gibt es zwei Nash-Gleichgewichte:[4] Erwarten beide Spieler, daß der Gegenspieler nicht auf eine Abwertung spekuliert, ist es individuell rational, selbst auch nicht zu spekulieren. *„Halten"* ist jeweils die beste Antwort auf die Strategie *„Halten."* Die Strategien sind wechselseitig beste Antworten und damit ein Nash-Gleichgewicht. Erwarten dagegen beide eine spekulative Attacke des Gegenspielers, dann ist es wiederum individuell rational, selbst ebenfalls auf eine Abwertung zu spekulieren. Die Kombination (*„Verkaufen"*, *„Verkaufen"*) stellt also ebenfalls eine Kombination wechselseitig bester Antworten dar und ist somit ein Nash-Gleichgewicht. Ein Nash-Gleichgewicht zeichnet sich also dadurch aus, daß das dem Gegenspieler jeweils unterstellte Verhalten für diesen auch tatsächlich die optimale Antwort auf die eigene Strategie ist. Die Erwartungen bestätigen sich selbst.[5]

Untersuchen wir eine Kombination, die kein Nash-Gleichgewicht darstellt: (*„Verkaufen"*, *„Halten"*). Ein solches Verhalten wäre dann sinnvoll, wenn Spieler 1 erwartet, daß 2 spekuliert, während dieser umgekehrt damit rechnet, daß 1 still hält. In der betrachteten Situation erfüllen sich die Erwartungen gerade nicht[6] - ex post müssen beide feststellen, daß sie sich geirrt haben. Damit besteht ein starker Anreiz, ihre Enscheidungen zu revidieren - es liegt eine Ungleichgewichtssituation vor. Wiederholt sich die Spielsituation, so sind Verhaltensänderungen plausibel; ein Nash-Gleichgewicht kann als Endpunkt eines solchen Anpassungsprozesses interpretiert werden.

Nash selbst freilich motiviert sein Gleichgewichtskonzept anders: Er untersucht, welche Lösung sich ergibt, wenn alle Spieler unabhängig voneinander, ohne die Strategien der anderen Spieler zu beobachten, allein aus Kenntnis der Struktur des Spiels eine rationale Prognose über das Spielergebnis anstellen. Er argumentiert, daß die Spieler deduktiv die optimale Strategien der Gegenspieler berechnen können, wenn sie vollständig über die Struktur des Spiels und die Präferenzen informiert sind. Der Anpassungsprozeß an das Gleichgewicht findet also quasi in den Köpfen der Spieler selbst statt. Wenn ein Spiel genau ein eindeutiges Nash-

4 Dies gilt, solange die Spieler keine Zufallsmechanismen verwenden (technisch: sie spielen nur sogenannte *reine* Strategien). Lassen wir auch Zufallsmechanismen zu, dann gibt es ein weiteres Gleichgewicht in *randomisierten* Strategien (vgl. unten).

5 Das Gleichgewichtskonzept der neuen Makroökonomie (das Gleichgewicht mit sogenannten *rationalen Erwartungen*) ist nichts anderes als ein *Nash-Gleichgewicht.* Es fordert, daß sich die Erwartungen aller Spieler selbst bestätigen. Die Formulierung „rationale Erwartungen" ist allerdings äußerst unglücklich (vgl. die folgende Fußnote).

6 Dennoch gibt es keinen Grund, solche Erwartungen als „irrational" zu bezeichnen. Schließlich wäre das dem Gegenspieler jeweils unterstellte Verhalten durchaus rational, wenn dieser andere - ebenso plausible - Erwartungen hätte. Das Nash-Gleichgewicht verlangt somit implizit, daß auch die Erwartungen der Gegenspieler korrekt antizipiert werden. Zu schwächeren Konzepten (etwa den rationalisierbaren Strategien) vgl. *Holler/Illing (1996) Abschnitt 3.5.*

Gleichgewicht besitzt, ist diese Logik überzeugend: Jeder kann sich selbst die optimalen Strategien der Gegenspieler ausrechnen. Obwohl keiner das tatsächliche Verhalten des Gegenspielers beobachten kann, besteht keinerlei strategische Unsicherheit (in Abschnitt 10.3 werden wir eine solche Spielsituation kennenlernen).

Häufig existieren jedoch (wie im betrachteten Fall) mehrere Gleichgewichte. Dann ist aber die Logik keineswegs zwingend. Angesichts der Indeterminiertheit der Gleichgewichte kann die Spieltheorie keine Angaben darüber machen, welches der möglichen Gleichgewichte sich einstellen wird. Die sich daraus ergebende strategische Unsicherheit macht es wahrscheinlich, daß Ungleichgewichtssituationen auftreten. Welches Nash-Gleichgewicht als Endzustand solcher Ungleichgewichtssituationen erreicht wird, hängt vom konkreten Anpassungsprozess ab.[7]

10.1.4 Gleichgewicht in randomisierten Strategien

Existieren mehrere Gleichgewichte, muß angesichts der strategischen Unsicherheit mit stochastischem Verhalten gerechnet werden: Zumindest in den eigenen Augen erscheint es so, als ob der Gegenspieler sich entsprechend einem Zufallsmechanismus mit bestimmten Wahrscheinlichkeiten für eine der beiden Strategien entscheidet. Er spielt gemischte Strategien (randomisiert). Im betrachteten Beispiel existiert neben den beiden Gleichgewichten in reinen Strategien auch ein Nash-Gleichgewicht in randomisierten Strategien. Sei p_i die Wahrscheinlichkeit, daß Spieler i nicht verkauft. $p_1 = p_1(p_2^e)$ bezeichne die optimale Reaktion von Spieler 1 auf bestimmte Wahrscheinlichkeitseinschätzungen über das Verhalten des Gegenspielers. Dazu vergleicht man den Ertrag aus „Halten" (0) mit dem erwarteten Ertrag aus „Verkaufen": $(-1)p_2^e + 3/2(1-p_2^e)$. Solange $0 < -p_2^e + 3/2(1-p_2^e)$ bzw. $p_2^e < 0{,}6$ ist „Verkaufen" ($p_1 = 0$) die bessere Strategie; umgekehrt im Fall $p_2^e > 0{,}6$. Bei $p_2^e = 0{,}6$ sind beide Strategien und damit auch jede Mischung gleich gut. Das gleiche gilt für Spieler 2. Das optimale Verhalten ist damit durch folgende Reaktionskurven beschrieben (vgl. Abb. 10.5):

$$(3.9) \qquad p_1 = \begin{cases} 0 & \text{für } p_2^e < 0{,}6 \\ [0{,}1] & \text{für } p_2^e = 0{,}6 \\ 1 & \text{für } p_2^e > 0{,}6 \end{cases} \qquad p_2 = \begin{cases} 1 & \text{für } p_1^e < 0{,}6 \\ [0{,}1] & \text{für } p_1^e = 0{,}6 \\ 0 & \text{für } p_1^e > 0{,}6 \end{cases}$$

---

[7] Die Analyse solcher Anpassungsprozesse ist ein Schwerpunkt der aktuellen Forschung. Es ist derzeit stark umstritten, ob der Endzustand zwingend ein Nash-Gleichgewicht sein muß.

Im Nash-Gleichgewicht müssen die Erwartungen dem tatsächlichen Verhalten entsprechen: $p_1 = p_1^e$ sowie $p_2 = p_2^e$. Ein Nash-Gleichgewicht ist somit als Schnittpunkt der Reaktionskurven darstellbar: $p_1 = p_1(p_2)$ und $p_2 = p_2(p_1)$. Der Schnittpunkt ($p_1 = 0$, $p_2 = 0$) ist das Gleichgewicht, in dem beide Verkaufen; bei ($p_1 = 1$, $p_2 = 1$) bleibt der Wechselkurs fix; ($p_1 = 0{,}6$, $p_2 = 0{,}6$) ist das Gleichgewicht in gemischten Strategien.

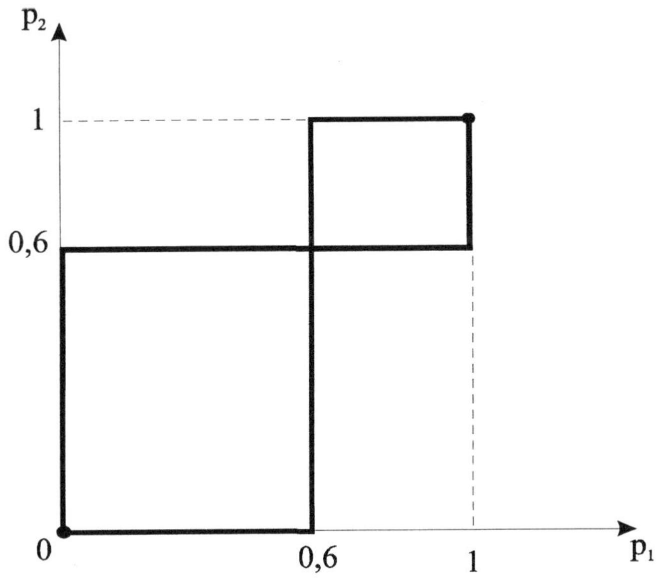

Abb. 10.5. Gleichgewicht in randomisierten Strategien

10.1.5 Focus-Punkte und Sunspot-Gleichgewichte

Welches der beiden Nash-Gleichgewichte zustandekommt, kann von den Anfangsbedingungen abhängen. Gehen wir davon aus, daß es zunächst einen Focus-Punkt gibt, auf den sich die Erwartungen aller konzentrieren. Dann ist eindeutig bestimmt, welches Gleichgewicht sich einstellt. Waren etwa in der Vergangenheit die Reserven ausreichend hoch, ist es plausibel, daß auch nach einem Rückgang auf R=10 zunächst erwartet wird, daß die Kurse weiterhin fix bleiben. Sogenannte Sunspots können aber bewirken, daß sich die Erwartungen abrupt ändern. Sunspots sind bestimmte exogene Ereignisse (Sonnenflecken, die das Tageslicht verdunkeln), die überhaupt nichts mit den Fundamentals zu tun haben. Führt etwa eine unvorsichtige Bemerkung eines Politikers zu einer pessimistischen Einschätzung der Situation des Staates, so rechnen plötzlich alle damit, daß die starren Wechselkurse nicht beibehalten werden können. Die durch die pessimistischen Erwartungen ausgelösten Spekulationsaktivitäten führen dann dazu, daß sich die Erwartungen von selbst bestätigen. Der Wechsel von einem Gleichgewicht zum anderen erklärt sich hier aus dem korrelierten Wechsel der Erwartungen aller Spieler.

Die ökonomische Botschaft dieses Beispiels lautet, daß unter bestimmten Bedingungen Fundamentaldaten allein nicht ausreichen, um den Erfolg spekulativer Attacken erklären zu können. Je nach den Erwartungen über das Verhalten der anderen Marktteilnehmer kommt es vielmehr zu sich selbst erfüllenden Erwartungsprozessen. Würden die Erwartungen durch geeignete institutionelle Rahmenbedingungen in die gewünschte Richtung gelenkt, könnte sich das aus Sicht der Spieler (oder aber das aus Sicht des Spielleiters)[8] präferierte Gleichgewicht einstellen.

10.2 Das Chicken-Game und die Bedeutung von Commitment - Ein Spiel zwischen Geld- und Fiskalbehörde

10.2.1 Die Spielsituation

Die Beziehung zwischen Fiskal- und Geldpolitik ist eine sehr kontrovers diskutierte Frage. Vielfach wird argumentiert, daß von hohen Staatsausgaben (einem hohen Budgetdefizit) inflationäre Wirkungen ausgehen. Falls aber die geldpolitischen Behörden die Staatsausgaben nicht monetär alimentieren (d.h. über eine Erhöhung der Geldmenge finanzieren, etwa indem sie Geld schöpfen und damit Staatspapiere aufkaufen), bleibt die Geldmenge unverändert; ein inflationärer Effekt könnte dann gar nicht auftreten. Nun müssen höhere Staatsausgaben natürlich in irgendeiner Weise finanziert werden - auch der Staat unterliegt ja Budgetbeschränkungen. Kreditfinanzierung bedeutet nur die Verschiebung der Finanzierungslast in die Zukunft.Letztlich müssen Schulden immer zurückgezahlt werden; andernfalls kommt es zum Staatsbankrott. Um einen solchen Bankrott abzuwenden, gibt es nur zwei Methoden: Die Finanzierung aus Geldschöpfung oder eine

---

[8] Kann die Regierung als Spielleiter die Rahmenbedingungen (die Spielregeln) festlegen, würde sie versuchen, das Nash-Gleichgewicht ohne spekulative Attacken zum Focus-Punkt der Erwartungen zu machen. Die betrachteten Spieler dagegen (die Spekulanten) präferieren das andere Nash-Gleichgewicht.

Fiskalreform (Konsolidierungsmaßnahmen durch Reduktion der Staatsausgaben und/oder Erhöhung der Steuersätze).

Sargent/Wallace (1975) haben diese Situation als ein Spiel zwischen Fiskal- und Geldbehörde modelliert. Entscheiden unterschiedliche Behörden über die Geld- und die Finanzpolitik, so kann es zum Interessenkonflikt darüber kommen, welche Finanzierungsform letztlich gewählt wird. Der Konflikt ergibt sich aus unterschiedlichen Zielfunktionen: Für die Fiskalbehörde ist es mühsam, eine Konsolidierung der Staatsfinanzen im politischen Prozeß durchzusetzen; aus ihrer Sicht wäre deshalb einfacher, die Ausgaben unverändert zu lassen und sie über Geldschöpfung zu finanzieren. Das Prestige der Geldbehörde leitet sich dagegen daraus ab, in welchem Umfang sie für Preisstabilität sorgt. Sie plädiert daher für drastische Einsparungsmaßnahmen der Fiskalbehörde, damit das Ziel der Preisstabilität nicht gefährdet wird.

Die Fiskalbehörde legt den Pfad von Staatsausgaben und Steuersätzen fest (und damit das laufende Defizit d). Die Geldbehörde bestimmt durch ihre Offenmarktoperationen die Zusammensetzung der Staatsschuld: Kauft sie die Staatsschuldtitel nicht auf, dann steigt die kreditfinanzierte Verschuldung des Staats. Würden dagegen die Staatspapiere von der Zentralbank (durch Neuemission von Geld) aufgekauft, käme es zu einer monetären Alimentierung der Staatsschuld mit entsprechend inflationären Konsequenzen.

Gehen wir davon aus, daß beiden Behörden zwei alternative Strategien zur Verfügung stehen: Die Fiskalbehörde kann eine expansive Ausgabenpolitik mit hohem Defizit betreiben ($d = 1$) oder Konsolidierungsmaßnahmen durchführen ($d = 0$). Die Geldbehörde hat die Wahl zwischen stabiler Geldpolitik ($\pi = 0$) oder der Finanzierung des Staatsdefizits über inflationäre Geldschöpfung ($\pi = 1$). Die denkbaren Strategiekombinationen lassen sich wieder durch eine Spielmatrix darstellen.

Die Kombination von expansiver Ausgabenpolitik und restriktiver Geldpolitik ($d = 1,\ \pi = 0$) kann über einen gewissen Zeitraum hinweg durchaus gleichzeitig betrieben werden. In dieser Zeit steigt einfach die Staatsverschuldung entsprechend an. Langfristig ist sie jedoch nicht aufrechtzuerhalten („sustainable"). Irgendwann einmal kommt der Zeitpunkt, zu dem diese Kombination im Staatsbankrott enden würde.[9] Spätestens dann muß ein Regimewechsel erfolgen. Genau diese Situation wollen wir analysieren.

---

9 Wann ein Staat bankrott ist, ist freilich schwer zu definieren. Solange die Zinszahlungen auf Staatsschulden in Zukunft durch potentielle Steuereinnahmen finanzierbar sind, ist eine Rückzahlung möglich. Allerdings wird bei strukturellen Schulden irgendwann einmal der Punkt kommen, bei dem die dadurch implizierte zukünftige Steuerlast als nicht mehr trag-

In welche Richtung aber erfolgt eine Änderung der Politik? Die Anwort lautet: Es hängt davon ab, welche der beiden Behörden als erste nachgibt. Die Situation entspricht einem Chicken-Game: Zwei Jugendliche fahren in einem Wettrennen nebeneinander auf eine Klippe zu. Wer als erster anhält, gilt als Feigling (Chicken) und hat das Spiel verloren. Der andere wird Sieger. Stoppt aber keiner, kommt es zum Crash - beide stürzen die Klippen hinunter. Der Crash besteht hier im Staatsbankrott, den beide Behörden vermeiden wollen (nicht nur, um ihre eigenen Gehälter zu sichern). Die Fortsetzung der Politikkombination ($\pi = 0$; $d = 1$) ist somit der schlimmste Fall. Wir normieren die Auszahlung für beide auf 0.

Für die Auszahlungen in den anderen Fälle gilt: Gibt die Geldbehörde nach und erhöht die Inflationsrate auf 1, so können die Staatsausgaben weiterhin auf dem hohen Niveau bleiben. Die Fiskalbehörde ist Sieger und erzielt die Auszahlung 4, die Geldbehörde als Verlierer dagegen nur 2. Gibt umgekehrt die Fiskalbehörde nach und konsolidiert die Ausgaben, bleibt das Preisniveau stabil. Es ergeben sich reziproke Auszahlungen. Würden beide nachgeben, ergäbe sich ein Haushaltsüberschuß. Für diesen Fall betrage die Auszahlung für beide Behörden 3. Dies ergibt als Spielmatrix

	d=0	**d=1**
$\pi = 1$	**(3,3)**	**(2,4)**
$\pi = 0$	**(4,2)**	**(0,0)**

Abb. 10.6. Chicken Game

10.2.2 Nash-Gleichgewichte des Spiels

Das Spiel besitzt zwei **Nash-Gleichgewichte** in reinen Strategien: Rechnet die Fiskalbehörde damit, daß die Geldbehörde hart bleibt, fährt sie am besten, wenn sie Konsolidierungsmaßnahmen ergreift. Für die Geldbehörde wiederum ist es optimal, hart zu sein, wenn sie erwartet, daß die Fiskalbehörde die Staatsausgaben reduziert. ($\pi = 0$, d=0) ist somit eine Kombination wechselseitig bester Antwor-

bar angesehen werden kann. Eine Fortsetzung der Politik ist dann nicht mehr aufrechtzuerhalten; der Staat verliert dann die Kreditwürdigkeit. Dieser Punkt ist sicher schon lange erreicht, bevor das ganze erwirtschaftete Inlandsprodukt für Zinsleistungen herangezogen werden müßte.

ten. Aber auch ($\pi = 1$, d=1) stellt ein Nash-Gleichgewicht dar. Wenn die Fiskalbehörde damit rechnet, daß die Geldbehörde nachgibt, so wird sie die Anstrengungen der Konsolidierung vermeiden. Für die Geldbehörde ist es dann das beste, sich anzupassen.

*Übungsaufgabe: Konstruieren Sie die Reaktionskurven und zeigen Sie, daß auch ein **Nash-Gleichgewicht** in gemischten Strategien existiert. Berechnen Sie die erwarteten Auszahlungen dieses Gleichgewichts.*

10.2.3 Sequentielle Spielstruktur: Der Spielbaum

Wieder ist indeterminiert, welches der Gleichgewichte sich letztlich einstellt. Wenn wir die institutionellen Bedingungen aber etwas verändern, fällt es relativ leicht, eine Lösung anzugeben. Betrachten wir folgende Modifikation: Es scheint plausibel, daß beide Behörden nicht unabhängig voneinander gleichzeitig ihre Politik festlegen. Kann eine Behörde ihre Politik aber als erste festlegen, so wird die Spielstruktur durch die Spielmatrix nicht mehr adäquat beschrieben. Sequentielle Entscheidungen lassen sich viel besser mit Hilfe eines sogenannten **Spielbaums** darstellen. Nehmen wir zunächst an, daß im ersten Spielzug die Fiskalbehörde über die Höhe von Ausgaben und Steuern entscheidet. Die Geldbehörde kommt erst danach als zweite zum Zug.

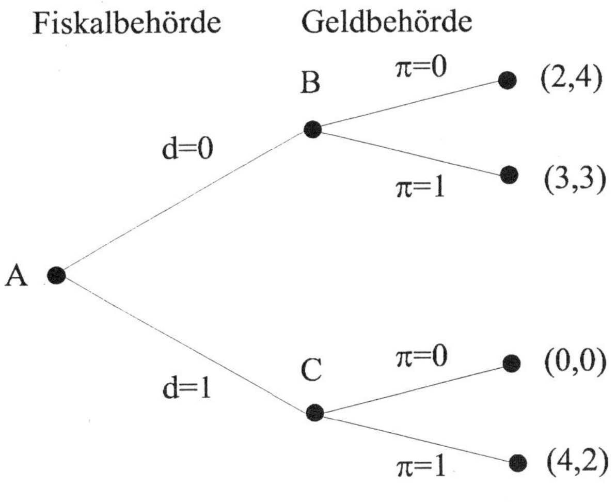

Abb. 10.7. Spielbaum

Die Situation läßt sich durch folgenden Spielbaum (Abb. 10.7) beschreiben: Am Knoten A wählt die Fiskalbehörde zwischen $d = 0$ und $d = 1$. Je nachdem, wie ihre Entscheidung ausfällt, kommt die Geldbehörde dann entweder am Knoten B oder C zum Zug und legt $\pi = 0$ oder $\pi = 1$ fest. An diesen beiden Knoten beginnen sogenannte Teilspiele des gesamten Spiels. Die Auszahlungen in Abhängigkeit der Spielzüge sind an den Endknoten des Spieles abgetragen.

Welche Lösung ist für dieses Spiel zu erwarten? Wie im Spiel der Matrix Abb. 10.6 sind sowohl die Kombination $(d = 0;\ \pi = 0)$ wie auch $(d = 1;\ \pi = 1)$ Nash-Gleichgewichte dieses Spiels. Betrachten wir uns das Gleichgewicht $(d = 0;\ \pi = 0)$ genauer. Hier erwartet die Fiskalbehörde, daß die Geldbehörde auf keinen Fall eine Geldfinanzierung des Defizits zulassen wird. Die Konsolidierung der Staatsfinanzen erscheint angesichts solcher Erwartungen als die richtige Entscheidung. Umgekehrt ist für die Geldbehörde $\pi = 0$ tatsächlich die optimale Reaktion auf $d = 0$. Die Strategiekombinationen sind wechselseitig beste Antworten. Für die Geldbehörde besteht deshalb ein starker Anreiz, schon vor der Entscheidung der Fiskalbehörde anzukündigen, daß sie in keinem Fall einen „Bailout" hoher Ausgaben durch Geldschöpfung zulassen wird, daß sie also immer $\pi = 0$ spielen wird. Sie kann die von ihre präferierte Lösung erreichen, falls diese Drohung von der Fiskalbehörde geglaubt wird.

10.2.4 Leere Drohungen und unplausible Gleichgewichte - Das teilspielperfekte Gleichgewicht als Verfeinerung des Nash-Gleichgewichts

Die Drohung mit der No-Bailout-Strategie ist beim betrachteten Spielablauf aber nicht glaubwürdig; das Gleichgewicht ($\pi = 0$, d=0) erscheint bei näherer Überlegung völlig unplausibel. Die Erwartung, daß die Geldbehörde nie nachgibt, wäre ja nur dann gerechtfertigt, wenn im Fall $d = 1$ tatsächlich ein Staatsbankrott erfolgt. Sobald aber die Fiskalbehörde hohe Ausgaben $(d = 1)$ getätigt hat (sobald also das Teilspiel erreicht wird, das am Knoten C beginnt), liegt es nun auch im Interesse der Geldbehörde, den Staatsbankrott zu verhindern. In diesem Teilspiel ist $\pi = 1$ die einzig rationale Strategie; es wäre ex post irrational, die angekündigte Drohung wahr zu machen.

Entlang des Spielverlaufs $(d = 0;\ \pi = 0)$ würde Knoten C zwar nie erreicht. Aber bei einer Abweichung vom ursprünglich betrachteten Gleichgewichtspfad wird deutlich, daß das der Geldbehörde dabei unterstellte Verhalten irrational ist. Dies erkennend, besteht für die Fiskalbehörde somit keine Notwendigkeit zur Konsolidierung. Sie wird folglich vom Pfad $(d = 0;\ \pi = 0)$ abweichen und statt dessen $\pi = 1$ wählen. Weil das Nash-Gleichgewicht $(d = 0;\ \pi = 0)$ auf irrationalem Verhalten im Teilspiel C beruht, bezeichnet man es als nicht teilspielperfekt (vgl. Kasten). Es basiert auf einer leeren Drohung.

Hinweis: Zeigen Sie, daß die Kombination $(d = 1;\ \pi = 1)$ teilspielperfekt ist.

Teilspielperfektheit und andere Verfeinerungen des Nash-Gleichgewichts

Weil das Konzept des Nash-Gleichgewichts gar nicht untersucht, was außerhalb des betrachteten Gleichgewichts passiert, kann es die unplausible Lösung ($d = 0$; $\pi = 0$) nicht ausschließen. Der Nobelpreisträger Reinhard Selten hat ein Lösungskonzept entwickelt, das durch eine Verfeinerung des Nash-Gleichgewichtes (stärkere Anforderungen) solch unplausible Lösungen ausschließt: Das Konzept der Teilspielperfektheit. Die Idee besteht darin, nur solche Strategien als Gleichgewichtsstrategien zuzulassen, die auch für alle Teilspiele optimal sind, und zwar selbst für solche Teilspiele, die entlang des betrachteten Spielverlaufs gar nicht erreicht werden (wie das Teilspiel am Knoten C). Durch dieses Konzept gelingt es, Lösungen auszuschließen, die auf unplausiblen Drohungen basieren. Auch dem Problem dynamischer Konsistenz, das im Zentrum der Analyse der Kapitel 5 und 6 steht, liegt die Idee der Teilspielperfektheit zugrunde.

Bei Spielen mit asymmetrischer Information hilft die Forderung nach *Teilspielperfektheit* allein nicht weiter, weil es in solchen Spielen meist keine echten Teilspiele gibt. Deshalb wurden noch eine Vielzahl anderer Verfeinerungen entwikkelt, etwa von Selten das Gleichgewicht der zitternden Hand (*trembling hand perfect equilibrium*) sowie von Kreps und Wilson das eng damit verwandte Konzept des *sequentiellen Gleichgewichts*. Für Spiele mit asymmetrischer Information ist das *intuitive Kriterium* von *Cho/Kreps (1987)* besonders ergiebig. Es eliminiert Lösungen, die auf unplausiblen Wahrscheinlichkeitseinschätzungen außerhalb der Gleichgewichte beruhen (vgl. dazu die ausführliche Darstellung in Kapitel 7).

10.2.5 Institutionelle Rahmenbedingungen: Wie sollten die Spielregeln konzipiert werden?

Im Spiel der Abb. 10.7 ist ($d = 1$; $\pi = 1$) das einzig plausible Gleichgewicht. Dies liegt daran, daß wir davon ausgingen, die Fiskalbehörde würde als erste entscheiden. Spieltheoretisch formuliert: Sie übernimmt die Rolle des Stackelberg-Führers. Damit wird es ihr möglich, ein bindendes Commitment einzugehen: Durch hohe Ausgaben schafft sie eindeutige Fakten: Das Defizit d=1. Die Geldbehörde muß sich dann entsprechend anpassen. Ex post, nachdem die Situation nicht mehr zu ändern ist, kann sie nur mehr gute Miene zum bösen Spiel machen. Selbst wenn sie zuvor ständig betont hat, ein bail-out würde nie zugelassen, wird sie sich später nicht an ihre früheren Aussagen halten. Rein verbale Äußerungen haben eben keinen bindenden Charakter.

Die Situation sieht ganz anders aus, wenn die Geldbehörde den ersten Zug macht: Bei einer Umkehrung der Spielfolge ist ($d = 0$; $\pi = 0$) das einzig teilspielperfekte Gleichgewicht (Sie können dies anhand des entsprechenden Spielbaums selbst nachweisen). Kann die Geldbehörde als Stackelberg-Führer fungieren, so kann sie die von ihr präferierte Lösung durchsetzen. Die Spieltheorie zeigt, daß die Lösung sehr stark vom spezifischen Spielverlauf abhängt.

Häufig wird ihr deshalb der Vorwurf der Beliebigkeit gemacht - schließlich ist in vielen realen Situationen keineswegs eindeutig klar, wer den ersten Zug macht. Doch ein solcher Vorwurf ist ungerechtfertigt: Die Theorie macht nur deutlich, wie stark die Ergebnisse von den institutionellen Rahmenbedingungen abhängen. Damit aber liefert die sie wichtige Hinweise darauf, welche Rahmenbedingungen angestrebt werden sollten. Ein ganzer Zweig der Spieltheorie (der sogenannte Mechanismus-Design) untersucht, wie optimale Mechanismen gestaltet werden sollten. Letztlich geht es dabei um die Konzeption von Spielregeln, die den Spielablauf und damit die Lösung determinieren. Die Regeln sollten so gestaltet sein, daß die aus Sicht des Spielleiters (des sozialen Planers) optimale Lösung erreicht wird.

Angewendet auf das konkrete Problem bedeutet dies: Weil eine Geldfinanzierung des staatlichen Defizits aus wohlfahrtstheoretischer Sicht negativ zu beurteilen ist (vgl. Kapitel 9), sollten die Spielregeln dafür sorgen, daß die Geldbehörde als Stackelberg-Führer agieren kann. Die Frage, wie dies gewährleistet werden kann (welche institutionellen Rahmenbedingungen dazu geschaffen werden müssen), ist damit natürlich noch keineswegs beantwortet. Weil die Fiskalpolitik durch eine lockere Haushaltsführung eindeutige Fakten schaffen kann, scheint ihr zunächst einmal die natürliche Führungsrolle zuzufallen. Würden alle mahnenden Verweise der Zentralbank auf die Untragbarkeit einer solchen Fiskalpolitik in der Öffentlichkeit nur als leere Drohung interpretiert, bliebe ihr letztlich keine andere Wahl, als nachzugeben.

Diese Überlegung wirft die Frage auf, wie die Spielregeln so gestaltet werden können, daß ein Bailout der Fiskalbehörden glaubwürdig ausgeschlossen werden kann. Die institutionellen Rahmenbedingungen sollten so gewählt werden, daß sie ein solches Commitment garantieren. Um die Stellung der Zentralbank zu stärken, könnte etwa ihre Unabhängigkeit verfassungsmäßig verankert werden, kombiniert mit dem Verbot, Staatsdefizite durch Geldschöpfung zu finanzieren. Weil Bestimmungen, die in der Verfassung festgelegt sind, wesentlich schwieriger zu ändern sind als einfache Ausführungsbestimmungen, haben sie starken Bindungscharakter. Allerdings läßt sich nie ausschließen, daß auch solche Regeln umgangen werden (die schönsten Spielregeln helfen nichts, wenn sich manche Spieler nicht daran halten). Je höher aber die Kosten sind, die mit dem Bruch von Vereinbarungen verbunden sind, desto wirksamer sind sie.

10.3 Geldpolitik bei fixen Wechselkursen - Das Nash-Gleichgewicht bei stetigem Strategieraum

Während wir bisher Spiele untersucht haben, in denen die Spieler nur über eine diskrete Zahl (jeweils 2) von Strategien verfügen, erweist es sich bei den meisten ökonomischen Anwendungen als einfacher, mit stetigen Strategieräumen zu arbeiten. Als Illustration untersuchen wir in diesem Abschnitt strategisches Verhalten in der internationalen Geldpolitik. In internationalen Wirtschaftsbeziehungen spielen strategische Aspekte eine entscheidende Rolle; hier findet sich eine Fülle von Anwendungen spieltheoretischer Konzepte. Sie gehören deshalb mittlerweile zum Grundinstrumentarium der modernen Außenwirtschaftstheorie. Im folgenden wollen wir zeigen, welche Einsichten die Spieltheorie zum Verständnis internationaler Geldpolitik vermitteln kann. Wieder betrachten wir den einfachsten Fall - ein Modell mit zwei völlig symmetrischen Ländern. Die Berechnung von Nash-Gleichgewichten ist für solche Spiele mit symmetrischer Struktur am einfachsten und instruktivsten.[10]

Es wird gezeigt, daß in einem System fixer Wechselkurse mit symmetrischer Interventionspflicht Anreize zu inflationärer Politik bestehen. In einem solchen System sind beide Länder verpflichtet, das überschüssige Angebot an einheimischer Währung zu gleichen Anteilen aufzukaufen, wenn ein Land (das Inland) wegen expansiver Geldpolitik unter Abwertungsdruck gerät. Weil auch das Partnerland zur Intervention verpflichtet ist, steigt dort ebenfalls die Geldmenge und damit auch die Inflationsrate. Wenn beide den gleichen Anteil der Anpassungslast tragen, erfolgt der Abbau des Ungleichgewichts zur Hälfte durch einen Rückgang der einheimischen Inflationsrate, zur anderen Hälfte aber durch einen Anstieg der Inflationsrate im Partnerland.

Wegen dieses Automatismus wird eine autonome nationale Geldpolitik bei fixen Wechselkursen unmöglich. Kritiker solcher Systeme argumentieren deshalb, daß sie einen zu geringen Stabilitätsanreiz setzen. Die Deutsche Bundesbank hat aus genau diesem Grund im Rahmen des EWS einen Vorbehalt durchgesetzt, der die bei der Konstruktion ursprünglich vereinbarte symmetrische Interventionspflicht de facto außer Kraft setzte. Das folgende spieltheoretische Modell zeigt, daß nicht-kooperative Geldpolitik unter solchen Bedingungen in der Tat zu einer ineffizient hohen Inflationsrate in beiden Ländern führt. Andere institutionelle Regeln (wie flexible Kurse oder eine asymmetrische Interventionspflicht) können dagegen eine effiziente Lösung verwirklichen. Der nächste Abschnitt führt als Grund-

---

10 *Canzoneri/Henderson (1991)*, *Ghosh/Masson (1994)* sowie *Persson/Tabellini (1995)* geben Einführungen in die Theorie der internationalen Koordination von Geldpolitik. Vgl. auch *Claasen (1996)* und *Obstfeld/Rogoff (1996)*. *Von Hagen (1993)* wendet die Theorie auf die Koordination der Geldpolitik in Europa an.

lage in das ökonomische Modell ein; anschließend wird analysiert, welche Lösungen sich bei unterschiedlichen Wechselkurssystemen (unterschiedlichen Spielregeln) ergeben.

10.3.1 Spielsituation: Geldpolitik in einem Zwei-Länder-Modell

Um prüfen zu können, wie sich unterschiedliche institutionelle Regelungen auf Preisstabilität auswirken, müssen die Anreize zu expansiver Geldpolitik explizit modelliert werden. Als Motiv zur Geldschöpfung betrachten wir im folgenden die Finanzierung von Staatsausgaben.[11] Sie kann über Steuern τ und Geldschöpfung μ erfolgen. Beide Finanzierungsformen bringen Verzerrungen mit sich. Die optimale Kombination von τ und μ für ein (autarkes) Land wurde in dem Seignioragemodell von Kapitel 2 abgeleitet. Nun soll in einem Zwei-Länder-Modell untersucht werden, welche Modifikationen sich angesichts unterschiedlicher Wechselkurssysteme ergeben.

Wir betrachten zwei völlig symmetrische Länder. Die Symmetrieannahme dient dazu, die Ableitung der Ergebnisse erheblich zu vereinfachen, um so grundlegende Wirkungsmechanismen in einfachster Form zu illustrieren. Durch entsprechende Modifikation des Ansatzes kann aber auch die Konsequenz von Heterogenität der Länder analysiert werden. Wie in Außenwirtschaftsmodellen üblich, unterscheiden wir In- und Ausland; die Parameter des Auslands werden mit einem Stern (*) gekennzeichnet.

Wegen der Symmetrie haben beide Länder die gleichen Ausgaben ($g = g^*$) und die gleiche Zielfunktion ($a = a^*$). Die Verlustfunktion sei:

$$L = \tau^2 + a\,\pi^2 \text{ bzw. } L^* = \tau^{*2} + a\,\pi^{*2} \tag{10.1}$$

Jedes Land ist bestrebt, die nationalen Verluste aus Steuer- und Seignioragefinanzierung zu minimieren. Mit der Festlegung der Geldschöpfung μ ist gleichzeitig auch der Steuersatz τ determiniert, weil die Budgetbeschränkung gilt:

$$g = \tau + \mu \text{ bzw. } g = \tau^* + \mu^* \tag{10.2}$$

---

[11] Ein zweites Motiv für inflationäre Politik bezieht sich auf Stabilisierungspolitik. Wie *Canzoneri/Henderson (1991)* zeigen, ist aber durchaus denkbar, daß bei nicht-kooperativer Stabilisierungspolitik ein deflationärer Bias besteht. Dies ist immer dann der Fall, wenn inflationäre Politik im eigenen Land positive Externalitäten für das Partnerland hervorruft.

Je nach Wechselkursregime ergeben sich Interdependenzen zwischen den Ländern. Die nationale Inflationsrate hängt deshalb von der Geldschöpfung in beiden Ländern ab. Betrachten wir als Beispiel eine expansive inländische Geldpolitik. Je stärker die einheimische Geldmenge wächst, desto schneller steigt zunächst einmal das einheimische Preisniveau. Dadurch werden die Güter im Ausland relativ billiger, so daß sich die Nachfrage ins Ausland verlagert. Das resultierende Ungleichgewicht führt zu einem Überangebot an einheimischer Währung. Der induzierte Abwertungsdruck muß in irgendeiner Form abgebaut werden. Im Gleichgewicht muß die relative Kaufkraftparitätentheorie erfüllt sein: Die Änderung des nominalen Wechselkurses $\dot{s}$ entspricht den Inflationsunterschieden zwischen einheimischer Rate π und ausländischer Rate π^* (vgl.unten).

(10.3) $$\dot{s} = \pi - \pi^*$$

<u>*Die relative Kaufkraftparitätentheorie*</u>

Gemäß der relativen Kaufkraftparitätentheorie werden unterschiedliche Inflationsraten in verschiedenen Ländern durch Anpassung des nominalen Wechselkurses ausgeglichen. Andernfalls würden sich Ungleichgewichte auf Güter- und Geldmärkten ergeben. Der nominale Wechselkurs S des einheimischen Landes gibt den Betrag einheimischer Währung an, den man je Einheit ausländischer Währung erhält; ein Anstieg von S bedeutet also eine Abwertung der einheimischen Währung. Davon zu unterscheiden ist der reale Wechselkurs Z. Er bezeichnet das reale Austauschverhältnis eines Gutes bzw. eines Warenkorbs zwischen beiden Ländern. Es gilt die Beziehung

(10.4) $$Z = \frac{P}{S\,P^*} \quad \textit{bzw. in logarithmischer Schreibweise} \quad z = p - p^* - s$$

Gilt etwa $Z>1$, so ist der Warenkorb im Inland teurer als im Ausland. Die *strikte Kaufkraftparitätentheorie* postuliert, daß in beiden Ländern alle Güter real gleich viel kosten sollten (im Gleichgewicht müßte dann immer $Z=1$ gelten). Wäre Gütertransport schnell und kostenlos möglich, würden Arbitragegeschäfte tatsächlich für einen solchen Ausgleich sorgen. Angesichts von Transport- und Transaktionskosten ist diese strenge Bedingung aber nicht erfüllt. Der reale Wechselkurs bestimmt sich vielmehr so, daß ein Tauschgleichgewicht zwischen den Ländern herrscht. Dieses Tauschgleichgewicht ist - so die relative Kaufkraftparitätentheorie - unabhängig davon bestimmt, wie sich rein nominale Größen entwickeln. Wenn eine Veränderung der nominalen Größen den Gleichgewichtswert Z unverändert läßt, muß aber gelten:

$$\dot{z} = \pi - \pi^* - \dot{s} = 0 .$$

Solange $\dot{z} \neq 0$, besteht ein Ungleichgewicht in der Außenhandelsbilanz. Übersteigt etwa die inländische Inflationsrate die ausländische, bleibt der nominale Wechselkurs s aber konstant, dann werden die einheimischen Güter relativ teurer. Die Inländer fragen deshalb Güter verstärkt im Ausland nach. Auf dem Devisenmarkt kommt es dementsprechend zu einem Überangebot an inländischer Währung. Dieses Überangebot übt solange einen Abwertungsdruck auf die inländische Währung aus, bis der reale Wechselkurs Z sich wieder ans Ausgangsniveau angeglichen hat. Eine Änderung der Fundamentals kann natürlich dazu führen, daß sich auch der reale Wechselkurs selbst verändert.

Die strikte Beziehung gilt nur dann, wenn Handelsungleichgewichte schnell abgebaut werden. Kurzfristig kann es dagegen zu erheblichen Abweichungen von der Kaufkraftparität kommen: So war etwa lange Zeit die Inflationsrate in Italien höher als in Deutschland, ohne daß dies zu Wechselkursanpassungen geführt hat. Während die italienische Exportwirtschaft und die dortige Tourismusindustrie unter dieser Entwicklung zu leiden hatte, profitierten davon italienische Touristen. Entscheidend ist aber, daß solche Entwicklungen auf längere Sicht unhaltbare Spannungen erzeugen.

Die Gleichgewichtsbedingung (10.3) kann auf ganz unterschiedlicher Weise erfüllt werden: Durch die Anpassung des Wechselkurses oder durch die Anpassung der Inflationsraten. Welche Anpassungsmechanismen sich im Ungleichgewicht abspielen, hängt vom Wechselkursregime (den Spielregeln am Devisenmarkt) ab. Sind die Wechselkurse flexibel, bewirkt der Abwertungsdruck eine Anpassung der Kurse in Höhe der Inflationsdifferenzen. In einem System fixer Wechselkurse dagegen muß der Abwertungsdruck durch Interventionen aufgefangen werden; je nach den konkreten Regeln paßt sich dabei die Inflationsrate eines Landes an die des anderen an bzw. die Raten treffen sich auf einem mittleren Niveau.

10.3.2 Ein System flexibler Wechselkurse

Bei flexiblen Wechselkursen kann jedes Land autonom über die eigene Geldpolitik entscheiden. Inflationsunterschiede werden entsprechend Gleichung (10.3) durch Anpassung der Wechselkurse ausgeglichen. Damit ist die inländische Inflationsrate wie im Autarkiefall allein durch das inländische Geldmengenwachstum bestimmt:

(10.5) $$\pi = \mu$$

Die optimale Mischung zwischen π und τ zur Minimierung der Verluste (10.2) ist demnach charakterisiert durch:

(10.6) $$\pi_A = \mu_A = \frac{1}{1+a} g\,;\ \tau_A = \frac{a}{1+a} g\,;\ \text{somit gilt: } \tau_A = a\,\pi_A\,;\ L_A = \frac{a}{1+a} g^2$$

10.3.3 Ein fixes Wechselkursystem mit symmetrischen Interventionsverpflichtungen

Bei fixen Wechselkursen ist der Handlungsspielraum der nationalen Geldpolitik stark eingeschränkt. In einem Fixkurssystem mit symmetrischen Interventionsregeln sind beide Länder zur Intervention verpflichtet, um den Kurs stabil zu halten. Betrachten wir als Beispiel wieder eine expansive Geldpolitik im Inland. Aufgrund des Preisanstiegs verlagert sich die Nachfrage ins Ausland; die Wirtschaftssubjekte versuchen deshalb, inländische Währung umzutauschen. Das Überangebot an inländischer Währung löst einen Abwertungsdruck aus. Zur Stützung des Wechselkurses kauft das Inland einen Teil des Überangebots $\alpha\,(\mu - \mu^*)$ gegen Abgabe von Reserven des Hartwährungslandes auf (auf diese Weise reduziert sich die einhcimischc Geldmenge). Aber auch das Hartwährungsland ist verpflichtet, den Teil $(1-\alpha)\,(\mu - \mu^*)$ des Überangebots der schwachen Währung aufzukaufen, indem die dortige Zentralbank zusätzliche Mengen der harten Währung in den Markt gibt. Die Interventionen rufen dort also einen Anstieg der Geldmenge hervor. Die Inflationsraten sind demnach bestimmt durch:

(10.7 a) $$\pi = \mu - \alpha\,(\mu - \mu^*) = (1-\alpha)\,\mu + \alpha\,\mu^*$$

(10.7 b) $$\pi^* = \mu^* + (1-\alpha)\,(\mu - \mu^*) = \alpha\,\mu^* + (1-\alpha)\mu$$

10.3.3.1 Das Nash-Gleichgewicht bei symmetrischer Intervention

Bei einem symmetrischen Interventionsmechanismus gilt $\alpha = \frac{1}{2}$. Die Inflationsraten in beiden Ländern sind dann durch die Summe der in beiden Ländern betriebenen Geldschöpfung bestimmt:

(10.7 c) $$\pi = \pi^* = \frac{\mu + \mu^*}{2}$$

Damit verursacht der Interventionsmechanismus folgende Externalität: Die Hälfte der Anpassungslast in Form höherer Inflation, die mit verstärkter Geldschöpfung verbunden ist, wird vom Ausland getragen - die Inflation wird quasi ins Ausland exportiert. Weil diese Externalität aber bei nicht-kooperativem Verhalten nicht in das eigene Entscheidungskalkül einbezogen wird, besteht auf nationaler Ebene ein verstärkter Anreiz, sich über Geldschöpfung zu finanzieren.

Unter Berücksichtigung von (10.2) und (10.7) läßt sich die Zielfunktion (10.1) schreiben als:

(10.8) $$L = (g - \mu)^2 + a\left(\frac{\mu + \mu^*}{2}\right)^2$$

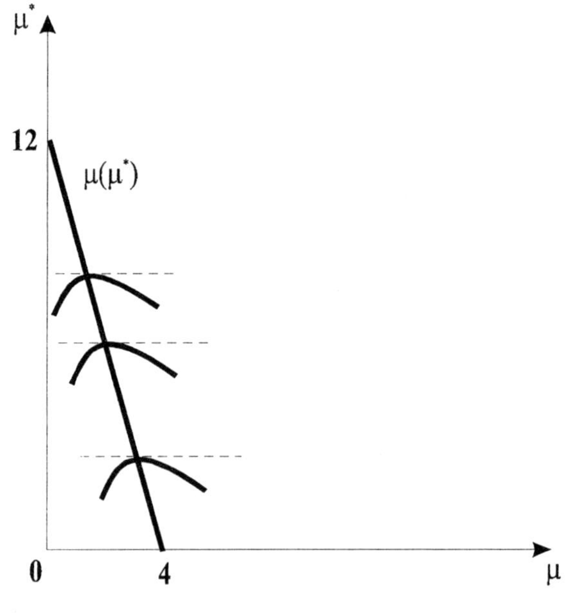

Abb. 10.8. Isoverlustkurven und Reaktionskurve des Inlands (a=2 und g=6)

Alle Kombinationen zwischen μ und μ^*, die im Inland zum gleichen Verlust führen, lassen sich als „Indifferenzkurve" (Iso-Verlustkurve) darstellen. In Abb. 10.8 ist eine Schar solcher Kurven für die Werte $a = 2$ und $g = 6$ dargestellt. Weil die Inflationsrate mit steigender Geldschöpfung im Partnerland zunimmt, verschlechtert sich die Situation des eigenen Landes mit zunehmendem μ^*. Bei nicht-kooperativem Verhalten legen die Länder unabhängig voneinander ihre eigene Geldmenge fest; sie betrachten dabei die Geldpolitik μ^* des Partnerlandes als gegeben. Für gegebenes μ^* ist die individuell optimale Politik bestimmt durch den Tangentialpunkt einer Indifferenzkurve mit der durch μ^* verlaufenden Parallelen zur Ordinate.

Für beide Länder lassen sich auf diese Weise Reaktionsfunktionen $\mu = \mu(\mu^{e*})$ bzw. $\mu^* = \mu^*(\mu^e)$ konstruieren. Die Reaktionsfunktion für das Inland ergibt sich aus der Bedingung erster Ordnung $g - \mu = \frac{a}{2}\frac{\mu + \mu^*}{2}$ als:

(10.9 a) $$\mu = \frac{1}{1+\frac{a}{4}} g - \frac{\frac{a}{4}}{1+\frac{a}{4}} \mu^*$$

Wegen der Symmetrie hat das Partnerland die Reaktionsfunktion:

(10.9 b) $$\mu^* = \frac{1}{1+\frac{a}{4}} g - \frac{\frac{a}{4}}{1+\frac{a}{4}} \mu$$

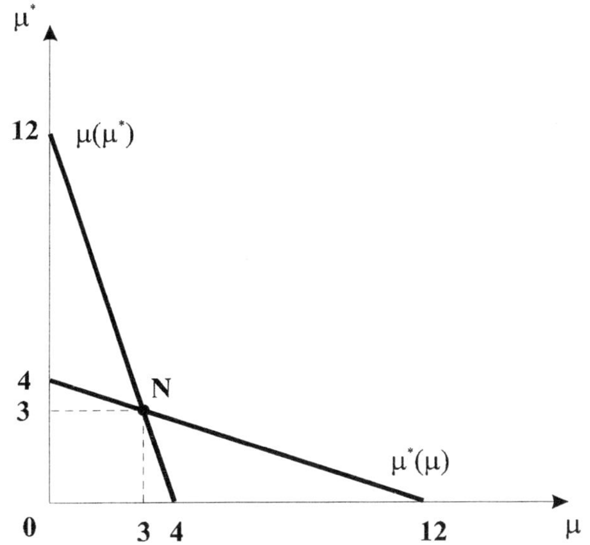

Abb. 10.9. Nash-Gleichgewicht (für $a = 2$ und $g = 6$)

Bei nicht-kooperativem Verhalten wird die eigene optimale Politik in Abhängigkeit von der erwarteten Politik des Partnerlandes bestimmt, ohne die negativen Rückwirkungen auf das Ausland in das Kalkül einzubeziehen. Ein Nash-Gleichgewicht liegt dann vor, wenn die vom Partnerland erwartete Politik tatsächlich dessen optimaler Politik entspricht. Die Erwartungen müssen sich bestätigen: $\mu = \mu^e$ und $\mu^* = \mu^{e\,*}$. Das Nash-Gleichgewicht ist durch den Schnittpunkt der beiden Reaktionsfunktionen bestimmt (vgl. Abb. 10.9). Im Gleichgewicht betreiben beide Ländern die Geldschöpfung:

$$\mu_N = \mu_N{}^* = \frac{1}{(1+\frac{a}{2})} g \tag{10.10}$$

Für Inflationsrate und Steuersatz gilt:

$$\pi_N = \pi_N{}^* = \frac{1}{(1+\frac{a}{2})} g\,; \quad \tau_N = \tau_N{}^* = \frac{\frac{a}{2}}{(1+\frac{a}{2})} g \quad \text{und damit } \tau = \tfrac{1}{2} a\, \pi \tag{10.11}$$

10.3.3.2 Die kooperative Lösung

Würden dagegen die beiden Länder miteinander kooperieren, so würden sie als gemeinsames Ziel anstreben, die insgesamt anfallenden Verluste zu minimieren. In einer gemeinsamen Absprache würden sie μ und μ^* so festlegen, daß diese Verluste möglichst gering werden. Wegen $g = g^*$ und $a = a^*$ gilt:

$$\text{L+L*} = (g-\mu)^2 + a\left(\frac{\mu+\mu^*}{2}\right)^2 + (g-\mu^*)^2 + a\left(\frac{\mu+\mu^*}{2}\right)^2 \tag{10.12}$$

Durch Ableiten nach μ und μ^* erhalten wir die gleiche Lösung wie im Fall flexibler Wechselkurse (10.6):

$$\mu_K = \mu_K{}^* = \frac{1}{1+a} g < \mu_N = \mu_N{}^* \tag{10.13}$$

Bei Kooperation ist die Inflationsrate niedriger; ein größerer Anteil der Ausgaben wird durch Steuern finanziert. Beide Länder hätten geringere Verluste, wenn sie sich auf die kooperative Lösung einigen würden (vgl. dazu Übungsaufgabe 10.2).

10.3.3.3 Nicht-Kooperation als Gefangenendilemma

Die kooperative Lösung läßt sich jedoch in einem System mit symmetrischer Interventionspflicht nicht durchsetzen. Selbst wenn beide Länder ursprünglich vereinbart haben, ihre Geldschöpfung auf μ_K zu beschränken, hat jedes Land einen starken Anreiz, sich nicht an die Vereinbarungen zu halten. Wir wollen dies anhand des konkreten Zahlenbeispiels illustrieren: Sei $a = 2$ und $g = 6$. Dann ist $\pi_K = \mu_K = 2$; $\tau_K = 4$; $L_K = 16 + 2 \cdot 4 = 24$ sowie $\pi_N = \mu_N = 3$; $\tau_K = 3$; $L_N = 9 + 2 \cdot 9 = 27$. Angenommen, das Partnerland würde die Absprache einhalten und die Geldschöpfung auf $\mu_K{}^* = \frac{1}{3} g^* = 2$ begrenzen. Gemäß (10.9) wäre es nun vorteilhaft, entgegen der Absprache die eigene Geldmenge auszudehnen auf: $\mu_A = 4 - \frac{1}{3} \mu^* = \frac{10}{3} > 2$. Wie anhand von Abb. 10.9 zu sehen, stellt die Kombination (μ_K; $\mu_K{}^*$) eben kein Nash-Gleichgewicht dar.

Da beide Staaten der Versuchung nachgeben, sich nicht an die Vereinbarung zu halten, ist die Geldmenge und damit auch die Inflationsrate in beiden Staaten ineffizient hoch. Beide können der Versuchung zum Betrug nicht widerstehen, stellen sich damit aber letztlich schlechter. Die Situation entspricht einem Gefangenendilemma. Das sehen wir am besten, wenn wir die Entscheidung auf die beiden Alternativen „Kooperation" ($\mu = 2$) oder „Nicht-Kooperation" ($\mu = 3$) zuspitzen. Die Matrix in Abb. 10.10 gibt die Verluste[12] an, die den Staaten bei den verschiedenen Strategiekombinationen entstehen:

	$\mu^* = 3$	$\mu^* = 2$
$\mu = 3$	**(27,27)**	**(21,5; 28,5)**
$\mu = 2$	**(28,5; 21,5)**	**(24,24)**

Abb. 10.10. Ein Gefangenendilemma.

Unabhängig davon, was der Gegenspieler tut, ermöglicht die nicht-kooperative Strategie ($\mu = 3$) im Vergleich zur kooperativen Strategie niedrigere Verluste. „Nicht Kooperieren" ist für beide die dominante Strategie. Da dies aber beide tun, stellen sich beide letztlich im Gleichgewicht schlechter als wenn sie kooperieren würden.

---

12 Bei $\mu = 3$ und $\mu^* = 2$ ist $\pi = \pi^* = 2{,}5$; $\tau = 3$ und $\tau^* = 4$

10.3.3.4 Externalitäten als Ursache der Ineffizienz

Symmetrische Interventionspflicht resultiert in einer ineffizient hohen Inflationsrate. Dies liegt daran, daß sich in dem beschriebenen Wechselkurssystem ein Anstieg der nationalen Geldmenge nur zur Hälfte auf die einheimische Inflationsrate auswirkt. Aus Sicht des eigenen Landes sind damit die Grenzkosten (der zusätzliche Verlust durch höhere Inflation) nur mehr halb so hoch. Die Hälfte des durch Geldschöpfung gedeckten Defizits muß ja vom Partnerland finanziert werden und steigert dort die Inflationsrate. Diese Externalität wird aber bei nichtkooperativem Verhalten im eigenen Kalkül nicht berücksichtigt. Deshalb ist die Kombination zwischen Inflationsrate und Steuersatz im Vergleich zur optimalen Lösung verzerrt.

Dies läßt sich folgendermaßen verdeutlichen: Der Verlust ist eine Funktion der Politikparameter in beiden Ländern: $L[\tau(\mu), \pi(\mu, \mu^*)]$. Das eigene Land bestimmt über μ bei gegebenem μ^*. Im individuellen Optimalkalkül müssen die Grenzkosten einer Ausdehnung der Geldmenge (der zusätzliche Verlust durch den Anstieg der Inflationsrate) dem Grenzvorteil (aus der dadurch ermöglichten Senkung des Steuersatzes) entsprechen. Im Vergleich zum durch $\tau = a\,\pi$ beschriebenen wahren trade-off bewirkt die Externalität, daß die Grenzkosten der Inflation verzerrt wahrgenommen werden. Sie sind vermeintlich nur halb so hoch: $\tau = \frac{1}{2} a\,\pi$.

Die Vernachlässigung der externen Effekte auf das Partnerland ist für die Ineffizienz verantwortlich. Preisstabilität (ein niedriges π) wird zum öffentlichen Gut, das in zu geringem Umfang bereitgestellt wird. Mit steigender Zahl der Teilnehmer an einem solchen Fixkurssystem verstärken sich die Externalitäten und damit die Ineffizienz. Bei N Ländern wird Steuerfinanzierung in immer geringerem Umfang eingesetzt. Im symmetrischen Nash-Gleichgewicht gilt dann $\tau = \frac{1}{N} a\,\pi$ (vgl. Übungsaufgabe 10.3).

10.3.3.5 Kooperation bei wiederholten Spielen

Die Schlußfolgerungen werfen die Frage auf, ob nicht durch andere institutionellen Regelungen die kooperative Lösung erreicht werden könnte. Letztlich hängt die Antwort davon ab, ob die Länder in der Lage sind, bindende Commitments einzugehen, die ein kooperatives Verhalten individuell rational machen. In der Tat sind eine ganze Reihe von institutionellen Mechanismen denkbar, die eine Annäherung an die optimale Lösung ermöglichen. Entscheidende Voraussetzung ist, daß wirksame Sanktionsmechanismen das Einhalten von Vereinbarungen gewährleisten. Der Versuchung, von der Kooperation abzuweichen, wird deshalb nachgegeben, weil damit keine Strafen verbunden sind.

Das liegt vor allem daran, daß nur eine einmalige Spielsituation betrachtet wurde. Bei langfristiger Betrachtung sieht die Sache anders aus: Wenn die Länder langfristig miteinander kooperieren, können sie Sanktionsmechanismen vereinbaren, die ein Land in Zukunft bestrafen, sobald es einmal eine expansivere Geldpolitik betreibt als vereinbart. Wird das Spiel dagegen unendlich oft wiederholt, kann folgende einfache Strafstrategie die kooperative Lösung als Gleichgewicht eines nicht-kooperativen Spiels mit symmetrischer Interventionspflicht verwirklichen: Solange beide Länder in der Vergangenheit kooperiert haben (die Geldpolitik μ_K betrieben haben), wird auch wird auch im folgenden Jahr μ_K gewählt. Sobald aber ein Land einmal von der Kooperation abweicht und die kurzfristig attraktivere expansive Strategie wählt, wechselt das andere Land als Vergeltung in Zukunft immer auf die nicht-kooperative Politik μ_N. Wenn ein Land die Vereinbarungen bricht, wird es in Zukunft dadurch bestraft, daß Kooperation nicht mehr zustande kommt.

Am Beispiel der Matrix Abb. 10.10 läßt sich nachweisen, daß die kooperative Lösung ein Nash-Gleichgewicht des unendlich wiederholten Spiels ist, wenn dieser einfache Bestrafungsmechanismen angewendet wird (vgl. dazu ausführlicher das Beispiel in Abschnitt 5.2). Die Folk-Theoreme der Spieltheorie zeigen aber, daß bei unendlich wiederholten Spielen auch eine Vielzahl anderer Gleichgewichte existiert. Welches dieser Gleichgewichte realisiert wird, hängt von den institutionellen Bedingungen ab. In Abschnitt 10.3.5 werden wir sehen, daß auch asymmetrische Interventionsregeln ein Instrument sein können, um die kooperative Lösung durchzusetzen.

10.3.4 Das Stackelberg-Gleichgewicht

Untersuchen wir, was passieren würde, falls ein Land seine Geldschöpfung μ_S als erstes (als Stackelberg-Führer S) festlegen kann und das zweite Land (*) sich daran anpassen muß. Das Spiel läuft nun in zwei Stufen ab, und die Lösung muß von der letzten Stufe aus rückwärts gehend berechnet werden. Sobald μ_S festliegt, kann das zweite Land nichts besseres tun, als sein optimales Niveau entsprechend der Reaktionsfunktion $\mu^*(\mu_S)$ aus (10.9b) zu bestimmen. Der Stackelberg-Führer wird diese Reaktion $\mu^*(\mu_S)$ bei seiner Kalkulation bereits antizipieren. Er minimiert demnach die Verluste $L_S\,[\tau(\mu_S), \pi(\mu_S, \mu^*(\mu_S)]$ durch die Bedingung $\frac{\partial L}{\partial \tau}\frac{\partial \tau}{\partial \mu}+\frac{\partial L}{\partial \pi}\frac{\partial \pi}{\partial \mu}+\frac{\partial L}{\partial \pi}\frac{\partial \pi}{\partial \mu^*}\frac{\partial \mu^*}{\partial \mu}=0$.

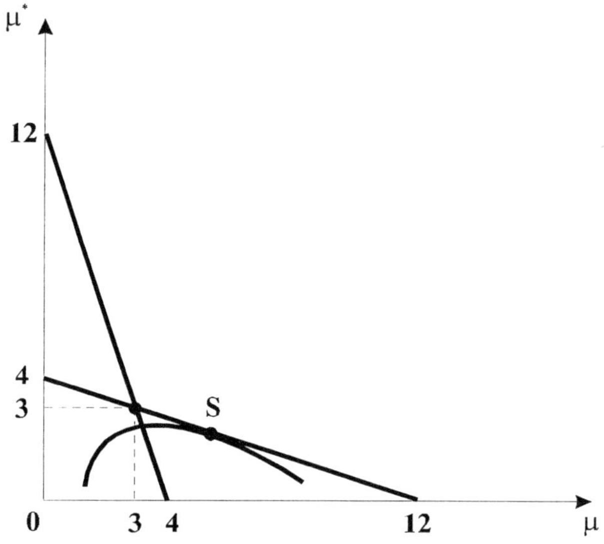

Abb.10.11. Stackelberg-Gleichgewicht

Graphisch ist die Lösung in Abb.10.11 durch den Tangentialpunkt einer Indifferenzkurve des ersten Staates mit der Reaktionsfunktion des zweiten Staates gekennzeichnet. Wie die Abbildung zeigt, finanziert sich der Stackelberg-Führer im Vergleich zum symmetrischen Nash-Gleichgewicht in stärkerem Umfang aus Geldschöpfung, während das zweite Land seine Geldschöpfung reduziert (vgl. Übungsaufgabe 10.2).

10.3.5 Asymmetrische Interventionsregeln

Ein System mit asymmetrischer Intervention funktioniert folgendermaßen: Das Leitwährungsland L legt seine Geldpolitik autonom fest. Das andere Land bindet seinen Kurs fest an die Leitwährung an. Eventuelle Ungleichgewichte müssen nun durch einseitige Interventionen des zweiten Landes korrigiert werden. Ist die Geldschöpfung höher als im Leitwährungsland, so muß der Druck auf den Wechselkurs allein durch restriktive Geldpolitik des betroffenes Landes aufgefangen werden - damit wird letztlich die Geldpolitik ausschließlich vom Leitwährungsland bestimmt; dem anderen Land bleibt keine andere Wahl, als sich mit seiner Politik anzupassen. Weil nun ganz andere Spielregeln gelten, ergibt sich eine ganz andere Reaktionsfunktion. Sie entspricht nun der 45-Grad-Linie:

(10.14) $$\mu^* = \mu_L \, .$$

Offensichtlich kann ein solcher Mechanismus die bei symmetrischen Interventionen auftretende Externalität zumindest für das zweite Land vermeiden. Welche Konsequenzen hat dies für die Politik des Leitwährungslandes? Im Gegensatz zur Stackelberg-Lösung kann nun auch L nicht mehr von einer übermäßigen Geldschöpfung profitieren - jede Geldmengenexpansion wird nun ja vom zweiten Land im Gleichschritt nachvollzogen. Weil das Leitwährungsland diese Reaktion in seinem Kalkül berücksichtigt, ist es sich bewußt, daß seine Politik die Inflationsrate im gesamten Währungsgebiet und damit natürlich auch im eigenen Land bestimmt. Die Reaktionsfunktion (10.14) eingesetzt in die Bestimmungsgleichung der Inflationsrate (10.7) ergibt ja:

(10.7b) $$\pi_L = \pi^* = \frac{\mu_L + \mu^*}{2} = \mu_L$$

Letztlich internalisiert dieser Mechanismus die beschriebenen Externalitäten. Die kooperative Lösung wird somit als Gleichgewicht dieses Spiels erreicht. In Abb.10.12 liegt der Tangentialpunkt mit der Reaktionskurve (nun der 45 Linie) genau in der kooperativen Lösung.

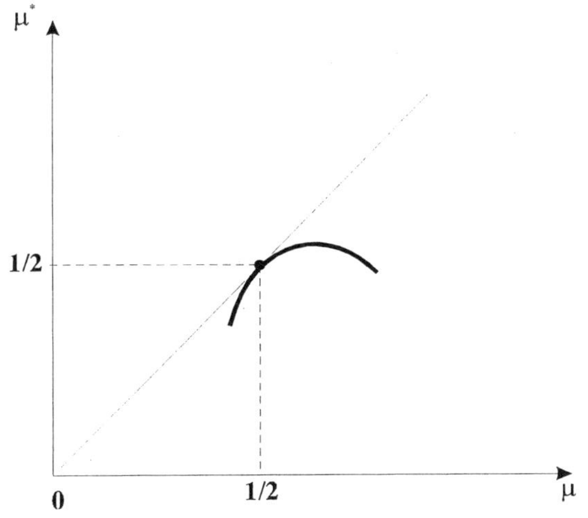

Abb.10.12. Asymmetrische Interventionsregeln.

Dieses Resultat ist allerdings sehr speziell. Es hängt entscheidend von der völligen Symmetrie des Modells ab. Sobald Heterogenität der Länder zugelassen wird, entspricht die aus Sicht des Leitwährungslandes optimale Lösung in der Regel nicht mehr dem, was für das zweite Land optimal wäre. So ist es nicht verwunderlich, daß Asymmetrien Spannungen innerhalb des Wechselkurssystems verursachen. Werden die Interessenunterschiede zu krass, sinkt die Bereitschaft der anderen Staaten, das Fixkurssystem zu tolerieren; ein Auseinanderbrechen des Systems wird wahrscheinlich.

Der Zusammenbruch des Bretton-Woods Systems läßt sich etwa damit erklären, daß die USA als Leitwährungsland eine zu starke Geldschöpfung betrieben haben. Aus ihrer Sicht mag die Politik optimal gewesen sein, um die Ausgaben des Vietnamkriegs zu finanzieren. Weil aber die anderen beteiligten Staaten eine stabilere Politik wünschten, wurde ein Konflikt unvermeidlich. So sah sich etwa die Deutsche Bundesbank Anfang der 70er Jahre gezwungen, massiv Dollarbestände zur Stützung des Dollarkurses aufzukaufen.

Grundsätzlich können die beschriebenen Externalitäten natürlich auch durch ein System flexibler Wechselkurse vermieden werden. In einem solchen System wird die nationale Inflationsrate unabhängig von der Geldpolitik des anderen Landes festgelegt; wie Abschnitt 10.3.2 gezeigt hat, wird dann die effiziente Lösung entsprechend (10.6) realisiert. Weil das hier vorgestellte einfache Modell von all den Faktoren abstrahiert, die überhaupt einen Anlaß für die Einführung unterschiedlicher Wechselkursregime geben könnten, läßt sich die gleiche Lösung durch eine Vielzahl unterschiedlicher Mechanismen verwirklichen. Es kann somit nicht als Basis eines umfassenden Vergleichs von Wechselkursregimen dienen.

10.4 Abstrakte Spiele mit stetigem Strategieraum*

Viele der in den vorigen Abschnitten abgeleiteten formalen Ergebnisse lassen sich sehr stark verallgemeinern und zudem auf eine enorme Vielzahl anderer Fragestellungen anwenden. Der hohe Abstraktionsgrad der Spieltheorie ermöglicht es, allgemeine Strukturen zu erkennen. Die abstrakte Analyse erleichtert moderne ökonomische Forschungsarbeit; sie erschwert dem formal nicht trainierten Studenten aber den Zugang. Der vorliegende Abschnitt soll beispielhaft bestimmte Techniken illustrieren, die wichtige Einsichten zum Verständnis vieler Modelle vermitteln. Dieser Abschnitt ist formaler als der Rest des Buchs. Der formal weniger interessierte Leser kann den Abschnitt auslassen.

Betrachten wir ein abstraktes Spiel zwischen zwei Spielern (i=1, 2). Die Auszahlung $W^i(x_i, x_j, \varepsilon)$ von Spieler i hängen von seiner eigenen Strategie x_i, den Aktivitäten x_j des Gegenspielers sowie exogenen Faktoren ε ab. Die Funktion W sei stetig und differenzierbar in den Variablen; sie sei zudem streng konkav in x_i und x_j (d.h. $W^i_{x_i x_i}$ <0 und $W^i_{x_j x_j}$ <0). Konkavität in x_i bedeutet, daß die erste Ableitung $W^i_{x_i}$ einen fallenden Verlauf aufweist (vgl. Abb. 10.13). Falls beide Spieler zudem völlig symmetrisch sind, gilt ferner: $W^2(x_1, x_2, \varepsilon) = W^1(x_2, x_1, \varepsilon)$.

10.4.1 Nash-Gleichgewicht

Jeder Spieler i bestimmt sein optimales Aktivitätsniveau x_i bei gegebenem Verhalten x_j des Gegenspielers. Ein Nash-Gleichgewicht mit innerer Lösung ist dann durch die beiden Bedingungen erster Ordnung charakterisiert:

(10.15) $$W^i_{x_i} = 0 \text{ für } i = 1,2$$

Die beiden Gleichungen geben jeweils das optimale Verhalten bei gegebener Strategie des Gegenspielers an; sie geben also implizit die Reaktionsfunktionen der beiden Spieler an: $x_1(x_2)$ und $x_2(x_1)$. Die erste Ableitung der Reaktionsfunktion gibt an, wie x_i auf eine Änderung von x_j reagiert. Sie läßt sich durch das totale Differential bestimmen: $W_{x_i x_i} dx_i + W_{x_i x_j} dx_j = 0$. Somit gilt: $\frac{\partial x_i}{\partial x_j} = -\frac{W_{x_i x_j}}{W_{x_i x_i}} \gtreqless 0$ für $W_{x_i x_j} \gtreqless 0$ (weil wegen der Konkavität $W_{x_i x_i}$ <0). Falls $W_{x_i x_j} > 0$, sind die Reaktionsfunktionen positiv geneigt; die Aktivitätsniveaus sind dann strategische Komplemente: Erhöht der Gegenspieler x_j, dann reagiert i mit einer Steigerung von x_i. Im umgekehrten Fall sind die Reaktionskurven negativ geneigt; dann spricht man von strategischen Substituten.

Symmetrische Gleichgewichte (mit $x_i = x_j$) sind durch Schnittpunkte der Reaktionsfunktionen entlang der 45-Grad Linie charakterisiert. Multiple symmetrische Gleichgewichte können nur dann auftreten, wenn strategische Komplementarität vorliegt (Fallende Reaktionsfunktionen können die 45-Grad Linie ja nur einmal schneiden).

10.4.2 Effizienz

Die effiziente Lösung ergibt sich durch Maximierung der Summe beider Auszahlungsfunktionen. Als Bedingung erster Ordnung erhalten wir:

$$W^i_{x_i} + W^j_{x_i} = 0 . \tag{10.16}$$

Das Nash-Gleichgewicht ist nur dann effizient, wenn keine externen Effekte vorliegen. Aufgrund der Konkavität der Auszahlungsfunktion folgt aus dem Vergleich der Bedingungen (10.15) und (10.16): Im Fall positiver externer Effekte ($W^j_{x_i} > 0$) ist das Aktivitätsniveau ineffizient niedrig; im Fall negativer externer Effekte ($W^j_{x_i} < 0$) dagegen ineffizient hoch (Abb.10.13 illustriert den Fall positiver externer Effekte: Individuell optimal ist das Niveau $\bar{x}_i$; sozial effizient wäre dagegen $\tilde{x}_i$).

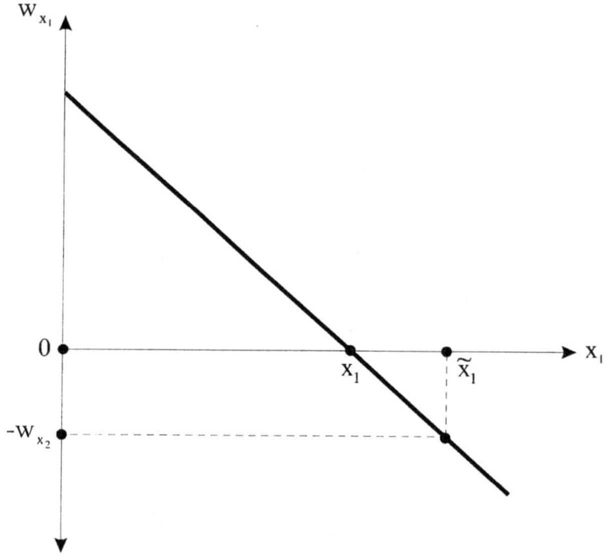

Abb.10.13. Ineffizienz des Nash-Gleichgewichts bei externen Effekten

Gleichung (10.15) und Abb.10.13 verdeutlichen, warum es individuell nicht rational ist, sich an eine kooperative Vereinbarung zu halten, sofern sie nicht durch Strafmechanismen einklagbar ist: Weil im effizienten Niveau $W^i_{x_i} \neq 0$, besteht individuell ein starker Anreiz, abzuweichen. Angenommen, alle anderen würden sich an die Abmachung halten. Ein einzelner Spieler könnte sich dann - ausgehend von der kooperativen Lösung - noch besser stellen, wenn er die Vereinbarung bricht. Anders formuliert: Kooperatives Verhalten ist gemäß der Reaktionsfunktion nicht die beste Antwort auf die kooperativen Strategien der Gegenspieler.

Im Fall negativer Externalitäten verbessert sich der Spieler individuell, indem er sein Aktivitätsniveau ausdehnt; umgekehrt im Fall positiver Externalitäten. Weil diese Logik aber für alle Spieler gilt, werden sich alle so verhalten, so daß letztlich (im Gleichgewicht) alle Spieler im Vergleich zur kooperativen Lösung schlechter gestellt sind. Bei Externalitäten fallen individuelle und kollektive Rationalität eben auseinander. Die Auszahlung der Nash-Gleichgewichtslösung liegt im Inneren des erreichbaren Auszahlungsraumes.

10.4.3 Externalitäten auf der Makroebene ($N \to \infty$)

Bei makroökonomischen Fragestellungen wird häufig folgender Fall betrachtet: Die Auszahlung eines Spielers hängt ab vom eigenen Aktivitätsniveau und dem durchschnittlichen Aktivitätsniveau aller N (symmetrischen) Spieler: $W^i(x_i, x) = W(x_i, x)$ mit $x = \frac{1}{N}\sum_{j=1}^{N} x_j$. Jeder Spieler betrachtet die Strategien aller Gegenspieler x_j $(j \neq i)$ als gegeben. Das Optimalkalkül von Spieler i ist dann durch die Bedingung erster Ordnung charakterisiert:

$$\frac{\partial W}{\partial x_i} = -\frac{\partial W}{\partial x}\frac{\partial x}{\partial x_i} = -\frac{1}{N}\frac{\partial W}{\partial x} \quad \text{weil bei Nash-Verhalten gilt:} \quad \frac{\partial x}{\partial x_i} = \frac{1}{N}$$

Effizienz verlangt dagegen, daß jeder Spieler auch die Auswirkung seiner Aktion auf die Wohlfahrt aller anderen ($j \neq i$) berücksichtigt. Die effiziente Lösung läßt sich wieder durch die Maximierung der Summe aller Auszahlungsfunktionen charakterisieren. Wegen der Symmetrie des Spiels lautet die Bedingung für Effizienz:

$$\frac{\partial W}{\partial x_i} = -\sum_{j=1}^{N}\frac{\partial W^j}{\partial x}\frac{\partial x}{\partial x_i} = -N\frac{\partial W}{\partial x}\frac{1}{N} = -\frac{\partial W}{\partial x}$$

Der bei Spieler i direkt anfallende Grenzvorteil einer Erhöhung von x_i muß gleich sein der Summe aller Grenznachteile, die sich bei allen N Spielern daraus ergeben, daß sich das durchschnittliche Aktivitätsniveau x mit steigendem x_i verändert. Die makroökonomische Analyse geht meist davon aus, daß N so groß ist, daß der Einfluß von i auf das durchschnittliche Niveau x vernachlässigt werden kann. Näherungsweise gilt dann $\frac{\partial x}{\partial x_i} = 0$. Streng mathematisch gilt dies natürlich nur für $N \to \infty$. Mathematisch elegante Makromodelle gehen deshalb von einem Kontinuum von Spielern aus, bei dem die Gesamtheit das Maß 1, jeder einzelne aber das Maß Null hat. Ökonomisch bedeutet die Annahme einfach, daß das Verhalten des einzelnen keinen fühlbaren Einfluß auf die Gesamtökonomie ausübt.

10.4.4 Komparative Statik

Ökonomische Analyse ist stark daran interessiert, die Wirkung von Datenänderungen (exogenen Schocks) zu untersuchen. Eine Variation des exogenen Faktors ε ergibt als partielle Reaktion von x_i entsprechend der partiellen Differentiation der Reaktionsfunktion (10.15):

(10.17) $$W^i_{x_i x_i}\, dx_i + W^i_{x_i \varepsilon}\, d\varepsilon = 0 \text{ bzw. } \frac{\partial x_i}{\partial \varepsilon} = -\frac{W_{x_i \varepsilon}}{W_{x_i x_i}} .$$

Zusätzlich ergeben sich strategische Feedback-Effekte: Der Gegenspieler reagiert auf eine Änderung von x_i; dies hat wiederum Rückwirkungen auf das eigene Verhalten. Totale Differentiation der Reaktionsfunktion (10.15) liefert:

(10.18) $$W^i_{x_i x_i}\, dx_i + W^i_{x_i x_j}\, dx_j + W^i_{x_i \varepsilon}\, d\varepsilon = 0$$

Weil in einem symmetrischen Modell die Reaktionen der beiden Spieler im Gleichgewicht gleich stark sind ($d\,x_i = d\,x_j$), ist der Gesamteffekt bestimmt durch:

$$\frac{d\,x_i}{d\,\varepsilon} = -\frac{W_{x_i \varepsilon}}{W_{x_i x_i} + W_{x_i x_j}} = -\frac{1}{1+\frac{W_{x_i x_j}}{W_{x_i x_i}}}\,\frac{W_{x_i \varepsilon}}{W_{x_i x_i}} = \frac{1}{1-m}\,\frac{\partial x_i}{\partial \varepsilon} \text{ mit } m = -\frac{W_{x_i x_j}}{W_{x_i x_i}}$$

Im Fall strategischer Komplemente kommt es aufgrund der sich selbst verstärkenden strategischen Effekte zu Multiplikatorwirkungen: Für $W_{x_i x_j} > 0$ gilt

$$\frac{d\,x_i}{d\,\varepsilon} > \frac{\partial\,x_i}{\partial\,\varepsilon} \ .$$

10.5 Übungsaufgaben

10.1 Zeigen Sie, daß das Gleichgewicht in dominanten Strategien ein Spezialfall des Nash-Gleichgewichts ist.

10.2 (Zum Modell in Abschnitt 10.3.3)

a) Zeigen Sie, daß Kooperation Wohlfahrtsgewinne ermöglicht.

b) Berechnen Sie die Lösung des Stackelberg-Gleichgewichts

c) Zeigen Sie, daß bei N Staaten und der Budgetbeschränkung $g = \tau + k\mu$ die nicht-kooperative Lösung bestimmt ist durch: $\mu = \dfrac{k}{(k^2 + \frac{a}{N})} g$

10.3 In einem Wechselkurssystem mit N symmetrischen Ländern sei $L^i\,[\tau_i(\mu_i), \pi(\mu_i, \sum_{j \neq i} \mu_j)]$ die Verlustfunktion eines Landes, wobei gilt: (10.7a) $\pi = \dfrac{1}{N}\left(\mu_i + \sum_{j \neq i} \mu_j\right)$. Bestimmen Sie das Nash-Gleichgewicht und vergleichen Sie es mit der effizienten Lösung.

Lösungen der Übungsaufgaben

Kapitel 2

2.1 Lösung: $S = i\,k(i) = i\,c\,e^{-a\,i}$ Die Geldschöpfungseinnahmen sind maximal für $\dfrac{\partial S}{\partial i} = c\,e^{-a\,i} - a\,i\,c\,e^{-a\,i} = 0$ oder $i = \dfrac{1}{a}$. Dies entspricht der Bedingung

$\eta_k = -1$, weil: $\eta_k = \dfrac{\partial k}{\partial i}\dfrac{i}{k} = -a\,i$

2.2 Lösung: $\pi = (1+\eta_k)\,\dfrac{k}{a}\tau < \dfrac{k}{a}\tau$ mit der Nachfrageelastizität $\eta_k - \dfrac{\partial k}{\partial \pi}\dfrac{\pi}{k} < 0$

Kapitel 3

Die Abbildung 3.12 macht deutlich, daß es multiple Gleichgewichte geben kann: Würden alle anderen ihre Preise anpassen, wäre für jeden einzelnen Unternehmer i die relevante Auszahlungsfunktion die gestrichelte Linie, die durch Punkt C verläuft. Paßt i seinen eigenen Preis nicht an, erleidet er einen Verlust in Höhe von K_1. Ist $K_1 > K_0$ und liegen die tatsächlichen Anpassungskosten K im Bereich $K_0 < K < K_1$, stellen sowohl B wie C ein Gleichgewicht dar. Die Ursache für die Möglichkeit multipler Gleichgewichte liegt darin, daß die Preisvariablen strategische Komplemente sind: passen alle anderen ihre Preise an, ist es deshalb rational, ebenfalls nachzuziehen; umgekehrt lohnt es sich nicht, auszuscheren, wenn alle anderen ihre Preise konstant lassen.

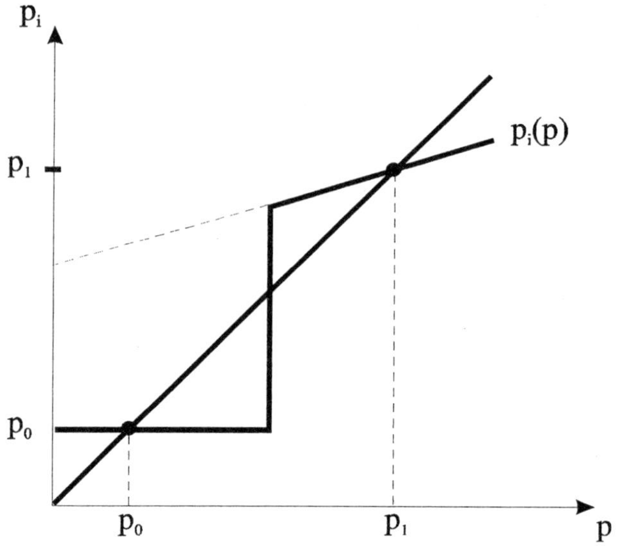

Die obige Abb. gibt die Reaktionsfunktion bei Preisanpassungskosten wider. Ohne solche Kosten wäre die Reaktionsfunktion nach einem Schock durch die gestrichelte Linie gekennzeichnet. Wegen Anpassungskosten aber ist eine Preisänderung erst rentabel, wenn das allgemeine Preisniveau P übersteigt. Je höher die Kosten K, desto stärker verschiebt sich dieser kritische Preis nach rechts. Falls $K > K_1$, ist Nichtanpassung das einzige Gleichgewicht.

Kapitel 5

5.1 Übersteigen die Inflationserwartungen π_D, dann wäre es optimal, eine restriktive Geldpolitik (mit $\pi < \pi^e$) zu betreiben, weil nun die marginalen Kosten einer Inflationspolitik den marginalen Vorteil übersteigen. Gegeben π_H, ist die optimale Politik durch eine überraschende restriktive Politik entsprechend Punkt H charakterisiert.

5.3 Aus der Gleichung: $L_U - L_C + \delta\left[L_D - L_C\right] \geq 0$ folgt, daß in diesem Fall Reputation nur dann ein Gleichgewicht darstellt, wenn zukünftige Auszahlungen weniger stark abdiskontiert werden. D.h., wenn die Strafphase nur kurz andauert (die Nachteile bei Täuschung also nicht besonders hoch sind), muß der Diskontfaktor entsprechend hoch sein. Es muß gelten: $\delta \geq \frac{1}{1+ba^2}$. Für δ nahe 1 ist diese Bedingung immer erfüllt.

5.4 Die Reaktionsfunktion lautet $\pi = ab$ (dominante Strategie, unabhängig von π^e). Die diskretionäre Lösung ist: $\pi_D = ab;\quad y_D = \bar{y};\quad L_D = b\Delta + \frac{1}{2}a^2b^2$. Die Commitmentlösung ist: $\pi_C = 0;\quad y_C = \bar{y};\quad L_C = b\Delta$. Für Ü ergibt sich: $\pi_Ü = ab;\quad y_Ü = \bar{y} + a^2b;\quad L_Ü = b\Delta - \frac{1}{2}a^2b^2$

5.5 Es gilt: $L_Ü = \frac{b}{1+b}\sigma_\varepsilon^2 + \frac{b}{1+b}\Delta^2 = L_C - \frac{b^2}{1+b}\Delta^2 < L_C$

5.7 *Lösungshinweis*: Die Zielfunktion W_1 entspricht (abgesehen vom Faktor $\frac{1}{2}$) dem Modellbeispiel aus Abschnitt 5.3.

Kapitel 6:

6.1 Bei der unterstellten völlig elastischen Nachfragefunktion $\pi = \mu$ sind beide Regeln äquivalent, sofern nur Angebotsschocks berücksichtigt werden. Eine Geldmengenregel reagiert aber nicht auf Schocks auf die Geldnachfrage und würde bei volatiler Geldnachfrage entsprechende Schwankungen auslösen. Umgekehrt wirkt eine Geldmengenregel bei Angebotsschocks als automatischer Stabilisator, sofern die Nachfrage negativ von y abhängt. Die Stabilisierung der Inflationsrate würde in diesem Fall größere Outputschwankungen verursachen (vgl. dazu Kapitel 4 sowie *Persson/Tabellini 1996*).

6.2 Der Verlauf ergibt sich durch folgende Überlegung: Integrieren von Gleichung (6.14) liefert:

$$(1)\ E(\pi) = \frac{b}{1+b}\left[(\pi^e + \Delta)\frac{\varepsilon}{2a} - \frac{\varepsilon^2}{2}\frac{1}{2a}\right]_{-a}^{\varepsilon_1} + \frac{b}{1+b}\left[(\pi^e + \Delta)\frac{\varepsilon}{2a} - \frac{\varepsilon^2}{2}\frac{1}{2a}\right]_{\varepsilon_2}^{a}$$

$$= \frac{b}{1+b}\,(\pi^e + \Delta)\left[1 - \frac{\varepsilon_2 - \varepsilon_1}{2a}\right] \;+\; \frac{b}{1+b}\,\frac{\varepsilon_2^2 - \varepsilon_1^2}{4a}.$$

Für $\pi^e = -\Delta$ gilt $-a < \varepsilon_1(\pi^e) < \varepsilon_2(\pi^e) < a$. Solange diese Ungleichungen erfüllt sind, sind je nach Realisation von ε Auf- wie Abwertungen denkbar. Es ergibt sich

$$E(\pi) = \frac{b}{1+b}(\pi^e + \Delta).$$

Die durchschnittliche Inflationsrate steigt also linear mit π^e. Bei steigenden Inflationserwartungen wird eine Aufwertung aber immer unwahrscheinlicher, bis schließlich bei $\pi^e = \hat{\pi} = a - \Delta - \sqrt{zK}$ die Aufwertungswahrscheinlichkeit Null beträgt, weil $\varepsilon_2(\hat{\pi}) = a$. Ein weiterer Anstieg der Inflationserwartungen hat eine quadratische Zunahme von $E(\pi)$ zur Folge; Einsetzen von $\varepsilon_1 = \pi^e + \Delta - \sqrt{zK}$ und $\varepsilon_2 = a$ in Gleichung) ergibt

(2) $$E(\pi(\pi^e)) = \frac{b}{1+b}\left[\frac{\pi^e + \Delta}{2} + \frac{(\pi^e + \Delta)^2}{4a} + \frac{a}{4} - \frac{zk}{4a}\right].$$

Übersteigen die Erwartungen den Wert $\pi^e = \tilde{\pi} = a - \Delta + \sqrt{zK}$, so wird mit $\varepsilon_1(\pi^e) = a$ die Grenze überschritten, ab der die Abwertungswahrscheinlichkeit Eins beträgt. Einsetzen von $\varepsilon_1 = \varepsilon_2 = a$ in Gleichung) ergibt wieder $E(\pi) = \frac{b}{1+b}(\pi^e + \Delta)$. Die Funktion steigt wieder linear in den Inflationserwartungen. Die Existenz der drei Fixpunkte setzt allerdings voraus, daß die Parameter weitere Bedingungen erfüllen: Fixpunkt π_3 existiert genau dann, wenn $\tilde{\pi} \le b\Delta \Leftrightarrow (1+b)\Delta - a \ge \sqrt{zK}$. Die Fixpunkte der quadratischen Funktion (2) sind

$$\pi_{1,2} = \frac{2+b}{b}a - \Delta \pm \sqrt{-4\frac{1+b}{b}(a^2 + a\Delta) + 4(a\frac{1+b}{b})^2 + zK}.$$

Sie existieren, wenn der Ausdruck in der Wurzel positiv ist, was genau dann der Fall ist, wenn $a^2 - ab\Delta + K/4 \geq 0$.

6.3 Eine Änderung der Wechselkurse erfolgt niemals, wenn die kritischen Werte $\varepsilon_1; \varepsilon_2$ außerhalb des Definitionsbereichs $-a < \varepsilon < a$ liegen, falls also: $\varepsilon_1 < -a < a < \varepsilon_2$. Ohne Regimewechsel betragen die Erwartungen $\pi^e = E(\pi_F)=0$, so daß $\varepsilon_{1,2} = \Delta \pm \sqrt{zK}$. Dieser Fall kann genau dann auftreten, wenn $a < \sqrt{zK} - \Delta$.

Eine Abwertung erfolgt in jedem Fall, falls die kritischen Werte $\varepsilon_1; \varepsilon_2$ im Bereich $-a < a < \varepsilon_1 < \varepsilon_2$ liegen. In diesem Fall gilt immer das diskretionäre Regime; die Erwartungen betragen: $\pi^e = E(\pi_D)=b\Delta$, so daß $\varepsilon_{1,2} = (1+b)\Delta \pm \sqrt{zK}$. Die Bedingung $a < \varepsilon_1$ verlangt $a < (1+b)\Delta - \sqrt{zK}$.

Ist Δ bzw,. b sehr klein und/oder sind die Kosten K eines Wechsels hoch, ist nur Fall (1) möglich. Sind dagegen Δ und b sehr hoch und K niedrig, kann nur Fall (2) zutreffen. Für bestimmte Paramterkonstellationen in einem mittleren Bereich können die beiden Ungleichungen gleichzeitig erfüllt sein, etwa für die Werte $a = \frac{1}{4}; b = 1; K = 2; \Delta = \frac{3}{2}$.

6.4 *Lösungshinweis*: Benutzen Sie die Tatsache, daß das Problem für gegebenes θ identisch mit dem Modellbeispiel aus Abschnitt 5.3 ist (mit $\theta = \Delta$) und berechnen Sie für diesen Fall die Optimalbedingungen.

6.5 Lösung in: *Walsh (1995a)* - Vgl. auch *Persson/Tabellini (1993)*.

Kapitel 8:

8.1 Antwort vgl. *Cukierman (1992)*, 335ff.

8.2 Antwort: vgl *Alesina (1988).*

Kapitel 9:

Wegen $\mu = \pi + y$ kann die Nebenbedingung umformuliert werden zu $\tau = g + (r + \pi^e - \pi - n)\, b_0 - (\pi + y)\, k$. Bei der Commitment Lösung gilt $\pi = \frac{k}{a}\tau$; bei der diskretionären Lösung dagegen: $\pi = \frac{(b_0 + k)}{a}\tau$.

Die diskretionäre Lösung ist gekennzeichnet durch:

$$g_D = g^* - \frac{1}{1 + b + \frac{b}{a}(k + b_0)\, k}\left[g^* + (r - y)\, b_0 - y\, k\right]$$

$$\tau_D = \frac{b}{1 + b + \frac{b}{a}(k + b_0)\, k}\left[g^* + (r - y)\, b_0 - y\, k\right]$$

$$\pi_D = \frac{b}{a} \bullet \frac{k + b_0}{1 + b + \frac{b}{a}(k + b_0)\, k}\left[g^* + (r - y)\, b_0 - y\, k\right]$$

$$L_D = \frac{b\left[1 + b + \frac{b}{a}(k + b_0)^2\right]}{\left[1 + b + \frac{b}{a}(k + b_0)\, k\right]^2}\left[g^* + (r - y)\, b_0 - y\, k\right]^2$$

Für die Commitmentlösung gilt:

$$g_C = g^* - \frac{1}{1 + b + \frac{b}{a}k^2}\left[g^* + (r - y)\, b_0 - y\, k\right]$$

$$\tau_C = \frac{b}{1 + b + \frac{b}{a}k^2}\left[g^* + (r - y)\, b_0 - y\, k\right]$$

$$\pi_C = \frac{b}{a} \bullet \frac{k}{1 + b + \frac{b}{a}k^2}\left[\hat{g} + (r - y)\, b_0 - y\, k\right]$$

$$L_C = \frac{b}{1 + b + \frac{b}{a}k^2}\left[g^* + (r - y)\, b_0 - y\, k\right]^2$$

Kapitel 10

10.2 a) Der Verlust bei Kooperation entspricht der Autarkielösung $L_K = \frac{a}{1+a} g^2$.

Die nicht-kooperative Lösung ist bestimmt durch $\pi_N = \mu_N = \frac{1}{(1+\frac{a}{2})} g$ und $\tau_N = \frac{\frac{a}{2}}{(1+\frac{a}{2})} g$. In die Verlustfunktion eingesetzt ergibt dies: $L_N = \frac{(\frac{a}{2})^2 + a}{(1+\frac{a}{2})^2} g^2$. $L_N > L_K$ falls $\frac{(\frac{a}{2})^2 + a}{(1+\frac{a}{2})^2} = \frac{(\frac{a}{4}+1)\, a}{(1+\frac{a}{2})^2} > \frac{a}{1+a}$ bzw. $(\frac{a}{4}+1)(1+a) > (1+\frac{a}{2})^2$. Ausmultiplizieren zeigt, daß diese Ungleichung für a>0 immer erfüllt ist.

Im Nash-Gleichgewicht gilt die Beziehung: $\frac{\partial L^i}{\partial \tau_i} \frac{\partial \tau_i}{\partial \mu_i} + \frac{\partial L^i}{\partial \pi} \frac{\partial \pi}{\partial \mu_i} = 0$. Im allgemeinen Fall (mit N Ländern) ist die Inflationsrate durch gleichung 10.7a) bestimmt, so daß $\frac{\partial \pi}{\partial \mu_i} = \frac{1}{N}$. Weil wegen (10.2) $\frac{\partial \tau}{\partial \mu} = -1$, gilt also: $\frac{\partial L^i}{\partial \tau_i} = \frac{1}{N} \frac{\partial L^i}{\partial \pi}$ Die effiziente Lösung (mit $\lambda = \frac{1}{N}$) ist bestimmt durch $\frac{\partial L^i}{\partial \tau_i} \frac{\partial \tau_i}{\partial \mu_i} + \frac{\partial L^i}{\partial \pi} \frac{\partial \pi}{\partial \mu_i} + \sum_{j \neq i} \frac{\partial L^j}{\partial \pi} \frac{\partial \pi}{\partial \mu_i} = 0$. Wegen der Symmetrie vereinfacht sich dies zu: $\frac{\partial L^i}{\partial \tau_i} = \frac{\partial L^i}{\partial \pi}$. Bei quadratischer Verlustfunktion ergibt sich daraus $\tau = \frac{1}{N} a \pi$.

LITERATURVERZEICHNIS

Akerlof, George A. / William T. **Dickens** / George L. **Perry** (1996), The Macroeconomics of Low Inflation, Brookings Papers on Economic Activity, 1-76.

Akerlof, George A. / Janet L. **Yellen** (1985a), A Near-Rational Model of the Business Cycle with Wage and Price Inertia, in: *Quarterly Journal of Economics,* 100, 823-838.

Akerlof, George A./ Janet L. **Yellen** (1985b), Can Small Deviations from Rationality Make Significant Differences to Economic Equilibria?, in: *American Economic Review,* 75(4), 708-20.

Alesina, Alberto (1987), Macroeconomic Policy in a Two-Party System as a Repeated Game, in: *Quarterly Journal of Economics*, 102, 651-78.

Alesina, Alberto (1988), Macroeconomics and Politics, in: Stanley **Fischer** (Hrsg.), NBER Macroeconomics Annual, 13-61, MIT Press, Cambridge.

Alesina, Alberto / Gerald D. **Cohen** / Nouriel **Roubini** (1992), Macroeconomic Policy and Elections in OECD Democracies, in: *Economics and Politics,* 4(1), 1-30.

Alesina, Alberto / Allan **Drazen** (1991), Why Are Stabilizations Delayed? in: *American Economic Review*, 81, 1170-1188.

Alesina, Alberto / Roberta **Gatti** (1995), Independent Central Banks: Low Inflation at No Cost?, in: *American-Economic-Review,* 85(2), 196-200.

Alesina, Alberto / Vittorio **Grilli** (1992), The European Central Bank: Reshaping Monetary Politics in Europe, in: **Canzoneri**, M., / V. **Grilli**, / P. **Masson** (Hrsg.), Establishing a Central Bank, Issues in Europe and Lessons from the US, 49-77.

Alesina, Alberto / Roberto **Perotti** (1995), The Political Economy of Budget Deficits, IMF Staff Papers, 42, 1-31.

Alesina, Alberto / Howard **Rosenthal** (1995), Partisan Politics, Divided Government, and the Economy, Political Economy of Institutions & Decisions Series, Cambridge University Press, Cambridge.

Alesina, Alberto / Nouriel **Roubini** (1990), Political Cycles in OECD Economies, in: *Review of Economics Studies*, 59, 663-688.

Alesina, Alberto / Lawrence H. **Summers** (1993), Central Bank Independence and Macroeconomic Performance: Some Comparative Evidence, in: *Journal of Money, Credit, and Banking,* 25(2), 151-62.

Alesina, A. / G. **Tabellini** (1990), A Positive Theory of Fiscal Deficits and Government Debt, in: *Review of Economic Studies*, 57, 403-414.

Anderson, Torben M. (1995), Price Rigidity: Causes and Macroeconomic Implications, Oxford University Press, Oxford.

Auernheimer, L. (1974), The Honest Government Guide to the Revenue from the Creation of Money, in: *Journal of Political Economy*, 82, 598-606.

Ball, Laurence / N. Gregory **Mankiw** / David **Romer** (1988), The New Keynesian Economics and the Output-Inflation Trade-off, Brookings Papers on Economic-Activity, 1, 1-65.

Ball, Laurence / David **Romer** (1990), Real Rigidities and the Non-Neutrality of Money, in: *Review of Economic Studies,* 57, 183-203.

Baltensberger, E. / T. **Jordan** (1994), Principles of Seigniorage, Discussion Paper, Bern.

Barro, Robert, J. (1986), Reputation in a Model of Monetary Policy with Incomplete Information, in: *Journal of Monetary Economics*, 17, 1-20.

Barro, Robert J. / David B. **Gorden** (1983), Rules, Discretion, and Reputation in a Model of Monetary Policy (1983), in: *Journal of Monetary Economics*, 12, 101-20.

Barro, Robert J. / David B. **Gordon** (1983), A Positive Theory of Monetary Policy in a Natural Rate Model, in: *Journal of Political Economy,* 91, 589-610.

Berger, Helge / Ulrich **Woitek** (1996), Searching for Political Business Cycles in Germany, erscheint in: *Public Choice.*

Bernanke, Ben / Mark **Gertler** (1989), Agency Costs, Net Worth, and Business Fluctuations, in: *American-Economic-Review*; 79(1), 14-31.

Bernanke, Ben / Mark **Gertler** (1995), Inside the Black Box: The Credit Channel of Monetary Policy Transmission, in: *The Journal of Economic Perspectives*, 9(4), 27-48.

Bernanke, Ben / Mark **Gertler** / Simon **Gilchrist** (1996), The Financial Accelerator and the Flight to Quality, in: *Review of Economics and Statistics,* 78(1), 1-15.

Bernanke, Ben / Ilian **Mihov** (1996), What does the Bundesbank Target? NBER Working Paper Series, 5764, erscheint in: *European Economic Review,* 1997.

BIZ (1996), Implications for Central Banks of the Development of Electronic Money, Report der Bank für Internationalen Zahlungsausgleich, Basel, Oktober

Blanchard, Oliver / Jean-Claude **Chouraqui** / Robert P. **Hagemann** / Nicola **Sartor** (1990), The Sustainability of Fiscal Policy: New Answers to an Old Question, in: OECD Economic Studies, 15, 7-36, OECD, Paris.

Blanchard, Olivier J. / Stanley **Fischer** (1989), Lectures on Macroeconomics, MIT Press, Cambridge.

Blanchard, Olivier J. / Nobu **Kiyotaki** (1987), Monopolistic Competition and the Effects of Aggragate Demand, in: *American Economic Review,* 77, 647-666.

Bohn, Henning (1988), Why do we have Nominal Government Debt?, in: *Journal of Monetary Economics,* 21, 127-140.

Buchanan, James **M.** / Richard **Wagner** (1977), Democracy in Deficit: The Political Legacy of Lord Keynes, Academic Press, New York.

Buiter, William / Giancarlo **Corsetti** / Nouriel **Roubini** (1993), Excessive Deficits: Sense and Nonsense in the Treaty of Maastricht, in: *Economic Policy,* April 1993, 58-100.

Bulow, Jeremy / Kenneth **Rogoff** (1989), Sovereign Debt: Is to Forgive to Forget?, in: *American Economic Review,* 79, 43-50.

Caballero, Ricardo J. / Eduardo M.R.A. **Engel** (1993), Microeconomic Rigidities and Aggregate Price Dynamics, in: *European Economic Review,* 37(4), 697-711.

Calvo, Guillermo A.(1978), On the Time Consistency of Optimal Policy in a Monetary Economy, in: *Econometrica,* 46, 1411-1428.

Calvo, Guillermo A. (1988), Servicing the Public Debt: The Role of Expectations, in: *American Economic Review,* 78(4), 647-661.

Calvo, Guillermo A. / Pablo E. **Guidotti** (1992), Indexation and Maturity of Government Bonds: An Exploratory Model, in: **Dornbusch**, R. / M. **Draghy** (Hrsg.), Public Debt Management: Theory and History, Cambridge University Press, 52- 82.

Calvo, Guillermo A. / Pablo E. **Guidotti** (1993), On the Flexibility of Monetary Policy: The Case of the Optimal Inflaction Tax, in: *Review of Economic Studies*, 60(204).

Campbell, John Y. / Robert J. **Shiller** (1996), A Scorecard for Indexed Government Debt, NBER Working Paper Series, 5587 (erscheint in NBER Macroeconomics Annual 1996).

Canzoneri, Matthew B. / Behzad **Diba** (1996), Fiscal Constraints on Central Bank Independence and Price Stability, CEPR Discussion Paper, 1463, Centre for Economic Policy Research, London.

Canzoneri, Matthew / Dale **Henderson** (1991), Monetary Policy in Interdependent Economies: A Game-Theoretic Approach, MIT Press, Cambridge.

Canzoneri, Matthew B. / Charles **Nolan** / Anthony **Yates** (1996), Mechanisms for Achieving Monetary Stability: Inflation Targeting versus the ERM, CEPR Discussion Paper, 1418, Centre for Economic Policy Research, London.

Capie, Forrest / Stanley **Fischer** / Charles **Goodhart** / Norbert **Schnadt** (1994), The Future of Central Banking, Cambridge University Press, Cambridge.

Card, David / Dean **Hyslop** (1996), Does Inflation „Grease the Wheels of the Labor Market"?, NBER Working Paper Series, 5538.

Cecchetti, Stephen G. (1995), Inflation Indicators and Inflation Policy, in: **Bernanke**, Ben S. / Julio J. **Rotemberg**, (Hrsg.), NBER Macroeconomics Annual 1995, MIT Press, Cambridge, 189-219.

Central Banking (1996), The Winners and Losers from EMU, November, 6-10

Chari, V.V. / Patrick J. **Kehoe** (1990), Sustainable Plans, in: *Journal of Political Economy*, 98(4), 783-802.

Chari, V.V. / Patrick J. **Kehoe** / Edward C. **Prescott** (1989), Time Consistency and Policy, in: **Barro**, Robert J. (Hrsg.), Modern Business Cycle Theory, Harvard University Press, Cambridge, Mass., 265-305.

Cho, In Koo / David M. **Kreps** (1987), Signaling Games and Stable Equilibria, in: *Quarterly Journal of Economics,* 102(2), 179-221.

Claassen, Emil-Maria (1996), Monetäre Außenwirtschaftslehre, Verlag Vahlen, München.

Clarida, Richard / Mark **Gertler** (1996), How the Bundesbank Conducts Monetary Policy, NBER Working Paper Series, 5581.

Cukiermann, Alex (1992), Central Bank Strategy, Credibility, and Interpendence: Theory and Evidence, MIT Press, Cambridge.

Cukierman, A. / S. **Edwards** / G. **Tabellini** (1992), Seigniorage and Political Instability, in: *American Economic Review*, 82, 537-556.

Currie, David A. / Paul **Levine** (1993), Rules, Reputation and Macroeconomic Coordination, Cambridge University Press, Cambridge.

De Gregorio, Jose (1993), Inflation, Taxation, and Long-Run Growth, in: *Journal of Monetary-Economics,* 31(3), 271-98.

Diamond, Peter / James **Mirrlees** (1971), Optimal Taxation and Public Production, in: *American Economic Review,* 61, 8-27, 261-278.

Eichengreen, Barry (1996), A More Perfect Union? The Logic of Economic Integration, in: *Essays in International Finance*, 198.

Eichengreen, Barry / Jürgen von **Hagen** (Hrsg.) (1995), Monetary Policy in an Integrated Europe, European Transatlantic Studies, Springer-Verlag, Berlin usw.

Eichengreen, Barry / Jürgen **von Hagen** (1996), Fiscal Policy and Monetary Union: Federalism, Fiscal Restriction and the No-Bailout Rule, in: **Siebert**,

Horst (Hrsg.), Monetary Policy in an Integrated World Economy, Verlag Mohr-Siebeck, Tübingen, 211-231.

Eijffinger, Sylvester C.W. / Jakob **De Haan** (1996), The Political Economy of Central-Bank Independence, Special Papers in International Economics, 19.

Feldstein, Martin (1996), The Costs and Benefits of Going from Low Inflation to Price Stability, NBER Working Paper Series, 5469.

Fischer, Stanley (1977), Long Term Contracts, Rational Expectations and the Optimal Money Supply Rule, in: *Journal of Political Economy,* 85, 191-206.

Fischer, Stanley (1980), Dynamic Inconsistency, Cooperation, and the Benevolent Dissembling Government, in: *Journal of Economic Dynamics and Control,* 2, 93-107.

Fischer, Stanley (1993): The Role of Macroeconomic Factors in Growth, in: *Journal of Monetary Economics* 32, 485-512.

Fischer, Stanley (1994), Modern Central Banking, in: **Capie,** Forrest et al. (Hrsg.), The Future of Central Banking: The Tercentenary Symposium of the Bank of England, Cambridge University Press, Cambridge usw., 262-308.

Fischer, Stanley (1995a), The Unending Search for Monetary Salvation, in: **Bernanke**, Ben S./ Julio J. **Rotemberg** (Hrsg.), NBER Macroeconomics Annual 1995, MIT Press, Cambridge, 274-286.

Fischer, Stanley (1995b), Central-Bank Independence Revisited, in: *American Economic Review,* 85(2), 201-06.

Fischer, Stanley / Lawrence **Summers** (1989), Should Governments Learn to Live with Inflation?, in: *American Economic Review*, Papers and Proceedings, 79, 382-387.

Fisher, Irving (1930), The Theory of Interest, Macmillan, New York.

Flood, Robert P. / Peter M. **Garber** (1994), Speculative Bubbles, Speculative Attacks, and Policy Switching, MIT Press, Cambridge.

Flood Robert-P. / Peter **Isard** (1989), Monetary Policy Strategies, International Monetary Fund Staff Papers, 36(3), 612-32.

Frankel, Jeffrey A. / G. **Galli** / A. **Giovanni** (Hrsg.) (1996), The Microstructure of Foreign Exchange Markets, University of Chicago Press.

Franz, Wolfgang (1996), Theoretische Ansätze zur Erklärung der Arbeitslosigkeit: Wo stehen wir 1995?, in: **Gahlen**, Bernhard / Helmut **Hesse** / Hans-Jürgen **Ramser** (Hrsg.), Arbeitslosigkeit und Möglichkeiten ihrer Überwindung, Verlag Mohr-Siebeck, Tübingen, 3-45.

Friedman, Benjamin M. (1990), Targets and Instruments of Monetary Policy, in: **Friedman**, Benjamin M. / Frank H. **Hahn** (Hrsg.), Handbook of Monetary Economics. Vol. 2, North Holland, Amsterdam usw., 1185-1230.

Friedman, Benjamin M.(1996), Does Monetary Policy Affect Real Economic Activity? Why do we still ask this Question?, in: **Siebert**, Horst (Hrsg.), Monetary Policy in an Integrated World Economy, Verlag Mohr-Siebeck, Tübingen, 3-30.

Friedman, Benjamin / Kenneth N. **Kuttner** (1996), A Price Target for U.S. Monetary Policy? Lessons from Experience with Money Growth Targets, Brookings Papers on Economic Activity, 1, 77-125.

Friedman, Milton (1968), The Role of Monetary Policy, in: *American Economic Review,* 58, 1-17.

Friedman, Milton (1970), Die optimale Geldmenge, in: Die optimale Geldmenge und andere Essays, Verlag Moderne Industrie, München.

Friedman, Milton / A. J. **Schwartz** (1963), A Monetary History of the United States 1867-1960, Princeton University Press, Princeton.

Fuhrer, Jeff / George **Moore** (1995), Inflation Persistence, in: *Quarterly Journal of Economics*, 127-159.

Gebauer, Wolfgang (1996), Geld: Angebot versus Nachfrage, in: **Bofinger**, Peter / Karl-Heinz **Ketterer** (Hrsg.), Neuere Entwicklungen in der Geldtheorie und Geldpolitik, Festschrift für Norbert Kloten, 243-262.

Ghosh, Atish R. / Paul R. **Masson** (1994), Economic Cooperation in an Uncertain World, Blackwell Publishers.

Giavazzi, Francesco / Marco **Pagano** (1988), The Advantage of Tying One's Hands: EMS Discipline and Central Bank Credibility, in: *European Economic Review*, 32, 1055-1082.

Giavazzi, Francesco / Luigi **Spaventa** (Hrsg.) (1988), High Public Debt: The Italian Experience, Cambridge University Press.

Goodhardt, Charles (1994), What should Central Banks do? What should be their Macoreconomic Objectives and Operations?, in: *Economic Journal,* 104, 1424-1436.

Goodhardt, Charles / Haizhou **Huang** (1995), What is the Central Bank´s Game?, Discussion Paper 222, LSE Financial Market Group, ISSN 0956-8549-222.

Gray, J.A. (1976), Wage indexation: A Macroeconomic Approach, in: *Journal of Monetary Economics*, 2, 221-236.

Greenwald, Bruce / Joseph E. **Stiglitz** (1988), Money, Imperfect Information and Economic Fluctuations, in: **Kohn**, Meir / Sho-Chiech **Tsiang** (Hrsg.), Finance Constraints, Expectations and Macroeconomics, Clarendon Press, Oxford, 141-165.

Greenwald, Bruce C. / Joseph E. **Stiglitz** (1993), Financial Market Imperfections and Business Cycles, in: *Quarterly Journal of Economics,* 108(1), 77-114.

Grilli, Vittorio / Donato **Masciandaro** / Guido **Tabellini** (1991), Political and Monetary Institutions and Public Financial Policies in the Industrial Countries, in: *Economic Policy*, 6(2), 341-392.

Gylfason, Thorvaldur / Tryggvi Thor **Herbertsson** (1996), Does Inflation Matter for Growth?, CEPR Discussion Paper Series, 1503, Centre for Economic Policy Research, London.

Hagen, Jürgen von (1993), Monetary Policy Coordination in the European Monetary System, in: **Fratianni**, Michele / Dominick **Salvatore** (Hrsg.): Monetary Policy in Developed Economies, Handbook of comparative economic policies, Volume 3; Greenwood Press, Westport, Conn., 509-560.

Hagen, Jürgen von / R. **Süppel** (1994), Central Bank Constitutions for Federal Monetary Unions, in: *European Economic Review,* 38, 774- 782.

Haldane, Andrew G. (Hrsg.) (1995), Targeting Inflation, Bank of England.

Harsanyi, John C. (1967/8), Games with Incomplete Information Played by Bayesian Players, in: *Management Science,* 14, 159-182, 320-334, 486-502.

Heitger, Bernhard (1985), Bestimmungsfaktoren internationaler Wachstumsdifferenzen, in: *Weltwirtschaft*, 1, 49-69.

Hibbs, Douglas (1977), Political Parties and Macroeconomic Policy, in: *American Political Science Review*, 71, 1467-1487.

Holler, Manfred / Gerhard **Illing** (1996), Einführung in die Spieltheorie, 3. Aufl., Springer-Verlag, Heidelberg usw.

Hotelling, Harald (1931), The Economics of Exhaustible Resources, in: *Journal of Political Economy,* 39, 137-175.

Howitt, Peter (1993), Money and Growth Revisited, in: **Barkai,** H. / S. **Fischer** / N. **Liviatan** (Hrsg.), Monetary Theory and Thought, Essays in Honour of Don Patinkin, Macmillan, London.

Illing, Gerhard (1992), Neue keynesianische Makroökonomie, Verlag Mohr-Siebeck, Tübingen.

Illing, Gerhard (1996), Nominal Bonds and Budgetary Discipline in a Currency Union, Discussion Paper, Frankfurt

Issing, Otmar (1995), Einführung in die Geldtheorie, 10. Aufl., Verlag Vahlen, München.

Issing, Otmar (1996a), Einführung in die Geldpolitik, 6. Aufl., Verlag Vahlen, München.

Issing, Otmar (1996b), Is Monetary Targeting in Germany Still Adequate?, in: Horst **Siebert** (Hrsg.), Monetary Policy in an Integrated World Economy, Mohr-Siebeck, Tübingen, 117-130.

Jarchow, H.-J. (1992), Theorie und Politik des Geldes, Bd. 2: Geldmarkt, Bundesbank und geldpolitisches Instrumentarium, 6. Aufl., UTB, Göttingen

Jarchow, H.-J. (1993), Theorie und Politik des Geldes, Bd. 1: Geldtheorie, 9. Aufl., UTB, Göttingen

Kimbrough, Kent P. (1986), The Optimum Quantity of Money Rule in the Theory of Public Finance, in: *Journal of Monetary Economics*, 18, 277-284.

King, Robert G. / Charles L. **Plosser** (1984), Money, Credit, and Prices in a Real Business Cycle, in: *American-Economic-Review*, 74(3), 363-80.

Kirchgässner, Gebhard (1996), Bewußt erzeugte und duldend hingenommene Arbeitslosigkeit: Zum Problem der Arbeitslosigkeit aus der Sicht der Neuen Politischen Ökonomie, in: **Gahlen,** Bernhard / Helmut **Hesse** / Hans-Jürgen **Ramser** (Hrsg.), Arbeitslosigkeit und Möglichkeiten ihrer Überwindung, Verlag Mohr-Siebeck, Tübingen, 395-432.

Kissmer, Friedrich (1992), Geldpolitik und gesamtwirtschaftliche Produktion - Eine theoretische Analyse monetärer Stabilisierungspolitik, Verlag Duncker & Humblot, Berlin.

Kiyotaki, Nobuhiro / John **Moore** (1995), Credit Cycles, NBER Working Paper Series, 5083.

Kotlikoff, Laurence J. / Torsten **Persson** / Lars E.O. **Svensson** (1988), Social Contracts as Assets: A Possible Solution to the Time-Consistency Problem, in: *American Economic Review*, 78, 662-677.

Kreps, David / **Wilson**, Robert (1982), Sequential Equilibria, in: *Econometrica,* 50, 963 - 894.

Krugman, Paul (1979), A Model of Balance of Payments Crises, in: *Journal of Money, Credit, and Banking*, 11(3), 311-25.

Krugman, Paul / Marcus **Miller** (1992) (Hrsg.), Exchange Rate Targets and Currency Bands, Cambridge University Press, Cambridge.

Kydland, Finn E. / Edward C. **Prescott** (1977), Rules Rather than Discretion: The Inconsistency of Optimal Plans, in: *Journal of Political Economy*, 85(3).

Laffont, Jean-Jacques; Jean **Tirole (**1993**),** A Theory of Incentives in Regulation & Procurement, MIT Press, Cambridge

Leiderman, Leonardo / Lars E.O. **Svensson** (Hrsg.) (1995), Inflation Targets, Centre for Economic Policy Research, London.

Lohmann, Susanne (1992), Optimal Commitment in Monetary Policy: Credibility versus Flexibility, in: *American-Economic-Review*, 82(1), 273-86.

Lucas, Robert E. (1972), Expectations and the Neutrality of Money, in: *Journal of Economic Theory*, 4, 103-124.

Lucas, Robert E. (1976), Econometric Policy Evaluation: A Critique, in: Carnegie-Rochester Conference Series on Public Policy, 1, 19-46.

Lucas, Robert E. / Nancy L. **Stokey** (1983), Optimal Fiscal and Monetary Policy in an Economy without Capital, in: *Journal of Monetary Economics*, 12, 55-94.

Mankiw, Gregory (1985a), Small Menu Costs and Large Business Cycles: A Macroeconomic Model of Monopoly, in: *Quarterly Journal of Economics,* 100, 529-537.

Mankiw, Gregory (1985b) Small Menu Costs and Large Business Cycles: A Macroeconomic Model, in: *Quarterly Journal of Economics*, 10(2), 529-38.

Mankiw, Gregory (Hrsg.) (1994), Monetary Policy, University of Chicago Press, Chicago.

Mankiw, Gregory (1996), Comment on: **Akerlof**, G. / W. **Dickens** / W. **Perry** (1996), The Makroeconomics of Low Inflation, Brookings papers on Economic Activity, 1.

Mankiw, N. Gregory / David **Romer** (Hrsg.) (1991a), New Keynesian Economics, Vol. 1: Imperfect Competition and Sticky Prices, The MIT Press, Cambridge, Mass. usw.

Mankiw, N. Gregory / David **Romer** (Hrsg.) (1991b), New Keynesian Economics, Vol. 2: Coordination Failures and Real Rigidities, The MIT Press, Cambridge, Mass. usw.

McCallum, Bennett T. (1995), Two Fallacies Concerning Central-Bank Independence, in: *American-Economic-Review,* Papers and Proceedings, 207-11.

McCallum, Bennett T. (1996), Inflation Targeting in Canada, New Zealand, Sweden, The United Kingdom and in General, Series, 5579

McCallum, Bennett T. (1996), International Monetary Economics, Oxford University Press, Oxford.

Meltzer, Allan H. (1995), Money, Credit (and Other) Transmission Processes: A Monetarist Perspective, in: *The Journal of Economic Perspectives*, 9(4) 49-72.

Mishkin, Frederic S. (1995), Symposium on the Monetary Transmission Mechanism, in: *The Journal of Economic Perspectives*, 9(4), 3-10.

Moulton, Brent R. (1996), Bias in the Consumer Price Index: What is the Evidence?, in: *The Journal of Economic Perspectives*, 10(4), 159-177.

Müller, Denis (1989), Public Choice II. Cambridge University Press, Cambridge.

Neumann, Manfred J.M. (1991), Precommitment by Central Bank Independence, in: *Open Economies Review,* 2, 95-112.

Neumann, Manfred J.M. (1996), Geldpolitik und Stabilisierung, in: **Börsch-Supran**, Axel / Jürgen von **Hagen** / Peter **Welfens** (Hrsg.), Springers Handbuch der Volkswirtschaftslehre, Band 2, 81-121.

Neumann, Manfred J.M. / Jürgen von **Hagen** (1987), Theoretische und empirische Grundlagen von Geldmengenzielen und ihre Realisierung, in: **Gutowski**, A. (Hrsg.), Geldpolitische Regelbindung, Berlin.

Neumann, Manfred J.M. / Jürgen von **Hagen** (1993), Germany, in: **Fratianni**, Michele / Dominick **Salvatore** (Hrsg.): Monetary Policy in Developed Economies; Handbook of Comparative Economic Policies, Volume 3; Greenwood Press,Westport, Conn., 299-334.

Nordhaus, William (1975), The Political Business Cycle, in: *Review of Economic Studies*, 42, 169-190.

Nordhaus, William D. (1989), Alternative Approaches to the Political Business Cycle, Brookings Papers on Economic Activity; 0(2), 1989, 1-49.

Obstfeld, Maurice (1995), The Logic of Currency Crises, in: **Eichengreen**, Barry / Jürgen von **Hagen** (eds) (1995), Monetary Policy in an Integrated Europe (European Transatlantic Studies), Springer-Verlag, Berlin usw.

Obstfeld, Maurice (1996), Models of Currency Crises with Self Fulfilling Features, in: *European Economic Review,* 40, 1037-47.

Obstfeld, Maurice / Kenneth **Rogoff** (1995), The Mirage of Fixed Exchange Rates, in: *The Journal of Economic Perspectives*, 9(4), 73-96.

Obstfeld, Maurice / Kenneth **Rogoff** (1996), Foundations of International Macroeconomics, MIT Press, Cambridge.

OECD (1995), Effects of Ageing Populations on Government Budgets, OECD Economic Outlook 57, 33-42

Olivera, J.H.G. (1967): Money, Prices and Fiscal Lags: A Note on the Dynamics of Inflation, Banca Nazionale del Lavoro: *Quarterly Review*, 82, 258-67.

Parkin, Michael (1986): The Output-Inflation Trade-off when Prices are Costly to Change, in: *Journal of Political Economy,* 94(1), 200-224.

Persson, Mats / Torsten **Persson** / Lars E.O. **Svensson** (1988), Time Consistency of Fiscal and Monetary Policy, in: *Econometrica*, 55, 1419-1432.

Persson, Torsten / Lars E.O. **Svensson** (1989), Why a Stubborn Conservative Would Run a Deficit: Policy with Time-Inconsistent Preferences, in: *Quarterly Journal of Economics*, 104, 325-345.

Persson, Torsten / Guido **Tabellini** (1990), Macroeconomic Policy, Credibility and Politics, Fundamentals of Pure and Applied Economics, vol. 38, Harwood Academic Press, Chur usw.

Persson, Torsten / Guido **Tabellini** (1993), Designing Institutions for Monetary Stability, in: Carnegie-Rochester Conference Series on Public Policy, 39, 53-84.

Persson, Torsten / Guido **Tabellini** (Hrsg.) (1994a), Monetary and Fiscal Policy, Vol 1: Credibility, MIT Press, Cambridge.

Persson, Torsten / Guido **Tabellini** (Hrsg.) (1994b), Monetary and Fiscal Policy, Vol 2: Politics, MIT Press, Cambridge.

Persson, Torsten / Guido **Tabellini** (1995), Double Edged Incentives: Institutions and Policy Coordination, in: **Grossman**, Gene M. / Kenneth **Rogoff** (Hrsg.), Handbook of International Economics III, Amsterdam, 1973-2030.

Persson, Torsten / Guido **Tabellini** (1996), Monetary Cohabitation in Europe, in: *American Economic Review,* 86, Papers and Proceedings, 111-116.

Phelps, Edmund (1967), Phillips Curves, Expectations of Inflation and Optimal Unemployment Over Time, in: *Economica,* 34, 254-281.

Phelps, Edmund (1973), Inflation in the Theory of Public Finance, in: *Swedish Journal of Economics*, 75, 67-82.

Phelps, Edmund / John B. **Taylor** (1977), Stabilizing Powers of Monetary Policy under Rational Expectations, in: *Journal of Political Economies,* 85, 163-190.

Poole, William (1970), Optimal Choice of Monetary Policy Instruments in a Simple Stochastic Macro Model, in: *Quarterly Journal of Economy,* 84, 197-216.

Rogoff, Kenneth (1985), The Optimal Degree of Commitment to an Intermediate Monetary Target, in: *Quarterly Journal of Economics*, 100, 1169-1190.

Rogoff, Kenneth (1990), Equilibrium Political Budget Cycles, in: *American Economic Review*, 80, 21-36.

Rogoff, K. / A. **Sibert** (1988), Elections and Macroeconomic Policy Cycles, in: *Review of Economic Studies*, 55, 1-16.

Romer, Christina D. / David H. **Romer** (1989): Does Monetary Policy Matter? A New Test in the Spirit of Friedman and Schwartz, NBER Macroeconomics Annual, MIT Press, Cambridge, Mass. usw. 121-70.

Romer, David (1996), Advanced Macroeconomics, McGraw Hill Comp., New York usw.

Romer, Paul (1986), Increasing Returns and Long-Run Growth, in: *Journal of Political Economies,* 94, 1002-37.

Sargent, Thomas J. (1990), Elements of Monetary Reform, in: **Haraf**, W. / Philip **Cagan** (Hrsg.), Monetary Policy for a Changing Financial Environment, Washington, 137-160.

Sargent, Thomas J. / Neil **Wallace** (1975) Rational Expectations, the Optimal Monetary Instrument and the Optimal Money Supply Rule, Journal of Political Economy 83, 241-254

Sargent, Thomas J. / Neil **Wallace** (1981), Some Unpleasant Monetarist Arithmetic, Federal Reserve Bank of Minneapolis: *Quarterly Review*, 5, 1-17.

Schaling, Eric (1995), Institutions and Monetary Policy, Elgar Publ., Aldershot.

Selten, Reinhard (1965), Spieltheoretische Behandlung eines Oligopolmodells mit Nachfrageträgheit, in: *Zeitschrift für die gesamte Staatswissenschaft*, 12, 301-324 und 667-689.

Selten, Reinhard (1975), Reexamination of the Perfectness Concept for Equilibrium Points in Extensive Games, in: *International Journal of Game Theory*, 4, 25-55.

Selten, Reinhard (1978), The Chain Store Paradox, in: *Theory and Decision*, 9, 127-159.

Sheshinski, Eytan / Yoram **Weiss** (Hrsg.) (1993), Optimal Pricing, Inflation, and the Cost of Price Adjustment, MIT Press, Cambridge.

Shiller, Robert (1996), Why do People Dislike Inflation? NBER Working Paper Series, 5539.

Sims, Christopher A. (1992), Interpreting the Macroeconomic Time Series Facts: The Effect of Monetary Policy, in: *European Economic Review* 36, 975-1011.

Svensson, Lars E.O. (1994a), Why Exchange Rate Bands? Monetary Independence in Spite of Fixed Exchange Rates, in: *Journal of Monetary Economics*, 33, 157-99.

Svensson, Lars E.O. (1994b), Fixed Exchange Rates as a Means to Price Stability: What have we Learned?, in: *European Economic Review*, 38(3-4), 447-68.

Svensson, Lars E.O. (1995), Optimal Inflation Targets, Conservative Central Banks and Linear Inflation Contracts, CEPR Discussion Paper Series, 1249, Centre for Economic Policy Research, London.

Svensson, Lars E.O. (1996), Inflation Forecast Targeting: Implementing and Monitoring Inflation Targets, Seminar Paper No. 615, Institute for International Economic Studies, Stockholm University, Stockholm, (über Internet abrufbar unter Http:/www.iies.su.se/), erscheint in *European Economic Review* 1997.

Svensson, Lars E.O. (1996), Price Level Targeting vs. Inflation Targeting: A Free Lunch?, Seminar Paper No. 614, Institute for International Economics Studies, Stockholm University, Stockholm (über Internet abrufbar unter Http:/www.iies.su.se/).

Tabellini, Guido (1991), The Politics of Intergenerational Redistribution, in: *Journal of Political Economy*, 99, (2), 335-357.

Tabellini, Guido / Aberto **Alesina** (1990), Voting on the Budget Deficit, in: *American Economic Review*, 80, 37-49.

Tanzi, Vito (1978), Inflation, Real Tax Revenue, and the Case for Inflationary Finance Theory with an Application to Argentina, IMF Staff Papers, 25(3), 417-51.

Taylor, John B. (1979), Staggered Price Setting in a Macro Model, in: *American Economic Review,* 69, 108-113.

Taylor, John B. (1980), Aggregate Dynamics and Staggered Contracts, in: *Journal of Political Economy*, 88, 1-23.

Taylor, John B. (1993), Discretion versus Policy Rules in Practice, Carnegie Rochester Conference Series on Public Policy, 39, 195-214.

Taylor, John B. (1995), The Monetary Transmission Mechanism: An Empirical Framework, in: *The Journal of Economic Perspectives*, 9(4), 11-26.

Tobin, James (1965), Money and Economic Growth, in: *Econometrica*, 33, 671-684.

Tobin, James (1970), Money and Income: Post Hoc Ergo Propter Hoc?, in: *Quarterly Journal of Economics,* 82, 301-317.

Vickers, John (1986), Signalling in a Model of Monetary Policy with Incomplete Information, Oxford Economic Papers, 38(3), 443-55.

Wagner, Helmut (1992), Stabilitätspolitik, 2. Auflage, Verlag Oldenbourg, München.

Walsh, Carl E. (1995a), Optimal Contracts for Central Bankers, in: *American Economic Review,* 85(1), 150-67.

Walsh, Carl E. (1995b), Is New Zealand's Reserve Bank Act of 1989 an Optimal Central Bank Contract?, in: *Journal of Money, Credit and Banking,* 27, 1179-1191.

Walsh, Carl E. (1995c), Central Bank Independence and the Short-Run Output-Inflation Trade-Off in the European Community, in: **Eichengreen**, Barry / Jürgen von **Hagen** (Hrsg.), Monetary Policy in an Integrated Europe, European Transatlantic Studies, Springer-Verlag, Berlin.

Wicksell, Knut (1898), Interest and Prices, Macmillan, London.

Woodford, Michael (1990), The Optimum Quantity of Money, in: **Friedman**, Benjamin M. / Frank H. **Hahn** (Hrsg.), Handbook of Monetary Economics, Vol. 2, North Holland, Amsterdam usw., 1067-1152.

Woodford, Michael (1995), Price-Level Determinacy without Control of a Monetary Aggregate, Carnegie Rochester Conference Series on Public Policy, 43, 1-46.

Weitere verwendete Quellen:

Deutsche Bundesbank, Frankfurt/M., diverse Monats- und Geschäftsberichte.

DIW, Berlin.

OECD (1996), Economic Outlook Dezember 1996, Anhang A69.

The Economist, London, diverse Ausgaben.

Statistisches Bundesamt, Wiesbaden.

SACHINDEX:

Abnutzungskrieg 313ff
Abwertung 158, 206ff, 245, 320
Abwertungsspekulation 210ff
Abwertungswettlauf 149
Adaptive Erwartungen, Geldpolitik bei 90ff
Agency Kosten 150
Alesina-Modell 286f
Angebot, aggregiertes 35, 37, 101ff
Angebot, erwartetes 95
Angebotsfunktion, kurzfristige 85, 115
Angebotsfunktion, völlig elastische 141
Angebotskurve, langfristige 46, 79
Angebotsschocks 11, 79ff, 96ff, 180ff, 201ff, 214f, 225f, 231ff, 245
Angebotsschock, bei flexiblen Preisen 80
Anpassungskosten 108, 159, 206, 213ff, 243f
Anreizmechanismus 235
Anreizproblem 128, 162, 189
Anreizverträglichkeitsbedingung 260, 262
Anstieg des Preisniveaus, dauerhafter 45
Antizyklische Politik 100, 121
Äquivalenz unterschiedlicher Regeln 116f
Arbeitslosenrate 39, 79, 166, 173
Arbeitslosenrate, „natürliche“ 39
Arbeitslosigkeit 19
Arbeitsmarkt 35, 41ff, 83ff, 102
Arbitrage-Kalkül 20f
asymmetrische Interventionsregeln 344f
Aufwertung 148, 206, 213
Ausgabenquote 56
Austrittsklausel 205, 223, 224
Auszahlungsmatrix 320
Automatischer Stabilisator 119
Backward Induction 175, 254
Bandbreiten 206, 211ff
Bank of England 132, 134, 137
Bargeld als Zahlungsmittel 26
Bargeldhaltung 24
Bayessche Regel 254, 256, 272
Beggar thy Neighbour Policy 149
Beschäftigungsniveau 43, 102
Besteuerung, Wohlfahrtsverluste aus 66ff
Bilanzkosmetik 54
BIP-Ziel, nominales 119
Bretton-Woods System 198, 346
Bruttolohn 40
Bruttoverschuldung 59, 297
Budgetdefizit 56
Budgetrestriktion, intertemporale 55
Bundesbank, Deutsche 127f, 135f
Chicken-Game 313, 326ff
Cho/ Kreps- Kriterium 263, 266, 268, 331
Cobb/Douglas-Produktionsfunktion 101ff
Commitment 166, 172, 197, 200, 218, 225f, 326ff.
Commitment-Lösung 163ff, 180ff, 192ff, 201f, 226ff, 234ff
Defizit, staatliches 55
Deflationspolitik 124
Delegation von Geldpolitik 218ff
Deutsche Bundesbank 127ff, 135f
Diskontsatz 135f

diskretionäre Lösung 164ff, 174f, 187, 193ff, 221ff, 230
Drohungen, leere 330f
dynamische Inkonsistenz 159, 163, 165, 172
Effekte erster Ordnung 108
Effekte zweiter Ordnung 27
Effekte, negative externe 43
Effektivzinssatz 291
Effizienz 348f
Effizienz des Steuersystems 68
Einnahmen aus Geldschöpfung 26
Electronic Banking 73
Elektronisches Geld 76
Endgame-Szenario 176
Endziel 127ff
Entscheidungssituationen, strategische 317
Ersparnis 27, 51
Erwartungen, rationale 16f, 93ff, 182ff, 215f, 280, 323
europäische Zentralbank 137, 199
Europas Gewinner und Verlierer 61
EWS 130, 132, 158, 173, 199, 211 ff
Externalitäten 39, 105, 194, 338, 342f, 348f
Externalitäten auf der Makroebene 349f
externe Effekte 107, 165, 189, 190f, 193f
Faktormärkte 38
Federal Funds Rate 126
Feedback-Regeln, lineare 96
Feinsteuerung 117, 118, 135
Finanzakzelerator 150
Finanzinnovationen 48, 73, 130
Finanzintermediäre 6, 72, 150
First-Best-Lösung 165
Fishersche Zinsgleichung 20ff
Fiskalillusion 311
Fixe Wechselkurse 217
Fixkurssystem 16
Focus-Punkte 325
Folk-Theorem 176ff, 274, 343
Free-Banking Schule 76
Fremdwährungsreserven 54, 318ff
Friedman, starre Regel 202ff, 219
Friedmans Theorie der optimalen Geldmenge 62
Frühindikatoren 127
Fundamentaldaten 318
Gefangenendilemma 104, 341f.
Geld als Schleier 6, 17f
Geld als Zwischenprodukt 69
Geldbasis 44, 57, 72, 74f, 135, 233
Geldhaltung, Opportunitätskosten der 23
Geldillusion 18, 29, 70f
Geldmarkt 75
Geldmarktfonds 73, 138
Geldmarktgleichgewicht 44f
Geldmarktzins 8, 137, 233
Geldmenge M_1, M_2 74
Geldmenge M_3 73f, 127
Geldmenge, optimale 62
Geldmenge, optimales Wachstum der 117
Geldmenge, Stabilisierung der 138
Geldmengenaggregate 130, 235
Geldmengenkonzepte 74f
Geldmengenmultiplikator 73
Geldmengenregel 117f, 202
Geldmengensteuerung 6, 135ff, 138, 143
Geldmengenwachstum 45f, 47, 129
Geldmengenziel 133f, 233ff
Geldnachfrage 23, 157
Geldnachfrage, Instabilität der 118, 130
Geldnachfrageschocks 115ff, 135ff, 235
Geldpolitik als Kontrollproblem 113ff
Geldpolitik angesichts von Schocks 96, 115ff

Geldpolitik bei adaptiven Erwartungen 90ff
Geldpolitik bei fixen Wechselkursen 333ff.
Geldpolitik bei monopolistischer Konkurrenz 104ff
Geldpolitik bei rationalen Erwartungen 93ff
Geldpolitik, endogene 8, 73
Geldpolitik, Glaubwürdigkeit der 125, 155ff
Geldpolitik, Instrumente der 135ff
Geldpolitik, internationale 333
Geldpolitik, politökonomische Analyse der 156
Geldpolitik, Transmissionsmechanismen der 145ff
Geldpolitische Instrumente 122, 135ff
Geldschöpfung 19, 31, 34ff, 55, 338,
Geldschöpfungseinnahmen 58f, 65f, 157
Geldwertstabilität 4, 15, 17
Glaubwürdigkeit 117, 155ff, 164ff, 197ff, 221ff
Gleichgewicht bei rationalen Erwartungen 93
Gleichgewicht in dominanten Strategien 320f
Gleichgewicht in randomisierten Strategien 324f
Gleichgewicht, gesamtwirtschafliches 37f, 42
Gleichgewicht, sequentielles 331
Gleichgewichte, multiple 111, 214ff
Gleichgewichte, symmetrische 347
Gold 54
Goldstandard 197f, 205
Grenzprodukt der Arbeit 35
Grenzsteuersatz 26
Handlungsspielraum, diskretionärer 118
Homebanking 26
Hyperinflation 28, 158f
Hysteresis 52
Identifikationsprobleme 8
Ideologische Schule 284ff
Indexierte Anleihen 305
Indexierung 22, 28, 171ff, 305
Indexierungsklauseln 125, 305ff
Indikatoren, monetäre 123, 126f, 235
Ineffizienzen, strukturelle 39
Inflation Targeting 118, 125, 130f, 132, 199
Inflation 18, 20, 31, 45f
Inflation, antizipierte 21, 23ff
Inflation, Kosten der 18
Inflation, negative Auswirkungen 17
Inflation, nichtantizipierte 20ff
Inflation, soziale Kosten 22
Inflation, überraschende 163
Inflation, Wohlfahrtsverlust durch antizipierte 62
Inflation, zurückgestaute 31
Inflationserwartungen 13, 21f, 127, 155ff
Inflationserwartungen, rationale 99
Inflationskontrolle 31
Inflationskosten 18, 22, 171
Inflationsprognose der Zentralbank 133f
Inflationsrate 10ff, 129, 161ff
Inflationsrate, erwartete 20, 21
Inflationsrate, optimale 31, 53ff, 62
Inflationsrate, prognostizierte 134
Inflationsrate, Schwankungen 29
Inflationssteuer 19, 57, 62
Inflationsziel 114, 118f, 123f, 131, 133, 199f, 231ff
Information, asymmetrische 150, 226, 236, 248, 251, 252, 315

Information, private 226, 236, 245
Information,
unvollständige 4, 118, 153
Informationsanforderungen 133
Informationsvariable 123, 126, 133
Inkonsistenz, dynamische
159, 163, 165, 172, 202
Instabilität der Geldnachfrage 6
Instrumentenunabhängigkeit
131, 200, 220, 235
Instrumentenwahl 234
Internalisierung der
Nachfrageexternalitäten 110
intuitives Kriterium 265f, 331
Investitionen,
Zinselastizität von 147
Investitionskalkül 146
IS/LM-Modell,
keynesianisches 138, 140, 146
IS-Kurve 139, 142, 147
Kanal der relativen Preise 145, 153f
Kanäle der Geldpolitik 145ff
Kapitalbesteuerung 27
Kapitalbildung 27, 191
Kassenhaltungskoeffizient 23, 57
Kaufkraftparität 207, 213
Kaufkraftparitätentheorie,
relative 335
Kausalität 8, 53
Keynesianische Politik,
klassische 5, 99
keynesianische Theorie (vgl. auch
neue keynesianische
Makroökonomie) 16, 86
Komplementarität, strategische 347
Konjunkturschwankungen 15f, 155
Konkurrenz, monopolistische 42
Konservativer
Zentralbanker 218ff, 236, 243f
Konsistenz, dynamische
188ff, 195, 200ff, 219, 235
Konsistenzproblem 227, 230, 232
Konsolidierung
der Staatsfinanzen 327
Konstitutioneller Weg 199, 237ff
Kontingente Verträge 131, 237
Kontrakt,
optimaler kontingenter 240
Kontrakte, indexierte 22
Kontrakte,
unvollständige 231, 235ff
Kontrakttheorie 227, 236f
Kontrollfehler 119ff
Kontrollproblem 113, 233
Kooperation
bei wiederholten Spielen 342f
kooperative Lösung 340
Koordinationsmechanismen,
zentrale 83
Koordinationsversagen 104
Kopfsteuer 190
Kosten der Inflation 17ff.
Kreditkanal 145, 149ff
Kreditrationierung 151
Leistungsbilanz 157
Leitwährung 198, 205ff, 344
Lernkurve 255, 256, 265
Lernprozeß 179
Leverageeffekt 152
LM-Kurve 139, 143
Logarithmus
und Wachstumsraten 12
Lohnkontrakte 83
Lohn-Lag 21
Lohnnebenkosten 43
Lohnsetzungskurve 42
Lohnverhandlungen 156, 161, 182
Lombardsatz 135f
Lösung, kooperative 340
Lösungskonzepte 317
Lucas-Kritik 89, 242f
Lump-Sum-Tax 190
Maastricht-Kriterium 295f
Makroökonomie,
neue keynesianische
5f, 82, 104ff, 149
Mechanismus-Design 3, 224, 332
Medianwähler 190, 219ff, 279, 286

Menükostenansatz 107ff
Meßprobleme
der Inflationsrate 70
Mindestreserve 61, 137, 198
Mindestreserve 235
monetäre Alimentierung der
Staatsschuld 327
Monetarismus 5, 153f, 198
monopolistische Konkurrenz 6
Monopolmacht 33f, 40ff, 105
Moral Hazard 171, 244
Moving Average Prozeß 282
Multiplikator, Geldmenge 73
Multiplikatoreffekte 149, 351
Münzgewinn 53
Nachfrage, aggregierte
35, 37, 44, 140
Nachfrage, durchschnittliche 95
Nachfrage, Verstetigung der 137
Nachfrageelastizität 40
Nachfrageexternalitäten 42, 104ff
Nachfrageexternalitäten,
Internalisierung der 110
Nachfragekurve für Bargeld 24
Nachfrageschock
11, 79f, 84, 96f, 100, 113ff
Nachfrageschock, bei flexiblen
Preisen 80
Nachfrageschocks, positive 84
Nachfrageschocks, temporäre 96
Nachfragestabilisierung 99
Nash-Gleichgewicht
257, 260, 262, 268, 321ff, 333ff
Nash-Gleichgewicht,
Verfeinerung des 330f.
Nash-Gleichgewichten,
Ineffizienz von 342f, 348f
negative Auswirkungen von
Inflation 17
neoklassische Schule 16
Nettolohn 40
Nettorealverschuldung des Staates
59
Nettoschuldenstand 55
Nettoverschuldung 297f
Nettoverschuldung,
kreditfinanzierte 59
neue keynesianische
Makroökonomie 5f, 17, 82, 243
Neuseeland, Inflationsziel 130ff
Neutralität von Geld,
langfristige 88
Neuverhandlungsstabil 230
Nichtindexierung 23, 27
Nominallohn 19f, 161, 182, 190
Nominallöhne 156
Nominallohnrigiditäten 70
Nominalverschuldung
und Überraschungsinflation
160, 188ff, 299ff
Nominalverzinsung 21
Nominalzins 20, 23, 156, 191
No-Ponzi-Bedingung 292
Numerairegut 17
Offenmarktgeschäfte 75, 135
Öffentliche Güter 188, 225
Olivera-Tanzi-Effekt 27
Ölpreissteigerungen 99
Opportunistische Schule 278
Opportunitätskosten der
Geldhaltung 23
Optimalbesteuerung,
Theorie der 69
Optimale flexible Politik 115
optimale Inflationsrate,
gewünschte 161
Optimale stochastische
Kontrolle 128
Optimaler
Zentralbankkontrakt 224ff
Output-Schocks 221
Outputschwankungen
183, 187, 202f, 219, 222,
243, 244
Outputstabilisierung 8f, 203, 231
Outputziel 119, 231
Pareto-Verbesserung 104
Partisantheorie 285

Pauschalsteuer 64
Perfekte Information 116f
Peso-Problem 252
Phillipskurve
19, 79ff, 86ff, 160f, 163ff, 170ff, 180, 184, 188, 190,195, 217, 242, 280, 282, 285
Phillipskurve, kurzfristige 81ff
Phillipskurve, langfristige 46
Politik, antizyklische 9
Politische Konjunkturzyklen
222, 279, 287
Politökonomie
176, 189, 195, 237, 242, 277
Poolinggleichgewicht
262, 263ff, 281
Preisanpassungskosten 6, 27, 356
Preise, relative 17
Preisentwicklung 5, 10
Preisindex der Lebenshaltung
aller privaten Haushalte 11
Preisindex 11, 70, 127
Preisniveau und -veränderung 12
Preisniveau 2, 11, 14
Preisniveau, Fluktuationen 120
Preisniveau,
Indeterminiertheit des 144
Preisniveau, langfristiges 124
Preisniveau, Stabilisierung 100
Preispuzzle 9
Preisrigidität
70, 104, 107, 111, 140, 145, 244
Preisrigiditäten, mikroökonomische
Fundierung 110
Preissenkung, kollektive 110
Preissetzungskurve 42f
Preissetzungsspielraum 104f
Preisstabilität 13, 31f, 155, 162.
Preisstrategie, optimale 40
Preisveränderung 12
Preisziel 123f, 233
Primärdefizit 56
Principal Agent Problem
150ff, 200f, 225, 227, 229, 236, 241
Produktion, Volatilität der 143
Produktionsfunktion,
gesamtwirtschaftliche 35
Produktionsfunktion, partielle 36
Produktionsschwankungen 200
Produktionswachstum 31
Produktionsziel 114
Prognosefehler 91, 93
Prozyklische Politik 100
Public-Choice-Theorie 3
quadratische Verlustfunktion 167ff
Qualitätsverbesserungen 11, 70
Quantitätsgleichung 44, 94
Quantitätstheorie 44f, 47
Random Walk 124
Randomisierte Strategien 272f
Rationale Erwartungen
16f, 93ff, 182ff, 215f, 280, 323
Rationales
Erwartungsgleichgewicht 94
Rationalität, individuelle 106, 165
Rationalität, kollektive 106, 165
Reaktionsfunktion
168ff, 187, 195f, 208, 322, 339
Reaktionsfunktionen und
Indikatoren 126
Real Business Cycle 5f, 8, 24
Real Buisiness Cycle Theorie 73
Realeinkommen, langfristige 50
Realertrag 21
Realgeldhaltung 51
Realgeldnachfrage, Rückgang 50
Realignment 158
Realkapital 21, 51
Reallohn 19f, 182, 190
Realvermögen 44
Realverschuldung 56
Realwert des Vermögens 20
Realzins 20, 53
Realzins, langfristiger 147
Refinanzierungskonditionen 135

Regelbindung 201f, 154
Regeln, konstitutive 240
Regeln, Starre 118
Regelungen, institutionelle 2
Regressionsanalyse 7f, 9
Regulierung 227
Rendite, reale 20
Rent-Seeking Aktivitäten 26
Reputation
155ff,174ff, 202ff, 214, 249, 253f, 270ff
Reputationslösung 223, 226
Reputationswirkung 250
Ricardo-Äquivalenz-Theorem 307f
Rigidität der Nominalpreise 110
Rigiditäten im privaten Sektor 101
Rigiditäten, kurzfristige 52
Rigiditäten, nominale 244
Risikoaversion 229, 236
Risikoneutralität 227ff, 236, 241
Risikoprämie 208
Risikoprämie bei Unsicherheit 29
Scala Mobile 173
Schock, Angebots-
80f, 98f, 180ff, 201ff, 214f, 225f, 231ff, 245
Schocks,
Geldnachfrage- 115ff, 135ff, 235
Schocks,
Nachfrage- 79f, 96f, 113ff
Schuhsohleneffekt 26, 57
Schuldenquote
56f, 289, 291, 296, 309
Schuldenstand 56, 310
Schwarzarbeit 27
Second-Best-Lösung
43, 118, 165, 172, 193
Seigniorage 58ff
Seigniorageeinnahmen 53
Seignorageeinnahmen der
europäischen Zentralbank 60
Semi-Pooling Gleichgewicht 269f
Sequentielle Spielstruktur 329f
Sequentielles Gleichgewicht 331
Sicherung der Preisstabilität 10
Signal 202, 225
Signalling-Modelle 281
Single Crossing Bedingung 260, 283
Sonderfaktoren
der Geldmengenentwicklung 133
Sonderfaktoren 73f, 128
Spekulation bei fixen
Wechselkursen 158, 214, 318
Spekulative Attacken auf
fixe Wechselkurse 213ff, 318ff.
Spence/Mirrees Bedingung 260
Spiel zwischen Geld- und
Fiskalbehörde 326ff.
Spiel, wiederholtes 174ff
Spielbaum 329f.
Spielmatrix 319
Spielregeln 3
Spieltheorie,
Einführung in die 317ff
Staatsanleihen 172
Staatsausgaben 19, 55
Staatsbankrott 327
Staatsschuld 299
Staatsverschuldung 4, 157, 289, 291
Stabilisatoren, automatische 16, 119
Stabilisierung von
Konjunkturschwankungen 10
Stabilisierungsmaßnahmen 17
Stabilisierungsmechanismus,
automatischer 142
Stabilisierungspolitik bei rationalen
Erwartungen 82
Stabilisierungspolitik
16, 79ff, 97, 99, 113ff
Stabilisierungspolitik, optimale 116
Stabilisierungspolitik,
systematische 82, 104
Stabilisierungsziele 113
Stackelberg-Führer
164, 167, 192, 331
Stackelberg-Gleichgewicht 343f
Stagflation 98
Staggered Contracts 110

Steuerlast, marginale 23
Steuern 19, 55
Steuern, indirekte 236
Steuerquote 56
Steuersatz 57
Steuersätze, implizite 27
Steuersystem, Effizienz des 68
Steuerverzerrungen 67
Strategie 160
Strategie, dominante 341
Strategien, gemischte 324
Strategien, randomisierte 323
Strategien, reine 323
Strategieräume, stetige 333
Substitute, geldähnliche 6
Substitute, strategische 347
Substitutions-Effekte 63
Sucharbeitslosigkeit 39
Sunspot-Gleichgewichte 325
Superneutralität des Geldes 50f
System fixer Wechselkurse mit symmetrischer Interventionspflicht 333, 337
System flexibler Wechselkurse 337f
Systematische Täuschungsmanöver 81
Tarifvertrag 173
teilspielperfektes Gleichgewicht 330f
Teilspielperfektheit 175, 331
Terms of Trade 173
Theorie der Optimalbesteuerung 69
Theorie optimaler Kontrakte 200
Tobin-Effekt 51
Transaktionen, reale 23
Transaktionskosten 23f, 237
Transaktionsmittel 23
Transmissionsmechanismen der Geldpolitik 145ff
Transmissionsmechanismen 76, 123, 133, 139, 154
Transparenz 128, 130
trembling hand perfect equilibrium 331
Trenngleichgewicht 263, 267f, 272, 281, 283
Trigger-Strategie 176ff, 195f,
Überhang, monetärer 32
Überraschungsinflation 21f, 155f, 159ff, 163, 165f, 170, 172, 174ff, 183, 188, 190, 194ff, 201, 226, 232, 235, 238, 300
Umlaufgeschwindigkeit des Geldes 23, 233
Umverteilungseffekte der Inflation 20
Umverteilungseffekte 21f
unendlich wiederholtes Spiel 343
Ungleichgewichtssituation 323
Unsicherheit 4
Unterbeschäftigung, friktionelle 38
unvollständige Information 4, 121, 179
Vektorautoregression 9
Verhalten, kooperatives 349
Verluste, Minimierung der 115
Verlustfunktion, quadratische 113
Vermögensbilanz des Staates, konsolidierte 59
Vermögenseffekte 145
Verschuldungskriterium von Maastricht 295
Verschuldungsstrategien, Politökonomische Analyse von 311ff
Verträge, optimale 239
Verträge, unvollständige 238
Vertrauensverlust 215
Verzerrung durch Steuerprogression 26f.
Verzerrungen des Arbeitsangebotes wegen Besteuerung 39
Volkswirtschaft, Wachstumsrate der 53
Vollbeschäftigungsgleichgewicht 36, 39
Vollkommene Konkurrenz 101

Wachstum der Geldmenge, optimales 117
Wachstum 35ff, 162f, 166, 169f, 183
Wachstum, Verstetigung 126
Wachstumsmodelle, endogene 52
Wachstumsrate 12, 45, 163
Wachstumsrate, gewünschte 161
Wachstumsrate, gleichgewichtige114
Wachstumstheorie, moderne 51
Wachstumstheorie, neoklassische 51
Wachstumstrend 16
Währungsreform 32f, 157, 159
Währungsreserven 319
Währungsunion 199, 214
War of Attrition 313ff
Warenkorb 11f
Wechselkurs 173, 197, 207, 214, 235, 244, 318ff
Wechselkurs, nominaler 335
Wechselkurs, realer 335
Wechselkursabwertungen 158
Wechselkursbewegungen 127
Wechselkursbindung 206
Wechselkurse, fixe 148, 198, 209f, 213ff, 318ff
Wechselkurse, flexible 148
Wechselkursfixierung 158, 160, 198f, 205ff, 210, 223, 318ff
Wechselkurskanal 145, 148f
Wechselkursregime 336
Wechselkursschwankungen 16
Wechselkursziel 133f
wechselseitige beste Antworten 322
Wertaufbewahrungsfunktion 51
Wertaufbewahrungsmittel 23
Wertpapierpensionsgeschäfte 75, 135f
Wirkungsverzögerungen 7
Wirkungszusammenhänge, Unsicherheit über 120f
Wohlfahrtsfunktion 114
Wohlfahrtsfunktion, soziale 3, 113
Wohlfahrtsgewinne aus Geldhaltung 24f.
Wohlfahrtsverluste durch antizipierte Inflation 62
Wohlfahrtsverluste aus Besteuerung, Minimierung der 66ff
Wohlfahrtsverluste aus Inflation 25f.
Wohlfahrtsverluste 66 113, 115
Zahlungsmittel 44
Zeitpräferenzrate 51
Zentralbank, europäische 137, 199
Zentralbank,Unabhängigkeit der 197, 199, 219ff, 237
Zentralbankeinlagen 55
Zentralbanker, konservativer 200f
Zentralbankgeld 44, 72, 75, 135
Zentralbankkontrakt 200, 236, 245
Zentralbankkontrakt, optimaler 131, 224, 231ff, 241
Zentralbankrat 145, 157
Zielautonomie 200
Zielfunktion der Geldbehörde 99
Zielfunktion 113
Zielunabhängigkeit 220
Zinsabhängigkeit der Geldnachfrage 48
Zinsbelastung, nominale 56
Zinseinnahmen 55
Zinskanal 145ff, 149, 153
Zinsparitätentheorie 149
Zinsregel 117
Zinssatz für Wertpapierpensionsgeschäfte 135
Zinssatz 135
Zinssätze , kurzfristige 9
Zinssteuerung 135ff, 138, 143
Zinsstrukturkurve 127
Zinsverpflichtungen 55
Zwischenziel 126ff, 130, 134, 234f